死とは何か

1300年から現代まで

上

Michel Vovelle
ミシェル・ヴォヴェル
立川孝一・瓜生洋一訳

藤原書店

La mort et l'Occident
de 1300 à nos jours

by Michel VOVELLE

erba mea au
ribus percipe domine:
intellige clamorem
meum
ntende voci oro
nis mee: rex meus et
deus meus.

『三人の生者と三人の死者』

死とは、人が「ごまかす」ことのできない極限の状態だと著者ヴォヴェルは言う。人は死の不安、あるいは恐怖を前にして、ある時は声高に語り、またある時は沈黙する。「言説」を重視しつつも、それに対して少なからぬ懐疑心を抱いている著者は、それゆえ「図像」に対しては並々ならぬ関心を持ち続けてきた。中世に描かれた時禱書もまた死の歴史にとっては貴重な資料のひとつである。ここに取りあげた『ベリー公の時禱書』（ランブール兄弟、ジャン・コロンブ作、1411 〜 86 年頃）はその代表作と言ってよい（木島俊介『ヨーロッパ中世の四季』中央公論社、1983 年の解説を参照）。

絵の中央に描かれているのは、パリのノートルダム大聖堂の参事会員レーモン・ディオクレの葬儀場面。彼は葬儀のさなかに柩の蓋を開けて起き上がり、「私は今、神の審判を受けたが、罪ありとされた」と告げる。また、パ・ド・パージュと呼ばれる下部の絵には、14 〜 15 世紀に流行した「三人の生者と三人の死者」の主題が描かれている。若い三人の騎士は墓地で三人の死者（骸骨化している）に出会う。中の一人は「私は教皇であった」と言う。他の一人は「枢機卿であった」、もう一人は「教皇の公証人であった」と言う。そして三人は口を合わせて「お前たちも同じになる。権力、名誉、富などは空しい」と告げる。

（立川孝一）

死とは何か　上

目次

日本の読者へ（二〇一四年）　13

第四部 バロック時代の盛大な葬儀（一五八〇～一七三〇年） 385

下巻　目次

死とは何か

一三〇〇年から現代まで

上

凡例

一　原注は（1）、（2）……で示し、各巻末に配した。訳者による補足・注は〔　〕で文中に挿入した。
一　要点整理のため必要と思われた箇所には〔1〕、〔2〕……の番号を付けた。
一　ラテン語の訳は片仮名表記とした。
一　文献一覧、図表一覧は下巻末にまとめた。
一　人名索引、関連年表は参考のために訳者が作成した。
一　著者については下巻の訳者解説を参照のこと。

日本の読者へ（二〇一四年）

さして死が遠くないというのに、死の領域について最後の戦いを開始するために再び筆をとるとは無謀なことではないだろうか。『一三〇〇年から現代に至るまでの死と西欧』〔原題訳〕と題した私の著書は、その出版からすでに三〇年以上を経過している（一九八三年から二〇一四年まで）。最初の編集者アンドレ・シフランはこのかさばる作品を出版することができなかったので、これをピエール・ノラとガリマール書店にゆだねた。このため、それには英語版がないとはいうものの、イタリア語、ギリシア語、ポーランド語、中国語の諸版があり、まもなく日本語版がそれに加わる。出版の報知は私の弟子の立川孝一によってなされたのだが、彼は時代の変遷に合わせた新たな序文を書くようにと提案してきた。それは三度目の序文となる。というのもすでに二〇〇〇年の再版にあたって、私はピエール・ノラの求めに応じて、〔初版以来の〕一五年の間に起こったことをあらためて回顧しているからだ。今回の新たな序文が、年寄りの妄想ではなく、最近一五年の問題をあらためて問い直す一助ともなれば幸である。

一九六〇～一九八〇年——タブーから再発見へ

一九七〇年代以来、私がフィリップ・アリエスと交わした論争は、振り返ってみれば学術的なものでも思弁的なものでもなかった。私たちは「死の再発見」が一時的なものであるのか（アリエス）、未来を予告するものであるのか（ヴォヴェル）について互いに問いかけあっていたのだ。アリエスは過ぎ去った二〇世紀における死の「タブー」について語っていたが、私たちは一九六〇年代以来、その封印を破った社会学者、歴史家……そして現場の実践者たちの言説の中に、「死の再発見」を確認したのだった。アングロ＝サクソン世界においては、エリザベス・キューブラー・ロス博士による先駆的な業績の影響下に、サン・クリストファー病院では終末期にある病人に尊厳をとりもどす試みがなされていたが、まさにその時、言説はまなざしと実践の変化を予言すると同時にそれに追随してもいたのである。

二〇〇〇年——新たな状況

一九八三年〔初版〕以後に進行していたことについては、私の主張にもとづいて説明することができていたけれども、二〇〇〇年に〔再版の〕序文を書くにあたっては、重要ないくつかの変化に向き合わざるをえなかった。一例だけを挙げるなら、医学の勝利はエイズの侵略にさらされることになった。このような死のシステムの不安定化の中で、二〇〇〇年においてすでに感知されていた危機はそれ以降には肥大化し、思いもかけない形をとるに至ったと私は感じている。

再び筆をとるにあたって

私はこれからそうした変化について語るつもりだが、以前〔二〇〇〇年の序文〕に書いたことについては繰り返すことはせず、ただ必要な時にのみその要点を想起させるにとどめるだろう。

死から「終末」へ

私は、二〇〇四年七月にレオネッティの名の下に国民議会の公報に発表された総括報告〔「終末期の寄り添いに関する報告書」〕を、フランスにおける公的な典拠に代わりうるものとして参照することにする。国民議会の調査委員会の委員長であったレオネッティは終末期の諸問題について一〇名ほどのエキスパート(?)の意見を尋ねていた(私の名はそのリストの筆頭にあった)。この聴取から「生を尊重し、死を受け容れる」という標題が生まれたのである。けれどもそれは予備的な調査にすぎなかった。なぜなら一〇年の間に多くのことが変化していたからである。

まずはじめに言葉の使い方が変化した。「死」を指し示すとしても、それはますます「終末」という枠の中に収められるようになっている。この言い方は断絶の激しさを和らげるための手段でもあろうが、同時にあと戻り不可能な状態の確認でもある。私たちは一〇〇〇年にわたって継続した「短命」の時代の恐怖からは決定的に脱出しているが、高齢化の進行する社会の中で恐怖は依然として居座り続けている。ただその中味が変わってしまっただけだ。

月並みではあるが、公式統計が提供するきわめて大雑把な数字から出発しよう。ヨーロッパ（二〇一三年三月の統計）において、出生時平均余命は六五歳だが、これは二〇〇五年にくらべて男性で一・三歳、女性で一・二歳増加している。フランスはこの中では大いに名誉ある位地を占めていて、女性では八八・五歳、男性では八四・三歳であり、二〇〇五年から二〇一一年の間に男性では一・八歳、女性では一・六歳増加している。けれども二〇一三年には意味深長な修整をもたらす新たな統計が導入されている。それは活動の限界を設定する「健康」平均寿命であり、政府や経営者、そして社会学者や医師が関心を払っている。「健康」寿命に限ってみれば、二〇〇五年までは上昇したものの、その後は停滞もしくは緩やかな後退に向かっている（男性では〇・二歳の増加、女性では〇・八歳の減少）。つまり六五歳のヨーロッパ人は、男性では八・八歳の〔健康な〕余命、女性では八・六歳の余命があることになる。フランスはより恵まれた状況にあるが、それでも健康寿命の伸びが停滞していることに変わりはない（女性では〇・三歳の増加、男性では一・二歳の増加で、期待はずれの成績である）。

こうした気の滅入る数字を並べるのはもう止めることにするが、要するにこうした数字は有名な女優セシル・ソレル〔一八七三―一九六六。コメディ・フランセーズの女優〕が彼女に〔誕生日の〕お祝いの言葉を述べた追従者たちに向けて返した苦々しい返事を想起させる。

――「お目出とうございます」

――「ありがとう、でも何が？」

二〇〇〇年の序文ですでに述べたことをあえて繰り返しておきたい。つまり、あと戻りは稀ではないが、そうした状況も、地理的、社会的、そして両性間の不均衡によっては大きく修整されることがありうる。要するに、社会における老人の割合が大きいほど、進歩の息切れは避けることができないということを認めねばならない。だが、このような注釈だけでは不十分である。

人は何によって死ぬか？

医学と治療技術の進歩が今日（二〇一四年三月二三日）においても著しいことは言うまでもない。たしかに、最初の心臓移植が七五日間しか持たなかったことは誰もが知っている。それはまたの機会を待つこととして、免疫療法による癌の治療の進歩や心臓の血管障害における手術の技術向上については見るべきものがある。さらに、新興国をも含めて、かつて「第三世界」と呼ばれていた地域を依然として荒らしまわっている伝染病や欠乏症を別にすれば、少なくとも西洋の恵まれた国々ではエイズが沈静化し、馴致されようとしているのを見て満足感に浸ることができる。

この領域における真の変化は、二〇年来、それどころかここ一〇年の間に生じた別種の革命である。私たちはすでに二〇〇〇年には、人間の寿命が伸びた結果として生じる、所謂「退行性」の病気を知るようになった。それは身体と脳の消耗による病気であり、人類の長い歴史においては老化の自然な表れとみなされてきたものである。すなわちパーキンソン病、とりわけアルツハイマー病、時として明示されないとしてもそれらに近い症状を呈する類似の病気である。それらは活力、記憶、思慮、人との交わりを喪失させ、次第次第に死に至るまで回復不可能な受動性へと追いやっていく。これらの病気は伝染するものではなく（多かれ少なかれ遺伝性のもので）、有効な治療法はまだ見つかっていないが、ここ数十年の間に大いに広まって「不治の病い」の代名詞のひとつとなった。それは生きながら不在と死に入っていく神秘の入口だ。人は自分でもこの死を感知するが、家族も社会も困惑する。その影響の大きさは計り知れない。世界保健機関（ＷＨＯ）の最近の統計によれば、その数は三・七五％にのぼるという。これはかなりの数字である。なぜなら、これらの死を猶予された人たちの大部分は結局は癌か心臓病で死んでいくからである。このようにまだ未知のものとして解明されてはいないけれども、この新しい病気の登場は現代文明における終末期の様相を根底から変えようとしている。それは、老いと老化が人生の終わりにおける大問題となっている現代の社会に入りこむことによって、症状が現れる後であろうが前であろうが、現代における恐怖の最も身近な形態のひとつとなっている。

シニアという名の老人

今述べたばかりの病理学的な領域以外においても、老いと老人の役割は、それをシニアという呼び名でカムフラージュしようとも、全人口の中で六五歳以上の者が現役世代や若者に対して占める割合の増加という事実からしても、同様に病的である。人口学者、統計学者、政治家は、来たるべき数十年間にこれらの「何もしない人々」がもたらすであろう負担をそれなりに客観的なやり方で算出している。この問題は決して新しいものではなく、絶対的に急を要する性質のものだ。なぜなら、退職の問題から始まり、自律性を失っていく人口のある部分の終末期における生き方は家族と国家にとって大問題であり、そのケアは社会に重くのしかかっているからだ。

この問題の広がりについて必要以上に深入りすることはしないが、それが主要な問題であることは確かである。それはより直接には家族に関わるとしても、社会全体にも関わっている。

家族の危機

二〇一四年において、これは新しい問題ではないと言われそうだが、身内の人間の死に対する家族の関係は二〇世紀の半ば以来、新たな変化を辿っており、その歩みは加速化する一方である。すでに何度も語られたテーマを私は再確認しているにすぎない。

家には老人がいなくなった。とりわけ終末期にある老人を見取るということはなくなった。つまり病院における死が問題となったのであり、これは社会の変化、都市化、さらには医療の進歩の結果であるが、今後ますます一般的なものとなるだろう。二〇一二年にはフランス人の五七％が病院で、一一％が老人ホームで、二七％が自宅で死んでいる。この割合はここ一五年来変化してはいないが、決して均衡のとれたものではない。調査された人の八一％は自宅で死ぬことを希望していたようだが、現実とは大いにかけはなれている。国はこうした本人の希望に対しては好意的であるようだが、それを支えるだけの財政的手段を持ってはいない。一方、家族の態度も矛盾している。実際のところ、現在の形では老人たちの面倒を昔のように家族で見ることは重い負担であり、不可能であるのに、いまや〔増加しつつある〕新世代の老人たちの世話を引き受けようとしているのだから。

家族は、一九六〇年代に頂点に達した「医学権力」に対する不信感を緩和しただろうか。そのようにも思われるが、フランスにおける「血液感染」事件その他に見られるように、新たな疑惑もまた生じている。同様に、ここ数十年において顕著な臓器提供拒否への傾向はこうした不信感を表すものだし、同時にまた身体と、その一体性に関する新たな関係を反映するものでもある。

調査を亡くなった人の遺体に対する愛着、さらに埋葬のあり方にまで推し進めるなら、家族の態度が一様でないことが分かる。墓地の問題は、伝統的なものであれ、新しいものであれ、四半世紀以来提起されたものについて言えば、もはやかつてのような情熱をかきたてるものではない。実際のところ、かなり劇的な解決策のひとつは、ここ数十年における火葬の習慣の大いなる普及である。それはプロテスタントの北ヨーロッパではすでに多数派であったが、フランスを含めたカトリック諸国においては、第二ヴァチカン公会議による火葬禁止の解除を待ってようやく一般的になった。こうした慣習の変更にはニュアンスや思想が伴うものだが、もうあと戻りすることはない（この問題については、家族について語る時にまた触れることにしよう）。

終末期の立役者たちが演ずる集団劇において、読者は驚くかもしれないが、私はまず最初に国家（あるいは社会であってもよいだろう）を、次に家族を登場させることにする。患者自身は「耐える人」とも言われるように、しばらく辛抱させておくことにする。まだ彼の出る幕ではないのだ。

医師の役割

医師は、病人の枕元においてはかつての司祭に取って代わっている。ラ・フォンテーヌの寓話におけるように、今や彼はおそらく次のように言うかもしれない。「死んだお方よ、私たちに任せて下さい。あらゆる処置を施してあげますから」。

実際のところ医師はそんなことを要求してはしない。一九六〇年代における「医学権力」とそれに対する非難というテーマは、私が指摘した留保条件にもかかわらず、今では下火になっている。その理由は、おそらくは最初の心臓移植や目覚ましい進歩の時代の勝ち誇った気分が今ではいくらか色あせてしまったからだろうが、それ以上に、看護の技術、〔超音波・X線などによる〕映像技術、蘇生術、臓器移植などの技術の進歩によって現代医学の勝利が事実として確証されたからである。私も知っている学識あるイエズス会士のダンヴィル師は、その病床で同僚の見舞いを受けていた時、酸素マスクを取り除けながら、「私から死を取り上げないでくれ」と叫んだのだったが、そういう時代はもう終わったのだ。

苦痛の除去

医師たちは来る所まで来てしまった。彼らは、長いあいだ不可避とみなされていた苦痛を取り除いてしまった。阿片は医師トロンシャンがミラボーに投与した時は特例であり、臨産婦がヴィクトリア女王だった時は未だスキャンダルだったが、それは遠い昔の話だ。今日では苦痛は放逐されていて、医師は手術を受ける患者に対して、苦痛を鎮めるためのモルヒネを投与することに同意するかの確認をとっている。あらゆる種類の臓器移植が一般化した今日では、身体に加えられる苦痛に対する恐怖は弱まっている。医師の対応も、日毎にそれとは気づかぬうちに変化している。例えばすでにアングロ＝サクソン世界で実践されているような、病人に対する事実の告知などがそうだ。そうしたことを考えるなら、変化はもっと先まで行くことだろう。ただし、それが真に効果的であるかどうかは疑ってみなければならない。とりわけ、信頼と対話の雰囲気の中で、あらゆるタブーがなくならなければならない。

終末期の病人の発見

はっきり言って、医師は長いあいだ死を恐れていたし、いまだにそれを恐れている。フィリップ・アリエスや何人かの者が語っていたように、医師は誰でもそうだが、死と直かに向き合うことは稀である。それこそ、生命を守るために医師の行動範囲を厳しく定めたヒポクラテスの誓約の神話である。ここから今日までの、それどころか今日でさえも医師の養成における欠落が生じている。おそらくフランス以外でも同様だろうが、それは死のうとしている男女との――おそらく一定の距離を保ちながらの――接触から生まれる教育法である。

そこから、多くの医師にとっては緩和ケアのような新しい対応に賛同する道が開かれていく。それは、ゆっくりとではあるが、いくつかの先進的な拠点において実践されはじめている。フランスにおいては、この種の治療は二〇〇一年には二三二床だったのが、二〇一一年には一九一三床になっている。だが緩和ケアの部門は唯一の解決策だろうか？　医師についていては、すぐあとで直接に問いかけることにして、患者の方に目を向けることにしよう。

終末期の患者の枕下で

段階を追って患者の枕下に近づくことにしよう。患者については私たちは少なからず知っている。青年たちの死はわきに置くとして、何といっても主たる標的は、一世紀の間に――昨日、今日、明日と――不可抗的に増加して視野を占領しつつある、あの老人たちである。

60歳以上と75歳以上の割合

	60歳	75歳
1960	16.7%	7.3%
2000	20.6%	7.2%
2020	26.4%	9.4%
2060	33.1%	16.2%

まずは老人から

彼らのイメージはまちがいなく変わりつつある。将来のことは別として、私たちの消費社会――敬虔な使徒に言わせれば、快楽主義の社会――はヨーロッパでもアメリカでも、「栄光の三〇年」〔第二次世界大戦後の高度成長期〕の生き残りたちを誉めそやすことに夢中になっていた。広告は、女だけではなく男も、若返りの商品で満ちあふれていた――ヴァイアグラ、尿もれ防止の下着、家庭用エレベーター、シニア用住宅、コスタリカ周遊、太陽の国スペインやモロッコへのツアー。こうした安易で腹だたしいジャーナリスティックな目録についてくどくど述べるつもりはないけれども、それは全く昨日に始まったものではなく、今日もなおメディアや広告の世界において活況を呈している最新の流行なのだ。葬儀社は喜んで駆けつけ、「葬儀契約」は陽気なおしゃべりの中で交わされる。その一方で、少なからぬドキュメンタリーは、事実に基く調査かフィクションかは分からぬが、これとは別の老いについて、貧しい人や排除された人（「路上の死者たち」あるいはホームレス）の死について偽りのない光を投げかけている。その割合は増加しつつある。

いかにして重荷をおろすか

「栄光の三〇年」の生き残りたち――億万長者で一〇〇歳に達しようとしている――の美化されたイメージ

の対極には、慎ましいアパートや一戸建ての家に肩を寄せ合って住まっている退職者、年金生活者、つまり不安気なシニアたちの真逆のプロフィールがある。彼らは若者たちを憎悪し、若者たちも彼らにしっぺがえしをする。勿論、彼らの資金は子や孫を養育するのに役立ってはいるのだが、彼らの年金や財産は危機のただ中にある社会や生活設計に苦しんでいる若い世代にとっては腹立たしいものである。政治家たちのレベル、あるいは専門家であれ、評論家であれ、分析家たちの間では、一定期間以内に根本的な解決を目ざす（要するに、これらの厄介者たちの生活を支えることを止める）必要があると単刀直入に明言するためには、ジャック・アタリの皮肉であけすけな物言いが必要だったとしても、ヨーロッパや世界を見渡しても今の政治家たちはいくつかの態度の間で動揺している。カリカチュアになるかもしれないが、それらを以下に列挙しておこう。すなわち、退職年齢をおくらせてシニアたちを働かせること、退職期間を短かくし、彼らに課税することによって、彼らからしぼりとること、医療の公的サービスを軽減するために彼らを自宅に送りかえすこと。ここに挙げたことは、勿論、誇張されてはいるが、それを支持することは、国家であれ集団であれ、社会の責任に目をつぶることであろう。地方的、国民的、そして国際的な規模において、人々は「老人政策」、より正確には「終末」の政治学において協調しようとしている。各国の反応は様々であろうけれども、議論は国境を越えている。そこに新しさがある。

老いから終末へ（死出の旅路《デス・トリップ》）

アメリカ人が六〇年代にもたらした主題を再び取り上げるなら、現代の私たちにとっての「死出の旅路」は、いくつかの要因が恒常化したために、まちがいなく変容している。例えば、労働災害の結果である「暴力的な死」は、過労や職業病と結びつくことによって肉体労働者の平均寿命を一〇歳以上も引き下げる原因のひとつとなっている。暴力的な死のもうひとつの形態は、自動車やモーターバイクの事故というメディアに取り上げられるような、青少年の死である。他の職業や世代においては、医療体制、予防、外科手術の進歩の効果が認められる。私は先の二つの序文〔一九八二、二〇〇〇年〕においては、幾人かの社会学者がある時期に提案していた「生き残り」というカテゴリーを微笑みながら（？）紹介したものだった。おそらく、そのようなカテゴリーは今日では消滅してしまったと言えるかもしれない。なぜなら、医療技術の進歩によっていまや私たちの多くが「生き残り」なのだし、しまいには「自然な」死について語ることも近いうちには幻想となるだろうから。

信仰や来世観には何か新しいものが生じただろうか？　だしぬけに問いを発したとしても、一五年という短い期間の中で何か意味のある答が得られるとは思えない。とはいえ今の私たちの中に浸透しつつある新たな精神的雰囲気のようなものは感知される。私は不安というものを、老化と、その結果である社会的地位の低下とに直接結びつけていたのだが、いまやそれを越えて、集合的な恐怖が、過去の恐怖に未来の恐怖を結び合わせながら、私たちのもとに忍び寄っている。

帰ってきた恐怖

かつてアングロ＝サクソンの社会学者は、自由主義世界は数十年かけて広島の強迫観念と十分折り合いをつけられるようになったと書いていたが、私たちの時代はもはやそんな時代ではない。現代における死は、メディアによる配信のあらゆる手段を駆使して増幅し、二つの波となって攻勢をしかけてくる。ひとつは過去の復活であり、もうひとつは将来への不安である。過去は、戦後の数十年の間に清算されてしまったと思われていた。だが七〇年代（『ホロコースト』一九七六年）になってショアー〔ユダヤ民族の絶滅〕やジェノサイド〔民族大虐殺〕が発見もしくは再発見されるようになり、それは集合的記憶を刺激し、スターリン時代あるいはポスト・スターリン時代のグーラーグ〔ソ連の強制収容所〕や大量虐殺と結びついた。「記憶の覚醒」は私たちの時代のキーワードのひとつであり、世界各地における虐殺は〔メディアによって報道されることで〕ダイレクトに日常的な光景となり、いながらにして死と慣れ親しむようにしむけるのだが、そのことによって私たちの苦痛が軽減されるようになったと言うのはあまりに安易であろう。

いずれにせよ、未来の恐怖についてはそう言えそうにもない。現代の黙示録はチェルノブイリがその例証となり、福島の津波と災害がこの不安を新たなものにした。嵐や竜巻のような気候変動と結びついた災害は自然の死を予言するものであろうし、私たちの文明がCO_2の排出や農作物の遺伝操作などによって地球の均衡を破壊していることがその原因であろう。黙示録は明日にも起こるのか？　人は首をかしげるが、そうした想いは今日の世界経済の危機によって増幅し、高まっていく。だが私は読者にことわっておくが、私たちを「退廃期のローマ人」にみたて、一部にすぎない贅沢と享楽への呼びかけに酔い痴れている消費社会の行き過ぎに〔黙示録の〕暗い思想を結びつけるのは安易だと思う。

聖なるものの回帰

私が「心性」と形容することにこだわっている領域においては、伝統的に宗教が支配力を持っていた「来世」という領域に踏みこまざるをえない。〔現代の〕預言者たち――マルロー他――は二〇世紀が聖なるものの回帰の場になるだろうと予告していた。部分的には、彼らの言うことはもっともではあるが、ただし、今日の聖なるものは彼らが期待していたものとは合致しない。二〇〇〇年の序文で行なった現状確認ともつながるが、もはや非キリスト教化の進展を過少に見つもることはできないのであって、今日の西欧における宗教実践の後退、聖職者の悲劇的な人手不足、「制度教会」の危機は明らかであり、その一方でヨーロッパにおいては、さらにはヨーロッパの外側――ラテン＝アメリカやアフリカ――においてはセクト教団やキリスト教以外の宗教が盛んになっている。原理主義への固執、イスラムとの闘争（イスラムもまた、死については「原理主義的な」解釈を持っている）は既成宗教の明らかな敗北の裏返しなのである。

大いなる無秩序

ここでは特に際立っている一、二の事例を参考までに取り上げるにとどめておこう。神への信仰と天国への信仰との関係がどうなっているか、地獄が後退しているか、回帰しているかを計り知るために、私はフランス人の信仰について最新の統計にあたってみるという(いつもの私の)癖を捨てきれないでいる。質問される人々の多くにとって、今や一般的な答は次のようなものだ。――「何かあるとは思うけれど、自分には分からない」。そうかと思えば、生者と死者の間で変わることなく交わされる交信によって保たれる信頼感もある――「私たちは〔それを〕再び取り戻すことだろう」、あの「私たちをとりまくコート＝ディボワールの現存在を」（オワシブオ・オエ）。バラバラな個人もいれば、教会に忠実な人々もいる。ヨーロッパで台頭しているセクト教団は、アフリカやラテン＝アメリカでは充満している。輪廻への信仰〔仏教〕はまだ慎ましい地位にとどまっていて、東洋的精神性の普及は限られたものであるように思われる。今から二年前（二〇一二年）にコレージュ・ド・

フランスで開かれた火による殺戮〔火葬〕についての重要な研究会に私は参加したのだが、ごく手短かに話すなら、ほとんど唯一のヨーロッパ人であった私は、それ〔火葬〕が私たちの世界にとっては文化的に相容れないものだという立場を支持したのだった。火による刻印はアルビ派からジャンヌ・ダルク、そして魔女の火あぶりに至るまであまりにもネガティブなので、受け容れる気にはならないのだと。しかし、結論を下すには慎重であらねばならない。

いずれにせよ、二〇〇六年にアヴィニョンで開かれたコロークで、私は煉獄の歴史家という資格で閉会の辞を述べたのだが、それは贖罪の第三の場としての煉獄が終焉の時に来ていることを確認するものであったように思われる。煉獄は何百年にわたってカトリック教会にとってはなくてはならない場であり、それによって教会は死にゆく信者に向かっては罪を清めることを、死者の家族に対しては喪の勤めを行なう場を提供してきたのである。専門家たちが私に語ったところでは、今日でもアフリカやラテン＝アメリカでは、それは重要な場であり続けているというが、ヨーロッパのカトリック圏では、地中海沿岸諸国においてさえ信仰はゆらいでおり、それはフランスにおいてのみではない。ごく最近の博士論文の審査に加わった私は、論文を提出した女性から質問を受けたのだが、何と彼女は「喪の勤めを引き受けるのは煉獄の魂だった」と思っていたのだ。これは、おそらくは大いに広まってしまった無教養の稀な証言であるかもしれない。けれども、このエピソードの根は深い。ラカン派その他の精神分析学者が「喪の勤め」のフロイト的概念〔愛の対象の喪失後、徐々にその対象から離れていく精神内部の過程〕を手荒にあつかっている時代においては、新聞雑誌、テレビ、様々なメディアを見ても、ことあるごとに「喪の勤め」という言葉が濫用され、その意味がゆがめられてしまったことは一目瞭然である。例えばブルターニュの漁師がその獲物を失った時、彼らの損害を補償するよりも、精神分析学者のチームを派遣してエビのために「喪に服す」（漁師にあきらめさせる）ことの方が簡単である。このエピソードはともかくとして、今日流行となってしまった「喪に服す（あきらめる）」という表現は、現代人の間に最も広まってしまった態度や欲求のひとつを反映していると私は考えている。「宗教の救い」は今日、はたして求められているのだろうか？

喪

臨終の床に聖職者が立ち会うことがどうして稀になったかについてあらためて考えることは、人生の最終段階（終末）へと立ち戻ることである。そうなってしまったことには実際的な理由があり、それについて細々と述べることは意味がない。死への準備において、第二ヴァチカン公会議は臨終の際の終油の秘蹟を病人のための聖体拝領に代えることにより、その下ならしをしてしまった。しかしそれは不当なことであり、今日例えばリヨンの司教ビオ師の司教教書などを読むと私は唖然とさせられる。なぜなら、それは死への準備を無視しているわけではないけれども、その関心は全くもってあとに残される家族や喪に服する人々、つまり救いを求めるあらゆる色あい、あらゆる文化、あらゆる無知をかかえた人々に向けられているのだ。

教会の指導部は自らかつての教義をことごとく否定してしまった。例えば煉獄のイメージからその空間的な表現をはぎとり、また教皇ベネディクトス一六世（在位二〇〇五～二〇一三年）の時代には聖省〔教皇庁内の高僧委員会〕を使って辺獄《リンボ》〔キリスト以前の義人、洗礼前の幼児などが住む所〕を廃止させたので、未洗礼で死んだ何百万の幼児の魂の行く場がなくなってしまった。冗談はともかくとして、死についての議論が爆発的に高まる中で、教皇フランシスコ（在位二〇一三年～）の態度がどうなるかが注目される。枢機卿たちは目下のところ（二〇一四年）、キリスト教徒における不統一をあばいた質問状に対する回答を検討している最中である。「起こりうべき理論（教義）上の展開に対して教会が対置する自然法という概念は大いに不可解である」（二〇一四年二月二一日の『ル・モンド』の書評）。

私たちは来世を経巡ったあとで（また戻ってくるのだが）、今度は終末期の病人が横たわる臨終の床へと立ち戻ることにする。誰もが――読者も私も――そこに近づくのを恐れてはいる。けれども、私は近年（二〇〇四～二〇一四年）私たちの社会を揺るがしている「終末」についての大論争（フランスにおける論争だが、普遍的な射程を持つ）を取り上げることによって、そこに近づいていくことになる。

大論争

「私から死を取り上げないでくれ」というダンヴィル師の叫びは、私たちを一九七〇年代の半ばに立ち戻らせる。その頃は、フィリップ・アリエスの書いたものと私の初期のものとが、仲良く競い合っていた。ところが二〇一三年には、ジョルジュ・ポンピドゥ病院の老人病学科の科長オリヴィエ・サン・ジャンが次のように書いている。「高齢者の終末は、今日では放置と延命の間でさまよっている」。これらの二つの年代の間でひとつの論争が生まれ、高まり、今日では頂点に達している。私はこれまでに述べてきたところで参考資料をほとんど呈示したと思うから、あらためて繰り返すことはしない。私はこの直近の歴史の中のごく新しいところだけを取り上げて、その発展を跡づけるだけにとどめるつもりだ。

一九七〇年代にフィリップ・アリエスがゴーラーの「死のポルノグラフィー」に言及した時、彼は二〇世紀初期の「タブー」のいわば死滅を宣言していた。それ以後、科学と医療の目覚しく発展した時代にあって、論争の場は延命治療へと移った。まずはじめには、サン・クリストファー病院の事例やキューブラー・ロス博士の著述（一九六五―七五年）による、終末期の病人にとっての生きる権利のための最初の闘いがあった。私たちは彼らの考え方と緩和ケアの実践を受け容れたし、その歴史も八〇年代からは、終末期の病人の人格を尊重し、彼らに平穏な最後を保証するプログラムにもとづいて書かれるようになった。この歴史は、アメリカからの輸入であるとして当初は黙殺されていて、公的な承認を得るためには一九八六年まで、とりわけ一九九九年まで待たねばならず、しかもその普及は依然として限られたものだった。これと並行して、「尊厳死」のテーマはこれもまたアメリカに起源を持つものだが、「安楽死」（積極的もしくは受動的）によって死を選択する自由の原則を支持するフランスのエリートの間で共感を呼んだ。

医師たちは、絶望的な状態にある患者の要望にもとづき、こうした直接介入を実際に行なったことがあると表明することによって論争の火ぶたを切った（シュヴァルツェンベルク、一九九九年）。ただし、安楽死は専門家や保守層の間では強い反対をひきおこした。二〇〇三年一〇月にはパリで「終末、連帯、倫理、自由」についての大コロークが開かれた。二〇〇四年には大規模な意見聴取がジャン・レオネッティを委員長とする国民議会〔下院〕の委員会によって行なわれた（私は光栄にも最初に意見を問われ、曖昧な謝意を受けた）。二〇〇五年四月二二日の「レオネッティ法」の起草によって示された表面的なコンセンサスは、明らかな前進であると同時に、踏み越えるべきではない限界――積極的安楽死――をも設定している。法律は、緩和治療（モルヒネその他の使用）によって、たとえ生命を縮める恐れがあるとしても、患者の苦痛を軽くすることができるなら、その可能性を承認しているのだが、積極的安楽死は依然として違法であり、医師は法律の前で責任をとらねばならない。こうした妥協策は保守層や宗教界（少なくとも開明的な）では進歩として歓迎された。それは、「殺人」行為に加担することを拒否する医学界の大部分をも同様に満足させた。

けれども一定の状況下での尊厳死を支持する者たちは、アンリ・カヤヴェによって、さらにはジャン＝リュック・ロメロを会長とする「尊厳死の権利のための協会」（ＡＤＭＤ）に擁護されてレオネッティ法の限界を攻撃し、「すべての者が緩和ケアを受けられるようにし、同時に最終的には尊厳死と、立ち会いの下での自殺を承認する法律……あらゆる人々に適用され、何人にも強制されない法律」を要求し続けた。「それによって、各人が平等に、自らが欲する時に死ぬか生きるかを決定するあらゆる可能性を持てるようになる」と。こうした要求に押されて、ジャン・レオネッティは二〇〇八年にその実施計画の中に若干の修整を加えた（積極的安楽死を行なったとされる医師に対する免責）。論争は数年にわたって続き、安楽死を合法化しているオランダやベルギーの法律、立ち会いの下での自殺を採用しているスイスの法律の事例とフランスのそれとのちがいが論じられた。

大統領選挙の候補者だったフランソワ・オランドが二〇一二年にこの問題について立法化を提案したことは、それまで国が行なっていた引き延ばし政策によって水を浴びせられてきた期待を再び呼び醒した。というのも、二〇一二年の一二月には、シカール教授に委任された法案の起草は、いいかげんな諮問にもとづいて二〇一三年冬の報告にまとめられたものの、一部の同僚議員の意見にひきずられたこの小心者の議員は以下のような見解を述べた。つまり、医師は断じて死を与えてはならず、「原則的な禁止は破られてはならない」と。折衷案としてとられたのは、患者が最終段階に達した時に食物と水分の補給を停止し、苦痛なしに（？）死に至る睡眠状態に至らせるという、「終末鎮静」である。これがシカール氏の仲間たちの約束することだったが、安楽死の擁護者たちは憤った。なぜなら、こうした解決法は「死ぬまぎわの苦しみを引き延ばしたうえで、飢えと渇きによって患者を死なせる」ものだからだ。

二〇一二〜二〇一三年、さらに二〇一四年にかけて私が目を通した数多くの新聞記事において、議論は混乱しているかと思うと時としては断固たる調子になる（例えば、シカール教授自身が終始逃げ腰だった終末期の鎮静処置について)。だが雑誌『ル・プロジェ』の記事によれば、フランス政府が期待される法律の前提となる諮問を二〇一四年六月にまで延ばそうとしたのは、選挙対策を考慮したためだけではないことが分かる。オランド大統領はシカール報告よりは大胆で、スイスで認められている立ち会いの下での自殺におそらくは前向きだと言えるだろうか。見送りになる確率は高い。

けれども、私たちが立っている時点において、私はもはや諮問を受けないとしても、歴史家として即席にひとつの決算書を作成するだけの十分な知識は持っている。言われたことと、言われないことから判断して、関係するグループの態度とその動機の裏側を見抜くことは可能なのだ。

再び当事者たちへ

まずはじめに出頭するようにと私が呼びかけているのは、活力ある人々ではなく、今日もなおサン・ジャン教授が言っているような、「放置と延命の間で」分かたれている「高齢者たち」である。ただしそれは、たとえ善意からであろうとも苦痛の原因となっている延命治療のためではない。大部分の老人の運命となっている放置についても同じことが言える。

これらの老人たちは、八〇%もしくは八一%が自宅で、もし可能ならば家族に囲まれて死ぬことを希望している。だが現実にはそれは彼らの二七%にすぎない。彼らは緩慢に進行する癌よりも卒中の発作による急速な死を望んでいる、と三〇年前に私は書いていた。今でもそれに変わりはないかもしれないが、彼らはその後さらに痴呆の状態になることを恐れている。彼らは自分たちの自律性を確保したいのだが、それが難しい時には何らかの形で支援されるか、あるいはケア・サービスの施設に入ることを考えている(生きて出ることのできないこの場所は何より嫌われているのだが）。臨終に際しては、〔遺言によって本人が〕指示するようにと奨励されてはいるものの、そのとおりに死ぬ人はごく少ない（三・五％）。大部分の人たちは無知であるか、本能的にそれ〔死〕から目をそむけようとし、葬儀屋の恥知らずの宣伝だけがそこに目を向けさせようとしている。

私たちが見てきた論争についてよく知らないはずの公衆は、それでも最終的には、調査においてその五六％が医師の幇助によって死ぬことに賛同している――「もし、おだやかに死ぬことが可能なら」と。ただし、そのためには医師の同意が必要である。論争を通して、主たるパートナーの一人として現れた医師たちにおける良心の葛藤の大きさを見ることができる。一般医の多くは困惑しているが、物知り顔の人たちは、そんなことは自分に関係ないとばかりにしばしば彼らを上から見下ろしている。反対に、シュヴァルツェンベルクや「尊厳死〔の権利のための〕協会」によって告発されている機関や「ロビー」は様々な機会に介入し、神聖なる使命、すなわち生命の奉仕者である医師が死に手をかすことを禁じたヒポクラテスの誓約を擁護している。医学界は二〇一三年二月までこうした立場に固執し続けていた。医学界は終末期の鎮静処置を「人類の義務」として承認したものの、それは医療による死の幇助の例外であることを強調し、それが医師団の意見にもとづくものであり、良心条項に則るものでなければならないとした。このような譲歩には次のような荘厳な宣言が付されていた。「医師は断じて死に手をかしてはならない……原理的な禁止は破られてはならない」。

実際のところ、調査された六〇五名の医師たちは、古い、かつての指導者たちよりはあきらかに前向きの姿勢を示している。九五％が良心条項を支持してはいるものの、六〇％が安楽死に賛成と言っている。九二％がそれについて〔患者から〕意見を求められることを希望し、三五％がそれに参加することを受け入れ、一三％が原則的に拒絶している。立ち会いの下での自殺については、五八％が反対し、三九％が賛成している。

論争はこれで終らずに、積極的安楽死に代わるものとして提起された緩和ケアの問題が取り上げられる。指導者たちは修整されたレオネッティ法を擁護しようとして、強力に安楽死を拒絶する。「それは患者の苦しみを軽減するのではなく、患者をふるい落とすものでしかない」（エリック・フォシエ）。つまり、終末期の鎮静のみが、大部分の患者の苦痛を軽くする願いに応えるものだというのだ。「鎮静処置が飢えと渇きによって患者を死なせるというのは嘘言である」。しかしながら、それこそまさしく、シュヴァルツェンベルクのような「病人たちを助けてきた」と言明していた先駆者たちの仕事を現在引き継いでいる医師たちの間で言われていることなのだ（『ル・モンド』二〇一四年二月一八日）。

語られないこと

この見かけ上の閉塞状況の中では、語られないことの壁を突き破る勇気を持つことが必要である。二〇〇三年にレオネッティは私を前にして、俗人からブータン夫人のような宗教的原理主義者に至るまでコンセンサスを代表していると自画自賛していた……これは幻想だろうか、それともまやかしだったのだろうか。曖昧さがいつまでも続いたのは、右翼から左翼まで、どちらの側においても共通の態度があったという事実のためである。私は直接諮問にあずかっていないので、『ル・モンド』（二〇一三年一二月一二日）に掲載されたシカール委員会への回答の抜粋とか、『ル・プロジェ』（二〇一二年四月）が編集した論文のような、刊行資料に依拠するしかないのだが、後者について言えば、一枚岩であると思われていた左翼の見解においても「不統一」が存在することの確認に終っている。

『ル・モンド』の記事においては、二つの立場、すなわち修整されたレオネッティ法が認めることのできるような穏やかな死に執着する人々と、近親者の苦痛が続き、それが激しくなっている時には、真の解放となる注射を要求するのは〔医師の〕義務だと考える人々の証言とがとなりあっている。その中にあって唯一人、老齢の聖職者が、信仰を持つ人と持たない人とでは違いがあるという意味のことを言っている。「もし生きている神を信ずるなら、もし誰かがあなたを〔来世で〕待っていると考えるなら……」。けれども彼自身、どちらの立場に立とうとしているのかはっきりしない。それこそテキストの中で語られない本音の部分なのだ。

左翼について簡単に言うなら、その「不統一」は共産党の指導者たちの態度に示された不協和音の中にあらわれている。自由と人権の指導者であるイザベル・ロランは二〇一二年一二月に『ユマニテ』の中で、安楽死はどこまでも「違法な行為」だと書いていたが、彼女は、死に手をかすという危険な権利が内包する優生学的な逸脱に対して異議申し立てをしたのだ。同じ年の『ル・プロジェ』におけるアクセル・カーン教授——重要な新入り党員だが、シカールと同様、「殺人を犯した」医師に免責を与えることで柔軟になったレオネッティ法を支持している——の態度も同じ傾向を示している。とはいえ他の論文は、ポール・ラファルグとその妻ローラ〔マルクスの娘のラウラ〕が一九世紀末にその模範を示していた伝統の中に人間が自らの生命を決定する権利のあることを喚起していた（ただしレーニンが「革命家には自らの生命を決定する権利はない」と言って、自殺を厳しく非難していたことは忘れられている）。

年々議論は深まってきた。おそらく右翼よりも左翼においてその傾向はより鮮明である。また大雑把にいってカトリック陣営においては、多くが緩和ケアの導入に賛成しているが、今の世代のカトリックは「罪深い自然」というキリスト教的な伝統の中で引用されることの多かった苦痛の肯定的な価値を否定してしまっている。「自然法」は一八世紀以来教会によって排斥され、一九世紀にはピウス六世〔在位一七七五—九五〕からピウス九世〔在位一八四六—七八〕に至る戦闘的な教皇たちによって更に一層非難されていたものだが、いまや驚くべき変化をなしとげている。つまり第二ヴァチカン公会議〔一九六二—六五〕とその後継者たちは、今日では自然法を宗教の主要な財産として自分の所有にしようとしているのだ。生命の絶対的な擁護という考えは、その起源においても、またその帰結においても、とりわけ家族をその要とする伝統的諸価値を守るための主たるテーマのひとつと今日では思われている。けれどもこうした主張はどこまで前進することができるのだろうか。「私から死を取り上げないでくれ」というダンヴィル師の叫びは、死ぬ権利の擁護の事例として引用されうるのだろうか。それは、どのような意味においてなのだろうか。本音は、明らかであるにせよ、ないにせよ、人が政治的立場に立つか、あるいは単に倫理的な立場に立つかによって同一ではありえない。当然のことながら、政府の高官の態度の中にもそうしたことがないはずはない。ヒポクラテスの誓約は、「汝、殺すなかれ」の世俗(古代)版だが、私たちの文明と、死に対する戦いの手段とが進歩したことによって、今あらためて再考を余儀なくされている。

この意味でも、私たちがここ数年において相対してきた死の危機は、まちがいなく一時的な混乱ではないし、ましてやフランスや西欧に限った現象でもない。それは死の歴史の中に決定的な一場面を刻印するものなのだ。

二〇一四年記

ミシェル・ヴォヴェル

序章

死の鏡に映し出された人間の歴史

死は、今日では少し色あせたものになり、昔日の恐るべき衝撃力を失ってはいるが、その分かりやすい結果からして、やはり恐れられている。鏡に自分の姿を映し出す時、人間はそこに死の影を見出す。一六世紀からバロック時代にかけてのドイツやスペインの画家たちは、この驚愕の効果を描き出す術を心得ていた。鏡は化粧をしている若い娘を驚かせ、老いたるブルクマイル〔一四七三―一五一三。ドイツの画家〕夫妻はあきらめの境地で死を迎え入れる。彼らの顔が髑髏となって鏡に映っていたからだ。

しかし、おそらくはそれゆえに、死の歴史はこれほどまでに魅力的なのだろう。歴史家にとっては、問題となるデータをひっくり返したり、まなざしのやりとりをあべこべに解釈したりしながら、人間が死を迎える時の様々な集合的態度から出発することによって、逃れる術のない死への旅路の中で様々な反応に囚われている人間を再発見することが問題なのである。

このように定義された死の研究は、新しい心性史においては並々ならぬ位置を占めている。それは、最初の段階では文化の発展に関心を寄せていた研究者たちを、少しずつ、明晰な思想が無意識な態度に取って代わられる領域へ、つまり心性の諸特徴が言説と同じくらいに、あるいはそれ以上に行為に刻み込まれている領域へと身を投ずるように導いて行く、あの発展の基本線に位置づけられる。この歴史においては、固有な調査領域がいくつかある。すなわち、生を前にした人間の態度、家族の構造、そして死それ自体である。これらの異なる調査領域は、ある程度、同一の方法によって調査される。なぜならば、死亡率の重みは生に対する人間の態度に反映され、家族の感情は死を前にした人々の振舞にそのまま表現されるからである。つまり、あらゆることが絡み合っている。

我田引水をするつもりはないが、死の歴史は、この複雑な絡み合いを解き明かす上で、模範的で格別の価値を保持している。ブラックユーモアを抜きにして、死は人生の冒険の中で、理想的で……しかも避けることのできない不変の要素である。ただし、不変といってもまったく相対的な要素でもある。人間と死の関係は変化するし、死が人間を襲う仕方も変化する。しかし、結論は依然として同じであり続ける。だからこそ、あらゆる冒険の終わりに人間を待ち受けている死は、特に敏感な現像液〔啓示〕のようなものであり続けている。つまり社会というものは、死のシステムを通して、何らかのやり方で自らを測定したり、評価したりするものだと言える。けれども、人生の最後の旅路の価値づけ、もしくは強調は、その弁証法的な補足として、我々の人生のこの「特権的な」瞬間を他の何にも増して隠蔽、回避、タブーのネットワークの中に取り込んでしまうか、または逆に、幻想的な創作物や、呪術的な振舞、宗教的・イデオロギー的な説明様式の中に取り込んでしまうことになる。死の歴史がもたらす人間のイメージは、ひどく変形されたイメージなので、その意味を正確に解読しなければならない。おそらくそれ故に、〔死の歴史という〕この企ては情熱をかきたてるのだが、また同時に、慎重かつ大胆なアプローチをしなければならない。なぜ「慎重に」かと言えば、集合的態度の「モデル」を捜しだそうとするあまりに、それを極端に単純化してしまい、実体を歪めてしまいがちだからである。なぜ「大胆に」かと言えば、死の歴史に正しく辿りつくための唯一の方法は、それを生物学的・人口学的な死から、死についての感情の最も入念に仕上げられた作品に至るまで、一つの全体として把握することにあると思われるからである。従ってこの調査は、非常に長期にわたる持続の中でしかおそらく遂行できないものでもある。

以上のことが、まずはじめに私がはっきりさせておきたい二つの方法的立場である。なぜならば、これらの二つの方法は、私なりに了解しているこの調査を左右するものだからである。それは全体的で垂直的な歴史であり、下から上へ、つまり、終末の苦しみから来世〔の安心〕へ、人口動態から思想史へというように、死の道程を下から上へと辿っていく。それはまた長期にわたって展開される歴史であり、事柄の性質上、既知のものから未知のものへと、つまり現代の死から伝統的な死へとさかのぼっていくのである。

垂直的な歴史

垂直的な歴史とは何か。それは、はじめから機械的な因果関係を想定したりせずに、「耐え忍ばれた死」、「生きられた死」、「死についての言説」の間に脈絡をつけるべき歴史だと理解しておこう。この三つの表現、もしくは説明装置は、私が少し前〔*Mourir autrefois*, 1974〕に提唱したもので、調査にとって必須な投錨点に対応していると私は思っている。

第一のレベルは、一目瞭然である。死の事実そのものは、〔人口学上の〕曲線に——それを描くことができさえすれば、ただちに——表現されるのだが、それ以前の時期については間接的な証拠によって表現される。この曲線は、原初の時代からつい昨日に至るまで持続した「古いタイプ」の死亡率の重みを物語っている。つまり、単純化して言うなら、平均年においては三〇〜四〇‰の死亡率を示し、結果として、短い平均寿命（大部分の場合、二〇歳から三〇歳）しかなく、若年層の「人口天引」が高い比率で行なわれ、同一世代の五〇％程度（時にはもっと少な目のこともある）しか二〇歳まで生き延びることはなかった。この古いタイプの死は、死亡率が急上昇し、伝染病が猖獗を極めた大いなる危機の時代のもので、連続する痙攣のように襲いかかり、その絶頂期には人口の三分の一から半分を、まるで鎌でなぎ倒すかのように奪い去っていった。

二〇世紀末の西欧社会では、死亡率は一〇‰前後に止まり、幼児死亡率はきわめて低いものとなった。生誕時平均余命は一般に七〇歳を越え、いくつかの国では、女性の平均余命は八〇歳を越えている。これらの数字をほんの少し前の数字と比較してみるなら、唖然とするほかはない。しかし、そんなことで驚いていては、第三世界において、この「古いタイプ」の現実が依然としてより身近に存続しているということから目をそらすことになる。記録にあらわれる転換が数量的にあまりにも大きいために、何もかもを説明する、安易で先走った結論へと導くかもしれない。つまり、過去において死は辛く過酷なものだったが、現在では大した衝撃力を持ってはいない……すでに死は、私たちから遠く離れた存在になってしまったのだ、と。

歴史は、たしかにこの人口学的な調整作用に当然帰せられるべき重要性を証明してはいるのだが、事はそれほど単純なものではない。死に対する集合的な関心と生誕時平均余命との間には、かつて単純化して言われたような、直接的な依存関係は存在しない。発作的な〔死の〕上昇期を除けば、古いタイプの死亡率は、絶え間のないパニックを生み出しはしたが、むしろ死に対する慣れと忍従をより多く生み出している。

けれども、耐え忍ばれた死の重さを量ることは、「人口天引」の社会的要因の重大さを十分に測定することでもある。第一に、性あるいは年齢による不平等があり、第二には、長い間かかって別々に形成された都市（特権的な都市であれ、養老院化した都市であれ）と農村との対立がある。この対立こそ、農村が、伝統社会において民間伝承化された死の古いタイプのシステムの保持者であり得た理由を説明するのである。おそらくはさらに、重大な裂け目が残っている。すなわち、長期にわたってもっぱら勘定に入れられてきた支配層の死と、無名のまま埋もれていく貧者の死とを対立させる裂け目である。観念的で、抽象的でさえある我々のプログラムは、直ちに「生きられた死」の様々な形態の測定へと向かわせる。生きられた死とは、この耐え忍ばれた「人口天引」の単なる反映でもなければ、延長でもない。

生きられた死とは、簡単に言えば、まずもって死を宣告する病いに始まり、臨終、墓、そして来世へ……と続く一連の道程につき従う、身振りと儀礼のネットワークのことである。だから、生きられた死は、なによりもまず呪術的・宗教的・市民的な葬送慣行という安定した枠組の中におさまっている。これらの慣行は、いつの時代も、臨終・葬式・埋葬・喪などの様々な儀礼にひとつの構造を与えることによって死を飼いならそうとしてきたのだが、そこには時として強制的なシステムが反映され、またそれ以上にしばしば錯綜した文化的伝承の重なりが見られる。

しかしながら、生きられた死を、これらの〔儀礼的な〕諸要素に還元するのなら、依然として、その形式的な表層を眺めているだけにすぎない。その内側には、一様でもなければ、不変でもない、死に対する感受性が表現されている。人間の死が、「自然」であった、つまり、恐れも不安もなく心静かに受容されていた、というような時代がかつて存在したなどと私は思わない。そうではなくて、死の役割は大きくなったり、小さくなったりする。子供の死は、一九世紀に入ってことさら辛い痛手となるのだが、それはいつの頃から真の喪失と感じられるようになったのだろうか。同様に、死がもたらす喪失の感情において、男女の間の平等は、いつの頃から実現されるようになったのだろうか。

見かけは素朴な疑問であっても、世間に受け入れられている紋切り型の答の罠を避けようとするなら、単純な答など存在しない。これらの疑問は、人々が死を飼いならすために用いてきた身振りと儀礼の質的な歴史の領域に、「数量的」なニュアンスを導入する契機となる。勿論、歴史においては感情が、特に死への恐怖が高まる時期が存在する。伝染病が猖獗を極めている時のパニック状態があり、また、より漠然とした形ではあるが集合的感性が死に対して苛立っている時期もあるが、その一方で他の時期には、〔死の〕万力はゆるんでいるようにも見える。生きられた死の歴史とは、このような息づかいの歴史でもあるが、それは直ちに、死についての集合的言説の研究へと通じている。

〔身振り・儀礼から言説への〕移行は微妙なもので、極端な場合には人為的なものだとも言えるだろう。葬儀における身振りや儀礼であろうと、また死に対する感性であろうと、そこにおいて表明されるのは、すでに集合的な言説である。しかも、その大部分は無意識的な言説である。様々な身振りの繰り返しや苦悩の唐突な表現は、それが無意識のうちになされたものであるだけに、それだけ重要であり、心に深く根ざしている集合的表象の証言なのである。ある人々（フィリップ・アリエスもその一人）ならば、それを「集合的無意識」の中に分類するのかもしれないが、この概念についてはあとでまた検討しなければならないだろう。しかしながら、死についての体系だった言説を軽視して、このレベルを、つまり「無意識の」証言を仲介すると称するこのレベルを徹頭徹尾、特別扱いすべきだとは私は思わない。

言説の媒体は、時とともに変化してきている。一九世紀の実証主義史学にならって、それを以下のような諸段階にきちんと区分することもできるだろう。すなわち「呪術的」言説から、長期にわたって支配的であり、それどころか唯一公に認められていた宗教的言説へ、というように。それから徐々に、哲学的、科学的、あるいは市民的といったように様々な形態をとりながら、死についての「世俗的」な言説が姿をあらわす。最後に、一八世紀末以降の現代においては、死についての文学的な言説が急激に増加するが、それは、今日のメディアに至るまで多様な形態をとっており、それまで集合的イマジネールの表現媒体であった伝統的枠組（厳密な意味での文芸、あるいは芸術的表現）を粉砕してしまった。このように死についての言説を追っていくことで、来世についての表象の変遷を辿ることができる。この表象は、死と来世についての全体的なシステムの要の石となることで、ごく最近までそれを生きながらえさせ、また大多数の人間に適合するように、かなりの程度までそれを修正してきたのである。

先回りして言うわけではないが、三層からなるこの歴史に困難がつきまとうことは、はじめから感じとることができる。死の身体的もしくは生物的な現実に対しては、身振り・態度・言説にもやはり現実的な自動走行装置が存在する。死の慣行それ自体と、死について行なわれる言説との間には、複雑な弁証法的関係が織りなされ、この関係は一方通行的なものでは決してありえない。集合的表象と、それを表現する身振りとが変化していくのに対して、例えば宗教的言説は一定の期間変わらないままである。例はこれだけにしておくが、このような背反現象が、西洋における二〇世紀の特徴を大いにあらわしている。反対に、今述べたことと全く矛盾しているわけではないが、死に関するある形態の言説――例えば文芸や美術――が、まるで検電器のように敏感に、集合的感性の震動をそのモードにおいて、あるいはその瞬間的なパニックにおいて検出することがありうるのに対して、地下では古い死の技法が依然として生き続けている。

長期持続における歴史

これまで述べたことによって、死の歴史を長期持続の中に位置づけることがいかに大切であるかが理解できたかと思う。そんなことは当たり前だ、と言われるかもしれない。けれども、ごく最近まで、それは当たり前ではなかった。二〇年ほど前の著作『死の神秘と祭式』(一九五六年)(1)を、ほんのちょっとでも繙いてみるならば、いささか驚きではあるが、多くは神学者である研究者たちが、死に対する信心の様々な形態については、近現代のそれよりも初期キリスト教や中世初期の方に比較的よく通じていたということに気づく。その当時に比べると、事態は一変した。『死を前にした人間』[2]という浩瀚な著書を書いたフィリップ・アリエスのように、長期の視点から歴史を見ることが死の歴史の先駆者においてはすでに確立している。

さらに、長期的視点で行なわれるこの調査に与えられた意味について理解しなければならない。一三世紀に始まる近代の大変化の前に、自然な死、アリエスの表現によれば「時間を超越した死」を再発見することが問題なのだろうか。そうだとするならば、長期の持続は動かざる歴史の永遠性の中にじっと止まってしまうことになるかもしれない。これこそ、現代の歴史学の中に様々な経路を通じてしばしば現れる誘惑の一つである。民俗学者の後裔である人類学者たちは、彼らの足場である「伝統的生活様式」が解体されるまでは、古くからある死のシステムの不動性を信じようとする傾向を持ちがちである。私は、アリエスの思想をこんな単純なイメージに矮小化しないように気をつけてはいる。アリエス自身は、飼いならされた、あるいは時間を超越した死というモデルから出発して、集合的態度の発展を数世紀にわたる長期の中で展開する諸局面の連続として理解するよう勧めている。すなわち中世末期からの個人的な死（己の死）についてのしばしば悲劇的な執着から、一八世紀以後、ことに一九世紀から展開し始め、ロマン主義の時代に頂点に達する大切な人の死（汝の死）への横滑り的な変化に至るまでの発展、そして最後に二〇世紀は、ごく最近まで、現代の新たな「タブー」をつくり出すことによって、死のイメージ自体をも追い払おうと努めてきたということになる。

この大まかな時期区分は、あらゆる意味での長所と短所を示しているものの、死に対する態度が個性化するのを順に追っていくことによって、それが死の歴史に影響をおよぼした数世紀にわたる息づかいに対する注意を引きつけたという点では、大変な功績があった。その歴史は、長い時間幅の中で表明されるとしても、不動のものではなく、そこではひとつのシステムが長期にわたって支配的な位置を占めていたということのようだ。

次いで中世末期から上昇し、バロック期に頂点に達したのち、一八世紀には解体してしまうキリスト教的な死のモデルの地位の漸進的な変化が追跡できる。同様に、ブルジョワ的な死のモデルと呼びうるものが、啓蒙の時代から一九世紀にかけて念入りに仕上げられていったが、今日では、このモデルに深刻な危機が進行していることは明らかである。

我々に不動性という感じを強く与えているのは、死の歴史における主要ないくつかの調節作用が比較的不活発だったためである。例えば、古いタイプの死の人口学的モデルがそうで、このモデルは、これまでに考えられてきたほど単調ではなく、死と生が代わる代わる勝利する様々な波動を乗り切って一八世紀の後半まで続くのだが、〔人口の〕節約などということはまったく問題にもしなかった。同様のことは、深く根を張り、もはや意味も分からないままに伝えられる儀礼や身振りのネットワークの驚くべき執拗さの中にも見られる。例えば、通夜の宴会、「迷信的」あるいは呪術的な身振りがそうで、民間伝承化された死の「宗教」においては、依然として死霊が存在し続けている。

集合的表象のこの不活発さとは対照的に、死の歴史は、しばしば不規則な動き《ノッキング》に見舞われ、痙攣状態を呈することがある。その兆候は、明らかに人口動態の領域に見られる。死の旧体制《アンシャン・レジーム》は大災害の時代であって、一三四八年の黒死病《ペスト》は、その顕著な一例にすぎない。しかし、私にとって重要に思われるのは、大災害の「悲壮さ」よりも、この長期の歴史が様々なエピソードによって区切られ、死の存在が集合的強迫観念の次元でいかに大きくなっていったかを確かめることである。——中世末期における死の舞踏の突然の出現、一五八〇年から一六三〇年までのバロック期における痙攣症状の出現、一七七〇年以降の啓蒙末期における突然の黒魔術への回帰、一九世紀と二〇世紀のはざまにおける象徴主義とデカダンスの時代、あるいは、反語的に「ベル・エポック〔麗しき時代〕」と呼ばれる時代における髑髏の新たな流行。

一本の曲線が、次のように描き出される。明瞭で説明が可能なこともあるが、しばしばはっきりしないこともある文脈の中で後退局面と支配局面が交互に現れ、死が人間に威力を振るっている瞬間が現れる。これらの危機は、長期にわたる歴史の中の単純な事故、付随現象であって、束の間の異常に誇張された表現にすぎないのだろうか。あるいは逆に、死を感じとる新しい様式が形成され、後代になって重くのしかかってくるのは、まさしくこれらのエピソードにおいてではないのだろうか。この問いに対して、手間暇を惜しむことはできないだろう。

しかし、死の歴史における長期的持続と短期的変化という、我々にとって重要なテーマについて暫定的な結論を出すにあたって、その射程がどこにあるかがより明瞭になったかと思う。死の歴史が提起する問いの核心は、一見したところはナイーヴな問いだけれども、この歴史には何か意味があるのではないか、ということである。つまり、道のりの途中で遭遇する華々しい偶発事の背後で、何らかの発展が人間の集合的表象として姿を現しているのではないか、ということである。

歴史家の実験室

かくして研究計画は仕上がった。いまや、これを作業に移さなければならない。マルク・ブロックの言い方を踏襲するならば、実験室の扉を開かねばならない。

死の歴史は困難な調査である。他のいかなる領域にもまして、沈黙という壁にぶつかるので、我々は人間の態度という証言をかき分けて進んでいる時でも、死の歴史においてはたえず技巧をこらし、遠回りをし、慣れない資料に頼らなければならない。率直な告白など稀である。人間に不意打ちをかけるためには、まさにこっそりとやらなくてはならないのだ。

沈黙の重み。それは二重のレベルで捉えられるだろう。第一の沈黙は、社会史と心性史の領域において、この世の有力者と同じく、無名の大衆にもまなざしを注ごうと努める人すべてにとって共通の課題である。『往生術』が、平等で均等な死という主題について繰り返し語っているにもかかわらず、実は、死ほど不平等なものはなかった。私たちの調査の原点に立ち戻るなら、考古学によって得られた死の痕跡は、おそらく最も差別が少ないものだろう。墓地について現在の考古学は、ハンガリーからドイツ、あるいはフランスに至るまで、中世の金持のみならず貧者の人骨をも発掘している。しかし、一一五〇年から一六五〇年までの五世紀にわたる一連の墳墓は、ゲニエール・コレクションの古フランス一覧表[3]によって追跡してみると、最初から選別（国王・王族・司教・修道士）が行なわれていたこと、一言でいえば聖人と権力者だけのものだったことが分かる。境界が破られるのは何世紀もかかってのことで、ゆっくりと、慎み深く行なわれたのである。フランスやその他の国で、死に対して墓で立ち向かうという最高の贅沢をやってのけたのは、まさにエリートたちである。記述資料は、考古学的な資料にもまして、貧者に対しては好意的でなかった。埋葬されたすべてのキリスト教徒の名を小教区簿冊に列挙することは比較的後代になって（一七世紀末）からのことで、それ以前は整理されたり、統一されたりしてはいなかった。その上、長い間、死産児や幼時死亡者は、無視されるか、除外されていた。ましてや純粋に文学的な資料は、たどたどしいものであれ、冗長なものであれ（例えば、備忘録や家族日誌など）、依然として筆を執ることのできる人々の特権だったし、個人的な打ち明け話という贅沢のできる人々の特権であり続けていた。

大衆の死に関して、比較的最近に至るまでの我々の無知は危険である。なぜかと言うと、それは既知のことから未知のことへ、エリートの態度から大衆の態度へと事実を拡大解釈することになるからである。新しいことが最も頻繁に現れるのも、またある局面に対して最も鋭敏に感受性が示されるのも、支配的グループにおいてであることは確かである。例えば煉獄（この近道を使うことをお許しいただきたい）は、下層民に知られるまで、中世末期においては修道士や権力者の特権的知識だった。それは他の領域においてだが、一八世紀末における死後の生への関心の高まりとその新しいイメージが、まず感受性の鋭いエリートたちに知られ、大衆には徐々にしか浸透しなかったことと似ている。支配者たちが遺した証拠に基づいてのみ判断するなら、私たちは、ややもすると草の茎をひっぱって成長を促進しようとする。つまり、集合的感性の転換期を往々にしてかなり早い時期に位置づけることをやってしまいがちである。おそらく、フィリップ・アリエスといえども、この暗礁をいつもかわすことはできなかったようだ。

死の歴史に関しては、その使命をこみいらせることになるが、最初のレベルの沈黙とは別の性質の沈黙がある。それは、意図的な沈黙である。人間は、自分の死について沈黙する時と、死を飼い慣らすために整然と組み立てられた言説をもらす時とがあるが、沈黙は言説と同じくらい重要な指標である。このような態度は、歴史上、一再ならず現れた反応である。我々の時代においては、アメリカに始まり大西洋岸のヨーロッパに至るまで、死に対して「タブー」の意識を持ち、死を猥褻の新たなカテゴリーと一緒くたにしてしまっている。人が病院で死亡し、葬列が禁止されたことで、死は隠蔽されてしまった。当然のことながら異なった形をとるこれらの拒絶、あるいは隠蔽現象は、長期にわたる態度の変化の中では新奇なものではない。啓蒙期の死の解釈は、フランス革命期の少なからぬ言説の中で急進化し、集団的固定観念から死をすっかり追い払ってしまおうと夢見ていた。この企ては、非キリスト教化運動の代弁者の宣言の中で再解釈が施され、しばしばプロメテウス風に強調された。現在の死に対するタブーが偽善者風、あるいは信心家気取りであるのとは対蹠的である。また沈黙はより慎重に、より密やかに、資料の中に潜り込んでいることがある。一八世紀後半の遺言書の中で

「世俗的財産分割」が行なわれ、それによって人々は現世の事柄を処理することに満足してしまい、死と来世については、ヴェールを透してですら心の内を明らかにすることをやめてしまった。

これらの沈黙は、あらゆる沈黙と同じく、明るみに出すことは難しい。しかし、死の歴史の中にこれを繰り入れておかないならば、その重要な側面のひとつに関する調査を切り捨ててしまうことになる。芸術作品から、死の舞踏を介して、死の明瞭な形象のみを取り上げるならば、表面上は見事に説明しているように見えても、実のところは貧弱な解説と紙一重である。

最初から沈黙というものにあまりにも重きを置きすぎるこのような道程は、奇妙なものと受け取られるかもしれない。しかし、この道程の先には、あらかじめ困難が待ちかまえていることが、陰画のように、予感できる。単純化して言えば、二種類の資料が我々の前にある。第一の資料は、個人として表明する特権など持ち合わせていなかった大衆の心の秘密を見通そうとするもので、それは、かすかな痕跡であり、無骨な資料であり、間接的ではあるが、おそらくそれだけに貴重な告白になっている。第二の資料は、より洗練されたもので、饒舌で豊富だが、人を欺きかねないものでもあり、宗教的・文学的言説、もしくは芸術的表現、一言でいえば、集合的想像力の所産としての資料である。どのようにしたら、無名の大衆の行動や態度を再構成できるのだろうか。まずは、二つの誘惑と言うか、あるいは二つの道が現れる。

第一の誘惑は、歴史人類学のそれであって、一九世紀以来、民俗学者たちが営々として集めてきた観察記録の宝庫を出発点とするものである。伝統文化の特徴を、その消滅のまぎわにおいて捉えるにあたって、彼らは今日でもなお、現場での面接調査においては、より洗練され、より確かな方法を駆使して研究を深めている。彼らは、死をめぐる身振りと儀礼とを、出生・結婚とともに、人間の一生の必ず通らなければならない道程とすることを怠らなかった。

この膨大な資料群に接して、歴史家たちは、満足もし、困惑もしている。満足するとは、豊富な情報がもたらされ、記述資料ではうかがい知ることのできない様々な態度を知ることができるからである。民衆の、特に農村における死の慣行はすべて身振りの中に示されており、古い文化の継承はすべてそこから明らかになる。かくして死の「公的」なシステムとは全く反対の、別のシステムが姿を現す。その豊富さは、限りないものだし、何物にも代えがたいものである。しかし、民俗学者によって分析された通過儀礼は、公けの規範と思われるものをわざと無視している。民俗学者であるヴァン・ジェネップは、記録すべきと思われるいくつかの奇習(例えば、ブルターニュ地方のある地域では教会の入り口を柩でたたくという風習がある)が、呪術的、もしくはキリスト教以前の風習に帰着しない限りは興味を持たず、葬列を死者の家から克明に追い続けているのに、教会の戸口に辿り着くや、その追跡をやめてしまう。

このような限界がありながらも、民俗学の貢献はかけがえのないものである。けれども歴史研究者は、それがしばしばあまりにも非歴史的であることに不満を抱いてしまう。これでは、あるものは遥か昔のもの、あるものはごく最近のものといったように、複数の層を成しているのではないかと思われるものを、伝統文化という一枚岩のようなものに還元してしまうことになる。とはいえこの過ちは、本質的には民俗学者に帰せられるべきものではない。とりわけ、民俗学者たちは、面接調査に依拠しつつ、過去の反映である遺産継承の状態を把握するのだが、彼らはその様々な断片を時間の流れの中に並べ替えることができないのである。この限界は重大である。しかし、だからといって歴史家は、自分たちにとって苦手な領域の管理を民俗学者に取って代わった人類学者に任せてしまい、それとは全く独自に自分たち固有の研究を打ち立てていくべきなのだろうか。アリエスが取った立場はまさしくそれで、呪術的・民間伝承的な死を信用せず、歴史の息づかいの様々な要素を他の所〔文学作品など〕に探し、その段階的な発展を辿ったのだった。

この〔アリエスの〕慎重な態度は、貧困化をまぬがれない。そして、他の人々が取ったし、私もそれに続こうとしている態度とは、民俗学者たちの集めた資料群を歴史化しようと努めることである。つまり時間を超越した儀礼の宝庫を発見することが問題だなどとはもはや思わず、過去の地層の重なりをそこに見出そうとする現代の民俗学と合流するという方法である。

しかしながらどうやったとしても、このやり方には固有の限界があるし、ほとんど動かない歴史の一部を非時間性の領域にゆだねている。明らかに、ここでもまたよそを探さなければならない。つまり、集合的態度、集合的表象の推移を検出しやすい「指示薬」〔指標〕が選ばれるのである〔第二の道〕。この用語は今日、時系列史の隠語の中では陳腐なものになっているから、誰も驚かないだろうと思う。実際、この用語は、恒久的で意味深長な証言をしてくれる歴史の痕跡の大いに具体的な実在性をその下に覆い隠している。すなわち物的な痕跡（墓地、墓、墓碑、あるいは奉納画）、書かれた痕跡、つまり墓碑銘、葬儀の説教、遺言書、あるいはもっと単純に、小教区簿冊に記載されている事項など。これらの証言の共通した性質は――程度のちがいこそあれ――、それが豊富だということで、そのことは様々な態度の全体像をもたらすのに適しており、それゆえにまた数量化された研究を可能にする（おそらくそれは、あの時系列的なアプローチの必然的な延長ではなく、資料的基礎が適切であれば、勝手な拡大適用を避けて確実な診断を下すことができるものだ）。だからこそ、近年、数万に上る遺言書、数千もの祭壇画や、教会の板絵や奉納画の分析が可能になったのである。そして、今日では、一連の墓碑銘、死を準備をする書物のタイトル、あるいは墓石の図像などを綿密に調査することができるようになった。

これらの指示薬〔指標〕から期待できる第二の利点は、安定的であると同時に変化もする情報媒体の時代を通しての継続性である。それは、数世紀にわたる長期的な発展を記録する手段なのだ。例えば一三世紀以降、かなりの量の遺言書が再び姿を現しているが、一四世紀には増大し、古典主義時代には社会的に際だった資料となるまでに膨張したのち、一九世紀には目立って衰え、二〇世紀にはその歩みを終える。さらに墓石と墓地とは、中世から現代まで絶えず形態変化を遂げながらも継続的に存在し続けている。

無名の痕跡をこのように大量に利用しながら、その利用の限界や問題点を放置し、みだりに万能薬としてしまうなら、昔の印象主義的歴史学の信者たちに軍配を上げさせてしまうことになるだろう。長期持続の歴史学は、まず、なによりも、情報媒体が表象するものに応じて、それを取り代える術を心得ておかなければならない。つまり、今日のところは社会的慣行が集合的証言の実質的価値を担わせている一連の行為や物は、明日にはそれを失うかもしれないのだ。例えば遺言書だが、フランスではナポレオン民法典によって息の根を止められている。逆に墓地は、古典主義時代のさなかまでは貧者が埋葬される無名の場所だったが、一九世紀には家族愛の記念碑が建立される死者の都となった。さらに言うなら、これらの痕跡はそれぞれが真実の一部しか含んでおらず、また、それぞれの時代に固有の集合的心象風景を与えるのは、これらの徴候の総体なのである。

最後の反論は、これらの痕跡に関する知識の有効性に対する反論である。これは、必然的であると同時に、あえて言うならば、無益な問いかけでもある。遺言書の条文の中に、死の儀礼、それを取り巻く身振り、それに伴う祈願の変化を読み解こうとする者に対して、人は次のように言うかもしれない。あなたは、外側の枠組しか捉えていないし、行為の形しか捉えていない。極端に言えば、社会的圧力の意味しか捉えていない。内面の動き、死を前にした時のむき出しの恐怖は、あなたの手からすり抜けている、と。たしかに墓地の十字架、遺言書の前文など、これら無名の証言がしばしば貧弱であることから、この反論は補強されるのかもしれない。これらの証言は、見かけ上は大したものではないだろう。しかしこのレベルにおいてこそ、資料そのものの重量感と、その共同研究が、単独で取り上げられた個々の指標の脆弱さを補強してくれるのである。

さらにまた言うまでもないことだが、匿名の痕跡を大量に処理するからといって、単独であっても大いに意味深長な資料の価値を損なうものでは全くない。遺言書がパスカルの霊感のような感動的な価値を持たないとしても、「悦び、悦び、悦びの涙」で始まる敬虔な遺言書に出会えないということではない〔『覚え書』から。パスカルはこれをキリスト教への回心後に執筆し、死に至るまで身につけていた〕。より地味なものではあるが、家族日誌の端々、回想録の一頁、私的な手紙などから蒐集された印象派風の描写は、死を前にした態度の領域における最も重要な秘密への扉を開くことになる。さらに、その時代に固有なディテールの有効性や、その表象能力を取り違えないようにしなければならない。まさにこのレベルにおいてこそ、数量を数え上げ、時系列へと編成する厳密な歴史学は、欠くべからざる自己抑制を発揮するのであって、それがなければ、歴史はいともたやすく人物の歴史になってしまう。

印象主義的な歴史か、それとも時系列の歴史か。そんなことは、死の歴史に関しては、うわべだけの争いに過ぎない。それぞれが、対になって支えあうことによって、似かよった特徴を持つようになる。それは一見したところは、人を当惑させるのにおそらく最も適しているような特徴で、かつては興味をひかず、それどころか浅薄だとさえみなされていた細部に対するより高い評価である。それは遺体が包み隠されるやり方を注意深く見守る。裸のままか、屍衣をまとっているか（黒布で覆われ、縫われ、ピンで止められているか）、着衣のままか（死者のシャツ、粗布の服、それとも結婚式の服を着ているか）、柩の中に納められているか（埋葬まで蓋を開けたままか、死後ただちに蓋が閉じられてしまうか）。これらの特徴は、昨日までは、儀礼や習俗の記述的歴史の中に位置づけられていたのだが、今日では、心性史がこれらを調査し、生きているものであれ、死んでいるものであれ、人間が自分の肉体との間に保持している密かな関係を解読しようとしている。死を前にした人間の態度における最も秘密の、最も隠されたレベルの分析にとって、これらの物的な手がかりが得難いものであることが明確になるのは、おそらく以上の理由からである。しかし、だからといって人間が死について行なった、より練り上げられた言説の諸形態を考慮から除外するわけにはいかない。

沈黙、あるいは痕跡から出発した遠回りの調査は、ここ〔言説〕では、饒舌さに取って代わられる、とまずは思われるかもしれない。たしかに、そのとおり。長い間、死に向けられた関心のイデオロギー的表明は、もっぱら往生と四終〔死・審判・天国・地獄〕に関する宗教的言説を媒介にして行なわれていた。公式文書、公会議の文書、宗務上の文書、教父・神学者・フランチェスコ会厳格主義派の文書、これらの言説が中世末期には一種のインフレ現象を開始し、例えば『往生術』のようなものが出版され、近代に至っては一七〇〇年代の転換期にその頂点を極めた。その後、教会の言説は、絶対的な重み（この際、それはどうでもよいことだが）を減少することなく、活気を失っていき、現在では、死が権威を失墜したことを反映して驚くほど慎み深くなっている。しかし、別の形態の言説がそのあとを引き継いでいった。それは、文芸の言説である。文芸は、次から次へと媒体を取り替え、叙情詩から、中世の叙事詩へ、古典主義時代の悲劇へ、一八世紀末、特に一九世紀には小説のインフレ現象へと推移していった。死は、そこにおいて、時にはとてつもない地位を占めた。しかし、極度に単純化するという危険を冒すならば、現代は集合的想像力が閉じこめられていた伝統的枠組から、それを解放し、直接的であれ間接的であれ、死を集合的表現に映し出すメッセージの氾濫に辿り着いたと言える。今日では、死に関する自由な言説は、メディアが提供する最も多様な情報源——例えば、シャンソン、ラジオ、テレビ、映画、漫画、写真入り小説、広告、等々——の中に見出すことができる。このような饒舌ぶりは、おそらく、最も古い時代の（資料の）欠如と同じくらいか、それ以上に、問題を投げかけることになる。

中世における沈黙、あるいは寡黙さに対抗して、心性史の研究者は、迂回して美術上の証言に価値を置くようになる。すなわち柱頭の彫刻、教会のティンパヌム〔出入り口上部のアーチと水平楣（まぐさ）で仕切られた三角形もしくは半円形の小壁）、あるいは地下墓所の横臥像、フレスコ画、ついで祭壇画、死者のためのお勤めの際に用いる時禱書の細密画などである。時代の流れに沿って、これらの媒体は、一八世紀以来、文芸資料が特殊な用語を用いて定式化するのと同様の発展を遂げ、似たような問題、つまり集合的想像力における死の位置と相貌の問題を提起するに至った。

たしかに世俗化の進展にともない、意識の中にその位置を占めるようになった「世俗的分割」は、別の型の言説を出現させた。それは、死という現象を客観的ではないにしても、少なくとも穏やかに評価しようとしている。すなわち哲学的言説、市民的言説（一見したところでは、おそらく最も「深く関わっている」言説）、そして一八世紀に真の自律性を獲得し、一九世紀のある時期には、時として主導権を握ることとなる科学的言説などである。絶えず増加するこの大集団に直面すると、私はある年（一九七七年）のアメリカで行なった「死に関する」出版物についての調査を想起する。そこでは、あまり科学的ではないが、このテーマの文献だけで五〇冊以上も出版されていることが確認された。この数字は、長編小説やフィクションを除いてのものである。（主題の反復性のおかげで）制御不能ではないが、徐々に溢れ出すような上げ潮に呑み込まれてしまうかのようだ。

それゆえ、歴史家が最初にぶつかる問題は、メッセージの分量、それが多数で多様だということだ。しかし、第二の問題がただちに生ずる。それは、これらの情報源に対して何が問えるかということだ。その基礎に横たわる信仰が忘れ去られているにもかかわらず反復される身振りの永続性と対比して、次のように人は言いたくなるかもしれない。つまり、言説、あるいはより広い意味で「文芸的な」表現という情報源は流動性を反映するものだ、と。だがそれは、半分しか真実ではない。たしかに、煉獄という考え方は、期限付きの贖いのための第三の場所であり、地獄の劫罰か、それとも救済かという悲劇的なディレンマを弱めるものだったが、それは、学者の著作から、霊感を受けた者たちによって伝えられた幻視に至るまで、また権力者の時禱書の様々な頁に至るまで、中世を通じて生き続けていた。また身振りや実践、そして大衆の信仰もまた、非常に長い潜伏期間をともないながらも、そのあとをついていった。(4) しかし逆に、一八世紀はじめの数十年以降、宗教的言説が——特にカトリックにおいて——硬直してしまい、哲学から文学へとその道を歩みはじめた集合的思索のみならず、意識するしないにかかわらず様々な衝動に従う死の慣行の展開についてもまた、いかにそれが動揺していたかを見てもらいたい。このようなことは、二〇世紀においても十分に指摘できることだろう。

言説といっても、ここでは宗教的言説のことだが、それは慣性的な要因で、安定したモデルの継続となりうる。しかし逆に、流行現象、激しく流動し、〔時代の変化を〕先取りする現象が刻み込まれているのも、まさにこの情報源なのである。死の舞踏の爆発的流行が刻み込まれているのは、まさに中世末期の詩や美術においてであったが、それはちょうど、ベル・エポックの世紀末的な頽廃趣味が表現主義派とデカダン派の美術に刻みこまれているのと同様である。それらは、何を表現しているのだろうか。流行性のかさぶたのようなもの、時代の泡のようなもの、あるいは、人生における倦怠感の表現だろうか。フレスコ画、あるいは木版画に描かれたように、一五世紀の墓石の上に置かれた死体墓像《トランジ》、この蛆虫に蝕まれた死者の横臥像《ジザン》は、処理できる資料群の中では横臥像全体の五%以下を占めるに過ぎない。いつまで、そしてどの程度まで、このような指標から普遍化が許されるのだろうか。そして、どのようにしたら、集合的な雰囲気が明確になるのだろうか。ゴヤと彼の生きざま、つまりそこでは死の存在が心を激しく揺さぶる宣言にまで肥大化しているのだが、それは何を表象しているのだろうか。そしてサドは、何を表象しているのか。心性史が文学や美術の証言を取り上げる時、とりわけ死の側からそこに接近しようとする時、問題はことのほか難しい。

貧弱な情報源であれ雄弁な情報源であれ、どちらも、読解や解釈において特有の問題を抱えており、最小限の手がかりか、それとも意味の明白な細部か、という選択についての問題と、一貫した説明体系の枠の中で調整された解釈の問題とをたえず提起する。つまり歴史家は、沈黙によって寸断された表徴の森の中を、かくあるべき慎重さをもって歩いている。同一の手がかりが、二人の研究者によって、ほぼ同時期に、全く相反する仕方で読解されることがありうる。中世末期の国王や王族が、自分の葬儀において、霊柩台の上に飾らせたあの蠟人形という表象について、ギーゼイがそれを「芝居がかった遺骸の見せびらかし」と感じたのに対して、アリエスはそこに肉体の隠蔽、もしくはシミュラークル（模擬像）による非シミュレーション化を見出している(5)。

実験室の扉を半分あけ、複雑な歴史の、貧弱でもあり、多様でもある資料をかいま見つつ、我々が行なったことは、ひとつの迂回路以上のものである。それは、死のイメージの中で変化するものを読み解くという本質的な問題に、技術的なアプローチを直接に導入することだった。

死の様々な解釈

死の慣行とイメージは、どのように変化するのか。緒についたばかりの調査において、あまり明確な態度を示すことは時期尚早であるかもしれない。しかしながら、この問題が厳密な言葉で提起されて以来、提案することが可能となった様々な解釈を手短かに想起しておくことは、おそらく無駄ではないだろう。

死の歴史とは何か。この領域において、ジャン・フラスティエのような権威を信頼するならば、それは統計学とほとんど変わらない、全く単純な歴史である。次から次へと現れる様々な死の表象を、その複雑さの中で分析するようにし向ける現今の好奇心に苛立ってか、この経済学者は最近になって人口学的構造の議論の余地なき重みを思い起こさせてくれている。[6] かつて（一九世紀まで続いたという意味の「かつて」）、西欧における家族は、その夫婦生活において、おおよそ四人くらいの子供をもうけたが、幼児死亡率と青少年死亡率がその貢ぎ物を奪い去っていた時代であるから、その四人のうち二人だけが二〇歳まで生き延びたにすぎない。結局のところ、この二人が、少なくとも数の上では、何世紀にもわたってほぼ安定していた人口の中で、もとの実員を復元するのである。それゆえ、〔死を避けるために〕策を弄したとしても、それが何になろうか。真の意味での死の革命とは、近代になってこの無慈悲な万力を打ち砕いた革命のことである。死への集合的な精神的投資〔関心の集中〕の高まりは、その流動性において、かくも奥の深い変動を反映しているに過ぎないのだ、と。

私は、この単純な機械論的なモデルと、歴史家ピエール・ショーニュのよりニュアンスに富む、慎重な仮説とを一緒くたにしないように細心の注意を払いたい。ショーニュもまた、最近になって、死に対する集合的心性の精神的投資が、つまるところ、「出生時平均余命の派生物」[7] ではなかったかと自問していて、それゆえ彼自身も、長期持続の歴史におけるこの人口変動という調教師を高く評価してはいる。とはいえピエール・ショーニュはいろいろな手段を心得ているので、彼の解釈は余りにも単純なこの〔人口学的な〕考えにとどまってはいない。

この次元に還元された解釈体系については、その強みと限界が同時に感じられる。たしかに、大ざっぱに計量し、ざっと見積もったところでは、死に関する集合的感性の緊張期と合致するのは、ある程度まで、そしてある期間まで、まさに死がその万力を締め上げていた時代――中世の末期と人口学上の「悲劇的」一七世紀――においてである。また同様に、西欧における伝統社会の広大な農村世界においては、結局のところ、人口学的な旧体制が存続する間は、死に関する儀礼と身振りのネットワークもまた持続したのだった。しかし、集合的表象の領域が、〔人口動態から〕機械的に反映された反応へと還元されえないことも明白である。一九〇〇年の後期ロマン主義的な死から、今世紀前半に確立した死の「タブー」化を経て、近年における死の再発見へと至るまで、ごく最近の時代は、与えられた人口学的モデルの内部においても、人口調節と集合感性との間により複雑な媒介作用が働いているということを示している。

方向を全く反転し、人間と死との相互作用の歴史を完璧にイデオロギー的な冒険〔主体的な試み〕に仕立てるのはどうだろうか。このような解釈は、その地位をすでに確立している。それほど昔にさかのぼらなくとも、我々は啓蒙期の理論家たちの中でこの解釈に出会うことができる。そこでは理論家たちが、死の搾取のシステムの中に「僧侶たちのペテン」と、彼らが奉仕していた人々〔貴族〕のペテンとを見出そうとしていた。彼らにとって、恐怖の時代、狂信の時代、迷信の時代は、過去のものとなっていた。このような主意主義的な楽観論を笑ってはならない。楽観論者たちは、物質的精神的束縛からの人間の解放と同様、そこに応用される教育学の中に、死の恐怖と戦うための武器を見ていたのである。この解釈には、歴史的想起以上の価値が十分ある。一九世紀はこの進歩に対する信仰を引き継ぎ、それは科学の勝利への信仰、一八八〇年代から現代に至るまでの、パストゥールの時代以後の、医学の明らかな成果とその議論の余地なき成功についての信仰によって強化された。人間の知性の創造的活動によって、死は、意識の領域だけではなく、人間生活の物質的現実からも後退した。科学主義的イデオロギーのみならず、生物学的哲学も、一九世紀末にこのシステムの保証人となった。しかし、啓蒙思想に由来するこの楽観論が最後の残響を発したのはほんの昨日か、今日のことである。明らかに表明されようと、されなかろうと、この解釈は現代の解釈でもあるのだから、エドガール・モランがほんの二〇年ほど前に著した『人間と死』という有名な試論の結論を、今日でも幾分かの共感なしに読むことはできない(8)。それは「科学の進歩によって、不死に到達することはないとしても、苦痛を伴わずに、自らの意志によって閉じられる長命、すなわち非死へと到達すること」だった。ボゴモーレツ〔一八八一―一九四六。ソ連の病理学者。老衰の原因を研究し、それを防止できると唱した〕の血清が我々の代に完成されるならば、死は征服されるであろう。先の〔人口学的〕解釈と同様、この〔啓蒙主義的な〕解釈を、あざ笑いながら取り扱うのは同じくらい不当であろう。この解釈は、精神の途方もない冒険――つまり死の聖性剥奪――を語っているのであり、この剥奪のリズムが近代における死の現象の歴史の諸段階を画しているのである。しかしながら今日では、事がそれほど単純ではないということを人々は知っている。

昨今の流行（しかし、それによって理解が深まるから、よい流行である）は、物質的次元（人口の変化、あるいは経済の変化の波及効果）でも、イデオロギー的次元（思想史）でもなく、人間の無意識の歴史が刻み込まれる中間の次元に、より高い評価を与えるようにし向けるだろう。まさにこの流行こそ、現在の歴史家たちを過去に関する人類学者になるようにし向け、明晰で形式化した思想の表現を乗り越えた所に、神話と集合的想像力の歴史を再構成するように仕向けるのだが、この歴史は、聖職者や哲学者の秩序だった言説よりも、むしろ身振りや慣行（実践）――意図せざるがゆえに、ある意味でより確実な証言――の中に刻み込まれている。

エドガール・モランからピエール・ショーニュに至るまでの人々は――ただし、その分析は、フレイザーのような[9]、未開社会における（あるいは、より開けた社会における）死者への恐怖を初めて問題にしたかつての偉大な発見者たちに根ざしているのだが――、歴史と地理に刻み込まれているような死と来世についての重要な表象の骨組みを甦らせた。一方では、亡霊、あるいは生者の近くに彷徨している死者がいて、時には好意的だが、しばしば敵対的で、その存在から自由になるためには、それを鎮めなければならない。古代地中海地方の諸宗教には怨霊がいて、中世、それ以後のヨーロッパの農村における信仰においては幽霊となる。これらの死霊は、現代において新たな様相で復活するまで、しぶとい生命力を持っていた。他方で、同じく地中海地方を経由して東方から渡来した復活の神学（そして終末論）がある。これは、キリスト教が西欧で圧倒的な成功を収める以前から、様々な密儀宗教によって広まったものである。ざっと見渡した所では、この二つの主要な選択肢の間で、古代から中世、さらには近代へと至る歴史のリレーが、さらには敵対関係の、あるいは歴史における伝染と妥協の弁証法が存在する。民間伝承化した民衆宗教は古代のモデルを保持し続け、他方では、ゆっくりと、そしておそらくは一般の理解よりははるかに遅く、一三世紀から一七世紀にかけて、キリスト教的な死の解釈が幅をきかすようになる。

この最初のモデル〔民間信仰〕について、そのメリットはおそらく、人間がこしらえ上げた集合的表象〔人口学的決定論と啓蒙主義的楽観論〕の中間領域へと入り込ませることにある。フィリップ・アリエスは、その著作の中で、変化型、あるいは単なる新知識以上のものを提示している。本当のことを言うと、彼は、あの構造化された歴史的システム〔先の「集合的表象」と同じ〕に頼りすぎないようにしようと気をつけていて、たいていは取るに足らないか、少なくとも無名であって、彼にとっては死に直面した「集合的無意識」の所産であることを示すあの痕跡を注意深く研究することに、自分の研究の独創性を見出している。そして彼は、まさに私が引用したあれらの資料に幾度も依拠しながら、（死に対する）態度の個人主義化が進行する諸段階を復元しようとするのだが、そこにおいて試金石として選ばれたのが、死と家族意識、人間と肉体との複雑な諸関係、そして無意識の諸表象がその暗い歩みを刻み込んだり、本心を明かしたりするエロスとタナトスとの弁証法などだった。

このように、フィリップ・アリエスによって提唱された、死を解釈するための導きの糸（「集合的無意識」）には、注意が必要である。アリエスの中核的な議論に還元させるなら、それは、悲劇にもスキャンダルにもなる一つの現象を強調することへ導く態度の個人主義化ということになるが、この主題は、あまりにも一般的すぎるから、同意するほかはないものだとおそらくは言わざるをえないだろう。しかしそれは、我々が解明に努めている方法論的問いかけの核心にあるため、避けて通ることのできない根本問題である。アリエスは、死が刻み込まれている物質的な——社会的・人口学的な——背景は周知のものだと仮定した上で、同時にまた、私が提案した思想的な項目を、彼の言う上層階から削除している。それは、宗教的、哲学的、あるいは文芸的な言説の仲介によって、イデオロギーが形成されるようになる段階のことである。アリエスは、彼が「集合的無意識」と名づけているレベルに身を置くことによって、二重の切り捨てにもなりかねないことをあからさまに正当化している。さらに、ユングが精神分析的な解釈においてこの言葉〔「集合的無意識」〕に与えた意味においても、また人類学者であればそれに与えるであろう意味においても、明らかに採用されてはいないこの言葉の意味について、それを尋ねなければならないだろう。集合的無意識について語りながら、アリエスはそれを、一八世紀に言われたような精神の冒険ではなくて、夢、想像、それらの延長である表象、それらを表現する態度と身振り、それらを固定化する儀礼……などが出会う意識のレベルにおける自律的な出来事と規定している。それはまさしく、我々の情熱をかきたてる心性史の特権的な場所である。けれども次の二つの問いを避けて通るわけにはいかない。つまり、集合的無意識とはそもそも存在するのか、それは想像の産物にすぎないのではないか。さらに、集合的表象のシステムを軽々と発展させる、この自律性とは何なのだろうか。おそらく著者〔アリエス〕は集合的表象を家族意識のような心性の他の特徴にしっかり結びあわせるのだが、これらの表象は〔彼においては〕物質的な歴史ともイデオロギー的な形態とも無関係に我が道を行くものなのである。

相対立する解釈を無理に統合しようとするブルジョワ的な妥協ではなく、出発的として是非にも検討すべきものと思われる作業仮説をあえて提案しようとするならば、この問題提起はおろそかにされるべきではない。

死のイメージはどのように変化するか

まずは慎み深く、死は変化しているという確かな事実から出発しよう。この死という出来事を、始まりもなければ終わりもない、恐怖の進出と後退によって上下するジグザグ曲線に帰着させるのは、無理な相談というものである。死の社会史は多少なりとも緩やかな発展によって織りなされていて、そのことは、しばしば記憶、イメージ、身振りの中に、痕跡として残っている。

これらの発展をイデオロギー的に翻訳するなら、次々と押し寄せる波のようなものとして表現される。中世から古典主義時代の絶頂期に至るまでの征服と妥協による死のキリスト教化、続いて一八世紀後半から現代に至るまでの段階的な死の表象の非神聖化。このリレーは、新しいイデオロギー体系の構築によって行なわれた。それは、自由主義の勝利の時代における国民意識だけでなく、哲学、科学によっても支えられたが、応答がないままに放置された不安に対して、エリートあるいは大衆の非合理主義がその補完もしくは支えとして見出した、あやしげな神秘学も無視できない。

長期持続の中の諸発展。明らかにそのひとつひとつが、固有のリズムを持ち、固有の力学に従っているように見える。本当にそうなのだろうか。この警告は、先に述べた〔歴史の〕システムの役割に新しい要素をつけ加えるとは主張していないが、少なくとも、原因と結果の相互交渉のヒエラルヒーについての、そしてルイ・アルチュセールの言葉を借りるならば「時間の相互架橋」についての、本質的な問いかけへと導いていく。

集合的想像力の自律的な動きなどを決して信じないのと同様、すでに述べたように、私は人口学的な要因の限界にも敏感である。ここで専門用語に頼ることをお許し願いたい（乱発していないことを願うのみ）。私の考えでは、集合的表象の変化をもたらす「重層的決定要因」を他の所に探し求めなければならない。こう言ったからといって、私が大西洋の両側にいる思慮深い人々を苦笑させるような「俗流マルクス主義」の性懲りもない罪を犯しているとは思わないでいただきたい。

要するに、死のイメージはある時には、マルクスが生産様式について「そこから生ずるあらゆる存在形態の個別の重みを決定する普遍的視座、特殊なエーテル」と名づけたあの定義の枠組へと戻っていくように私には思われる。これはあえて間取りを広くとった表現だが、少なくとも機械論的還元とは正反対のものである。実際のところ死の歴史は、この表現の適用が、最も複雑ではあるが最も豊かな仕方でなされる場所の一つであるように、私には思われる。事例をいたずらに増やさないようにするために、一七世紀の前半から明確となる「バロック的」な死だけを取り上げてみよう。死に対するおおげさな態度を、この時代の人口学的な不幸の貧しい反映にまで引き下げるなら、それは、いびつな解釈を押しつけることになるだろう。ペストの大流行と三十年戦争に続く悲劇的な一七世紀とは、緊張と敵対の時代の「悲壮な」心性のことである。神秘主義の蔓延、その小型版としての敬虔主義の蔓延が終末論的な苦痛礼讃をもたらす一方、民衆的な死の宗教は迷信へと格下げされ、妖術の撲滅〔魔女裁判〕の中にのみこまれることで、根絶されてしまった。これとは反対に、王侯貴族の死の儀礼が組織化され、より身分の低い者へとこのモデルが浸透し、のけ者にされた人々からエリート集団を区別する深淵が強調されることによって、社会秩序とヒエラルヒーの保証としての来世がかつてないほどに昇格する。つまり煉獄に対する信仰を強化することによって、期限付きの贖罪に扉が少し開けたままにされていた（カトリック世界では）。これらはすべて一体となってひとつの網目模様をなしており、そこでは間接的ではあるがきわめて深遠なやり方で、ある時期における社会的雰囲気が、より大きく言うなら、ある社会における世界観が反映されている。絶対主義がその政治的翻訳であるように、死のバロック的システムもまた、その表現のひとつなのである。

一九世紀のブルジョワ的な死についてもまた同じことが言えるのではなかろうか。つまり、それがシステムにまで構造化されたものとして把握されるのは、その特徴が明瞭になる一七七〇年から一八二〇年にかけての確立期であるが、同様に、一九一四年の転換点に至るまでの時期はブルジョワ的価値観のたそがれを示す、根本的な危機の時代でもある。トーマス・マンの小説の主人公であるハンス・カストルプはその時、「魔の山」の魅力から逃れようとして、最前線で待ち受けている死へ向かって走り出す。

死は社会の反映であるが、おそらくは曖昧な反映である。来世のイメージは、賤しい身分のものを従順にさせるための権力者によるマキアヴェッリ的な発明であったが、自由思想家に続いて啓蒙の世紀の文芸がその形を整えた来世のイメージは、たしかに貧弱な翻訳であり、今日ではカリカチュアにしか見えない。だが中世における死の舞踏のように、権力の階層秩序を象徴的に転倒させるために、死の力を借りた反＝システムも存在したし、それどころか至福千年と終末という見せかけの下で、確立された秩序を暴力的に転覆することを夢見た者すらあった。とはいえ、死は革命家ではない。ラブレーの時代、民衆文化は後退しつつも最後の闘いを遂行していたが、それは死を笑いとばし、嘲弄することによってであったし、フランス革命が新しい倫理を確立し、その担い手となったのは、英雄的自己犠牲あるいは戦死者の死を浄化することによってであった。

このような社会的視点から、最終的な解決を押しつけるのではなく、死のイメージが発展する道筋と手段の問題に答えてくれる諸要素をつつましく提示することが我々の課題なのである。

死をめぐる集合的表象のシステムはどのように変化するのだろうか。私としては、まさに、非常に長い持続の中でしか取り扱うことのできない歴史の中で、ゆっくりと変化する長い海岸線のあることを承知しているし、ひとつの時代の中で数多くの行動モデルが共存し重なり合っていることも承知している。農村住民が、民間伝承化した伝統的慣行と民衆化したキリスト教との混合物に忠実である一方で、一九世紀のブルジョワジーは、宗教の覚醒、科学主義、心霊術《スピリッティズム》との間で――常に明確にというわけではないが――分裂していた。こうした文化的重層性は、社会における緊張を常に反映するものではないにしても、少なくとも、その大きな亀裂を反映している。

しかも、この緩慢な歴史は、動かない歴史では決してない。死を前にした態度は、心性史に適用される「構造」の概念の考察にとって理想的なテーマを提供している。死を一般的なプランの中に位置づけ、深く根を下ろした身振りと指導的理念の力を伴って長期的に持続するシステム、もしくは全体的な解釈が、この変化の過程〔心性史もしくは死の歴史〕の中に刻み込まれていることは明瞭である。しかし、これらの「構造」は、硬直したものでもなければ、一枚岩のものでもない。バロック期に確立する「調和のとれた」構造が作り上げられたのは、段階を追ってのことである。それは中世末期以来少しずつ付け加えられ、宗教改革の時にはかなりの規模の変動に見舞われたが、一八世紀を通して少しずつ解体していったのである。

これらの移行は、微かな修正によって全く気づかれずに行なわれたので、多くは無意識的なものだ、と言うべきなのだろうか。私はそうだとは思わない。この歴史が示していることは、広く受け入れられている言葉を用いるならば、集合的感性の危機と呼びうるものの飛躍的な進展の重要性である。それは躍動の時期と言ってもよい。そこでは、すべてが結び合わされ、システムの再検討が明確になる。中世末期、バロックの始まりの時期、啓蒙のたそがれの時期、あるいは一九〇〇年の地平などに現れたのがこのタイプの動きである。……そして、おそらく一九六〇～六五年以後の現在もまた然り。

このような集合的感性の大変動は、死を前にした態度にのみ影響をもたらしたのではない。家族の意識から生を前にした態度まで、さらに一般に受け入れられている価値のシステムに至るまで、すべてが互いに影響しあっている。その実例としては、およそ一七六〇年の前後において西欧の心性に生じた、あの転換を取り上げることができるだろう。そこでは、集合的感性のあらゆる「指標」が同時に揺れを観測している。つまり、これらの危機は、当然のことながら、その構造の最深部における社会の危機である。この全般的な不安定性を決定づけているのは、中世末期の黒死病の大流行であるよりは、騎士社会の危機であり、死の舞踏の流行はその極端な表現の一つに過ぎない。ちょうど一九世紀末に、勝利を収めたブルジョワ社会に対する一部エリートの反抗が時代の頽廃趣味にあらわれたのと同じで、その後、現代になると、その反対物、あるいは緩和剤がタブーという形式の下に仄かされているのである。

死とは、生きづらさを隠喩的に表現するものである。おそらくそれが故に、我々はこれまで行なってきた考察の果てに、それが目ざしていた主題に再び出会う。死への関心の高まりは、生きる希望の副産物ではない。そうではなくて、それは幸福への期待の副産物であり、とても複雑で、より意味の深いものである。そして、おそらくそうであればこそ、今日、我々は死の歴史へとのめり込むのである。この研究は、歴史的に言えば、大ざっぱにいってここ一五年か二〇年余りの間に始まった発見、もしくは再発見の動きの中で生まれたものである。

現代の歴史家たちの作業は、歴史学としての活動の枠を超えて、当初は必ずしもはっきりと意識していたわけではなかったけれども、より広い意味での死の再発見に連なるものであり、現代における死に対する態度の一覧表の最も特徴的な側面の一つとして、徹底的に研究しなければならないであろう。

アングロ＝サクソン世界では、社会学者、心理学者、医師が、一九五〇年代には孤立していたが、一九六〇年以降は大量に、歴史学者に先駆けて研究を行なっていた。まさにこの頃、主としてフランスでは、フィリップ・アリエスのいくつかの先駆的な論文は別として、なんの事前の協力もなく、アメリカ合衆国やイギリスなどの別の前線で進行していることも知らないで、幾人かの歴史家が、死を前にした集合的態度の歴史に取り組んでいた[10]。今日では、死に関する研究の濃淡に富んだ分布図が描かれている。あるところでは先駆的な最前線があり、あるところは少なくとも今のところは暗黒地帯であり、また特異なアプローチがなされているところもある。昨日までは、アメリカでは社会学者が、フランスでは歴史学者が、ドイツでは哲学的というかむしろ宗教的な考察が優勢であったように思われるが、ごく最近では、死の現象が多くの人に意識されるようになり、その結果として〔研究者の〕接触も増えたので、これまで細分化していた研究も大きなまとまりを持つようになっている。

死に関する現在の研究がインフレ現象を起こしているとしても、幻惑されてはならない。今日、死の研究に専心している歴史家が、その綜合を試みようなどという野心を抱いたとしても、この問題に対する好奇心の目覚めが不均等であることから、意のままに処理できる情報が極端に不均等であることに気づかされる。そして、彼が報告できることは、まさに、先駆的な最前線の見取り図か、あるいは、現在進行中の研究でしかない。彼が夢見る大ざっぱな検討も道化師の衣装をまとうことになるし、試みられた綜合は、おそらく、時期尚早であり、予備的な性格をまぬがれえないだろう。それならば、綜合を企図することは、あきらめなければならないのか。私は、そうは思わない。それぞれの時代には、その時代が提起する問題が存在する。今日における死の再発見は、ある人々が考えるような、予期せぬ出来事、あるいは単なる流行現象にすぎないのだろうか。それとも、我々が歴史の中で見てきたように、それは、社会が今世紀のはじめから死の上に築き上げてきた沈黙を守るという命令を自らが壊さざるをえないという、自由主義社会の危機の最も明瞭な表現のひとつなのだろうか。

歴史を迂回することは、近年におけるフランス的アプローチの特徴だが、この領域におけるその有効性はあきらかである。歴史家たちは、奇跡的な説明ではないにしても、少なくとも、時代に深く根ざしている意識の把握に到達できると自負している。

このことによって、歴史家の軽率さも、おそらくは正当化されるだろう。死の問題に向き合うにあたっては、おのおのが個人的な動機をかかえているが、それを越えて歴史家は今日、死を理解しようと努めているすべての人々と行動を共にし、その問題提起を分かち合っているという自覚を持っている。

第一部　一三〇〇年代の死

——中世盛期における死の一類型

第1章 中世における死——均衡と圧力

中世の人々は、どのように死を迎えていたのだろうか。より正確に言えば一三〇〇年頃、つまり黒死病《ペスト》が流行する前、一四世紀にはじめて人口衰退の兆候が現れる前のことだが、人口学の見地からすると、私たちは事態を十分に把握しているとは言いがたい。

本章で描き出そうとしている人口学的な死の旧体制については、もっとあとになってから、はじめてきちんとした根拠に基づいてそれを示すことができるだろう。戸籍資料がないために、あるいは一般的に徴税資料がないために、我々は推測に頼らざるをえない。この領域ではより資料に恵まれているイギリスの歴史学者たちは、様々な資料（例えば封臣の死亡時に行なわれた相続人の年齢調査）によって、一三世紀中葉以降の様々な時期における死亡年齢の一覧を示すことができた。ラッセルによると[11]、イギリスにおける出生児の平均余命は、一二七六年よりも以前では三五・三歳だったが、一三世紀の第四 四半期には三一・三歳に落ち、さらに一四世紀第一 四半期には二九・八歳にまで急落してしまう。

イギリスの事例は、この時代のヨーロッパ大陸にも適用できるほど代表的なものだろうか。主として中欧では、書かれた資料の代わりに、中世の墓地に関する考古学のデータを利用してきた。発掘現場で見つかった遺骨（大部分は一〇世紀から一四世紀初頭にかけて堆積したもの）の正確な年代測定は、きわめて有用な情報を提供してくれる。すなわち年齢ごとの死者の割合（したがって二〇歳未満の者の死亡率も）や、さらには新生児の平均余命の推定値までが分かる。例えば、チェコ地方のおよそ一〇ヶ所ほどの墓地を調査した結果、平均余命は約三〇歳と推定できる。これに、およそ半ダースほどのハンガリーの墓地を付け加えると（このデータも公刊されている）、二〇歳以下で死んだ者の比率は、たいていの場合、三〇〜五〇％、全体としては、およそ四〇％を占めていることが判明する。

要するに、ざっと見積もったところでは、墓が語っていることは、記述資料から読み取れることとほぼ一致している。今のところの印象としては、新生児平均余命が三〇歳（イギリスでは、もう少し上であろうか）だということ、若者のおよそ四〇％が二〇歳に達しないうちに死亡する、ということである。これらの数値は、比較してみてはじめて値打ちが出るものである。少し先まわりして、これらの数値と一四〜一五世紀の推定値とを突き合わせてみるなら、平均余命は中世盛期に頂点に達し、その後長期にわたって回復しないようだ。ヨーロッパの人々にとって三〇〜三五歳という最大値は、一七世紀まで、時としては一八世紀末まで、規則であり続ける。一七九五年のフランスでは平均余命は二五歳、一八一六年のネーデルラントでは三二歳にすぎない。

これらの無味乾燥な数値の裏に刻み込まれていること、それは、この世における生命の儚さということである。人は若くして死に、死が子供や若者の大部分をなぎ倒し、四〇歳で老人となるような世界であった。人生の諸段階について論じた中世の著作家たちは、寿命の短かさと、人生の区切りの重要さについて書きとめている。アラビアの医師アヴィケンナによれば、青年期は三二歳で終わり、それより後は夢のように過ぎ、四〇歳前に円熟期を迎える。そして、その後は老いるのみである。一三世紀にヴァンサン・ド・ボーヴェが書いたものによれば、青年期は二八歳で終わり、五〇歳には長老の域に達する。

中世盛期において、死はいつも足早に駆け寄り、若者に襲いかかる。オクシタン地方の村、モンタイユーでは、コンソラメントゥーム（異端アルビジョワ派の臨終における聖体拝受）を受けた住民一一人のうち、三人は年齢不詳だが、残り八人のうち五人は若者で、三人は老人だった。[12] 類推するには僅かなデータではあるが、村における死の印象を形成するには、おそらく十分だろう。だが、人はどんな原因で死ぬのだろうか。

資料の状態からして、問いそのものがあきらかに無茶なものだが、あえて解答を試みるならば、第一印象のひとつは暴力的な死（非業の死）の重要さである。お望みとあれば、ジェノヴァの碩学司祭ヤコブス・ア・ヴォラギネ〔ヤーコポ・ダ・ヴァラッツェ、一二三〇頃―九八〕が、一二九八年、今際の際に残した『黄金伝説』にあたることとしよう。E・マールの言うように、中世における感性を知る上で、この本は鍵となる書物である。なぜならヴォラギネは、〔事実の〕諸側面を反映させると同時に加工を施すことによって、「歴史的」なイメージと例証の一覧表を提示しているからである。言わずもがなのことではあるが、ヤコブス・ア・ヴォラギネが日を追って描き出した聖人たちの生涯は、相も変わらず殉教者の様相を帯びている。ヴォラギネが描き出した一七六人の聖者と福者のうち一二〇人、つまり三分の二は殉教者である。まるでキリスト教初期の血塗られた英雄時代に立ち戻ったかのようだ。しかし、この黎明期は過ぎ去った過去とは感じられていない。殉教者の記述における著者、および読者の熱意、あえて言えば自己満足からは、身体的な死に対するとても強い感受性が見受けられる。実例は枚挙にいとまもないが、一つだけ挙げてみよう。聖クリスティーヌは、ひそかにキリスト教徒となったため、憎むべき父親はこの娘を裸にし、鞭打ちする男たちの方が疲れはててしまうまで、一二日間にわたって鞭打たせた。聖クリスティーヌは、鞭打つ者たちを罵り、鉄の櫛でずたずたに引き裂かれると、自ら自身の拷問に加わり、おのが肉体の一部を拷問の指揮者に投げつけた。しまいには、彼女は水の中に放り込まれたが、キリスト自らの手で洗礼を授けられ、大天使ミカエルに導かれて、全く無傷で戻ってきたと言う。

ショックのあまり、父親が死んでしまったとしても、何の不思議もない。審理を交代した裁判官が彼女を裸にして引き回したところ、それが原因で彼は死んでしまった。三番目の裁判官が、彼女を蛇とともに燃え盛る火の中に投げ入れたところ、蛇が彼女をなめまわし、あべこべに裁判官に向かってきて、この男を殺してしまった。ただちにこの男を生き返らせることなど、彼女にとっては造作もないことだった。今度は、男が彼女の両の乳房を切り取らせたところ、そこから乳が噴き出した。舌を切り取ると、男の顔にその舌を吐きつけた。男たちは拷問にとどめを刺そうと――どういう理由か分からないが――三本の矢を射かけさせた。我々は歴史が語ろうとすること以上のことを、時代錯誤の危険を冒してまで語らせるべきではない。それが歴史なのである（けれども、エロスとタナトスとのきわどい関係は一六世紀になって初めて発明されたものだなどと、誰が書き記したのだろうか〔おそらくはアリエスを指す〕）。しかしながら、この時代に際立って印象的な死のイメージの基本となるものの一つは、何と言ってもキリストの死から始まる殉教者の死である。ただし、『黄金伝説』を読むならば、この当初のイメージは、その価値を失うことはないが、聖人とその死の表象に取って代わられている。中世初期から一一世紀、一二世紀、さらには一三世紀にかけては、東方から伝わってきたもう一つ別のイメージがあり、平穏のうちに亡くなった聖人のイメージが念入りに作り上げられた。トマス・ベケット以後、殉教聖人はずっと稀になる。たしかに、一三世紀には異端派〔カタリ派〕の犠牲となった聖殉教者ペトルス・マルティルがいる。しかし、この死とても聖ペトルス自身が神に慈悲として賜るよう願い出たものである。『黄金伝説』の描き出すところによれば、聖ドミニクスの場合は、遺憾ながらこのような恩典は拒絶された。異端者たちは、一時は聖ドミニクスを殺そうと考えたが、考え直して、このような場合、彼ならどうするかと尋ねた。聖人は次のように答えた。「私ならば、一寸刻みに殺すだろう。一度に四肢を切り取り、それを私に突きつけ、次いで、両眼をくり抜くだろう。最後に、体を引き裂いたままにし、息も絶え絶えの状態で、血の海に

1）聖クリスティーヌ――『黄金伝説』の物語に好んで描かれる世界では、殉教者のイメージにはいつも暴力的な死の存在がつきまとっている。殉教聖女、15 世紀。ブリュッセル、古美術美術館。

溺れさせればよい」と。

死の暴力によって色どられたこの時代の過酷さは、聖人の死によって理想化された世界から、聖人ではない人々の死という普通の世界へと目を転ずるならば、納得がいく。『黄金伝説』にあたれば、これらの物語にはお馴染みの迫害者が懲罰を受けるというテーマを容易に描き出すことができる。この種のケースに関して、病気はごく少数の者に襲いかかったにすぎない（それでも恐ろしい病気ではある。例えば、ピラトはレプラにかかり、ヘロデ王には蛆がたかり、悪しき教皇レオは赤痢にかかった）。その他の者は、気が狂い、悪魔に責め苛まされた。しかし大部分の者については、突然襲い来る残酷な死という面が強調された。火、雷、難破、落馬、背教者ユリアヌスを射た矢、サロメの足下で割れた氷、最後には、自殺。これらの死は、時としては神に見放された者たちにふさわしい悪しき死の特徴をなしている。それでもなお、これらの死は、例外的な死の事例であると主張する人がいるかも知れない。しかし、突然襲いかかってくる死、それは、路傍においてもごく普通の罪人たちをも脅かす。最後の審判までは自分を殺すことなど誰もできないと言って神を冒瀆した兵士を、聖フランチェスコは突然の死をもって罰した。この兵士の甥は、逆に聖フランチェスコを殺害した。とりわけ恨みがましい聖アンブロシウスは、自分に殴りかかった女をあの突然死でもって罰している。より慈悲深い聖レミは、穀物を焼き払った大酒飲みの男に対しては世界の終わりの日までヘルニアで苦しむよう、その妻には甲状腺腫で苦しむように約束することで満足した。

聖人たちの奇跡自体もまた、至る所に暴力的な死が存在したことを示している。すなわちそれは、あの偉大な奇跡、真の意味での蘇生であって、単なる治癒ではない。『黄金伝説』の中の六三の奇跡の事例のうち、その半数近く（二五件、つまり四五％）が暴力による死からの蘇生であり、後期（一三世紀）の聖人たちが、この面では最も霊験あらたかである。最も多いのは溺死者の蘇生であり、次いで家屋によって押しつぶされた者、あるいは窓から落ちた子供、犬にかみ殺された若者、井戸にはまって死んだ若者などの事例である。殺された兵士、さらには縛り首になった悪人にも、これらの聖人は慈悲深い。他方、病気によるものと確認できる死の事例は一二%にすぎない。生きることの辛さ、死の暴力性。結局、宗教的考察を持ち込まなくとも、あらゆるものの中で暴力的な死が最も恐れられていたということが容易に理解できるだろう。

ここで、聖人に治療される者の側に目を転じてみよう。聖人の奇跡は誰に向けられていたのだろうか？　中世の病いの歴史は——もし、病いが襲いかかる相手を見定め、それがいかに深く恐れられたかを知ろうとするならば——、この時代の病いに対する態度を反映している資料にまで迂回することを要求する。様々な研究によって、一一世紀と一二世紀には、奇跡を行なう聖人への巡礼地がいくつかあったことが明らかになっている。フランスでは、コンクの聖フォワ、ノルマンディー地方のサン＝ヴァンドリルの聖ヴュルフラン、そしてランスの聖ジブリアンなどについての研究がある。病いの治癒は、これらのローカルな巡礼地の主要な験《しるし》であった。聖ジブリアンは麻痺患者を治癒し、全身麻痺から半身不随、あるいは一部位の麻痺に至るまでの麻痺患者が信者の半数に達した。それだけではなく盲人、せむし、びっこを癒し、痔瘻、潰瘍、水腫、丹毒のほか、狂気や悪魔つきまで追い払った。聖ジブリアンの奇跡の中庭は、中世におけるあれこれの病いのよき見本を示すものだろうか。それは文化的類型の重要性を示している（麻痺と盲とは、新約聖書から直接由来するものである）。しかしながら、人間の不幸の環境は、イエス＝キリスト以来、大幅に変化したのだろうか。たしかに、他の場所はその専門化に合わせて別種の病名リストを提示している。トゥールの聖マルタンは大勢の麻痺患者を癒してはいたが、その割合は一五〜二〇%にすぎない。

日常的な死

これまでに見てきたことは、日常的な死の原因については何も述べていない。けれども、おそらく私たちは、その原因について推測することはできる。モンタイユー村の年代記は、以下のような原因を挙げている。すなわち、下痢、臓物の中毒、喀血、癲癇《てんかん》、狂犬病、瘰癧、痔瘻、潰瘍、丹毒など。人々はまた、皮膚病を病み、レプラのような災厄をも知っていた。こうして、襲い来る病いに対して全く無防備な住民の健康と災難との集合的な景観が描き出されていく。医者は、いなかったわけではないが、例外的で、遠い存在だった。当時の科学の水準では、結局のところ、医者がいたとしてもどんな効用があっただろうか。ル・ロワ・ラデュリが言うように、村では病いはさして重大なことではなく、重要なのは死なのだと結論づけるべきだろうか。私としては、このように限られた前提から普遍化を行なうことには、躊躇を覚える。

だが少なくとも、死のヒットチャートの中では、この世に害を及ぼす主要原因のうちの幾つかを挙げなければならない。一三四八年以前の中世において、大きな伝染病が全くなかったわけではない。中世初期に地中海地方から始まり、ヨーロッパの大部分を席巻した黒死病（ユスティアヌスのペストと呼ばれた）の大流行以後、これほどの災厄は二度と起こらなかったらしい、ということは認めなければならない。『黄金伝説』では、ペストは神の下し賜うた懲罰として描かれている。しかし、その記憶が生々しくても、それは比較的遠いものになっていった。だから、ヨーロッパにおいて〔流行の〕断絶が現実になかったとしたら、黒死病の心理的インパクトを理解することはできないであろう。そうは言ってもこの伝統社会において、「ありきたりの」伝染病が滅多になかったわけではない。飢饉の結果として大量死がしばしば起きていたのであり、その特別の事例は一三一五年以降に見ることができる。しかし、このタイプの災厄は、イギリスからロシアまで、フランドル地方からフィレンツェに至るまで非常に顕著なもので、当時においては珍しいものではなかった。飢饉は、人間の肉体を弱らせ、手当たり次第に目についたものを食べるように仕向け、例えば麦角病の麦に手をつけて壊疽性麦角中毒にかかってしまうことが起こるので、しまいには死亡率の急上昇を招いてしまう。戸籍簿がないため、数量化された方法で説明することは不可能だが、時としては村の年代記によって事実を推測することはできる。モンタイユーでは、一三〇〇年から一三五五年までの間に、若者の大量死が見られたが、多くの死が同時に起こっているのだから、歴史家にとって伝染病の流行は明白であるのに、ル・ロワ・ラデュリは、このようなことは記録されていないと言い張っている。

しかしながら、この時代の人々が心から恐れを抱いていた病い、それはレプラである。レプラ患者は、この世から見はなされた、生きながらの死者であり、人々はこの患者に出会えば死者の祈りを唱えたものだが、彼らは社会全体にとって劫罰としての死のイメージの一つであり続けた。一三〇〇年は、おそらくこの病いの後退期の入口にあたり、それは中世末の数世紀には後退していき——その原因は分からないが——ペストに取って代わられた。この災厄が重大であったことは、いくつかの数値で裏書きされている。フランス王国には、およそ二〇〇〇人のレプラ患者がいた。おそらく、ヨーロッパ全体では数十万人の患者がいたことだろう。文学の中で、とりわけても聖人伝の中で、レプラ患者が大きな地位を占めていたことは理解できる。

大ざっぱで印象主義的であることは否めないとしても、この一覧表にもとづいて、どのように死が感じられたか、つまり人々がそれに慣れ親しんだのか、無関心であったのか、それとも反対に強い関心を引いたのかを推定することができるだろうか。おそらくはこれが、あとで我々が取り組むことになる集合表象について教えてくれる手段となるだろう。とりあえずは、どんなに乏しくても、記述的な資料を確保しておこう。そうすることで、数量化されたアプローチの無味乾燥な正確さに耐えることにしよう。集合的感性の中で、死は、男性と女性、大人と子供、すべてに同一の重みでのしかかっていたわけではない。

この家父長的な社会は、男性の死を格別に重視している。『黄金伝説』の中で語られている奇跡のうち、三分の二（六七％）は男性を優先的に取り上げている。キリスト教の初期段階の奇跡と、同時代〔一三世紀〕の奇跡とを一緒にしてしまっているこの史料は大まかすぎると言われるかも知れない。しかし、これらの奇跡は、一三世紀の著者の選択と記憶によって濾過されたものであり、古代の奇跡とこの時代〔中世〕の奇跡との間で大きな変化が生じているようには思われない。しかしながら、すでに取り上げた聖ジブリアン、聖ヴュルフラン、聖女フォワなどによる日常的な奇跡という小さな事例を手がかりにして、さらに議論を展開できるだろう。聖女フォワが一一世紀になっても男性優位を尊重し続けている（四分の三は、男性）のに対して、二人の男性聖人の方は、治癒にあたって男女平等を貫いており、男性にはわずかに優位を与えているにすぎない（男性の治癒は五四〜五六％）。

四〇％の人間が二〇歳前に死亡し、子供の死亡率が相当なものにのぼると推定される時代において、子供の生と死は、どのように感じられていたのだろうか。モンタイユー村において、赤子の死亡は言及も記帳もされていない。奇跡についての撰文集では、一一世紀の巡礼地（コンクとサン＝ヴァントリル）では、男女の子供と青年の死については三分の一（三六％）しか記録されていない。全人口の中に占める彼らの実際の割合からすれば、これは間違いなく低すぎる見積もりである。しかし、一二世紀には、聖ジブリアンの奇跡の半分が子供と青年に向けられていることが分かる。ここから、子供の地位が徐々に再評価されつつあると結論づけることは早計だろうか。『黄金伝説』の中では、子供と青年の割合が四〇％を超えているが、一三世紀の新規の聖者たち（聖ドミニクス、聖フランチェスコ、〔ハンガリーの、またはテューリンゲンの〕聖女エリザベート、そして〔サンティアゴ・デ・コンポステラへの〕巡礼における聖ヤコボ）による数多くの奇跡の中で、青年の比率は著しく上昇している。すなわち前の世紀〔一二世紀〕の三四％に対して五四％である。これほど微妙な指数については慎重でなければならず、とりわけ含みを持たせるようにしよう。ケースバイケースではあるが、死は、それが不当だと思われるがゆえに、人の心を強く打ち、奇跡を求めさせるのだが、それが最もあてはまるのは、子供の死であるよりは、むしろ青年の死、まず若い男子、次いで若い娘の死であったように思われる。子供が一人息子であるか、母親が寡婦である場合、状況は深刻になる。ごく幼い子供、赤子は、洗礼を受けさせてもらうという奇跡的な「猶予」を与えられた場合を除き、ほとんど現れてはこない。このことから、七歳未満の子供は、慢性的に食傷気味な死の台所では数のうちには入らない、と結論づけてもよいだろうか。勿論、このような断定は、安易な単純化にすぎないだろう。ル・ロワ・ラデュリは、モンタイユー村では、ある農婦（必ずしも母親であるとは限らない）が、乳飲み子の臨終を看取るためにその仕事を放棄し、もう一人の母親が、寝床の中で死んでいる赤子のために泣いている、という事例を挙げている。さらにヴェズレーの（教会の）柱頭を想い起こそう。そこでは一人の父親が子供を腕に抱え、その子が生き返るように聖ベネディクトゥスに祈っている。けれども、反対の方に向かってむやみに一般化することは、これくらいでやめることにしよう。

中世の最盛期において、我々が想像しうる限りでは、死の打撃は過酷で強いものだった。しかし、死に対して、中世の人間には頼るものがなかったわけではない。彼らは集合的表象体系の継承者であり、そこから様々な説明と、おそらくは慰めとを汲み取っていたのだから。

第2章　死の古い体系

我々は一三世紀の末からこの道程を始めているのだが、これから見えてくる人々の死を前にした態度のイメージは単純なものではない。そこには、何も変化しない、あるいはほとんど変化しないと言われていた、あの古い社会に対してあまりにも安易に当てはめられた原初的な明快さは存在しない。実際、死の本質的な変化は、多様な要素の重なり合いを反映し、地域や集団によって異なる慣行の複雑な景観を提示している。当然のことながら、一〇〇〇年間（あるいはそれ以上にわたって）浸透し続けてきたキリスト教の影響は強く刻み込まれていて、不完全ではあれ、一体性の絆となっている。しかしながら、キリスト教以前の集合表象体系を構成する諸要素が透けて見えないというわけでは全くない。

知と行動

私は以前の著作で、[13]この文化的継承関係における「呪術的な死」について語ったことがある。現代の何人かの研究者の保証があるとはいうものの、言葉の便利さに惑わされないようにしなければならない。もし、この言葉によって、死を払いのけ、前もって死を予知し、さらには自分の敵に対して死を招き寄せるやり方の、多少とも首尾一貫したまとまりと解釈するならば、思い違いも甚だしいし、集合心性をひどく貧弱な図表に単純化してしまうことになる。これこそ、私が一度ならず引用してきた事例研究の中で、ル・ロワ・ラデュリが[14]、キース・トーマスあるいはジャン・ドリュモーに対して行なった批判である。ル・ロワ・ラデュリによれば、(モンタイユー村という) この小宇宙から喚起される中世の農民における死の体系は、はるかに豊かで入念なものであり、最終的には終末論にまで行き着く。この村人たちは、死を占ったり、払いのけたりするよりも、終末〔死、最後の審判、天国、地獄の四相〕や来世のことに関心を抱いていたのである。勿論、モンタイユー村を、ヨーロッパのキリスト教世界と同列に論ずることはできないし、そのような短絡的な一般化は無謀というものであるが、この教訓は無駄ではない。

それでも、現在の知識と、さらに現在の資料状況では、より大規模な一覧表を作成することは容易ではない。ル・ロワ・ラデュリは、めったにない豊富な資料、つまり、南仏の異端者たちの村で、抜かりのない異端審問官がアルビジョワ派を追いつめ、白状させた集団的自白の記録を利用することができた。他の場所では、このような尋問資料を利用することなど思いもよらない。とはいえ、教会側の人間の猜疑心に満ちた眼差しには時折出会うことができる。例えば、西暦一〇〇〇年の直前にまでさかのぼれば、ラインラント地方の高位聖職者レギノ・フォン・プリューム (九一五年没) が司牧記録に書き留めた質問事項を見出すことができるが、彼はトリーア地方の農民に対して好んで以下のような質問をしている。「お前は、遺体のまわりで踊らなかったか。お前は、酒を呑み、飛び跳ね、慎みのない歌を歌ったりしなかったか[15]」。中世全体を通じて、公会議、〔地域的な〕教会会議は、聖職者の不安を反映して、告発された信仰体系を否定形で暗示している。このような情報はいまだになお限定されたもので、教会側の公的な言説 (きわめて豊富ではあるが、より曖昧な聖人伝の言説) と、「教訓例話集」や信心物語との間にはさまって、歴史家たちは記述資料をわずかしか信頼することができないのである。

それでも、歴史家たちは資料の沈黙の裏をかき、まさしく墓地の考古学で行なったように、図像研究に別の証拠を見出すことができる。歴史家たちは、民俗学者や人類学者が積み上げた調査資料の山に立ち向かうことを避けて通ることはできないが、当然のことながら、最も細心の注意を払わなければならない。ヴァン・ジェネップ、サムター、ル・ブラース[16]は、歴史家たちに山ほどデータを引き渡してくれたが、これらはいまだ厳密には歴史学の中に組み入れられてはいない。これは、〔ディシプリンのちがいという〕止むをえない事情によることが最も多いとしても、おそらくは伝統社会の停滞性について時おり見られる調査者側の思いこみに起因するものでもある。

ブルターニュ地方、あるいはクールノアイユ地方の道を荷馬車の車輪をきしませながら駆け抜けていくケルトのアンクー ankou、あの印象的な死霊は、よく言われているように、「時代の奥底」から来るものだろうか。それとも別の人が考えるように、一五世紀か一六世紀の現代にもっと近い時期に創造されたものだろうか。民俗文化《フォークロア》とされているものの一部は、まったくのところ継続的な創造（一九世紀はその重要な一時期）を表現しているにすぎないのではないだろうか。これらのデータを参考にするということは、物事を可能な限りそのあるべき場所に置きなおし、後世の創作になるものをそれより前の時代に誕生させたりせず、「無時間的な」原初状態などといった罠に引っかからないようにすることである。

このように注意を払うことによって、一三世紀と一四世紀の転換点（黒死病の襲来以前）における死の複雑な体系の見取り図を描き出すことが可能になる。

ある種の民衆的科学は、その後の諸世紀〔一五―一七世紀〕において魔術や妖術と取り違えられることになるとしても、長い間、死を告知する前兆を知る術を心得ていた。これらの前兆のいくつかは、死を告げる幻視と同様、歓迎されざるものだった。モーデナ地方では（ドイツでも）、壁に首のない影が立つことがあり、スコットランドでは、出会う友人毎に、まだ生きているうちから自分の死を予言した男を埋葬した話が残っている。一方、北アイルランド地方では、フェッチュ Fetch という生霊が、死ぬ予定の者の姿になって友人の前に現れる。このような幻視は、皆が皆、人間の姿を取るとは限らない。ヨーロッパの民衆文化においては、人の行く道を横切るイタチから、雄鶏のように鳴く雌鶏、はては黒い羊に至るまで、動物たちが大きな役割を果たしている。これら幻の動物誌の中で、最も印象に残るイメージの一つは、コルシカ伝承のマッツェッリ mazzeri（イタリアでは、マカーレ machare と呼ばれる）であろう。この男たちの魂は、眠っている間に体を離れ、単独、または群をなして合戦に参加する。彼らは、猪を捕まえて殺し、その頭をひねり回し、三日以内、あるいは一年以内に死ぬであろう者の特徴を見て取る。他人の死を告げるだけで、死そのものには責任を負わない。

ブルターニュ地方の伝承においては、人が知り得る様々な形での予兆（ぶつぶつ言う声、何かが壊れる音、光、ドアをノックする音、家畜小屋での動物たちの話し声）なしに、人が死ぬことはないと言われているが、ある種の人々は、一般の人々よりも、それを知る能力に恵まれている。それは、四葉のクローバーを持つ人々や、七又の麦の穂を持つ人々のことである。言うまでもなく、バンシー banshee（beansidhe 異界の女）というアイルランドの旧家に住まう女の亡霊もその仲間であり、この亡霊は、死の二日前にやってきて、差し迫った死を予告する歌を歌う。

しかしながら、我々をとりまくこの予兆の世界に対して、より積極的な態度をとって死を避けたり予防したりする、あるいはそれを予知したりすることは誰にでもできる。よく知られていることであるが、死を招き寄せるような身振りは避けなければならない。「金曜日に諸洗いする妻は、亭主が死ぬことを望んでいる」。しかし、同様に、誰が死ぬかを知る方法もよく知られている。ナポリでは、溶けた錫の固まりを水に投げ入れ、複雑にねじれた格好を見て〔死の前兆を〕読みとる。モーデナ地方では、御公現の祭日〔一月六日〕の夜、屋根の上に置かれた鉢の氷の結晶を見て判断する。ドイツ、イギリス、フランスのいくつかの地方では、聖マルコの祝日、あるいは万聖節〔十一月一日〕の夜に、未来の死者たちが墓地へ向かって列をなしていくのが見られるという。一七世紀においてもなお、ブルターニュ地方の宣教師ミシェル・ル・ノブレによると、バターをぬったパンを泉に投げ入れ、その結果――裏になるか、表になるか――によって、家族の者の運命を占ったという。

知ることから行なうことへ、この道のりは危険に満ちたものである。キリスト教の祭儀に出会うことによって、この領域では、自分の敵を「立ち枯れ」させるための呪いのミサが発達し始める。しかし、半異教的なフランスのキリスト教徒たちは、手軽な手段に事欠かなかった。ベリー地方では、牛の古いくびきを焼きさえすれば、その持ち主は耐え難い頭痛に苦しみながら死ぬと信じられていた。ケルト系の地方（ウェールズ、スコットランド、ブルターニュ）では、ブルトン人が処方した調合水薬（塩、加工していない密蠟、爪の切り屑、墓場の土、蜘蛛を混ぜたもの）を使うだけでよい。これを九日間たってから財布の中に入れ、あなたの敵の通り道に置いておく。彼がこの財布を開けるや、必ず呪いがかかってしまうだろう。動物の象徴的な供養には多様な形態がある。ポルトガルではヒキガエルをピンで突き刺す。モーデナ地方では髪の毛でヒキガエルを茨に結びつける。アストゥリアス地方では黒い雌鶏を刺し殺す。アルデンヌ地方では牛の肝臓を腐らせる。これらは、同一のテーマの様々な変種である。同様に、人の似姿も実に多種多様な形を取り、刺し貫かれたり、焼かれたり、川に流されたりする。スコットランドでは蠟や粘土の人形、スコットランド高地地方ではアーガイル伯領〔あるいは伯爵〕の形をした藁束、人間の形をした木の根。これらの呪術は、常に悪意を持って用いられたわけではない。これらの呪術は、愛する人の苦痛を和らげるためにも効能があり、ブルターニュ地方では、いくつかの泉の水が霊験あらたかであることが知られている。一方、スコットランドでは瀕死の人の心臓に止めをさすため、石をたたき割る。

しかし、様々な事例を列挙することはこのあたりでやめておこう。何世紀もかかって、秘術と身振りと呪文の網の目が織られていった。これまでに挙げてきた事例（印象主義的なサンプリング）は、それぞれ一四世紀初頭にはよく知られていたものだが、他の知られていないものは、それ以後消滅してしまったのだろうか。すべてを網羅することが重要なのではない。呪術的な死について言えば、外見上は（我々から見て）奇妙ではあっても、全くくだらないというわけでないが、そうかと言って大して重要なものでもない。日々の恐怖の反映である細々とした悪魔祓いの日常生活の背後には、より複雑な表象が形をなし、死の試練がそれを照らし出している。それは、一つの体系《システム》だろうか、それとも複数の体系だろうか。たしかにヨーロッパの民俗研究によって認知できるようになった伝統的な身振りと慣行の豊饒さから、唯一の解釈しか生み出せないとしたら、それは冒瀆というものだろう。しかし、とりあえずは死から墓場へ、さらには死後の世界へとひとつのコースを辿ってみるのが、あながち見当ちがいということにはならないだろう。その道程において、伝統社会の共通の特徴が見えてくるはずだ。まず魂と肉体が分離する諸段階、次にこの移行を生者にとって容易なものにする諸手段、そして生者の世界と、生者を間近に取りまいている死者の集団との様々な関係が。

通過儀礼

死亡後に続く期間は――とりわけ死と埋葬の間の期間は、きわめて重要な移行期であり、ある面では危険な時期でもある。体に対しても、体から離れていく魂に対しても、また生き残った者たちに対しても、ひとまとまりの儀式を執り行なわなければならない。

体と魂の分離を助けるために、ゲルマン系とケルト系の地方では、今際の際に、死にかかっている人間を母なる大地と再び接触させる。ブルターニュ地方では、瀕死の人間を起きあがらせ、手足を地につけさせる。イングランドのレイトリン伯領では、家の踏み固めた地面に直かに敷いた藁の上に寝かせることがある。フランシュ＝コンテ地方では、瀕死の人間を乱暴に揺すぶったり、フランス中央部のシャトー＝シノン付近では、口を閉じさせる前に洗礼名を呼びかけるにとどめている。遺骸は、死んでいるものとは全くみなされない（少なくとも、すぐに死んだとはみなされない）ため、それに対する心配りはとても大切である。服喪を区切る日取り（三日目、三〇日目、あるいは一周年）は、腐敗から白骨化まで、遺骸の分解の進行と直接に結びついている。遺骸のあつかい方は地域によって異なる。魂は容易に肉体を離れず、大方の習わしにおいては、少なくとも三日間はその周辺に留まっているので、これに備えるために、多少とも念入りに死化粧を施すことになる。モンタイユー村の住民は、死化粧を施すが、ごく簡単に済ませている。スペインでは、キリスト教徒たちは、全く異なった理解であるにせよ、モール人からこの儀礼の大切さを学んでいる。遺骸を封印したり（アルデンヌ、あるいはボージョレ地方）、さらには、遺骸の穴をすべて縫って閉じてしまう（時折サヴォワ地方で見かけられる）ことは地域的には稀である。

とりわけ死出の旅路を辿らせるためには、必要に応じて、生者に向かってするように話しかけたり（ポルトガル）、たいていは、死者の唯一の装いである屍衣に包んでやったりする。この屍衣は、もとからあった形のままなのだろうか、それとも、今論じている中世盛期において比較的新しく出現したものなのだろうか。フランクの風習に従って（トリーア地方）、そしておそらくは、より広くゲルマンの風習に従って、戦士は、メロヴィング朝に至るまで、その最も華やかな衣服と武器とで飾られていた。一三世紀には、聖職者をのぞいて、屍衣はかなり後までも裸の遺骸を覆い隠すものだった。屍衣は、縫われたり、ピンで留めてあったり、時には包帯でぐるぐる巻にされていたが、たとえその方法が地域によってまちまちであったとしても、死出の旅路を最もよく保証するものだった。シチリアでは、足と膝とを縛らないようにしているし、オート＝ブルターニュ地方では、同様に結び目のない屍衣を使用している。アイルランドでは、遺骸は、あまり強く縛られると、死者が文句を言いに戻ってくると信じられているが、ロレーヌ地方では、死者が戻ってくるのを妨げる最も良い方法は、遺骸をしっかり縛りつけておくことだと考えられている。しばしば採用されたのは折衷策（スコットランド、西アイルランド）で、これは、埋葬の間際になって屍衣の縫い目を切ってしまう方法である。死者は、完全に死んでいるわけではないので、多くの地域では死出の旅路を保証するものとして、ワインの瓶、ナイフ、鉢などを添えて埋葬されるのはそのためである。供物は、後で取り替えられることになっているが、これについては後で触れることにする。身支度の済んだ遺骸は、見張っておかなければならない。悪魔が遺骸と黒猫とを取り替えることがあることは知られており、通夜の役割はまさにこのような不測の事態に備えるためのものである。

同時に、霊魂にも注意を払わなくてはならない。霊魂は肉体からさほど遠くにいるのではない。いくつかの地域では、霊魂が蝿の姿を取ったり（フランス、特にブルターニュ地方）、果ては蝶の姿をして（アイルランド）、肉体を離れるのが見られた。霊魂は、三日間、家を離れないため、一連の用心をしなければならない。最もしばしば見られるのは、おそらく火を消すことであり（霊魂が火傷しないために）、これは、ノーサンバーランドでも、コルシカでも行なわれている。ことに、人々は掃除をしないように気をつけ、あるいは、少なくとも埋葬しないうちは、塵を捨てないように気をつけている。霊魂が塵の中にいるかも知れないからである（フランスの西部と中部のかなりの地域、のみならずヨーロッパの全域）。この用心から当然生ずる結果として、埋葬のあとは、細心の注意を払って掃除をする。フランス中部において（クルーズ県）、集められた塵は埋葬の際に穴の中に投げ入れられる。手桶、壺、水差しを空けることや、時には、霊魂が流れ込む可能性のある食べ物を捨てるといった広範に見られる身振りは、同様の用心に結びついている。鏡に覆いをするという、もう一つの一般的な慣行は、手桶を覆ったり、中身を空けたりすることと同じく、伝承のなかでは矛盾した解釈が施されている。鏡にとりついているさまよえる霊魂が、軽はずみにも鏡をのぞきこんだ人間に乗り移るのではないかと恐れられていたからだろうか。これらの行為について語っている初期の人々の中でも、一七世紀末のフランスの司祭や宣教師たちは、これらの慣習を生きたものとして捉えていたのではあるが、すでに分裂した解釈を施している。これは、慣習の意味がすでに部分的には分からなくなっている証拠である。ミシェル・ル・ノブレにとっては、霊魂がそこに迷い込まないようにするためであるが、ティエール師（一七世紀末の古典の一つである『迷信提要』の著者）にとっては、桶の水を飲む者は死者の罪を飲み込むことになる。なぜなら、ボルドー地方のユダヤ人によれば、死の天使が血塗られた剣をその水で洗ったからである。

これらは一つの普遍的な伝統がまとった、様々に異なる宗教的な衣である。霊魂を引き留めることがないように、死者に何らかの支えを与えて、なによりも霊魂がたやすく家を出ていけるようにと人々が望んだということは理解できる。このための駆け引きとして、戸や窓が開け放たれ、その後で閉められてしまう。ドイツの少なからぬ地域と同様に、ブルターニュ地方では、離魂をすすめるために、今際の際には死者の部屋の真上の瓦が剥がされた。

フランシュ＝コンテ地方では、スコットランドと同様に、人が死ぬと直ちに戸が開け放たれるが、シチリア島では、霊魂を家から立ち去らせるため、道からうなり声を立てて霊魂に呼びかける。その後は、霊魂がすぐに戻ってこないように、戸をバタンと閉めてとじこもらなければならない。あとは、霊魂に死出の旅路を辿ってもらうことである。これは、葬儀の時にも、その後の節目毎の行事の時にも繰り返される。けれどもその前に、共同体が死者に対して果たすべき別の義務が残っている。この義務という言葉は最も広い意味で理解しておこう。最初の義務の一つは、出来事を人と動物に告げることである。おそらくは、いつも、ただちにというわけではないだろう。アイルランドでは、挽歌を歌うために死後一時間待ち、島嶼部では犬が死者の魂に駆け寄って、それを貪り食ったりしないように、三時間待つ。次には、動物たちに知らせる(「お前たちのご主人は亡くなった」と家畜小屋の中を告げてまわる)。これはほとんどあらゆる場所でなされるが、巣箱に覆いがかかった蜜蜂には、特別の注意を払わなければならない。より稀にではあるが、フランドル地方やドイツにおいては、畑、収穫物、小麦の袋にも(これを揺すぶる)、そしてブドウ栽培地方では、ワインの樽にも、この勤めが果たされる。より大ざっぱに言えば、関わり合いを持つのは共同体全体である。狭い意味での家族は、これに席を譲る。人が死んだ後は、たとえどんなに急ぎの仕事があったとしても、生活は一時中断され、仕事は止まる。隣人と友人は、少なくとも葬儀までは、交替しながらお勤めをする。

同じ家に住む家族のより親密な範囲では、この通告は、直かに行なわれる。メッス地方では、ローマ時代の葬儀の哀歌の伝統を受け継いで、死者の名が声高らかに告知され、子供たちも、家畜も、ともにたたき起こされる。村の人々に証人になってもらうためには、別の手段が必要である。数世紀にわたって、告知のシステムが作り出され、特別に割り当てられた人物が介在させられる。最も単純な状態では、畑や小集落を知らせてまわるのは最も近隣に住む隣人である。つぎに、我々が今いる時代〔中世盛期〕には、教会の鐘、つまり弔鐘(南フランスでは clas, clar, clars、他の所では「死を告げる鐘」あるいは tocar a muerto と呼ばれる)が、習俗の中に入り始めている。中世初期の著作家たち(トゥールのグレゴワール、聖ベネディクトゥス)も、そのことに言及しているが、多くの場合、この現象が現れるのを見るためには一五世紀まで待たなければならない(アルル)。

この音による告知（冒頭の三打から始まり、複雑さを増していく）は、地域によって臨終の最中、あるいは死後に打ち鳴らされる。時には繰り返し鳴らされる。

伝統的なシステムにおいては、このようにして死の集合的儀礼の最も重要な要素をなす通夜が準備される。他のテーマと同じく、このテーマに関しては、民俗学者たちは現象を残存物の状態でしか知らないのだから、彼らが書き連ねたものを歴史にさかのぼらせて拡大解釈し、それによって中世における現象を「生きたまま」捉えられるというような、時代錯誤に陥らないようにしなければならない。正確に年代推定をしている若干の著作は、この研究に歴史的様相をつけ加えることを可能にしている。トリーア地方とルクセンブルク地方においては、高位聖職者（レギノ・フォン・プリューム）がそれについてはっきり言及していることからも分かるように、彼が抱く不安の中でも、一〇世紀に通夜は非常に重要な位置を占めていた。それによると、遺体は寝床から引き起こされ、部屋の真ん中の藁《わら》、あるいは、むき出しの床に寝かされる。遺体には、フランク時代の衣服の代わりに屍衣が着せられるが、顔はむき出しのまま、腕は両脇に伸ばされたままである（この地方では、両腕を組み合わせるのは一五世紀になってからである）。家族、そして同様に隣人、共同体の成員が集合する。その上で、集合的な儀礼が展開し、教会の監察官の尋問がなされるのだが、監察官はすべて承知している。「お前は、死者の上で悪魔の歌を歌ったか」「お前は悪ふざけに身を委ねたか」「お前は跳ねまわったか」そして、最後には、「死んだことを喜ぶあまりに飲み食いをしたか」。監察官の執拗な尋問を読む限り、考えられるのは、それが奇妙な乱痴気騒ぎであったということである。だがそう思われるのは、おそらく我々から見てのことだろう。なぜならば、聖職者は、彼らのいないところで行なわれているこの儀礼が、それでも宗教的なものであることを知っていたにちがいないからである。遺体を囲んで踊るダンスは、死と一線を画しつつ、それを生者の輪の中に取り囲むことをめざしたものであり、民衆の考えでは、度はずれな嘆きの表明は死者の魂をかき乱し、魂を舞い戻らせることになるのである。跳躍、ダンス、歌などからなる儀礼的な酒盛りは、西暦一〇〇〇年以前にはこのように非難されていたが、三世紀後にも同じ状態のままで存在していたのだろうか。そのような習慣は、衰退し、あるいは少なくとも部分的には、すでに翳りを見せていたのであろうと推測できる。しかし、一九世紀の民俗に至るまで、主要な要素が変化せずに存続したと推測できるほど、その身振りの痕跡は十分に存在している。

村民が大量に参加すること、少なくとも隣人が四人に一人の割合で交代する（ブルターニュ地方カレ＝プルーゲ）ことは、至る所で確認されているが、特別な通夜女の介入はずっと後の時代のことにすぎない。これらの集団の中で、若い男女は、ダンスをしたり（コルシカ島）、儀礼的なパントマイムに興じたりして、格別の役割を果たしている。アイルランド南部地方では、二人の若者が闘い、終いには、そのうちの一人が死んだ振りをし、さらに生き返る。スコットランドの高地地方では、故人の友人たちが、流血の騒ぎに至るまで闘い続けたと言われている。どこでも、大量の酒が飲まれた。ワイン、土地によってはビールが飲まれ、火酒は至る所で飲まれた。ル・ブラースが報告したブルターニュの伝承によると、死者が起き上がり、居酒屋から連れてきた飲んだくれたちとカード遊びをするとのことだが、この話は、死者を囲む共同体の集まりがジャンルの混合をもはや理解しない時代に伝えられ、一九世紀になって戯画化され、遠い昔のわけの分からない言い伝えとして残ったということである。参列者は死者を危害から守ると同時に、自らを死者から守る。そのため、死者は、様々な外観を取りながらも、忘れられるにはほど遠い病いの予防という名目で、イギリスでは塩をポケットに入れ、バーデン地方、あるいはアールガウ地方では手に塩を持ち、さらには部屋の四隅に塩を置く（ワロン地方、ラウジッツ地方）。悪ふざけ、ゲーム、歌は、集合的な嘆きや、家族が音頭をとる追悼演説とは、矛盾しないのである。

生者と死者

家族と、さらにそれ以上に共同体の役割が支配的だった通夜に続く重要な出来事は埋葬だが、そこにはとても古い死のシステムが残存している。それは、最終的に教会の懐に身をゆだねるには、まだほど遠いところにある。埋葬は、その場所においても、またその様式においても教会の支配の外にあったと言ってよい。家族による――その敷地内における――埋葬が多くの地域ではいまだに一般的な規則になっている。中欧のスラヴ人居住地域では、いまだに山や森が埋葬地の役割を果たしている。一例だけを挙げれば、スロヴァキア地方では、様々な場所に死者を埋葬する風習は一七世紀まで存続していたが、他方で、すでにラディスラス一世〔ハンガリー王、在位一〇七七―九五〕の治世において、死者を墓地に埋葬しなかった人々には、水とパンだけの贖罪が課せられていた。樹の下に埋葬するというスラヴの古い慣行は、森につながる呪術的身振りと関係があるが、同時にまた、故人からの保護を期待して、遺体を家の近くにとどめておきたいという願望とも結びついている。このスラヴ的慣行は、この地方〔スロヴァキア〕ではしぶとく続いた。この慣行は、ここではカトリック教会と同じくプロテスタント教会によって打倒されたが、東方正統教会の寛容政策の恩恵に大いに浴した。ウクライナでは、一七七〇年頃まで継続したのではないだろうか。

それゆえ、中世の初期において、少なくとも幾つかの地域においては、墓地は勝利を収めるにはほど遠いものだった。地中海地方、同様にコルシカ、スペインなどがそうだが、これらの地方では、自分の畑に死者を埋葬することは、ずっと後になると、モリスコ〔グラナダ王国滅亡後改宗してスペインに残留したムーア人〕との関係で嫌疑をかけられる一つの要因となるだろう。それでも墓地が、しばしば死者の埋葬にとって一般的な場所となったことは事実である。とはいえ、一二世紀以降、教会と大修道院が大量に供給した、あの墓石についてその意味を取り違えないようにしよう。後で見るように、それらの石は、聖職者、諸侯、騎士たちの墓だった。死者の居場所としての「教会の民主化」(あえて時代錯誤はお許しいただきたい)は、生じようとしてはいたが、すぐというわけではない。それゆえ、墓地は依然として大多数の死者のための共通の場であり続けた。たしかにそれは、教会の保護下にある場所ではあるが、多くの点において教会の統制を逃れた聖なる場所だった。墓地は、共同体の共通の場所であり、何のはばかりもなく世俗的な用途にも当てられた。それはダンスや娯楽の場になったり、家畜の放牧地になったりして、時には遺体が家畜によって掘り出されてしまうこともあった。けれども、表面的な行為は、生者と死者からなる共同体の集団的所有という感覚を表明している。また、墓地が怖ろしくも神聖なる場所と思われるのは、それが死者の住まいだったからである。

その最終的な住まい〔墓場〕まで死者を導いていくことにしよう。この道のり(あらゆる種類の障害に満ちている)はそれ自体、最も重要な役割を担っている。死者が戻ってきて生者を悩ませないように、できることならば永久に死者を遠ざけることが肝心なのではないだろうか。したがって、人々は注意深く扉を閉め、時折は敷居の上で、死者の身づくろいに使用した水をこの瞬間に空けてしまう。中世末期に、より多数の資料が物語っているように、後に触れることになるあの行列は、時間をかけて少しずつ成長し、構成されていく。葬列では、死者は腕で担がれるか、時には荷車に乗せられている。死者は、一般的には柩の上に、死者の身繕いを整えられたまま、すなわち屍衣に包まれたままの状態で横たわっている。すくなくとも南欧一帯では、死者の顔はむき出しにされたままで、このことはイタリアの図像では中世末期に至るまで、そのように描かれているし、プロヴァンス地方の資料でも、一八世紀末に至るまで、そのように記述されている。北欧においては、死者は包まれるか、縫い込まれさえしていたが、釘を打たれた柩の中に閉じこめられてはいなかった。柩は単なる担架であるか、板とシーツで覆われた四角い箱であって、一時的に死者を納めるものにすぎなかった。

墓地の考古学は、この点を明らかにしてくれる。トリーア地方では、一ダースの墓地において発掘された中世初期の墓六六〇基のうち、三九基、すなわちわずか六％の墓から、柩、あるいは少なくとも木の板（Totenbrett）が出てきた。遺体はその板の上に、おそらくは紐で縛られて置かれていたらしい。この珍しい柩のうちの幾つかは、くりぬかれた木の幹（Baumsarg）でできていたようで、おそらくは、なんらかの特別な埋葬のために取って置かれたのであろう。この地方では、一六世紀まで、柩が屍衣に取って代わって一般に用いられることはなかったようである。石棺が王侯貴族にとっての墓の代わりをつとめ、庶民は土に直かに埋められていた。おそらく、ひとつの事例をもとに拡大解釈をすることはできないだろうが、例えば、同じように発掘された南仏アルビジョワ派の墓地でも、同様の割合を示している。

家族、隣人、共同体の人々が、死者を担いで墓地に到着する。聖職者は、彼らに付き添っているのだろうか。一般にはそう信じる傾向があるようだが、これに関しては、伝承も民俗学と同様、後世における聖職者のイメージを提供しているにすぎない。それによれば、聖職者は少なくとも香部屋係、聖歌隊の少年、小教区の十字架を先に立てて遺体を迎えにやらせているし、時には葬列の先頭に立って来ることとすらある。だが、この図式は一般的なものでは全くない。たった今言及したばかりのスロヴァキア地方の山岳地帯では、一七世紀まで、聖職者が不在のまま埋葬しなければならないことに不満が表明されていた。トリーア地方では、レギノ・フォン・プリュームの時代である一〇世紀に投げかけられた疑問は、一四六〇年になっても健在だった。ディーキルヒ（ルクセンブルク）の聖職者は、大修道院支部のある村の住人が、彼らのお勤めを一貫して無視していることに対して不満を表明している。このような事例は、一六二八年になっても見られる。多くの農民にとって、埋葬は相変わらず、家族あるいは共同体の問題だった。朝のうちに「身内だけ」で埋葬を済ませ、午後には葬儀を行なってしまうことも稀ではなかった。一九世紀まで続くこのような振舞を、聖職者は、――慣れてはいただろうが――どのように考えていたのだろうか。死者を確実に追い払うために、人々はわざわざ迂回する道を通る。それは、けっして生者の道ではなく、伝統的な「死者の道」である（ブルターニュ）。往きにしろ、帰りにしろ、確実な手段である水を渡る。なぜならば、死者は自分だけでは川を渡ることができないからである。死者との間に水を置く慣行は、ブルターニュからアイルランド、ヴェンド地方〔ドイツ東部のスラヴ語地域〕や、ドイツ語圏スイス地域に至るまで見出すことができる。より単純な方法としては、葬列の後ろで聖水散布の形で水をまくという慣行がある（ポーランドのマズーリー地方、シュレージエン地方、テューリンゲン地方、高ファルツ地方など）。同様に、火も清めのための手段である。一七世紀末でも、ハノーファー地方では、葬式馬車の馬は燃える藁《わら》の上を通った。

これらの多様な儀礼から、つまるところ、実に単純な考えが引き出される。家族と共同体の成員における恐怖と混ざり合った願望、すなわち、決定的に死者を厄介払いしたいという願望である。この願望は、藁《わら》布団や寝台を焼いたり、埋葬したりすることに象徴的に表現されていて、フランスからシチリア島、南イタリア（オトランテ海峡地方）、ポルトガル（そこでは、布団や寝台を貧者に分け与える）まで、地域によって様々な形をとっている。すべての事例において共通しているのは、死者に対して、家の中にはもはや居場所はどこにもないとはっきり通告することである。この拒絶行為には、悔恨の情が伴わないわけではない。シチリア島では、三日間、パンと水が扉のところに置かれ、時には燭台と一緒に椅子が置かれる。アイルランドでは、菓子やジャガイモが置かれる。他の地方（スコットランド高地地方）では、部屋の中に死後の供物を置いたりさえする。さらに他の地方では、死者の魂が家のまわりをうろつくこと、それどころか、服喪期間中に炉ばたの近くに居座っていることすらよく知られている（ドーフィネ地方）。

しかし、人々が死者に安住してもらいたいと望んでいるのは、死者が連れて行かれる墓地においてである。地域によって、両親または隣人が掘った穴の中に、たとえ我々があとで描写することになる儀式用供物（ワインと食糧）を思わせる物が置かれることが非常に稀であるとしても、幾つかの要素がはっきりと見てとれる。やすやすとあの世へ入れるようにするための靴（ドイツ、エストニア、アイルランド）、多くの場所で確認されている小銭。人文主義の伝統は、そこにギリシア＝ローマ時代の明白な遺産を見出そうとしたが、民俗学者たち（ヴァン・ジェネップ）は、そのようには見ていない。穴の中に土を投げ入れることは、異教の名残りであるとして教会によって厳しく断罪された。その他にも意図の明瞭な儀式があり、魔法陣を閉じるために、あるいは、要するに死者を閉じこめるために、何回か墓のまわりを廻ることは、それが永遠の別れであることをはっきりと表明している。

哀悼の意が表明されるのも、最も一般的には墓地においてである。現在、人類学者や民俗学者の書いたものにあたってみると、地中海地方において、それがローマの伝統の直接的な遺産かどうか、確実ではない。しかしながら……葬式の哀歌 lamento、非業の死に対する復讐の呼びかけ vocero などは、コルシカ、ギリシア、ナポリ、サルデーニャなどで様々に異なった姿をまとって現れる。たとえヴァン・ジェネップが、一五世紀以前には復讐の呼びかけについての痕跡は見あたらないと言っているとしても、それは伝統的な儀礼のシステムの中に深く根ざしていたに違いない。スペインでも同様に、幾人かの著作家たちはこの儀礼の中に後世大いに発展することになる文芸上の主題を見出している。おそらくこれは、中世後期の服喪の儀礼に多くを負っているにちがいないのだが、そうであったとしても、この儀礼の由来の古さを示す議論の余地なき証拠が残っている。五八九年にトレド公会議が葬式の哀歌を断罪した後も、一三世紀ブルゴスの石棺は集合的な哀悼の場面を描き出している。ついで一四一八年、ブルゴスとソリアでは、フアン二世〔アラゴン王、在位一四五六―七九〕の布告が、髪の毛をかきむしったり、顔をひっかいたりする、伝統的な女性儀礼を厳しく禁止している。[17] とりわけ地中海地方で発達し、他のほとんどの地域でも知られている、この墓地での集合的な哀歌を伝統的な表象に結びつけるのは軽はずみだとは思われない。だがヴァン・ジェネップが南仏の至る所でしたように、民俗学者はその中に衰弱し、ゆがめられた一九世紀の痕跡しか見出すことができないのである。

伝統的な葬儀のきわめて重要な儀礼が、宴会であり続けたことは確実である。それは、姿の見えない死者（それでも、時には食器一式を持っていた）に護られて、この家族的で集合的な儀式に神聖なる儀式という性格を与えていた。この集まりをもっぱら民俗学者の言うことをもとにして想像してはならない。彼らがそれに接した頃には、それは瀕死の状態で、カフェか旅籠に追いやられてしまっていて、仮に家で催されるとしても、幾世紀にもわたる禁欲の結果、「菓子も密封瓶のワインもなく」！、鱈（ピレネー地方）や、ゆで肉、それどころか卵と米（オーヴェルニュ地方）にまで切り下げられていたのである。これらのもの悲しい光景は、ずっと後の時代のために取っておこう。この宴会を十分に想い描くためには、この伝統の聖地の幾つかにまで移動しなければならない。例えばコルシカでは、宴会はまだ非常に大きな規模を有しており、フランス中央山塊地方のいくつかの山岳地域では、しばしば居酒屋にも遺体が置かれ、和解の酒盛りの儀式がいまだに盛大に行なわれていた。

奴は死んじまった
それとも、奴は眠ってるのか
目を醒させるために
一杯ぐっと空けようぜ

死んだ、死んだ、死んだ
一杯やらずに、行っちまうのか

実際に幾つかの地点では、中世の生きられた現実にまで直かにさかのぼることができる。司教区会議の議事録、あるいは、管区長会議の議事録といった、容疑あるいは抑圧の記録は、非常に早くからこれらの慎みのない集まりを告発していた。一〇五〇年、〔スペインの〕オビエド近郊のコヤカの司教区会議が、この問題について議論している。我々に少なからぬ資料を提供してくれたあのトリーア地方では、一三一〇年、大司教バルドウィン・フォン・ルクセンブルクが、この集いについて記述し、告発し、禁止しているが、それを承けた管区長会議は、聖職者に対して葬儀の際の宴会や年忌の際の宴会には参加するよう、繰り返し勧告を出している。ただし、決して食べ過ぎないように、酒はほどほどに飲むように、神に感謝して文句を言わず、すべてを穏便にすませるように。要するに、泥酔、品の悪い笑い声や賭け事、ばかげた話や淫らな話、そして乱闘沙汰などをしてはならない、と。

葬儀の宴会は、プロヴァンス地方では一七世紀まで、「親族入れ替え」の食事という意味深長な名前を帯びていて、「キリスト教以前」の葬儀の儀礼の中では枢要な地位を占めているが、それは唯一のものでもなければ最後のものでもない。死者からの隔たりを順に区切る礼式日の早い段階（三日目、七日目）に、一つの食卓のまわりに新たに集まることは稀であったようだが、場所によっては三〇日目、四〇日目、そして一年目の年忌には、ほとんど至る所で再会することになる。年忌の乱痴気騒ぎに対する教会人による断罪は、葬儀の際に行なわれる宴会の乱痴気騒ぎに対する断罪と具体的な言及という点では異なるところがない。なぜならば、年忌は最も重要な日であるから。この日は、一般的に服喪期間の完了を意味し、自分の道を見つけた死者から本当の意味で解き放たれる時なのである。

死者の体は、事実上、かなり長い期間とどまり続ける。それは死後の観念と関連しているのだが、これについてはすぐあとで説明することにする。しかし、その前に、葬儀の宴会の補足として、死者に対する儀礼的な供物に言及しておくことが、おそらく必要だろう。すべての宴会が自宅で行なわれるわけではない。墓の上で、墓地で、時には教会で、別の式典が行なわれていて、これについては一七世紀末になってもプロヴァンス地方スネズの律儀な司教であるソアネン猊下が、「すべての悪は墓地で行なわれる」と言っている。墓地でどういうことが起こっているかを知るためには、プロヴァンスでなくても、少なくともそこからほど遠くない南仏のアルビ地方における考古学に尋ねてみればよい。

考古学の対象となってしまったこれらの見捨てられた墓地で発掘された供物のための穴には、メロヴィング朝から少なくとも一二世紀から一三世紀にかけて、あるいはもっと後代になってからも、顕著な連続性が見られる。いくつかの共通した特徴のうちで重要なのは、第一に、供物を受け取るために管あるいは穴によって墓とつながっている空洞（墓穴）であり、次に、魂が息をつくことができるようにするために、教会において年に三度（三月、一〇月、一一月）開けられる井戸（竪穴）であり、最後に、供物のための穴に向かって教会の屋根から流れ落ち、魂の浄化と安らぎをもたらす水である。これらすべては、一連の行為を想像させる。すなわち、死者への供物が更新され、そのあとに骨、儀礼的に壊された品物、宝石、そして火と宴会を思い起こさせる灰が残される。

これらの遺物にもまして奇妙に思われるのは、その継続性である。これらの場所は、驚くべき時期まで利用、あるいは再利用されている。一二世紀と一四世紀の間には、放棄する動きが見られる。つまり、この地方では、アルビジョワ派の弾圧（これは、〔墓地の動きとは〕まったく別のことだが）が、異端糾問所によって行なわれたからである。次いで、供物を捧げる穴のある場所の明らかに自発的な破壊が、一五世紀末、一四四〇年以後に見られる。明らかに、その時人々は、この儀礼のことを知りながら、教会の下や、そのまわりに存在する地下施設を壊そうとしたのである。南仏の墓地では、中世における諸宗教混淆の信仰が驚くほどの継続性を示していて、一二世紀、あるいは一四世紀まで、食べ物の奉納、葬儀の宴会、儀礼的な破壊と火をずっと保っていた。これ以上、拡大解釈することはためらわれるが、それは異端的な南仏の特異さに由来するのだろうか。公会議、管区長会議の文書に立ち戻るなら、〔一〕四四三年、〔一〕五三三年、〔一〕五四一年、〔一〕五六六年と絶え間なく、教会と墓地で死者の霊に肉を捧げたり、ダンス、宴会、食事をしたりする罪に言及している。戦う人が足りなくなって、戦闘が終わるのは何時のことだろうか。依然として、一二三一年にはルーアンで、一二六〇年にはコニャック地方で、さらに一四三五年にはバーゼル公会議で、一五六六年にはリヨンの教会会議で、一五七九年にはムランの聖職者会議で、これらの禁止項目は繰り返されている。信仰の古い形態は何ともしぶとい。例外的な証言かもしれないが、アルビ地方の墓地では、墓への供物が一六世紀初期にもあったとのことである。

このように歴史に刻み込まれているものは考古学をもとにしているのだが、民俗学は、いくつかの痕跡をもとにしてその記憶を保存することになる。ファン・ジェネップにとって墓地での供物は、二〇世紀にはきわめて稀なものになっており、彼が引用している村では、「無垢の人たち」と見なされている人たちのすることとされている。〔しかし〕これらの風習のいくつかは、より長い命を保った。プロイセンではかつて、埋葬後の三日目、六日目、九日目、一四日目に死者の家で宴会が催され、そこには死者の魂も招かれた。食事の後、聖職者は箒をつかい、「霊魂よ、お前たちは、食事をし、酒を飲んだ。立ち去れ、立ち去れ」と言いながら、家を清める。これは聖職者の存在が儀礼のキリスト教らしさを保証するという過渡的な形態である。少なくともヨーロッパのカトリック圏においては、死者への食事は、家族の慣習の上に折り重なっていて、それはつい昨日までずっと長く持続している。万聖節〔十一月一日〕、クリスマス、あるいは、公現祭〔一月六日〕、聖ヨハネの日〔六月二四日〕には、死者が規則正しく戻ってきて食事に加わることになっていて、死者には食事の残りが取って置かれている（クリスマスにプロヴァンス地方では「たっぷりとスープ」をつくる。イタリアのモーデナ地方、ポルトガルのミーニョ地方でも同様）。

幽霊の出現

我々はここまで、死の接近から、それに続く別離の日々までを、様々な身振りのサイクルを通じて見てきたのだが、そこからは肉体と霊魂の分離から始まる死後の世界の表象の全体が浮かび上がってくるのが感じられる。それを「ひとつの」表象と言うなら、楽観論、あるいは単純化という罪を犯すことになると言われるかもしれない。しかし、ヨーロッパ中世盛期における、死後の世界についての非キリスト教的な表象の全体図を描き出すのは、恣意的でもなければ、不可能なことでもない。

〔民俗学によって〕書きとめられた身振りにおいて、遍く執拗に出現してくるのは、臨終の際にも生々しく、要求がましく、攻撃的で、絶えずつきまとう死者たち、「幽霊」の存在である。幽霊、あるいは亡霊〔帰ってくる者〕は、中世人の心に、来世についての伝統的な解釈、すなわち生者の世界は死者や怨霊の世界に取り囲まれていて、彼らを安息の地に送り出すことで鎮めなければならない、という古代から続いている伝統的な解釈を焼き付けていた。書物の宗教、特にキリスト教は、死者と生者を同一平面上に共存させるということの「水平的な」シェーマに換えて、垂直的な見地を、つまり救済という仮説に価値を与え、魂をそれぞれにふさわしく、天国あるいは地獄（時には、煉獄）へと導き、最後の審判の日に復活することを告げる、という考え方を導入した。

私たちのまわりを死者で取りかこませる古いシステムの刻印は、この〔非キリスト教的な〕世界に特有なものである。墓地に運ばれた肉体は、しばらくの間は生きていた時の姿を保っている。多くの地方で、少なくとも三日間は、霊魂が肉体に宿っていると言われ、その後も霊魂は、かなり長い間、死者の居住地である墓地に取り付いている。霊魂は、肉体が骸骨の状態になってはじめて、肉体を離れるというように理解されていたようだ。この霊魂は物質的な形をまとって現れることがある。ある場所では蝿、他の場所（アイルランド）では蝶の姿を取る。その他にも、様々な獣の姿を取ることがある。スロヴァキア地方では、他のスラヴ地域、あるいはゲルマン地域と同様に、鳥に姿を変えた霊魂が、死者の眠る土地の上に立っている樹にとまる。鳥の格好をした霊魂は、他の多くの伝承、特にケルト地域の伝承の中に見出される。ただし、このタイプの霊魂は、より正確には、子供であったり、ブルターニュのある地域では、ふくろうの形をした未婚の老女であったりする。白貂、狼、リスなど、もっと別の動物の姿にも出会うことがあるが、人間の姿を取ることが、やはり最も多い。それは、ずっと後代になると、〔表象として〕誕生する骸骨ではなく、幻であると同時に現実でもある亡霊の姿を取って現れる。当然のことながら、私たちを取りまくこれらの霊魂は——特定の人、あるいはすべての人にとって——不可視である。しかし、それらは〔生者とは区別される〕全く別の一民族を構成していて、ブルトン人はこれを「アナオン」と呼んでいる。これらの霊魂は、彼らを生者から区別する独自の特徴、独自の性格や欠点を持っており、自分たちの間だけで会話を交わす。死者の世界は独自の掟を持っていて、彼らの住処である墓地は、その年の最後の死者の霊魂によって、時には二人、つまり男女の霊魂によって一年間護られる。モンタイユー村では、死者は酒を飲むが、食事はせず、性交することもない。

これらの死者は、何を行ない、何を望むのか。つまるところ、これらの死者はトランジ〔仮住居〕の状態にある。地獄か、天国か、という救済の終末論的視点がないわけではないが、二次的なものにとどまっている。おそらく、ある死者は直接に安息の地に行き、他の死者は決定的に地獄に落とされてしまう。しかし、私たちを取りまく死者の一団は、罰せられた霊魂であり、安息の地を見出すのを待っている。サヴォワ地方では、つい先頃まで、「からめ取られた」霊魂と呼ばれていたが、彼らは自由になることができないのだ。この霊魂と出会うのは、大部分の者にとっていまだ知られていない煉獄ではなく、曖昧な世界においてである。まず墓地があり、それは危険な場所であるが、それだけでなく、より好まれた場所もある。野外では、彼らとは道の四つ辻で出会うことがことのほか多い。しばしば、そこでは死者の敷き藁を埋めたり、焼いたりするし、十字架を立てたりする。しかし、十字架が死者を招き寄せるのではない。むしろ十字架は、それが立っている場所を神聖化しようとする。そして、ブルトン人は（勿論、それ以外の人々も）、道の傍らで死者と出会う。垣根には、そこに隠れている霊魂が一杯詰まっている。だから、そこを通る時、杖で垣根を打つのは手酷い仕打ちである。スラヴ人は彼らを樹や山に住まわせている。サヴォワ、あるいはドーフィネ地方では、人里離れた場所、石河原や氷河など人気のない場所で彼らに出会う。けれども霊魂は家を好んでいて、家の中の特定の場所に住みつく。ドイツ、そしてさらに広く中欧では、戸口、敷居の下、さらには蝶番の中にいる。彼らはそこで、静かに（シュレジア地方）、あるいは、きしむような音を立てながら（ボヘミア地方）、苦しみに耐えている。

敷居をまたいで暖炉の隅に座を占めることの出来た霊魂は幸せである。そこは多くの民間伝承における一等席なのだから。霊魂が好む場所があるように、それが好む時間がある。夜は死者の世界であり、キリスト教化された民間伝承では、暗黙のうちに、消灯時間の諸条件が規制されることになる。それは、ブルターニュ地方では午後一〇時から午前二時までであり、アイルランドその他では午前〇時から雄鶏が時を告げる頃までとなっている。一年のサイクルにおいては、すでに触れたように、生者と霊魂の出会いのために定められた日がいくつかある。万聖節〔一一月一日〕と死者の日〔一一月二日〕は、そのために割り当てられた日である。ポー河渓谷と同様にトスカナ地方では、死者のために寝床が用意されるが、アストゥリアス地方では、ベッドのカヴァーはあけたままである。ほとんど至る所で、つまり、ティロル地方からヴォージュ地方を通ってアイルランドに至るまで、炉辺には死者のための儀礼的な場所がしつらえられる。クリスマスには、プロヴァンス地方と同様、モーデナ地方でも、死者に食事が供され、アイルランドでは公現祭〔一月六日〕の夜に瓦の一枚一枚に霊魂が宿る。一方、アブルーツィ地方〔イタリア中東部〕では、霊魂は万聖節以来とどまっていた家から離れ去る。だから、これらの日取りのうちのどの日かに（地方によって異なるが、原則的には、公現祭から告解の火曜日〔カーニヴァル最終日〕と復活祭までの間に並んでいる）、霊魂は待機状態から解き放たれて、あの世へと赴くことになる。年忌の家族暦は、霊魂の集団的トランジの日付に良くも悪くも照応している。スロヴァキア地方では、死後一年経って（骸骨から肉が完全に剥がれ落ちてしまう時）、墓を封じていた石を取り除き、死者が最終的に死んだものとして安置される。この時、死者の霊魂は、あの世への道を見出したものとみなされる。

死者が生者と取り結ぶ関係において支配的なのは、安息の地の探求である。この関係は、必然的にある仲介者によって間接的に調整される。これが、ラングドック地方では女霊媒もしくは霊媒師の名でよく知られている人物の役割で、モンタイユー村では、一三〇〇年頃、アルノー・ジェリと名乗っている。生者に向かって死者の言づけを伝えるのは彼であり、死後の償い、一言で言えば、死者が自分の罪を浄められて「解放される」ために必要な、儀礼に関する要求を伝える。私はエマニュエル・ル・ロワ・ラデュリのように、この間接的システムに対して、ケルト系の地方、例えばブルターニュ地方の直接的システムを対立させようとは思わない。

2) シャッカ（シチリア）の「カステロ・インカンタート」（魔法にかかった城）にある石像群の朧げになった顔からは、古い民衆宗教の「幽霊」たちの不気味な夜の行列を想像することができる。

一九世紀末に収集された民間伝承によると、ブルターニュ地方では、この役割を司祭に、その中でも特定の司祭に頼んでいる。この司祭は、悪魔と死者に話しかけることができ、「悪魔祓い」の術に通じていて、しつこくつきまとう死者を二度と抜け出すことのできない場所に封じ込めることができる。その場所は、ユン＝エレーズの穴という荒野にある緑色の沼で、人々は謀反人をここに放り込んだのである。同様にウェールズ地方でも、悪霊はあちこちさまよった後、湖あるいは河で、その贖罪の苦行を終える。しかし、ブルターニュ地方の「悪魔祓い」の聖職者は、あきらかに発展の最終段階をあらわしているように思われる。つまり神の僕は、霊魂との間に葛藤に満ちた抑圧的な関係を取り結ぶが、彼は霊魂を地獄に追い払い、生者を死者から解放するのである。

死者と生者とが直接的関係を持つことはよ

くある話で、この関係は必ずしも敵対的なものではない。死者は、人々が負債を支払い、あやまちを償うように絶えず気配りするのと同じくらいに、家、家族の生活、子供たちに関心を払っている。お産で死んだ母親が、自分の子供に乳を与えるために戻ってくるようにと、半年間、寝床に彼女の靴を置いておくという風習は、ドイツからフランスにかけて数多くの地方で見かける。このように生者の問題に死者が積極的に関与することは、妬みや誤解なしには済まないのだが、あきらかに「良い死者」という部類があって、人々は喜んでそれに恩を施し、彼らが安息の地に旅立つのを助けたのである。要求がましく、残忍な「悪い死者」のイメージは、もっと印象的である。アイルランドの民間伝承は、夫を殺し、さらに息子を殺そうとする女や、夫を貪り食おうとする女など、血まみれの死者で満ちている。しばしば、そこには危険が潜んでいる。死者は、生身の人間を捉えて、引きずり込み、自分の代わりをさせ、自分自身は解き放たれる。ほとんどあらゆる民間伝承においては、ロマン主義時代にビュルガー〔一七四七—九四。ドイツの詩人〕が創作したバラード『レノーレ』の変種が見られる。そこでは、亡くなった婚約者〔男〕が、馬に乗り、全速力で駆けてきて、墓場に婚約者〔女〕を引きずり込もうとする。たとえ無意識であれ、死者への攻撃を行なった者、例えば屍衣を盗むとか、墓を冒瀆した者は相当の償いをさせられた。孤独な亡霊は、このように個別の復讐を行なったりするが、時としては集団をなし、行列をつくってやってくる。万聖節や死者の日の夜には確実に、あるいはそれ以外の日であっても彼らに出会うことがある。彼らに話しかけたり、彼らのあとについて行なったりしてはならない。

これらのシステムの中で、地獄、天国、煉獄のようなキリスト教文明（他の文明もそうだが）になじみのある観念はどうなっているのだろうか？　すぐ後で述べることについては先回りをしないでおくとして、ここでは、そうした観念の代わりとなっているものについて、一言だけ喚起しておこう。煉獄については、当然のことながら需要は全くない。なぜなら、それはすぐ傍にあるからだ。罪を清められ、それが償われるのは、我々のごく近くにあって、我々をとりまいているあの幽霊界においてなのだ。地獄は、結局のところ、心を悩ますものではなく、いくつかの側面では曖昧なものにとどまっている。なぜならば、悪しき霊魂は、非難されることがより少ない霊魂との間で、中間の世界を分け合っているからである。一方に善人、他方に悪人というキリスト教的選別は、まだ集合的表象に組み込まれてはいない。同様にモンタイユー村では、地獄そのものがその土地に組み込まれているのを見ても、さほど驚くにはあたらない。悪魔が呪われた魂を崖の上から深い谷間に向かって突き落とし、苦しめているのを霊媒師が見たのは山の中であり、すぐ近くの高みであった。これらの悪魔、堕天使、あるいは悪霊は、たしかに存在するが、悪魔はまだ威圧的な存在ではない。悪魔は、我々を取り巻いている世界を死者と分け合っているが、恐怖とパニックはいまだ死者から来ているのであって、それを先まわりして悪魔に転移させるのは時代錯誤というものだろう。天国は、それよりも更にはるか彼方の存在だった。あるいはむしろ、さまよえる魂が向かう最終目的地、彼らの解放を意味する「安息地」と混同されていた。しかし、安息とまどろみの場所であるこの天国は、選ばれた者にのみ割り当てられ、世界の終末に死者が復活するというキリスト教的な天国とはまったく関係がない。モンタイユー村の住民にとって、このような展望は奇妙な考えであり、強い懐疑心を持って迎えられたのである。

我々が入っていこうと試みている中世盛期の社会でなお生き続けている、死に関するキリスト教以前の体系の基本は、このような調査が要求するあらゆる慎重さをもってするならば、以上のようなものであったろうと思われる。民俗学の成果を利用してはいるが、アナクロニスムに陥らないように、歴史的証言に生きた肉付けを与えようとしてとられた手続きから描き出された全体図は、おそらくは単純化されすぎていて印象主義的であるかもしれない。より詳細な地理学と、より精密な年代学によって、この全体図を明確にし、含みを持たせることが適切であるとは、我々も容易に認めるところである（さもなければ、「無時間的な」原初の成層を再生してしまうことになる)。社会文化的現象は、ある程度までは集中化するとしても、明らかに地理的な分布を示している。つまり、ドイツ、スラヴ地域では、森の世界を強調するのが適切なようだ。北の文明で調査する時にはよくあることだが、そこでは魂が鳥の形をして樹にとまっている。西欧と南欧では、資料が使いやすいので比較的重要視されているが、そこでは原初の特徴が際だっているため、特殊性において捉えることが可能である。

このような事例は、スコットランドからアイルランド、ウェールズ、コーンウォール地方、ブルターニュに至るまでのケルト系の地方に存在する。これらは、おそらく最も豊かであり、同時に理解することがおそらく最も困難な地方である。なぜならここでは、死に対する大量の集合的な精神的投資が継続されているために、それらが折り重なり、極度に混淆しているからである。我々は、伝説の大部分が一九世紀に始まる近年の産物だということを十分承知している。死霊アンクー、死体置き場、死者を祓う聖職者、天国と地獄をめぐる伝説などは、おそらくほとんどが一五世紀から一八世紀にかけて順次形成されたものを反映しているにすぎない。ただし、アナオンという死者の集団と、彼らが生者の社会との間にとりもつ時として野蛮な関係とは、今もなお色濃く残っている。

同じくらい完全な体系をほかに見出すことは、困難ではないだろう。コルシカを例に取ろう。そこでは最近の研究が、生と死を仲介する人間たちの大集団を描き出している。[18] マッツェッリについてはすでにひと言触れているが、彼らは眠っている間に、〔その魂が〕さまよい出し、一団となって野原を探し回り、猪を殺す。彼らはその猪の首によって、村の誰が死ぬことになるかを占う。彼らはまた戦士でもあって、七月三一日の夜には、山の中の村境で、つるぼらん〔ユリ科の植物〕の茎を持って近隣のマッツェッリと対決し、どちらかの村に死をまき散らす。次にフィンツィオーネだが、これは知人の姿で夜に現れ、沈黙し謎めいているが、死の前兆である。家族の、親しい幽霊も繰り返し現れる。これは最近死んだ人の霊で、人々は次のように問いかける。「呪われたる魂よ、欲しいものを言え、そして立ち去れ」。さらに不気味なのはスルパトーリで、これはしばしば動物（猫、いたち）の形を取って現れ、子供の血を吸う。彼ら（あるいは彼女たち、というのは、しばしば魔女であることが多いから）は、マッツェッリのように責任を負わない存在ではないが、害をなす存在で、動物の姿をしているうちに殺してしまわなければならない。ここに描き出された数知れない夜の闇の霊は、意識的か無意識的か、死の先触れの役割を果たしているが、その描写には、重なり合う諸層を識別したいと思う時に、それを可能にさせる歴史的な広がりが欠けている。おそらく、このような企ては不可能ではないだろう。南イタリアのマカーレと同様に、コルシカのマッツェッリの描写を読むなら、C・ギンズブルクが一六世紀末のイタリアのフリウリ地方における異端審問で見出したベナンダンティ[19]との類縁関係に気づき、驚かされることはまちがいない。しかもこれは、北イタリアからスイス、南ドイツに至るアルプス地域にまで見られるのである。

これらの古い死の神話的世界について、正確な地理と年代が作成されるのは何時のことだろうか。一つの誘惑ではあるが、おそらく慎重に取り組まなければならないだろう。それは、死者たちが軸に、魂の運動が推力になっているこの古い宗教を、理路整然と構築された体系へ統合しようとする誘惑である。それはCl・ゲニュベのカーニヴァルに関する考察[20]の中に見出される。彼は、万聖節から復活祭にかけての死者の魂の宇宙論的運動によって、今日では理解されなくなっているこれらの祝祭における月齢のリズムを説明している。これらの囚われた魂は、最近になって死んだ者の魂であって、まだ解放されていない。これらの魂は、この世に囚われた地上の囚人であり、死者の魂を導く動物である熊が冬眠から覚めた時に放つ屁によって、あるいは地下から魂を導き出す野生人（聖ヴァレンタイン）によって、初めて解放される。一月末（聖パウロの改悛の日、一月二五日）と復活祭の間には、あの世への道を探している魂のために天の道が開かれる時がある。それは天の川や、とくに魂を吸いこむ中継の星である月によって開かれる。その時、二月の浄めの周期が開始される。古代ローマでは、この期間中、魂は炎の形で墓地を漂っている。なんらかの儀礼によって漂う魂を鎮め、あの世へと送り出さなければならない。だから、二月二二日、聖ペトロの鎖の祝日〔正しくは「教座」の祝日〕――カリスたち〔アグライア、エウプロシュネ、タレイアの三姉妹の女神〕の祭りを後になってキリスト教の中に取り込んだもの――に、死者の食物を墓に供えるのである。月齢のリズムに合わせ、夜空の扉を介して地上と天上界との間の交換が行なわれ、天の川で魂の転生が終わる。しかし、この昇天は定まった日取りにしか行なわれない。聖母マリア清めの祝日〔二月二日〕には、その年の死者が天への道を見出し、機会を逃した死者は復活祭を待つ。その時キリストは地獄の辺境《リンボ》〔キリスト以前の義人、洗礼前の幼児などが住む所〕をめぐって魂を解放し、悪魔を縛りつけている鎖をしめなおす。

以上の解釈は、まだ混乱しているし、たしかに未消化ではある。我々は、その痕跡がかくも微かなこのもうひとつの宗教を、かくもひ弱な手がかりに基づいて、いつの日にか信頼できるやり方で復元することができるだろうか。思い切って問題を限定した方がよいのかもしれない。中世のさなか、一三世紀の末、これらの古い体系のうちの何が残っていたのだろうか。おそらく、我々が想像する以上のものが残っていたことだろう。そして、我々が説明しようと試みてきたのは、まさにこれらの痕跡のすべてである。これらの要素は、さらに一つの全体として考えられ、〔かって存在した〕世界についての満足のいく説明として了解されるだろうか。私はそう思う。キリスト教との邂逅は、すでに〔この世界の〕集合的態度を根底からひっくり返していた。これらの〔古い〕諸要素が、矛盾するとは考えもせずに、自身を表現することができたのは、キリスト教的な枠組の中に入りこむことによってであった。

第3章 キリスト教の一〇〇〇年

説明の必要上、キリスト教以前における死の体系を、これから論ずるキリスト教における死とは対照的に区別しておいた。とはいえ、集合的態度と同様、意識の中でも、それらが二つの領域に分けられると考えるならば、誤りを犯すことになる。キリスト教が、この古い死者の宗教あるいは諸宗教に対して何をしたか、あるいは反対に、キリスト教に改宗した人々が、新しい信仰に対するのと同様、古い信仰に対して何をしたかを考えてみなければならない。

あらためて『黄金伝説』を繙いてみるなら、過去の遺産のキリスト教化における具体的な手口とその解釈の両方を感じ取ることができる。二月二二日の新しい「聖ペテロの教座の祝日」が、死者への供物奉納の日である古代からの異教の祝祭に取って代わろうとするものであったことを、聖人伝の作者〔ヤコブス・ア・ヴォラギネ〕が知らないはずはない。さらに、この作者はとても教育的であったから、生きている人間の「霊魂」、地獄に堕ちた「死者の霊」、あるいは天国の「精霊」、さらに、安息を求めてさまよう「亡霊」などを、古代の人々が区別していたことに注意を促している。この作者によれば、それは幻想である。我々の先祖は、亡霊たちに食べさせるつもりで、悪魔を養っていたのだ。同様に、「洗礼者聖ヨハネの生誕日」に動物の骨を焼くのは、悪魔を追い払うためである。ヴォラギネは、異教徒が聖ヨハネの骨を焼いたとする伝説も、彼らがキリスト教化されたことの証しだと認めている。だから、解釈の一つが見つかったのである。死者、あるいは過去の幻である「幽霊」は悪魔に置き換えられていき、中世初期キリスト教布教の英雄時代に生まれた数多くの聖人伝がそれについて証言を残している。死者から悪魔ができるのなら、どうしてそれから聖人ができないことがあろうか。他の聖人伝と同じく、『黄金伝説』の中で頻繁に登場する幽霊の出現のテーマは、古い表象との連続性の中で、それがキリスト教化されたという可能性を示している。聖人となったこれらの死者は、常に善い人であるとは限らない。時に彼らは、ひそかな悪意から実際的な暴力を引き出すことがある。そこで思い出されるのは、教皇聖グレゴリウス〔一世。在位五九〇―六〇四。大グレゴリウスとも呼ばれる〕である。彼は、三度目の出現の時に、自分のしみったれた後継者に荒っぽい打撃を与えたため、この後継者はまもなく死んだ。聖人たちの背後に悪意を持つ死者の集団を見つけるために、奥底まで引っかきまわすには及ばないのである。

おそらく、このような事例をもとにして、民衆的妥協（折衷）の諸形態をよりよく理解することができるだろう。モンタイユー村で起こった様々な出来事が、その好い例となる。ただし、これは住民の一部に第三の要素を導入しているアルビ派の異端によって複雑になってはいるが、難解になっているわけではない。カトリック教徒の間でさえ、死者の存在は、すでに見たように濃密であり、キリスト教的な身振りと信仰の総体にうまく適合している。人々は、聖母マリアと諸聖人に祈り、司祭に様々なミサをお願いし、そして、あの魂の伝達者である「霊媒師」自身が司祭と関係を取り結んでいて、彼にサービスを提供している。こうした妥協に成功の見込みはあるのだろうか。おそらく、それは相当長期にわたって成功していた。しかし、中世の教会が死と四終〔死・審判・天国・地獄〕について与えた解釈と、その受容とを照合してみるなら、その難しさが理解されるというものである。

二つの来世

来世には、何があるか。最初の答は、殉教者の死とその迫害者の死によって出されている。一方には永遠の生、他方には永遠の死。それゆえ、二つの死がある。まずは地上における我々の生命を終わらせる肉体の死があり、次いで「第二の死」があるが、これは最も恐るべきもので、我々を永遠の生の中に投げいれるか、神に見放された者を虚無の中に投げ入れるか、のどちらかである。後者の概念については、我々が辿りついたこの時代〔一三世紀〕では、実際は異論がないどころではなかった。神に見放された者たちの運命は、単に剥奪されるだけにとどまるのだろうか。彼らにはもっとよい答が見つけられている。それは、永遠の劫罰というものである。どのようにしてそこに辿りつき、選別が行なわれるかはよく分からないが、少なくとも終末の日に、つまりキリストの復活の日に選別が行なわれることは分かっている。「ゆめ疑うことなかれ。二つの場所しかないのだ」。聖アウグスティヌスのこの言葉は、一三世紀末に至るまで、中世の終末論を支配している。死者が中間世界で永遠にさまようということに代えて、キリスト教は、救済（天国）と劫罰（地獄）という二つの展望を示した。

この時代が提示している最後の審判のイメージをもとにして、対立する二つのテーマが形成される。一一世紀以来、西欧の図像は東方教会から審判のイメージを受け継いでいる。ヴェネツィア近郊、トルチェルロにある一二世紀初頭のモザイク画は、〔東方から〕輸入されたこのテーマの最も進んだ表現を、きちんと構成された構図において示している。そこでは、上から下へと見ていくと、死に打ち勝ったキリストが、アダムを辺獄から救い出し、あらためて玉座に着き、天の宮廷で、聖母マリア、聖ヨハネ、そして選ばれた人々に取り巻かれている様子が描かれている。キリストの足下からは深紅の光線が地獄まで達しており、キリストは永遠の劫罰の火をかき立てている。玉座の前には、アダムとイヴが跪いているが、玉座は最後の審判までの間は空位となっている。審判は、一人の天使が主催して繰り広げられる。天使は手に秤を持ち、この秤に死者の魂がのせられることになる。海からも陸からも、死者たちが姿を現してくる。そこに二つのグループができる。一方は、神に選ばれた者たち、他方は、神に見放された者たちである。神に見放された者たちには地獄が待っているが、そこは仕切りのある奇妙な場所で、罰せられた者たちが火に炙られ、骸骨、あるいは引き裂かれた手足で一杯になった小部屋が描かれている。義人たちのためには、これまたよく組織された天国への道が開かれ、族長アブラハム、イサーク、ヤコブたちが出迎えている。この大変複雑なイメージは、一三〇〇年に至る二〇〇年の間に、細密画《ミニアチュール》によって飾られた写本（一〇〇二～一〇一四年のミュンヘンのハインリヒ二世の『聖書章句集』以後）、ことにイタリアのロマネスク様式の教会のティンパヌムの上でさらに脚色され、簡素化された（一〇七五年、ナポリ周辺のサンタンジェロ・インフォルミス教会、ついでパレルモのパラティネ小礼拝堂、最後に一二九三年、ローマのサンタチェチリア教会）。これは、フランスの図像でも同じである。図像によるキリスト教徒向けの教育は、単純化されたシェーマを押しつけ、これが規範となっていく。これは一一三〇年、サント＝フォワ＝ド＝コンクの大修道院付属聖堂のティンパヌムにも見られる。玉座にキリストが座り、光輪に包まれた玉座が天の宮廷の中央にある。下の方では、すべての人々に対する復活の呼びかけによって目覚めさせられ、死者たちが柩から離れようとしている。もっと下の方では、死者たちの霊魂の選別が行なわれている。一方に地獄があり、他方に善き人々がいて、彼らはアブラハムに抱かれて、天上の楽園で最後の審判まで憩いと蘇りの時を過ごす。バンベルクからランス、ブールジュ、あるいはトロワに至るまで、ゴシック芸術は、ロマネスク芸術のテーマを――様々なニュアンスを付け加えながら――維持し、発展させていく。

一四世紀の初めにおいて地獄と天国とがどんなものであったか、手っ取り早く知ろうとするなら、一三〇五年パドヴァのスクロヴェーニ礼拝堂にジオットが描いたフレスコ画を見ればよい。このフレスコ画は、ビザンチン様式を受け継いだもので、栄光に包まれたキリストが光輪《マンドルラ》の中に描かれており、この光が、彼を天使、聖人、福者からなる見事に階層化・序列化された集団から分け隔てている。地獄もまた、組織的な枠組を持っている。地獄に堕ちた者たちは、自らの犯した罪に見あった刑罰を与えられ、様々なやり方で悪魔に責め苛まされている。

もはや地獄についての異議申し立てなど見あたらない。四〇〇年にアレクサンドリア公会議で有罪とされたオリゲネスが、永遠の劫罰の可能性に対して表明した疑問など全く問題にならない。地獄は存在するのだ。地獄についての物語は増えていき（この点については、煉獄のところでまた触れることになる）、地獄の有り様が様々に描き出される。中世は、これらの移ろいやすい見取り図よりも、権威のある幾つかの文献に依拠している。いわゆる『聖パウロの黙示録』は、四世紀に始まり、一四世紀初頭には、フランス語だけでなく、英語、イタリア語、プロヴァンス語に訳されてよく知られていた。これは、地獄に連れ出された聖人の物語を伝えるものである。それによると、罪人たちは、罪を犯した時に用いた手か足を縛られて吊される。七つの燃えさかる火がある。火輪が一日に一〇〇〇回も回り、そこに一〇〇〇人の亡者がくくりつけられている。深淵にかかった狭い橋があり、罪人が奈落の底へと滑り落ちていく。嬰児殺しを犯した未婚の母は、蛇に責め苛まされている。臭くて恐ろしい底なし井戸には、信仰を持とうとしなかった人間、つまり究極の過ちを犯した人間が突き落とされる。

聖パウロの黙示録は、様々な構想を解き放った。一一世紀と一三世紀の間で、一連の伝説と物語が飾りたてられ、詳細になり、面白おかしくされていった。細部については立ち入らないことにするが、第一に、ケルト

3）中世における死のキリスト教化の難しさ——聖人の体のまわりでさえも、悪魔や地獄の生きものたちがサラバンドを踊っている。『祖先の生活』（ストラスブール、1477 年）から。

4）ゴシック教会の大聖堂のティンパヌムでは、魂を秤にかける聖ミカエルの左右に地獄と天国が向かい合っている。二つの場の終末論的表現。ブールジュ、大聖堂。

地方の伝説は、この種のテーマについての噺で満たされている。アイルランドにおける修道院の設立者である聖ファーゼイの伝説。聖ブランダンが七人の修道士とともに海を渡り、鍛冶屋の鎚音が聞こえ、地獄の火が燃え盛っている恐ろしい島に辿りつく話。そしてアイルランドの聖パトリックをお手本として、騎士オーエンは、広い広野を横切り、旅をする。そこでは、裸の男女が大地に釘付けされ、蛇とひきがえるに責め苛まされている。彼はさらに、地獄に落とされた者たちが、腕、脚、眼窩あるいは鼻孔を鉤に引っかけられ、燃えさかる火の上にぶら下げられているところに出会う。一一五〇年頃(一一四九年か?)、イングランド〔アイルランド?〕の戦士トゥンダル(トゥヌクダルス)は、三日間、地獄を廻り、これを生者のために書き記している。殺人犯は大釜に入れられ、偽誓者は火の湖から氷の湖へと引き回され、吝嗇家は怪物にむさぼり食われ、大喰らいと淫乱者は一寸刻みに切り刻まれる。また別の怪物が不貞を働いた修道女を呑みこみ、蛇を孕んだ修道女を吐き出し、生まれたばかりの蛇は修道女をむさぼり食う……。このような伝説が多大の成功を収めたのは、北欧およびケルト系の世界だが、地中海世界もその例外ではなく、一二世紀初めのモンテ＝カッシーノ修道院の修道士アルベリックの幻視は、負けず劣らず、想像力を発揮している。

後に見るような特徴によって、地獄よりも天国を描き出す方がはるかに難しいように思われる。天上の悦びの語彙も象徴体系も、地獄の責め苦のそれにくらべるなら、はるかに限定されている。地獄の主塔《ドンジョン》、あるいは井戸に対応するのは、天上の宮殿、庭園(閉ざされた庭園)、あるいは天の宮廷というイメージである。それは庭園だろうか、それとも牧場《まきば》だろうか。それこそ、守護聖人に導かれて、サンティアゴ・デ・コンポステーラへ向かう巡礼たちが見るものであり、聖フランチェスコのおかげで蘇った一人の子供が冥界への旅の果てに見出すものであり、聖バルラアム〔ギリシアの修道士。?―一三四八(五八)〕が東方の伝説をまねて描き出すことになるものであった。これらの幻視は、しばしば同じもので、狭い地下道か道、さらには狭い梯子(聖女ペルペトゥア〔二〇二(二〇三)、カルタゴで殉教〕の場合)のようなものを抜けて、光の中へと出て行く。時には、牧場の代わりに宮殿が登場したり、時には両者が合わさったりする。その事例は、福音史家聖ヨハネの奇跡譚、聖バルラアムの物語、聖トマの生涯などに見出される。

しかし、閉ざされた庭園、あるいは天上のエルサレムの宮殿のイメージには、天の軍勢に護られ、よく組織化された天国という、はるかに階層秩序化されたイメージが隣り合わせになり、次第に重なり合っていく。ヤコブス・ア・ヴォラギネは、大天使ミカエルとその他の天使たちについての長い叙述の中で、念入りに各々の役割について論じ、天使の階層秩序と、国王の宮廷、あるいは封建社会の名誉と服従のピラミッドとを対比させている。神に選ばれた者たちが、自分にふさわしい地位を得るために天の軍勢に加わっていると自認しているることが本当ならば、この天使の「社会学」は、人間的なものに直接関わり合っていることになる。

第三の場所

表象とイメージの総体が来世と救済の組織化されたヴィジョンにまとめあげられるのは、長い成熟期間の果てのことで、それはキリスト教の誕生とともに始まっているが、より多くはもっとあとの時代における発展の成果であり、明確になるのは一二、一三世紀になってからのことである。しかしながら、このシステムには欠陥がなく、修正すべき点がなかったわけでは全然ない。

ルイ・レオー(21)は、最後の審判に関連するひとつの主題——黙示録——が五世紀に出現し、特に西暦一〇〇〇年のあと、一一世紀、一二世紀に頻出したのち、一三世紀になって一時的に減少している、と指摘している。黙示録の主題は、例えば、ドイツにおける細密画で飾られた写本、イタリアのロマネスク様式の教会の壁画、あるいはフランスの教会の扉口（モワサック、サン＝ブノワ＝シュル＝ロワールなど）では重要な位置を占めていた。聖ヨハネの黙示録にもとづいて、世界の終末の予兆を綿密に描き出した最後の審判の宇宙論的序曲は、大聖堂のティンパヌムに刻まれたキリストの、全く一新されたイメージに取って代わられた。一一、一二世紀において恐ろしい姿をしていた審判におけるキリスト像（彼の口からは、一方では神に選ばれた者のための百合の花が、他方では神に見放された者に対する裁きの剣が突き出ている）は、次第に別の穏やかなイメージに取って代わられていく。それは、ゴシック様式の大聖堂に見られる教え諭すキリストのイメージ、傷口を示して自らの死と受難によって万人に約束された贖いを告げているキリストのイメージである。

このような見取り図の中で、世界の終末に死者が蘇る時に見られる集団的な審判が後退し、死を一人で迎える個人に対する審判が重きを増したとしても、何の不思議もない。ここでも『黄金伝説』は、様々なレベルの信仰が重なり合い、移行する状態にある一三世紀末の信仰のあり方について貴重な事例を与えてくれる。思い切って単純化するならば、英雄伝説時代の殉教者たちは審判を必要としていない。彼らの暴力的な死と受難それ自体によって、天国の扉が開かれるからである。彼らは、まっすぐに天に昇っていく。殉教者のイメージが消え、聖人たちが平穏に死を迎えるようになるにつれて、特に、彼らの働きかけのネットワークが拡大し、その性質が変化するにつれて、身体的生命を与えるという、この純粋かつ単純な復活は、最後の審判に勝利を得られるように獲得された休息（数日間、数ヶ月などの一定期間）に取って代わられるようになる。一二世紀から一三世紀にかけては、罪人に対する審判が重要性を増していく。

中世の末期に支配的になる場面の演劇化が少しずつ現れてくる。死に際して、霊魂は、大天使ミカエルが持つあの秤によって量られ、その罪に応じて裁かれ、帳簿に記載される。聖アウグスティヌスはかつて、世界中の罪が書き込まれた大きな本を悪魔が重そうにかついで通るのを見ていた。新しい図像表現では、これに代わって時には個人用の小冊子が登場するようになるだろう。裁判の場面は秩序だってくる。一方には悪魔がいて、彼は、最後の審判の時のように、単に地獄に堕ちるものを連れてくる役目を担っているだけでなく、ここでは挑戦的で事情をよく知っている正式の訴追官である。次に、天の法廷が現れるが、これは、常に温情に溢れているとは言いがたい。ダゴベール王〔フランク王、在位六二九―六三九〕が裁きの場に立った時、彼から金品を強奪された聖人たちは、聖ドニ（ディオニシウス）を除いて、すべてが王に対して猛り立った。その後、この裁きの猛々しさは和らいでいく。それは、依然として恐ろしいものではあったが、手のうちようのないものではなくなる。キリストの昇天を論ずるにあたってヤコブス・ア・ヴォラギネが描いたキリストの新しいイメージにおいて、子なるキリストは父なる神をなだめるために自身の傷を見せている。聖母マリアもまたイエスに彼を育んだ乳房を見せるのだが、この新しいイメージは以後普及していくだろう。聖母マリアと聖ヨハネは、神の裁きの法廷で霊魂を弁護する最高のとりなし役となる。かくして個人に対する裁きは定着した。聖フランチェスコ、聖ドミニコ（ドミニクス）、聖ヤコボ（サンティアゴ・デ・コンポステーラ）、聖母マリアは、至る所で活発に――時には、許されている限度ぎりぎりまで――仲介の労をとり、秤の片方の皿に手を置き、有利になるように取り計らっている。しかし、来世に対する態度におけるこの重要な変容――裁きの個人化――は、問題を生じずにはおかなかったし、時がたつにつれて重大な問題となるだろう。

もし、我々の運命が死とともに決まってしまうとしたら、最後の審判には何が残るのだろうか。一三世紀の著作家〔ヤコブス・ア・ヴォラギネ〕は、それについて語る時は、可能な限り聖グレゴリウス〔一世〕がはるか以前に与えた助言に頼っている。これは終末の日に、出頭者たちを四つのカテゴリーに分けていた。地獄に堕ちるべき人々の二つのカテゴリーのうちで、ある者は、すでに地獄に堕ちている者か、神を信じていない者である。またある者は、生前の所行に基づいて、前もって裁かれるか、そう言ってよければ、死後に裁かれる。なぜなら、我々がなしたことは、我々についてまわるからである。次に神に選ばれた者の二つのカテゴリーとは、まずは聖人たちで、裁き手である神のそばに座し、最後の審判に協力する。いまひとつは、収支決算のため、審判に出頭すべく連れてこられる者たちである。これは曖昧な解決方法であり、一方に死と個人的な裁きがあり、他方に最後の審判があって、その間で何が起こっているのかを知ろうとする問題が生じてくる。

私たちが関心を抱いている時代（中世盛期）は、この点については明らかに二つのモデルに分かれているが、時期的には相前後している。第一のモデルは、憩いの場というイメージで、すでにキリスト教化され、見分けづらいものになっているが、これは、「良き死者たち」が平和に眠っているという古い眠りのシステムの中ですでに出会ったものである。中世初頭の古い聖人たちは、この眠りについてよく知っていたし、東方教会の伝統は、エフェソスの七人の眠れる聖人のイメージの中でこの眠りを描き出している。彼らは洞窟の中で死者の復活を待っていたが、肉体の復活についての論争に腹を立てて、自分の存在そのものを証にしようとして、奇跡のように蘇ってくるのである。これほど目覚ましくはないが、意味のより明白な別の事例もある。オータンでは、聖ジェルマン〔六世紀のパリ司教〕が、この地に埋葬された聖カッシアン〔聖カシアヌス、四世紀に死んだオータンの司教〕にインタビューを試みている。聖カッシアンは答えて曰く、「私は、静かな憩いにすっかり満足しており、主の来られるのを待っているのだ」。

聖人たちは休息している。しかし、どこに？　臨終の床にある時、悪魔の訪問を受けた聖マルタンは次のように答えている。「汝は、私の中に死すべきものは何も見出せないであろう。私はアブラハムの懐の中に行くのだから」。アブラハムの懐——ラザロと悪しき金持の物語から借用されたこのテーマは、東方教会では伝統的に、髭を生やした族長〔アブラハム〕の長衣の裾に身を潜めている哀れな霊魂の憩いの場を描き出すのに使われていたが、その後このテーマは西欧に渡り（一〇世紀のアーヘンの彩色写本の中に見出せる）、モワサックのティンパヌム（一一二五〜一一三〇年）をはじめとして、アルルからオータン、トゥールーズ、アヴィーラ〔スペイン、カスティーリア地方の都市〕、モンレアーレ〔イタリア、シチリア島〕に至るまで、定着する。なお、ゴシック様式の大聖堂のティンパヌムにおいては、ランからサン゠ドゥニ、シャルトル、ランス、あるいはパリに至るまで、アブラハムは天の宮廷の中央、キリストの右にいる。一三世紀中葉に製作された聖王ルイ〔ルイ九世〕の詩篇集〔挿絵のついた旧約聖書の『詩篇』〕では、アブラハムは終末の復活の後の天上世界の主要人物の一人となっている。しかし、その頃から彼の役割は低下し始め、天と地を往来する天使たちは、神に選ばれた者の哀れな霊魂を直接キリストのもとに届けるようになった。

この図像上の衰退に伴い、霊魂が、とりわけ義人の霊魂が復活を待ちながらすごす過渡的な状態、すなわち休息あるいは休憩の場という観念もまた薄らいでいく。だがおそらく、全く後悔しなかったわけではない。一三三一年と一三三二年、アヴィニョンで起こったことはごく些細な事件ではあるが、死後の霊魂の地位に関しては、合意がなされるにはほど遠い状態にあったことを明らかに証言している。すなわち教皇ヨハネス二二世〔在位一三一六―三四〕は、万聖節において、義人の霊魂が終末と肉体の復活の前に直観的見神を行なうことはないと宣言した。彼はまたクリスマス前夜にもアヴィニョンに戻り、肉体を離れた霊魂は復活の前には永遠の生命も「至福直観」も持つことはないと主張し、また一三三二年には、劫罰を受けた者も悪魔も今は地獄にはいないし、これらの者が地獄に送られるのは、世界の終わり、最後の審判の後になってからだ、と述べた。この考えは、もはや受け入れられるものではなかった。翌年、フランス国王フィリップ六世〔ヴァロワ朝初代国王、在位一三二八―五〇〕は、ヴァンセンヌの教会会議で、この考え方を非難させたし、その後、反論は繰り返された（一三三六年、教皇ベネディクトゥス一二世によって、さらに一四三九年、フィレンツェ公会議によって）。

民衆宗教についてこれまで見てきたことをもとにするなら、一つの絆がほどけ、伝統的信仰と教会の言説との

5）最後の審判を待つ間、アブラハムの懐は正しき者たちの魂をかかえている。ブールジュ、大聖堂。

間の架け橋の一つが崩れたということが感じとられる。

とはいえ、問題が解決されたわけではない。休息というイメージは、次第に、煉獄というより活発なイメージに取って代わられる〔審判の第二のモデル〕。そのイメージがはっきりした形を取るのは一三世紀も末のことである。このような断定は、人を驚かせることになるかもしれない。キリスト教の伝統の中で、死者に対する祈りが古くからあったということを思い起こす人もいるだろう。たしかに、聖書に関しては証拠が乏しいため、旧約聖書（聖書外典「マカベア書」）、あるいは新約聖書（パウロ「コリント人への第一の手紙」第三章、一〇―一五）の章句に極端な価値づけを置くようになった。しかしながら、幾人かの聖人たちの生涯（兄デイノクラテスのために祈った聖女ペルペトゥア）や、教父たちの瞑想に頼ることもできた。聖アウグスティヌスは、「〔天国と地獄の〕二つの場所しかない」と堅く信じていながら、すべての人が中間段階（アブラハムの懐）を通るのか、それとも単に贖罪が不完全な霊魂にのみ（「煉獄の火」が）必要なのかを自らに問いかけている。聖人たちの生涯において実践されるのが見られた解決法――地上において改心することを許す猶予を審判の時に得る――は、いずれにしても、全くの例外的なものだが、この観念は中世初期の間に少しずつ定着していく。しかし、たしかに教皇聖グレゴリウスは、この実験的な試みの中で重要な位置を占めている。伝説と物語は豊富で、しばしば繰り返しが多いが、その主役は一人の修道士である。彼は三つの誓願に反して金を貯めていたためか、あるいは全く別の原因で罪ある者として死ぬのだが、この修道士に有利になるように、教皇〔グレゴリウス〕は死者のために生者が介入する様々な形式を導入し、体系化し始める。それは、祈り、施し、断食、そして何よりもミサ聖祭である。その後、中世の煉獄の最も名高い事例の一つは、アイルランドの聖パトリックである。死者に囲まれて生きているケルト人たちの中で司牧活動を成功させるというのは、英雄的行為と考えなければならない。神を信じない相手と直面して、聖パトリックは、死者の領域の境界を画定し、死者たちを、罪をあがなう場所である穴あるいは井戸に封じ込めた。トゥンダル（トゥヌクダルス）から騎士オーエンに至るまで、中世のアイルランド人やイングランド人の想像の中での地獄は、同時に煉獄であるか、あるいはむしろ地下か海上にあって、地獄と煉獄と天国とが隣り合っている死者の世界という構造をもった来世への旅を意味していた。彼らはそこに、期限つきだが、苦痛は激しく、悪魔が責め苦を司っている一種の疑似地獄をそこに設定することによって、その当時まで曖昧であった煉獄における刑罰の性質をはっきりさせたのである。一二世紀初頭には、煉獄を火あるいは極寒という姿で描き出した一二世紀初頭の教皇ホノリウス（三世）から、人類の大部分は煉獄に入るとした聖ベルナルドゥスや、一人の巡礼者の物語によってこれらの罰を行なう場所への入り口がエトナ火山の麓にあるという啓示を得たクリュニー修道院長聖オーディロ〔九六二―一〇四八／四九〕に至るまで、一連の検証が行なわれ、ヴァンサン・ド・ボーヴェ〔一一九〇―一二六四〕や、特に聖トマス・アクィナス〔一二二五―七四〕などの神学者たちの支持をも得ることができた。一三世紀の偉大な聖人たちはそれを信じていたし、聖ドミニクス〔一一七〇―一二二一〕は毎晩三度の鞭打ちを自らに課した。一度目は自分の罪に対して、二度目はまだ生きている罪人のために、三度目は煉獄にいる魂のためにである。当時、煉獄の観念が明確になり、イメージがより潤色されたのは、まさに修道女たちや神秘主義者たちの仲間内である。ノリッジのジュリアナが、なおも「地獄と煉獄の完全な観念」を熱望していたとするならば、一二八二年にベギン会修道女として生涯を終えたマグデブルクのメヒティルト〔一二一一―八二〕は、地獄、煉獄、天国についての著述を書き残し、これが後にヘルフタ修道院の二人の聖女の創作意欲をいたく刺激した。ハッケボルンの聖女メヒティルト〔一二四一―九九〕の『特別な恩寵の書』、また、特に聖女ゲルトルート〔大ゲルトルーディス、一二五六―一三〇二頃〕の『神愛の伝令』という書物は、彼女の見神と来世との交霊の物語で埋め尽くされている。

しかしながら、一三〇〇年頃、それも煉獄の表象の普及において重要だと思われる時期の終わりのことだが、驚くべき事態が発生する。というのも、ほんの少しの例外を除いて、煉獄の図像が存在しないのだ。

一方では書かれた資料に基づく働きかけがあり、他方では図像が沈黙していることが、信仰の集団的普及のある段階を表現していることは確かである。煉獄は、教父たちの書き記したものの中と同様に、修道士の世界でも普及していた。しかし、それは俗人のはなはだしく強い欲求に応えられるものではなかった。モンタイユー村の事例から、このことについての判断が可能になる。ここでは、煉獄の観念が全く知られていなかったわけではないが、村人にとっては、まだ縁のないものだった。このような問題は、すでに説明したとおり、死に関するキリスト教徒の実践と集合的表象との関係の問題に、あるいはさらに、キリスト教的な死に方という観念へと直接われわれを導くことになる。

キリスト教的な死に方

一三世紀末には、主キリストに範をとった、キリスト教的な死についての念入りに組み立てられた一つのモデルが存在する。宗教書を通じて、あるいは世俗の文献を通じてであっても、その特徴を描き出すのは難しいことではない。しかし、この「夢見られた」理想の死から、生きられた日常の現実へと向かうのは、それよりはるかに困難である。そもそもこの現実とは、いかなる社会階層においてなのか、つまり聖職者なのか、貴族なのか、ブルジョワなのか、それとも農民なのか。

人々は、死を恐れていたのだろうか。聖人たちは、こういったことには慣れていたので、恐れることは何もない、と答える。『黄金伝説』の中の殉教者たちは、声高にそう叫び、死を追い求め、時には死を挑発する。殉教者たちが架空の世界を代表していることはおそらく間違いないのだが、この時期の模範とされている聖人たちも、違った言い方をしているわけではない。ある聖人の司教か、司祭が死んだと聞いて、悲嘆に暮れた聖アンブロシウスは稀な例である。聖人の大部分は——聖アンブロシウス自身も自分に関してはそうだったのだが——自分自身の場合であっても、他人の場合であっても、平然と死を待ちうけていた。聖女クロティルドは、自分の息子が天の王国にいることを喜んだし、聖ヒラリウスは、娘と妻が自分と同時に息を引き取る許しを神から得ている。聖アウグスティヌスは、死を望むものは皆、称賛に値すると言っている。

たとえ、死が呼ばれない時であっても、死は平穏のうちに迎えられていたようだ。『黄金伝説』の言い回しは、勘定するにはあまりに紋切り型すぎるのだが、一〇の事例のうち四例は、まさに平穏の隠喩と結びついている眠りの隠喩である（「彼は神の平和の中で眠っている」）。一〇例のうち三例は、臨終の隠喩（「彼は息をひきとる」）であり、その他は、解放の隠喩（「解放された魂は肉体という牢獄を抜け出す」、「魂は飛び立つ」）である。一〇例のうち一例にすぎないが、死に瀕している人がその魂を神に戻す時に唱える「臨終の祈り」（コメンダチオ）の意志的表現に再び出会う。

教会や大修道院において、石の板の上に刻まれるか、すでに浮き彫りになったりしている横臥像《ジザン》のイメージは、一一世紀から増加し、この平穏の境地を表している。横臥像は、初めのうちは両腕を伸ばした形で、その後は胸の前で組み合わせていることが最も多くなり、平穏のうちに死を迎えている。死は、臨終の不安と苦しみを知らないと言えるのだろうか。勿論、そんなことはない。聖女マルタ〔イエスによって蘇ったラザロの姉で、タラスコンで死んだという伝説がある〕は、それを経験した。臨終の夜、彼女は寝台のまわりを明かりで囲むように頼んでいたのだが、一陣の風が灯火をかき消してしまった。そして、気がついてみると、一群の悪魔たちが彼女の罪を記した巻物を手に、彼女のまわりを取り囲んでいた。そのため彼女は、臨終の床にある信者たちの守護聖人となったのである。彼女を信じる者は、「臨終に際して、妖しげな声を聞いても、恐れることはない

6）満足気な横臥像《ジザン》——聖人や聖職者における「よき死」の表現。アミアンの大聖堂、エヴラール・フイヨワ司教の横臥像《ジザン》、1230 年頃。

だろう」。大修道院長聖アガトン〔教皇アガト(在位六七八—六八二)のことか〕は、今際の際に、三日間、目を開けたまま神の裁きの幻視を見ている。彼は、恐がっているか、それとも満足しているかと問われて、次のように嘆願した。「慈悲をお示しください。そして私に話しかけないでください。私は、とても忙しいのですから」。次のことは、事実として認めよう。死が歓喜をもって迎えられる解放であるという見方からすれば、これらの臨終における闘いというものは、ありそうもないものに見える。しかし、個人に対する裁きに新たな重要性が与えられる時、臨終の闘いにはますます価値が置かれるようになる。いずれにしても、この平穏な死という支配的なイメージは、キリスト教徒らしい死のモデルとなる態度と身振りのすべてをこの最後の通過点〔臨終〕に割り振ることになる。

このような死は、長期にわたる教育の対象として準備されてきたものだろうか。そうだとも言えるし、そうでないとも言える。聖人、福者の生涯(伝記)の中では、修道士ヴィタルの事例は、依然として例外的である。ヴィタルは、自ら望んで未完成の墓をつくらせ、このことで常に尋ねられたので、日々その問いによって死を思い起こす契機とした。聖アウグスティヌス、聖アンブロシウスといった伝統的にお手本とされてきた人々は、死について語ったが、死を恐れたことはない。砂漠に隠遁した教父たちに至っては、髑髏と語り合い、そうすることで、一種の死との親密さに取り囲まれていて、悲劇的な要素などかけらもない。一般的に重要なのは、準備されている死というよりも、告げ知らされた死である。ここで基準となるテーマは、二度目の告知が行なわれ、来るべき自らの死を知った聖母マリアの死である。しかし、福音史家聖ヨハネは九九歳の時に見神し、神は「来たれ、我が愛するものよ」と告知している。このテーマは、その後のあらゆる聖人、聖アウグスティヌスから、聖マルタン、聖アンブロシウス、聖レジェール(レオデガリウス)、あるいは、聖ジェルマンに至るまで、見ることができる。聖ベネディクトゥス、聖ドミニクス、あるいは、聖フランチェスコなど、修道院を創立した聖人たちは、見神によって自らの死を知らされ、同僚たちにそれを告知している。

信心深い女性の所に、彼女が信仰を捧げる聖人が訪れて、慈悲深くも彼女が近々死ぬと告げることがあるとしても、そのような言動は一般化することはできないし、聖人には特別な恩寵が認められているのだと言われるかもしれない。しかし、少なくともここから導きうる結論は、「よき死」とは、よく知られ、積極的に受け入れられた死であって、だしぬけの死ではない。そして、このことは、聖職者にとっても、俗人にとっても、よく当てはまることなのである。

かくも待ちもうけられている「よき死」がキリスト教徒をとらえるのは、まさに「病床に横臥《ジザン》している」時である。そして、フィリップ・アリエスは、武勲詩の中のロラン、オリヴィエ、テュルパンから、騎士道物語のランスロットに至るまで、死が彼らを訪れた時（少なくとも、その危険が訪れた時）、これらの勇士と騎士がいかに自ら進んで身を処したかについて巧みに我々の注意を喚起しているのだが、その姿勢とは、今まさに息をひきとろうとしていて、永遠に動かなくなることを覚悟している、あの横臥像の姿である。事例のほとんど大部分が宗教画にとどまっている図像における死の表象は、このことを大いに証明している。それらの表象は、西欧のキリスト教徒が次第に慣れ親しんでいったモデルを明らかにしている。さらに、その一部は東方から来ている。『キリスト教美術目録』[22]によれば、これらの表象は、聖母の死、聖バシレウスの死、アタナシウスの死、聖エフレムの死、ミラの聖ニコラスの死、聖女マリナの死などを描いた一一世紀の挿絵つき写本に現れてくることが分かる。しかし、時がたつにつれて、聖ベネディクトゥス、聖マルタン、あるいはポワティエの聖ヒラリウスなど〔フランスの聖人〕が、西欧における図像において東方の表象と対をなすようになり、さらに一四世紀初頭のコペンハーゲンのフレスコ画には聖オラフ〔ノルウェー国王オラフ二世、九九五頃―一〇三〇〕が登場する。特に、挿絵つき写本からイタリアの教会の壁に描かれたフレスコ画に至るまで、一三世紀の終わりには、聖ドミニクスや聖フランチェスコが修道士たちに囲まれて死を迎えるという主題が発達し始め、優勢になっていく。もし、そこにあるのが「よき死」のモデルの推奨であるということに注意を払うならば、そこからキリスト教的な死の一ステップを抽出してもよいはずである。

聖母マリアが使徒たちの集りの中で死に就くのと同じように、修道院の聖人は修道士たちに囲まれて死んでいく。死が、依然として公的なものであることは確かで、習俗のキリスト教化によって、こうした習慣が変化したと考えるのは正しくない。モンタイユー村では、「人は家族、あるいは親族に囲まれて死んでいく」のだが、特に、取りなしをする人が必要である。それは、村のカタリ派の信者にとっては「よき人《ボンノム》」であるが、その他のあらゆる土地のキリスト教徒にとっては司祭である。「理想的なこととは、常に、一人で死なずに、救済されることである」。死に臨んで人に立ち会ってもらうことは、規則にかなっていることだ。「病床に横臥する」普通のキリスト教徒にとって、この経路は、一三〇〇年にはどのように見えたのだろうか。

複雑な儀礼

一三世紀末から一四世紀初頭にかけて、儀礼の所作を上からの視点で記述しはじめた典礼定式書をもとにして、この複雑な儀礼を詳細に描写するのは容易なことだろう。また、あれこれの事例の中の一つとして、ブレスラウ〔現在はポーランド領ブロツラフ〕の司教ハインリッヒ（一三〇二～一三一九年）の事例から着想を得ることもできるだろう。しかし、この種の資料は、一方では発展過程のある段階、つまり、すでに複雑になっている状況を反映するものであり、他方では、俗人の生きられた慣行よりも聖職者の理想の方を表明するものだということを、しっかりと肝に銘じておかなければならない。

典礼の語るところでは、死に瀕した人がいると分かったら、聖職者は、直ちに明かり、聖水、十字架、塗油のための毛糸玉を持って、現場に赴かなければならない。聖職者は、家に入る時、「この家に平和を」と言い、祝福する。儀式は、罪の赦しから始まる。病人は、司祭と助任司祭とに赦しを乞い、「われ告白す」の祈りを唱うか、あるいは、ただ単に、胸を打つ。司祭は十字架に接吻させ、人々は改悛の七詩篇を朗唱する。そして、その場にふさわしい祈りとともに終油の秘蹟にとりかかる（一二世紀には、「最も大きな苦しみは」などの儀礼が一二回も行なわれていた）。もし病人が聖体を拝受しないならば、司祭は祝福を与えただけで引き下がる。もし聖体を拝受するならば、司祭は臨終の聖体拝領を行ない、さらに病人の祝福、臨終の祈り（「死ニユク者タチニ安ラギヲ」）へと続く。その間、あらゆる動きを停止していた助任司祭たちは、司祭のそばにとどまり、司祭と一体になっていなければならない。まず使徒信経が、次に死者のための諸聖人の連禱が、そして詩篇が唱えられる。もし臨終が長引くようなら、司祭ならびに助任司祭たちの一部は部屋を出ていくが、十字架と聖水は残しておき、何人かの聖職者がこれを見張っている。臨終が近づいたら、鐘を鳴らして司祭たちを呼び戻す。病人がすでに祈ることもできない場合には、病人のために「主の祈り」、「使徒信経」、聖ベルナルドゥスの詩篇（「これは、悪魔を追い散らす」）を読むのが習わしで、今際の際になると、臨終の祈り（「霊魂ヲ神ニユダネル」）を皆で唱える。これによって、死者の霊魂は彼の体から離れ、裸の子供の姿になって、彼の口から神に向かって飛び立っていく。

こうした文書を読むと、儀礼はすでに念入りに仕上げられているという印象を持ってしまうが、おそらく、事実はもっと単純であると同時に、もっと複雑である。ここで主要な地位を占めている終油の秘蹟は、実際にはほとんど実行されていない。新たな時代になってからの導入は、『黄金伝説』の中ではただ一度だけである。しかも、モンタイユー村の住民は、驚くべきことではないが、そんなものは全然知らないし、それはまた図像にも登場していない。だから、終油の秘蹟は、F・ラップとJ・ケリーニが語っているように[23]、「豪華版の秘蹟」であり続けたし、わずかにいくつかの地域の有力者の間で行なわれていたにすぎないようだ。ブレスラウ（ブロツラフ）のハインリヒの儀礼は、数多くの聖職者の動員を想定していることからして、結局のところ、聖職者を対象としたものである。おそらく、これまで行なわれてきたように、当時、終油の秘蹟に与えられた性質を考慮しなければならないだろう。つまりそれは、社会的序列とはかかわりなく、多くの事物、とりわけ肉の交わりを差し控えることを規定する、「最終」の叙階なのである。

事実、この儀礼をその基本にまで降りていくなら、フィリップ・アリエスも認めているように、この儀礼を下から支え、勇士の死においては究極的な形で示された二つの行為とは、第一には人と神とを和解させる行為であり、第二には神の慈愛に身をゆだねる「臨終の祈り《コメンダチオ・アニメ》」である。

赦しは、儀礼の主要な部分である告解のあとで司祭が与える「罪の赦し」によって保証される。聖人伝では、このテーマが強調されている。マグダラのマリアのおかげで、死んでいた兵士は両親が注ぐ涙のなかで柩から起きあがり、司祭を求め、告解し、……そして、再び死んでいく。聖フランチェスコは、おなじ筋書きにしたがい、葬式の最中に一人の女性信者にその特典を与えているが、彼はさらに、もっと目を見張るようなやり方でそれをやってのけている。すなわち彼は一人の兵士に夕食に招待されたのだが、食卓に着く前に、緊急を要するから、どうしてもこの招待主である兵士に告解するようにと望んだ。なぜなら、この兵士は、食事を始めると同時に急死してしまうからである。モンタイユー村では、織物職人ピエール・サバティエが、率直に、この問題についての自分の気持を言ってのけている。彼が言うには、死にゆく者の口の前に一本のロウソクを立てておくのは、「太陽のようにはっきりと死者の霊魂を見るためだ。……しかし、死者が告解も受けず、悔い改めもしていないのなら、奴らをケツの穴に突っこんだ方がましだ」。

赦しは、聖母マリアと諸聖人の取りなしにより、神から与えられるのだが、人間たちと和解しておくのも同じくらい重要である。戦場において、勇士たちは仲間同士で赦しを与えあっている。聖ベルナルドゥスは、死の床に同僚僧たちを集め、彼の信仰上の遺言を伝えているし、聖ドミニクス、聖フランチェスコも同じことを行なっている。そして、この情景は、一三世紀末にはフィレンツェやシエナの教会の壁画に描き込まれるようになる。一二七〇年、聖王ルイは今際の際に、来るべき時代の糧となる偉大な事例を遺している。つまり、一方では「自分のなしたあやまち」を償い、他方では生者の福祉と、死者あるいは死者たちの回向のため、教会と貧者に遺贈するのである。このような理由があればこそ、中世の教会は遺言を奨励したのだった。この動きは、この時期〔一三世紀〕にはっきりしてきている。フランス王国では、アルビの教会会議（一二五四年）が遺言を奨励している。スペインでは、タラゴナの教区会議が、「信心深い行ない」としてそれを、つまり信仰上の遺贈〔慈善〕を奨励している。一三世紀末に、遺言は訴訟に勝ったと言えるだろうか。君主や有力者の遺言が特に地中海地方ではすでに比較的進んでいた遺言行為のことが思い浮かぶ。しかしながら霊魂の救済に関しては、集められた証言はほとんど説得力のあるものではない。「罪の赦し」に関しては、そのとおりである。けれども、公会議や司教区会議がなんと言おうとも、この「赦しの宗教」（J・ル・ゴフ）への道が、一二世紀末には、遺言という体系化された慣行を通過することはほとんどなかったのである。

「罪の赦し」のあとに続く聖体拝領《コンミュニオン》、臨終の聖体拝領《ヴィアティック》は、和解の儀礼を裁可し、その名が表すごとく、霊魂の旅立ちを準備する。それゆえ、聖体拝領に関しては異議申し立てはなく、むしろ念願されていて、信心物語がその伝説を語り伝えている。臨終に際して、聖女マグダラのマリアに臨終の聖体拝領《ヴィアティック》を執り行なったのは聖マクシムスであり、キリストから最後の聖体拝領《コンミュニオン》を受けたのは聖ドゥニ〔ディオニシウス〕であり、あるいは、大地が受納することを拒否した一人の修道士の口に聖体のパンを投げいれたのは聖ベネディクトゥスであった。

「よき死」という平穏の中に魂が戻っていったあと、それに続くエピソードにおいては、教会の介入の仕方に関して明らかに異なる二つのタイプがあったことを区別したくなる。その第一は、肉体の試練に関わることだが、この領域において、教会は自分の解釈を押しつけるのに大いに苦労しているようだ。

たしかに、永遠の憩いのために肉体を準備することは、すでに信仰上の実践となっている。少なくとも、聖職者と聖人たちにとってはそうであり、モンタイユー村の住人ベリバストは、「司祭たちは、神様の前で歌うことができるように、袈裟を着たまま両手にしっかりと一冊の本を抱えて、埋葬させる」ということを知っている。しかし、一三世紀初頭から、フランスにおける横臥像が墓の上で恭しく手を合わせたり、組ませたりしはじめているとしても、墓地考古学をもとにして判断する限り、「生きられた」慣行がそのような動きを示すのはかなり後の時代になってからのことで、ライン地方の一墓地では一五世紀になってからである。一方、ブレスラウの司教（ハインリヒ）の典礼書では、司祭たちは死者の体の清拭の間は別の部屋で祈り、そのあとで、死者のために祈るため部屋に戻ってくる、ということが容易に分かる。

しかし実際のところ、司祭は本当に墓におもむくのだろうか。先に言及しておいた肉体の試練は、通夜から野辺の送り、埋葬までを含めて、聖職者にはほとんど居場所を与えていない。だから、しかるべく通夜を執り行なうために、教会へ死者の遺体を運ばせせようとする聖職者たちの何百年にもわたる闘いが理解できる。ドイツの東西フランケン地方では、「埋葬令」が九世紀以来その要求を繰り返しているが、無駄だった。ウェストファリア地方と同じくライン地方でも、直接の証言は、慣行の上で根強い反抗が存在したことを物語っている。おそらく、我々が辿る道筋によってその差異が次第に明らかになっていく二つの集団、あるいは二つの慣行を区別することができるだろう。その第一は、修道院の中か周辺で生活している修道士、その保護者、またはその隣人、あるいは信心家である。信心家にとって通夜は神聖な場所で、聖職者によって行なわれねばならない。

修道士たちが詩篇集を朗唱し、葬式の朝には定時課、朝課、賛課の聖歌の後、死者のためのミサが行なわれた後に、埋葬が行なわれる。しかし、最も頻繁には（我々が調べたところでは、三分の一がそれに当たり）、農民は太鼓もラッパも鳴らさず、故人を墓へ運んでいく）、司祭は遺体を土にもどす時にのみその管理を取り戻すのであって、死者のためのミサが埋葬に先立つ場合には、そのために教会に寄り道をする。聖職者は、死者の家において遺体の前に集まり、聖歌と祈りの後、遺体は墓地へと運ばれるか、あるいは「死者のためのミサ」のために教会に運ばれる。

この「死者のためのミサ」は、非常に古い伝統というわけではない。最も古い証言は九世紀にまでさかのぼる（あるテキストは、ライン地方のコルネリスミュンスター修道院で八一七年、死者のための徹夜課が唱えられたと記している）。続く世紀〔一〇世紀〕には、フランク帝国の中に晩課、朝課、賛課をともなう秩序だったミサが広がっている。この拡散運動の中では、大修道院、特にクリュニー修道院が重要な役割を果たし、その後この慣行は、修道院から司教座付大聖堂、参事会教会、ついには小教区へと広まっていった。だから、死者のために特別のミサを執り行なうことは、私たちが関わっている時代においては引き続いて活発な慣行であったし、一一世紀以降は新しい要素、つまりミサの終わりに与えられる「棺側の赦禱」によって、より豊かになった。「棺側の赦禱」は、臨終の床で与えられる「罪の赦し」を補い、完成させるものだが、つまるところ、その繰り返しにすぎない。故人の罪を赦すことによって、「棺側の赦禱」は制度としての教会の来世における信用、つまり天国に入る門を開けたり、閉めたりする「鍵の使用」に関する教会の権利を確立した。それゆえ、通夜の時から遺骸を教会の側に取り戻そうとする教会の願望と絶えず歩調を合わせながら、刷新がなされていったのである。

教会の中に埋葬されるという恩恵に浴せない者たちにとっては、十字架、吊り香炉、大ロウソク、聖水を掲げながら鐘の音とともに行列がくまれ、遺骸を墓へつれていく。八世紀から一〇世紀までの「埋葬令」から、我々が辿ってきた一三世紀末の儀礼まで、これらの身振りは、遺体の到着の時に唱える詩篇と祈りのように、体系化されていった。土を墓穴に投げ入れる儀礼は別れの儀式であり、悪意を持つ死者の帰還を鎮める儀式であるが、時々、禁止されている（トゥールのグレゴワールは、この儀式が「農民たちの」身振りであることをすでに見ぬいている）。しかし、ドイツでは（フランスでも同様に）一二世紀以降においてもなお、人々はこれに言及しているし、「主よ、汝は私を試み、而して私を知れり」を唱えながら、土を投げ入れるのは、しばしば司祭たちだった。

死者の領域

勿論、村における農民の葬式と、有力者のために執り行なわれる葬儀のイメージを、同じ鋳型から作り出すことはできないだろう。たしかに農民の儀礼はある程度は有力者の儀礼の反映なのではあるが。私たちは、次の時代に、より発達した〔農民の〕葬列に再び出会うことになるだろう。埋葬の後では、さらに強い理由によって、下層民と有力者の遺骸のその後の運命を区別なしに取り扱うことはできない。近年アリエスは[24]、古代から一三世紀に至るまでの葬儀を数百年にわたる展開の中で捉え、古代文明が散乱させ、それどころか追放していた墓が、次第に「聖ナル場所」に集中していく過程を描き出した。アリエスはまた、聖ヨハネス・クリュソストムス〔三四七—四〇七。コンスタンティノープルの司教〕が、教会に遺骨を安置するという考え方に対して、いまだ憤りを示していたということを思い起こさせてくれる。この態度には、少なくとも理論上は、変化はなかった。そして教会は、北欧から南欧に至るまで、教会での埋葬にはずっと敵対的だった。ラインラント地方では、八一三年のマインツ司教区会議が、「いかなる遺骸も、教会の下に埋めることをえず」と決定している。スペインでは、一二六七年、レオン司教区会議において再確認された中世の慣行は、国王、大司教、大修道院長、修道会総長、修道騎士を除いて（ただし、第一級の貴族 ricosomes と家柄の古い高貴な人々 omesonorodos には寛大に）、教会に墓を建てることを一切禁止している。この命令が更新されていることから、実際には、禁令が尊重されつつも、〔教会に墓をたてるという〕この傾向が優勢だったことを物語っている。聖人伝を通して、埋葬の役割、特に「聖ナル場所」における埋葬の役割に価値を置く言説が徐々に広まっていく。そうでなければ、聖人伝、中でも殉教者伝における「名誉ある」埋葬への強いこだわりを、どうしたら理解できるだろうか。とはいえ、聖人たちがその住居を教会の中に選んだからと言って、一三世紀の終わりにキリスト教徒大衆の侵入が起こったとまでは言えないだろう。

たしかに、世俗の高官や高位者聖職者、祭壇の設立者や寄進者たちは、自分たちが貢献した場所に、つまり聖職者の祈りに出来るだけ近い所に埋葬してもらえるようにと切望している。彼らは、この権利を子供に遺贈し、若干の司教区では（ブザンソン、トゥールーズ、ラングル、あるいはオルレアン）、封土にまでなっている。だがキリスト教徒大衆の立場から見れば、そんなことは少数者の特権にすぎない。村では（お察しのとおり、モンタイユー村では、ということだが）、裕福な女性マンガルド・クレルグだけが教会に埋葬してもらうという特権を得ている。この事例はごく限られていて、当てにならないと思われるならば、一二世紀以降のフランスの墓に関する膨大な史料（国立図書館に収蔵されている数千枚のデッサンからなるゲニエール・コレクション）が、確実で決定的な証拠を提供している（表参照）。

諸聖人との憩いを分かちあうという国王、大司教、大修道院長の特権は、一二世紀には圧倒的だったが、その後の継続的な変化によって衰退していった。そして一三〇〇年には、俗人がこの種の墓に対する権利を持つ

	1151-1200					1201-1250					1251-1300				
	男性	女性	子供	合計	%	男性	女性	子供	合計	%	男性	女性	子供	合計	%
司教	28			28	30	18			18	12	28			28	16
修道院長	26	4		30	32	39	4		43	30	17	5		22	13
聖堂参事会員	1			1	3	8			8	6	4			4	4
その他の聖職者	2			2		1			1		3			3	
聖職者全体	57			*61*	*65*	66	4		*70*	*48*	52	5		*57*	*33*
国王	7			7	7	3	3		6	4	0	2	6	8	5
貴族	22	2	1	25	26	56	11	1	67	44	58	36	4	98	52
平民					0	1			1	<1	6	3		9	5
俗人全体	*29*	*2*	*1*	*32*	*35*	*60*	*14*	*1*	*75*	*52*	*64*	*41*	*10*	*115*	*67*
総　数	*86*	*6*	*1*	*93*		*126*	*18*	*1*	*145*		*116*	*46*	*10*	*172*	
%	92	6	1			87	12	<1			67	27	6		

人々の三分の二を占めている。しかし、封建社会の有力者が依然として世俗的埋葬の九五%を占めているということからも、この変化の限界というものが感じられる。同時に、女性の地位の持続的な上昇が確認される。女性の地位は当初は低かったが、最後〔一三〇〇年〕には、男三人に対して女一人という比率にまで達している。これは慎ましくはあるが、現実的な進出である。たしかに、諸聖人のそばに埋葬してもらえるという特権は、一三世紀の末になっても維持されている。〔大衆の〕侵入は起こってはいない。

教会の足下に集まってくる墓地は、すでに述べたように制約つきだが、聖なる場所という性質を帯びてくると言えるだろう。ローマ時代のヨーロッパの都市においては、都市部の外側へと伸びる街道に沿って「無数の墓が」放射状に広がっていたものだが、五九三年の法令（クロタール二世）により、教会の四方に留保された二アルパンの土地からなる「中庭」に再び集められることになった。フランスの事例としては、特にディジョンが研究されているが、一二世紀以降、墓地が拡大し、都市部のかなりの部分をおおうまでになったことがよく分かる。墓地は、どの程度までキリスト教化されたのだろうか。この疑問は、素朴とも、突飛とも思われるかもしれない。だが農村の墓地の十字架の森の風景がいつまでも変わることはないと想像するのは安易である。実際には、墓地のキリスト教化においても、私たちが関わっている時代には、様々な段階が存在する。その第一段階は、教会の足下への集中である。大雑把に言って、八世紀以降、スラヴ世界からコルシカに至るまで、例外的な地域があるとしても、集中化の動きが見られる。この集中化は、排除という手段による神聖なる区域の限定をともなう。例えばスロヴァキア地方では、洗礼を受けなかった子供はキリスト教以前の伝統に従って瓶《かめ》に入れられ、村の出口に埋葬される。別のタブーは、半ば宗教的で半ば呪術的なものだが、分娩しないうちにお産で死んだ女に襲いかかる。ラインラント地方（けれども、これは孤立した事例ではない）では、墓は伝統的な様式（木の幹をくりぬいた木棺）に従って〔他の墓から〕区別される。墓地から排除された者たちには、一一世紀以降、「隔テラレタ場所」が割り当てられ、一三一〇年には、「墓地ノ外ニ」ということが明確にされる。キリスト教的な死者の共同体に加わる者たちは、聖なる場所に近いところを求めるため、どんな場所を占めるかによって数多くの位階を生み出す。ある者（時には国王であり、高位聖職者である）は、「雨垂レノ下」、つまり教会の壁の真下、教会の前庭に埋葬してもらえる特権を獲得する。この身振りは単純なものではない。中央祭壇の樋から流れ出た死者を養う水の功徳への信仰を反映しているとも言えるし、あるいは謙遜を示す心遣い（教会の中に埋葬されることを拒否する、あるいは通りがかりの忠実な信者に足で踏みつけられることを望む）を表現しているとも言えるのであって、要するに、はるかに複雑な信仰の背景を指し示している。

一般大衆にとって、墓を個人のものとする十字架は慣例だったのだろうか。そんなことはない。アイルランドからイングランドまで、数多くの地域では、十字架が少しずつ創出されていくのを辿ることができる。十字架が彫りこまれた四角形のプレートは、アイルランドではおよそ六世紀に始まり、八世紀あるいは九世紀まで続いた。次いで、装飾塔の形をして、頂上に小さな十字架をいただく集団のための大十字架は、八、九世紀から一一世紀初頭まで、アイルランドからノルマン人侵攻以前のイングランドに至るまで見受けられる。しかし、これらの十字架はその大部分は墓標ではない。これらは、大修道院の境界を明示したり、聖なる修道院長を記念するためのものである。たしかに一一世紀には、幾何学紋様、あるいは動物紋様がついた、丸くて、垂直にたてられた墓石（〔イングランドの〕冠石の墓、あるいはホグバック〔背が丸みを帯びた墳墓〕）が現れる。それから一二、一三世紀になると、十字架を組み合わせて彫り込んだ石板が数多く見られるようになる。これらのモデルはイングランドが発生地だが、一四世紀以降はスカンディナヴィア諸国にも広まっていく。ラインラント地方では「フランク王国時代」の水平もしくは垂直の墓石のほか、ただの棒杭も長期にわたって使用されている。スロヴァキア地方では、Zial'niky、つまり自然のままか、荒削りの石の塊で、頭部、時には脚部に置かれて、墓の境を示すものがあり、一四世紀に至るまで見受けられる。同時期に、地域によっては、いまだ大いに素朴な木の柱が立てられていることもあった。他の地方（北東フランス）では、すでに十字架が知られているが、多くの場合、個人別の十字架の展開は、例えば、フランスあるいはドイツにおいては、次の時代（一四―一五世紀）以降であり、さらに、中欧から北欧にかけては一六世紀以降である。つまり、宗教改革が死後の所属の証明に特別の重要性を与えるようになってからである。

一三世紀末（一二九六年）においてもなお、ラインラント地方の聖職者ドゥランドゥスは、墓地の集合的十字架はあらゆる墓地と同じだけの値打ちがあると書いている。たしかに、墓地のキリスト教化は集合的十字架によって進んでいったのだが、同様に、墓地の常夜灯明台を通じても進んでいった。この灯明台は、フランスのロマネスク様式の諸地方に濃密に広がっている。頂上に角灯をいただくこの高い円柱は、一一世紀末から始

7)「死者たちの灯明台」は、大西洋岸からブルゴーニュ地方までのフランス中央部に普及しているが、おそらくは死者たちの不安な存在をキリスト教化するための手段だったのだろう。シャトー＝ラルシェ（ヴィエンヌ県）。

まり、特に一二、一三世紀に広まっていったフランス式モデルを代表している。一四世紀から一六世紀にかけて、中欧、東欧に広がるにつれて、その形は変わり、小さな家か、ともしびを灯すただの壁龕にその座をゆずることになる。

灯明台の普及の仕方については諸々の疑義があるので、一刀両断式の回答は出さないようにしたい。けれども、たいていの場合、それは特にベネディクト派、シトー派、次いでアウグスティヌス派修道院の影響のもとに、修道院の角灯にはじまる慣行の拡大を意味しているように思われる。シトー派修道院における死者崇拝については後で論じるとして、その重要性を考えるならば、墓地のキリスト教化において始まったこの〔角灯の〕拡散の役割をおそらく一層よく理解することができるだろう。とはいえ、それが、死者を照らし出す手段であるのか、それとも死者から身を護る手段なのか、という曖昧さは残る。死者の角灯は、敵意を持った死者の王国からキリスト者の死をわけへだてる危険な境界線を照らす灯台のように刻み込まれている。また、そのイニシアチブが修道院の世界から小教区の世界へ、「キリスト教化された」ヨーロッパの中心部であった地域から、「周縁的な」ヨーロッパへと広がっていったことにも注意しよう。

この運動には限界がある。墓地は、都市であれ、農村であれ、分かっている限りにおいて、よく組織された土地よりは墓がしばしば建て直される「曖昧な領域」(J. Chelini)により近い所にある。中世末期に、教会の外壁の上、あるいは墓地の中に建てられ、過去の死者たちの骸骨を収納したあの納骨所《シャルニエ》は、ロマネスク期のフランスやドイツで知られなかったわけではないにしても、まだ珍しいものであったし、後に導入されたものである。一三世紀頃になると、それへの言及が始まる。トリーアでは一二二二年、コブレンツでは一二九〇年に「死者の骨を埋葬する囲い」が存在した。しかし納骨堂《シャルニエ》が実際に普及するのはずっと後になってからであり、骨を管理し、囲い込むということは、まだ必要とは感じられていなかった。

生者の勤め

私たちは教会の墓から墓地の空間へとめぐってきたが、死者に対する教会の支配については、その外側というわけではないが、依然としてその物質的なレベルにとどまっている。死者に対する信仰の形体はどんなものだったのだろうか。我々がその形体と発展を追ってきた集合表象はどのように文化的行為に刻み込まれたのだろうか。そして、特に「煉獄の発明」だが、それはどのようにこれらの文化的行為に影響を与え始めるようになったのだろうか。

極端かもしれないが、単純化するならば、キリスト教的な死者崇拝はずっと後代に至るまでエリートの特権的行為であり続けたように思われる。それは修道士や聖職者たち、つまり、死者に財産を与え、守護することによって、死者に祈りを捧げる権利を持つ人々の行為だったのである。中世を通して、彼らはロトゥーラというシステムを作り上げていた。それはヨーロッパのキリスト教国では一二世紀に見られるお祈りの巻物である。死に対する集合的保証のシステムとして、これらの巻物は、故人のために一連の――連鎖と言ったら、時代錯誤と見なされるだろうか――修道院による祈りを保証する。かくしてこの巻物は、使者の手によって、システムに加わっている修道院から修道院へと渡っていくのである。

しかし、恵まれた故人の頭上に大変な数の高価な祈りを重ねることができる、このエリート的な儀礼以外にも、死者たちは、最も微賤の者から最も貴顕の者に至るまで、魂の平安のための数多くの儀式を長期にわたって享受していた。埋葬の日に執り行なわれる葬儀《フネラ》の他に、その後の一連の宗教儀式《エクセクイエ》がつけ加わる。東方教会から西方教会、そして西方教会の内部でも、ある地域から他の地域では、これらの儀式のリズムは様々に異なる。

しかし、一般的には、三日目にまずお勤めを行ない、七日目（東方では九日目のこともある）、三〇日目（一五日目あるいは四〇日目のこともある）に行なわれ、最後に一周忌が執り行なわれ、サイクルが終了する。

このように定式化された理想的なシェーマは、どの程度、現実に根ざした実践と照応しているのだろうか。これらの時代についての直接的な証言は、しばしば欠如している。少なくとも、エスペルト・セルヴェルの証言くらいに直接的なものは稀であるが、モンタイユー村のあの女性は、様々なミサと棺側の赦禱を墓地で行なうよう依頼している。ただし残念なことに、彼女はその墓の所在を忘れてしまっている。これらのばらばらの事例を手がかりとして、できる限りの一般化を試みるなら、三日目のお勤めが当時は一般的だったようだ。これは、魂が少なくとも三日間は肉体にとどまるという信仰に対応している。七日目のお勤めは、それほど重要ではなかったようだ。しかし、三日目のお勤めは、トゥールでは六世紀から知られていて、一〇三五年には聖シメオンの奇跡の中で再発見され、一三世紀以降、顕著な広がりを見せたようだ（一二二七年のトリーア教会会議、そして他の文書も、三〇日目のお勤めは「ありふれたものである」と述べている）。たしかにそれは、死者に暇乞いをする儀礼的タイミングの一つに対応している。同様に、一周忌は、一二〇〇年に至るまで文書にはっきり現れず、遺言書にもほとんど記載されていないにしても、長期にわたって言及されているのが見て取れる。テルトゥリアヌス（二〇〇年）から、トゥールのグレゴワール（五五〇年）、アルクイン（八一七年）に至るまで、一周忌は一三世紀、特にその後半には、後で見る地域（フランスとラインラント地方）で、ゆるぎない地位を確立したようだ。その式次第は、葬儀のミサを思い起こさせる（鐘、徹夜課、ミサ、棺側の赦禱を伴う墓詣で、臨終の祈り）。

歪曲せずに、単純化することをお許しいただけるならば、有力者、王侯、高位者を除いて、この「死者」のためのミサの慣行（そのシステムは整っている）に、なおも欠けているものは、その分量である。伝統的信仰とキリスト教的信仰とを区別せずに総合し、〔死者との〕別離の諸段階を体系化する身振りがそこにはあり、これらのミサが死者のためになっているとすでに信じられていたにちがいない。しかし、たとえ以下の命題を打ち消すような「申し分のない」遺言書（すでに九五三年には、ラインラント地方で、女性福者エルカンフリーダの遺言書が数多くのミサ、永代年忌、施しについて書いている）がとても早い時期に容易に見出されるとしても、年忌の創出によって〔死者のためのミサの〕事例が豊富に反復して現れているのは後世のことで、その普及は一三世紀中葉以降、それもきわめて限られた社会集団においてにすぎない。誇張された聖グレゴリウスをめぐる伝説に代表される聖職者の明示的な要請と、信徒たちの慣行との間には、依然として乗り越えがたい溝がある。

この溝は、権力者たちの遺言によって乗り越えられる。一二世紀まで、教会や修道院に対する寄進（イギリス歴代の国王のフォントヴロー寄進も同様）は、死者に対するだけでなく、生者に対しても功徳を積むことをめざすものだったが、一一九九年、〔ヘンリー二世の妃〕アリエノール・ダキテーヌは修道院に寄進するにあたり、この寄進から生ずる功徳は国王ヘンリー〔二世、在位一一五四―八九〕とその〔若死にした〕息子（同じくヘンリーという名前〔一一五五―八三〕）の麗しき思い出から、その魂に帰すべきであると指定している。さらには瀕死の聖王ルイ〔在位一二二六―七〇〕が、遺言の中で息子に対して、自分の魂の平安のために王国のすみずみにわたってミサを行ない、祈りを唱えるよう頼んでいることを思い起こす必要がある。こうして、一三世紀に展開するはずの変化に道がつけられた。そのための条件と必要な働きかけとはすでに存在している。つまり一二三〇年代以降、托鉢修道会の働きかけと、修道院の急増とによって、「死者のための」ミサという小銭が多様化し、社会的に普及する手だてが提供されていたのである。

この新しい枠組と直接つながりを持ちながら、もう一つの「死後」の慣行も変化し始める。それは、施しと慈善のための遺贈である。この慣行を、別の伝統的システムに属する葬儀の宴会とは正反対のものとして位置づけ、この死者のための宴会が施しや寄進に取って代わったのだと言ったりするのは単純すぎる。この二つのもの〔慈善と宴会〕はかつて共存してきたし、いまだに対立せずに共存している。しかし、慈悲深い人に事欠かない聖人伝が、慈善についてはその積極的な形態を強調しているのも事実である。貧者への、あるいは修道院への「寄進」はすでに知られていたし、最も古い遺言書の中でも見られる。しかし一三世紀以降、「寄進」は体系化された儀礼に照応し始める。これは、この実践の大衆化の証である（年忌のミサの時、〔食物を〕教会の前で配ったり、大量の穀物でパンを作ったりする）。修道院においては、この慈善行為は個人化し、夕べの食事（**refectio caritatis**）の形を取る。例えば一二二五年、トリーアのある貴族の司教座参事会員は、白パン、魚、ワイン（修道士たちの睡眠を助ける催眠飲料）を修道院に差し出している。

動きはじめた新しいシステムの要素の中には、その重要性からして黙って見過ごすことのできない重要なものがあるので、これを取り上げておく。それは、教皇ボニファティウス八世が一三〇〇年の聖年のためにローマを訪れた巡礼たちに対して全贖宥の恩典を与えたことである。このような転回は象徴的な意味を持っている。たしかに、贖宥という観念、つまり教会が赦免を与えたり、与えなかったり、罪人を赦したりする権力の行使は新奇なものではなかったし、全贖宥にしても、まずは十字軍の兵士に与えられていた。しかし、この慣行は赦免から死者にもたらされる赦免へと拡張されていくことだろう。先回りすることはしないが、民衆の意識はせり売りのような形でエスカレートしていき、当然受けるべき赦免から売買される赦免へ、生者に与えられるたしかに目覚めつつあり、これは、贖宥と托鉢修道会士にとても厳しかったラングドック地方の住民にも見ることができる。彼らによれば、修道士たちは魂を救済し、それを天国に送るかわりに、たらふくむさぼり食っているとのことである。

この最後のテーマは、予告の形を取って、この一覧表に結論を与えるよう促している。つまり、一三〇〇年にキリスト教的な死のモデルは存在したのかということだが、たしかに、それは存在した。そして一三〇〇年以降、ますます複雑になる終末論の形成においても、また死をキリスト教化した身振りと慣行の総体においても、このモデルが定着しつつあることが見られたのである。

しかしながら、先に進む前に、いくつかの注意が必要である。このモデルはどこまで「キリスト教的な民衆」のモデルだったと言えるのだろうか。それは、どの程度まで普及していたのだろうか。おそらく、対比もあまり度が過ぎれば錯誤となり、歪曲となるだろう。つまり、一方にエリート（修道士、聖職者、封建諸侯など）のモデルを置き、他方に都市、あるいは特に農村の民衆をおいて、後者を初めに示したような民衆的な死者宗教の中に閉じこめる、というやりかたである。両者が重なり合っている部分は多く、相互感染もすでに進行していた。しかし、一三世紀の満足しきった様子の横臥像における明鏡止水の境地を、キリスト教的西欧世界の絶頂期における平穏な死という普遍的モデルにまで拡大解釈するのは、やり過ぎというものだろう。農民社会の仲裁の儀式と、聖人や権力者の穏やかな落ちつきとを同じ言葉で（おそらくアリエスのいう「飼い慣らされた死」もそうなのだが）一つにするのは、おそらくは更に行き過ぎたことだろう。

さらにこのモデルは、数百年間にわたって安定したものというよりも、進行しつつある歴史という印象を与える。一三〇〇年には、事物は変化の最中にあった。そして泰然自若たる見かけとは裏腹に、その底には本質的な変化が感じられる。二つの場所（天国と地獄）と世界の終わりの集団的審判という終末論から、三つの場所（天国、煉獄、地獄）とそこから導き出される個人の裁きという終末論へと、人々は移行していく最中だったのである。同様に、人々の注意をひきつけるイメージ、つまり「よき死」のイメージ、例えば一二七〇年におけるルイ九世のように、勇壮な騎士という人格と聖人の人格とを合わせ持ち、西暦一〇〇〇年の恐怖を一掃した平和な世界の中で永遠の救済が保証されている聖人王のイメージは、すでに半分時代遅れのものになっている。もっと別の確信、別の不安が生まれつつある。個人の裁きと期限付きの贖罪という考え方がもたらした革命は、各自が自己の運命を自覚し始めた社会における態度の個人化の始まりに対応している。実践（慣行）のレベルと同じく、観念のレベルでも、一つのシステムが存在し、その構成要素はそろっている。しかし、それらは、それらを知っている人々の中の一握りのエリートにしか関わりがない。来るべき諸世紀の集合的動揺は、切迫した状態の下で、この成熟を急がせることになるだろう。

第4章

逸脱者たち——吟遊詩人からカタリ派まで

死を前にした態度について、いくつかのモデルの概略を描いてきたが、そのはっきりした限界を示すよう努めるとするならば、少なくとも、二つの全く異なった領域への二つの侵入を、あえて試みることが必要になる。民衆層のレベル、特に、当時のヨーロッパの人口の大多数を占める広大な農村社会における死の表象と、そこから導き出される態度とを伝統的な表象体系の中に押し込めるのは、歪曲というそしりを免れ得ないだろう。そもそもこの表象体系はどこまでキリスト教化されていたのだろうか。キリスト教化と、それが出会う抵抗という、あまりに機械的で単線的な解釈に対しては、数多くの抜け道が存在する。一方では、中世における異端派の出現があり、それらが広める様々な解釈がある。例えばカタリ派の教義は、来世と終末に関してもうひとつの観念を表し、善悪二元論に引き裂かれた人間を輪廻の中へ導き入れて浄化する。アルビジョワ派の農民の一人によって臨終の床で与えられる救慰礼（慰霊按手式）、忍耐礼（断食）の儀礼、つまり救済に値するものとして救慰礼を受けた瀕死の人を飢えと渇きで死に至らしめるという儀礼は、アルビジョワ派の教義を、人々の信ずる安易な解決からはるかに隔たったものとしたし、肉の外衣を取り除かれ、精霊の間に戻ることを乞い願う霊魂の解放のためにこの試練を受けとめた瀕死の人の英雄的性格を感じさせると同時に、この死が、忍耐礼という非人間的な雄々しさを嫌う男女に引き起こすためらいをも感じさせる。モンタイユー村の出来事をもとに判断するならば、アルビジョワ派の教義とは、すでに前から根を張っていたキリスト教とは対照的な、信仰の単なる「薄い膜」にすぎないのだろうか。それを敷衍するためには、バルカン諸国にあるもうひとつのモンタイユー村を知らなければならないだろう。ボゴミル派の墓地は、一五世紀に至るまで深く根づいていたマニ教的な信仰が活発だったことを示している。カタリ派、あるいはワルド派の教義は、書物の上の、救済の宗教にとどまっている。これらの民衆の中には、おそらくその沈黙からは想像できないほど活発な、別のタイプの可能性を秘めた非順応主義が存在していたのではないだろうか。

私たちが位置している転換点〔一三〇〇年前後〕において、最後の審判、「世の終わりの日《ドゥームズデイ》」という千年王国的な期待は、たしかにその激しさを失ってしまっているので、その現実性について語るのには躊躇を覚える。しかし民衆層の中では、社会転覆の願望が千年王国的な夢想の中に正統性を見出し、それは束の間ではあるが火となって燃えあがる。一二六〇年頃には、最初の鞭打ち苦行者がイタリアを遍歴してまわっている。一三二〇年代には、農民叛乱の原初的な形態である「農民十字軍《パストゥロー》」が、同じようにフランスの一部を通り抜け、レプラ患者を犠牲《いけにえ》として虐殺し、焼き殺す。彼らを仲立ちとして、まるで自然発生のように受け継がれ、この世の終わりのような大騒動がよみがえる。しかし、これらのパニック的騒動は限定されたものにとどまっている。

農民たちの多くは、この世の終わりに関するキリスト教的言説を衝動的に昇華することによって、彼らを束縛する構造的システムを「上から」脱出するのではなく、むしろ支配的イデオロギーに対抗して自然発生的な唯物論を頑強に対置させたとみなすべきである。そこでは、ル・ロワ・ラデュリがオクシタンの村で発見した「宗教感情の欠乏症」が、予想よりもはるかに多く見出されるだろう。したがって、物質の永遠性を信ずる人々は、復活に対しても強固な懐疑的態度を示している（「私は、多くの者が、世界はずっと続いてきたし、将来もずっと続くであろう、と言うのを聞いた」と、一人の農民が言っている)。ある者たちは、不敵な雄々しさをさらに推し進めて、エール〔ランド県の町〕の農民レーモンのごとき宣言にまで至る。「死後には、何もない。坊主の言うことなど『たわごとだ』。善人であれば天国へ、悪人であれば地獄行きだ……」。このもうひとつの形の原初的叛乱は、村の言説のレベルに極小化されており、現場で得られた証言が稀なことから、おそらくは典型的なものとは思われないかも知れない。しかし、この種の「粗野な唯物論、あるいは自然主義」(エマニュエル・ル・ロワ・ラデュリ)の重要性を過小評価することは、おそらく誤りであろう。

社会のピラミッドのもう一方の端、すなわち封建的特権階級においては、表現はかなり異なるものの、キリスト教的な死のモデルとされているものに対して距離を置こうとする態度に出会うことがある。この主張は逆説的に映るかも知れない。これらの騎士たちは、彼ら自身も聖人とともに横たわっているところの修道院の墓の受益者ではなかったのか。しかし武勲詩は、与えられ受け入れられた死が極端に凶暴なものであったことを往々にして明らかにしている。おそらく『ロランの歌』は、勇士の死がいかなる道を辿って聖人の死に接近し、結局のところ聖人伝における殉教者の神格化と似たりよったりのものになっていったかを示している。その伝説では、天が開いて、福者の魂を天使が探しに来るのである。

しかし、この騎士的な死のキリスト教化は、一二世紀から一三世紀にかけての宮廷文芸のみならず、文明化によっても再び問題とされる。たしかにブルターニュ系の物語では、死の古い存在形態、つまりケルト神話的な死が次第に隠蔽されていったことが読み取れる。すでになされてきたように、波乱に満ちた騎士の冒険を死者の王国への旅として解読することが可能である。(25) 城、宮廷、あるいは神秘に満ちた国は、『エレックとエニード』であれ、『イヴァン』であれ、そうした特徴を思い起こさせる(そこでは、囚われた若い娘たちが死者への貢ぎ物として描かれ、死者の王である領主が絹の床に横たわっている)。同じように、『車上の騎士』の中でランスロットが乗り越えなければならない数々の障害の地形そのものが、死者の国を思い起こさせる。そして騎士が美女を獲得するために乗らなければならない二輪馬車とは、ブルターニュの死神アンクーの馬車ではなかったのか、と考えることもできる。しかし、これらの伝説的な死の王国は異なった象徴体系の中に挿入されていて、もはやそのようなものとしては受け取られていないようだ。クレティアン・ドゥ・トロワ〔一二世紀フランス最大の詩人、『ランスロット、または車上の騎士』『ペルスヴァル、または聖杯物語』の作者〕が、「誰も戻ってこない国」について、それが実際にどのようなものであるか知っていたとしても、彼は、もはや自分たちのものではない伝説に対して貴族的文化がとっていた距離感を証言している。

しかし、新たな感性の台頭、つまり、キリスト教的な感情とはある意味で正反対な、死についてのもうひとつの感情の台頭は、「トリスタン・イズー伝説」の中に見出すことができるが、同時にまた、この伝説を題材にした〔一二世紀のフランス最大の女流作家〕マリー・ド・フランスの〔英王ヘンリー二世に捧げられた『短詩』の中の〕『二人の恋人の物語詩』や、『忍冬《すいかずら》の物語詩』の明快な主題（「愛しい人よ、私から去っていくなら、私なしにはあなたはなく、あなたなしに私はない」）の中にも見ることができる。抗し難いこの世の愛という主題においては、愛は死よりも強いと同時に、死と緊密につながっている。なぜならこの愛は、「トリスタン・イズー伝説」の中では、不可避的に、二人の恋人たちの体が永遠に結合して横たわるという究極の場面に二人を導くからだ。そこには、〔キリスト教的愛とは〕別の世界が姿を現している。「トリスタンの体に腕を回し、横に身を延べると、その唇と顔にイズーは口づけし、彼をひしと抱きしめる。体と体を、唇と唇をあわせて。彼女はそのまま息を引きとった。恋人〔の死〕を悲しんだがため、その傍で死んだ」。

宮廷小説と詩歌という特権的階層における感性の精華は、その人目をはばからない振舞によって、死についてのまったく人間的な新しい解釈（魅力的ではあるが、勝利することはない）を導入している。しかし、そこには、主題の将来性は別としても、洗練された社会の儚い華麗さ以上のものがあるのだろうか。ペルスヴァル系の物語、ついで、特にその延長である聖杯探求の物語の中で、ペルスヴァルがいかにキリスト教化していくかは周知のとおり。騎士道における救世主であるガラードと、幾人かの円卓の騎士のみが探求の果てに目的を達することができるだろう。これこそランスロットには許されなかった特権である。マネシエが〔一三世紀に〕書き足した物語の結末では、ペルスヴァルは最後には庵に隠遁してしまい、そこで平穏で質素な義人の死、聖人の死を迎える。しかし、彼の葬儀は国王の葬儀であり、彼の墓は金と銀で作られる。この質素さと顕示欲との奇妙な混合の中に、来るべき時代にふさわしい新しい感性があらわれている。

キリスト教的な死のモデルに対する「ブルジョワ的な」異議申し立てについて語ってもよいだろうか。あるいは時代錯誤のそしりを免れ得ないかもしれない。しかしながら、『狐物語』を考えてみよう。これは一二世紀から一三世紀への転換点における下層民の辛辣さを反映した作品だが、おそらくは文人であったろうが、民衆文化と接触を保っていた作者たちによって書かれたものである。この物語の中で、キリスト教的な死の身振りは、相当こきおろされている。この物語のある版では、続けて二つの情景が、つまり狐の犠牲となった雌鶏コペットの往生と葬儀、それに続くルナール狐自身の往生と葬儀とが描かれている。コペットは聖人の芳香に包まれて亡くなり、ライオン王の宮廷の人々によって徹宵課、朝課を執り行なわれるという恩恵を被り、その後、見事な鉛の柩におさめられて、今もなお奇跡が繰り返し起こる木の下の土に埋められる。ルナール狐は、まったく異なる二つの死を経験する。ライオン王の宮廷における最初の死のあとでは、厳粛な徹宵裸に続いて、キリスト教とは縁もゆかりもない酒宴が行なわれる。埋葬される時になって、ルナールは墓穴から飛び出して逃げだし、雄鶏シャントクレールと決闘裁判に及び、半死半生の目に遭わされる。そして今度こそは、墓穴の中にルナールの仮死死体が放り込まれる。しかし彼は死んではおらず、最後のいかさまを用いて偽の墓碑銘を書き記し、それを読んだ国王の使者たちを騙してしまう。

ルナールにとっての天国とは何か。我々はそのことを、彼が狼イザングランを騙した井戸のエピソードによってよく知っている。これは聖パトリックにおける煉獄（その入口もまた、大地に口を開く穴である）をあからさまに嘲弄したものだろうか。いずれにしても、その意図は公然たるものではない。うっかりして井戸の中に閉じこめられしまったルナールは、狼イザングランに自分がいるところを至上の場所であると出鱈目を言う。それがあまりに真に迫っているので、このお人好しの狼がつるべに飛び乗ると、その重みでつるべは下に降りていき、狐の乗ったつるべが上がっていく。このように聖人伝を民衆的に嘲弄するという辛口の味わいは、文字を読める者にとってはキリスト教的な死の新しい言説に対する隔たりを意味している。

第二部　死の勝利

第5章 ペストの時代

一三〇〇年と一五世紀末との間には、死の歴史において一大転機が生じている。それは、一三四七年から一三五二年の間にヨーロッパ全体を荒廃させ、人口を減少させた黒死病《ペスト》をあげることで、説明になると考えられるかもしれない。しかし、我々がこれからその規模の大きさを測ろうとしているこの大災厄が重要な意味を持つのは、それがより奥深い変動に影響を及ぼし、その成長を速めるとともに、おそらくはその方向を部分的に転換させたからである。事件の重みを測るためには、まず最初に、中世末期の人口学的・社会的危機という状況の絡み合いの中にそれを組み込まなければならない。そうすることによって、事件の重みがその重要性を失うことなく、再評価されることになる。なぜならば、最近の著作家たちがしようとしたように、中世末期の死骸趣味《マカーブル》を巧みに避けるということは望ましいことでないように思えるからである。それは付随現象であって、一時的な戦慄を引き起こした後ですぐに消えてしまうものなのだろうか。私の考えでは、より豊かな情報が得られさえするなら、この現象はそれ以上のものである。

災害の時代

我々はもはや「大災害の歴史」など信じてはいない。我々は、一四世紀と一五世紀が「人跡稀な世紀」になったのは黒死病《ペスト》の侵入以前であったということを知っている。ヨーロッパの人口は、地域によって早い遅いの違いはあるが、おおよそ一三〇〇年頃には高止まり状態に達していた。その後、人口は収縮を始めている。[26]すべての地域の中でも最もよく知られているイングランドにおける人口に目をやれば、すでにそれは感じられる。ラッセルの挙げた数字を信頼するならば、誕生時平均余命は一三世紀の最後の三分の一から一三四五年までの間に三五・二歳から二七・二歳へと絶え間なく低下している。たとえ、その計算に問題があるとしても、その数字は一定の傾向性を示唆している。そして他の場所、例えば租税文書が家長の数のかなり正確な概数を提供しているトスカナ地方では、人口は一三三〇年以来低下しており（プラート、サン・ジミニャーノ）、時には一三世紀中葉から低下している（ピストイア）。[27]同様にプロヴァンス地方では、最初の廃村が一四世紀の前半に見られる。バス＝プロヴァンス地方の平野部では人口が停滞し、オート＝プロヴァンス地方の山岳部では人口減少が始まっている。

何が起こったのだろうか。イギリスの歴史家たち（ポスタンなど）は、そこにマルサス主義的メカニズムの働きを見出している。彼らによれば、一三世紀末には人口がこの時代の生産手段が養いうる閾値を超えてしまっていて、開墾の余地もほとんどなくなってしまった。従って、人口減退は「自然な」変動の中で生じたのだ、という。この図式は疑問視されたし、それには十分根拠がある。しかし、一四世紀の最初の数十年以降、「戦争の」危機、飢饉、大量死が、新たな苛烈さで幅をきかせるようになったことは依然として議論の余地がない。

最もすさまじかったのは、おそらく一三一五年から一三一七年にかけて、北欧、イングランドからフランドル地方、ドイツ、スカンディナヴィア諸国まで、さらにはロシアにまで打撃を与えた災害である。しかし、それはフィレンツェでも経験されなかったわけではない。そこでは年代記作者ヴィラーニが、住民の三分の一が亡くなったという誇大な数字を挙げて、悲劇的な叙述を行なっている。最も正確なデータはフランドル地方から来ている。イープルでは住民の一〇%が失われ、ブリュージュやトゥールネでは貧民が糞尿の混じった寝藁の上で亡くなったと書かれている。貧窮の産物である飢饉と名のない伝染病は一四世紀前半に増加する。トスカナ地方では一三一〇年、一三二二年、一三二九年、そして特に一三四〇年から一三四二年にかけて、さらに一三四七年にも。黒死病《ペスト》は、病気が徘徊している不安定な世界で爆発的に出現するだろう。そのことから、伝染病を気候に起因する不作の結果でもある飢饉と機械的に結合するかつての図式に全面的に賛同すべきなのだろうか。すなわち、気候―飢饉―ペスト―飢饉という周期に従う、あの図式に。今日では、こういう図式は厳密性に欠けるとして疑問視されている。現実には、伝染病の現象には少なからず自律性が存在するからである。とはいえ、その大きさが、伝染病の組み込まれている状況に左右されていることは依然として確かである。

ペストはなぜ、一三四七年に出現したのか。ヨーロッパは、七六〇年代のいわゆるユスティニアヌスのペスト以来、もはやペストを経験したことがなかった。伝染病学者たちの仮説にあまり深入りすることはしないが、彼らは、ペストの媒介である野生の齧歯動物〔ウサギ、ネズミなど〕の存在による局地的流行にとどまっていた東方のステップ地帯から、なぜペストが一三四八年以来、三世紀以上にわたってヨーロッパに再び居座ることになったかについて考察している。すでに一三四六年には、カスピ海沿岸の南部（タブリーズ）と同じく北部でも猛威を振るっていたペストは、一三四七年には黒海沿岸に達していることが知られている。当時、ペラ、トレビゾンド、カッファにあったジェノヴァの出張所はトルコ人に包囲され、伝染病で死亡した遺体を大量に放り出した。カッファから来たジェノヴァのガレー船はシチリア島とその他の島々に害毒をばらまき、次いで一三四七年末には、ペストはマルセイユに達した。一方、コンスタンティノープルから発して、ペストはギリシア、クレタ島、アナトリア地方、そしてエジプトに辿りついた。これらの増加した発生源から発して、一三四八年にはシリアが打撃を受け、同様にマグレブ地方東部もやられた。アドリア海沿岸では、ダルマティア地方を通って侵入が始まっていた。ヴェネツィアには一三四八年一月にペストが侵入し、その直後には、それまで用心深く自分が所有するガレー船の寄港を阻止していたティレニア海のジェノヴァがやられている。

西地中海沿岸の拠点から、ペストは内陸部に侵入し、一三四八年にはイタリア半島を南北に縦断し、スペインの東部と北部、グラナダ王国からアラゴン王国まで拡がり、南フランスではマルセイユからリヨンやボルドーにまで達した。一三四八年半ばに襲われたボルドーは、大西洋岸地方へのペスト流行の中継点となった。海上から、ペストはイングランドとアイルランドの港に上陸する。そこから、ペストは跳ねあがって、フランス北部（ルーアン、カレー）へと拡大する。この広大なヨーロッパ戦線において、ペストは一三四九年にはフランドル地方を迂回してバルカン諸国、及びラインラントとアルプス地方を襲う一方、海上からスカンディナヴィア諸国とフリースラント沿岸に到達した。一三五〇年にはドイツ、デンマーク、スウェーデン南部、さらにハンガリーが、次いで一三五一年にはバルト海沿岸地域、ポーランド北部からリトアニア、クールランド〔ラトビア〕がペストに感染した。循環は、一三五二年にロシア中央部で終了する。円環はほぼ閉じられた。

大災害のすさまじさはヨーロッパ的な規模で計測されている。当時の物語や年代記が、その様々なエピソードを描き出している。名高い『デカメロン』の冒頭部分から、あまり文才はないが正確な年代記、例えばシチリアのミケレ・デ・ピアツァ、シエナのアニョロ・ディ・トゥーラ、パリのジャン・ド・ヴェネットに至るまで、多すぎて選ぶのに困るほどだ。そこからは、この病気の症状とその進行が読みとれる。ペストは、最も頻繁に

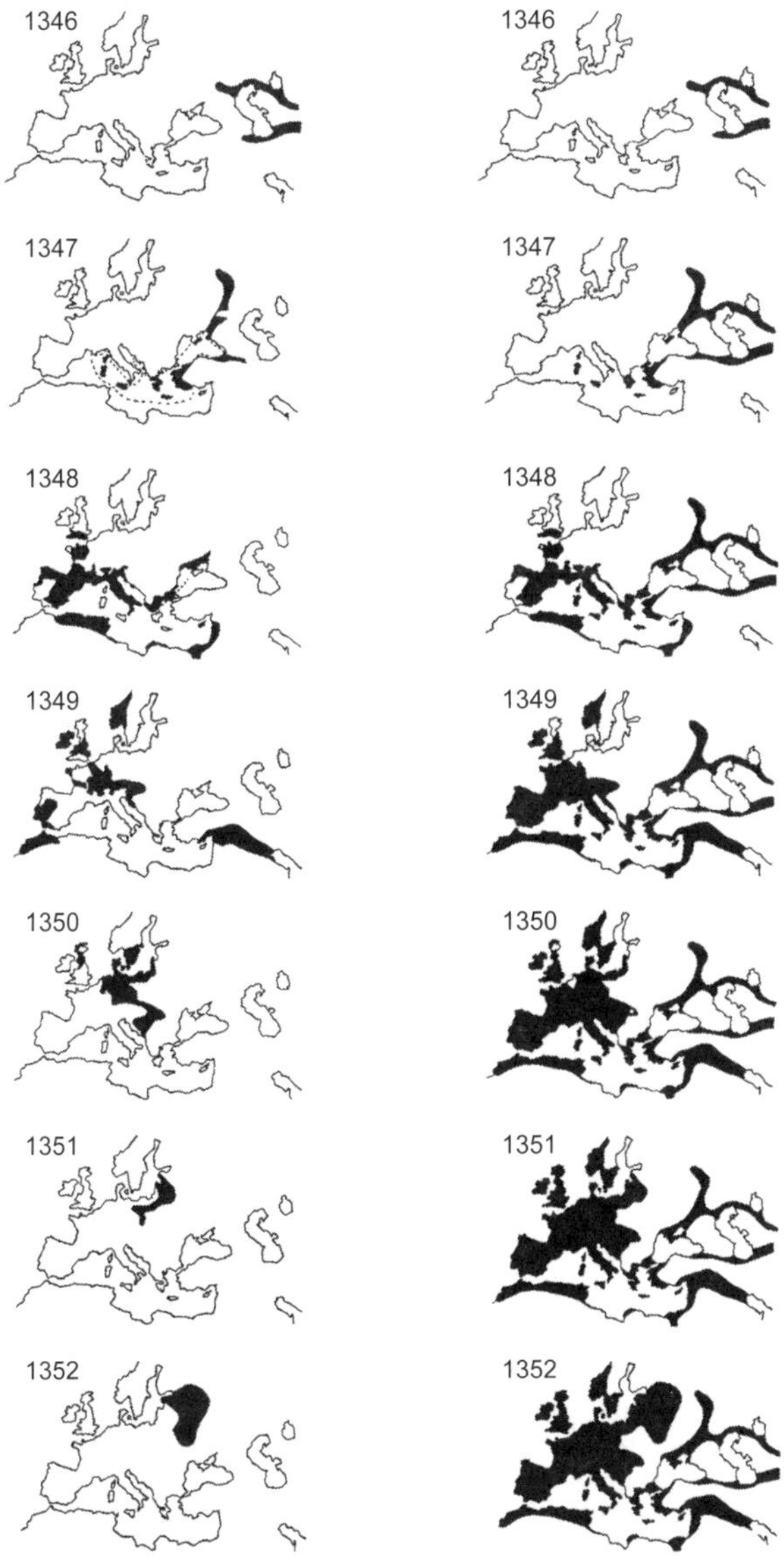

ペスト（黒死病）の広がり（1347-1352）。
E. Carpentier, J.-N. Biraben その他による。G. Krier の地図。

は腺ペストの形をとったが、同じく（南仏の場合のように）より危険な肺ペストの形をとることもあった。腺ペストで患者の六〇%が命を落とすとすれば、肺ペストの直接感染では患者のほとんどすべてが命を落とすことになる。証人たちは、その苦痛がすさまじく、発病が突発的で、症状が急激に進んでいく様を記述している。一般に二、三日で終わりが来るので、証人たちは、生者をとらえる恐怖、引き裂かれた家族、埋葬できないで積み上げられた遺骸の山などについて記述している。ボッカッチョは、嘆かわしいことに葬儀が全く崩壊し、死に瀕した人も死者もともに放り出されたことを強調している。フィレンツェでは（パリと同様に）、聖職者も公証人も遺言書を受け取ることを拒否したので、修道士がその代わりを交代で勤め、しばしば命を落とした。シエナでは、貧者の埋葬に徹夜するため、三人の市民を割り当てなければならなかった。また日頃の救済手段が無力化してしまったことも語られている。宗教的救済としては、多くの者が告解のあとの罪の赦しもなく死亡し、教皇クレメンティウス六世がペストから逃れるためのミサを催したが、効果はなかった。物質的な救済としては、医者たちがあれこれ試みたが役には立たなかった。最も確かな救いは逃げ出すことである。たとえ、それがさらに災厄を拡散することになるとしても、またボッカッチョがそれを非難しているように見えるとしても（「多くの者が町から逃げ出した。いずこにいようと、神がこの者たちを罰することができるのを知らないかのように」）。すぐこの後で行なうように、ペストの物質的な収支決算については分かっているので、すぐにでも答えることができる。ただし、集合的精神的ショックの強さは計り知れない。

死者を数える？――この作業は容易なことではない。当時の人々が数字を挙げていないわけではないが、あまりにも鷹揚に、しかもあまりにも恣意的にやっているため、必然的に夢想的なものにとどまっている。加えて、住民の人口がまったく分からなければ、死者の数が何を意味するというのだろうか。死者の数が、ストラスブールあるいはエルフルトで一万六〇〇〇人、バーゼルで一万四〇〇〇人、ワイマールで四〇〇〇人と言っても、それは何を意味するのだろうか。証人たちの主観的な恐怖の反映を数え挙げるよりも、そこに、大災害が当時の人々に与えたショックの大きさの証拠を見た方がよいだろう。ドイツ、フランス、あるいはイタリアの諸都市における、この種の一五ほどの見積りに基づくなら、死者は三都市でのみ住民の半数以下、その他の都市では三分の二から一〇分の八までの間にあるという。明白な誇張だろうが、我々にそれが分かるだろうか。

年代記作者の見積もりは脇に置いて、最近の研究によるならば、租税徴収資料や人口調査資料に基づいて、より信頼できる概算を得ることができる。サン・ジミニャーノでは全世帯の五九%、住民の七〇%が失われた。プラトでは全世帯の三八%、アルビでは戸長の五五%、カストルでは五七%、ミヨーでは四一%、マグデブルクでは五〇%、ハンブルクでは五〇から六六%、ブレーメンでは七〇%、リューベックでは二五%が失われた。いくつかの〔資料的に〕恵まれた場所では正確な計算手段（数多くの墓や遺言書）が使えたので、さらに念入りな分析を詳細に行なうことができている。例えばブルゴーニュ地方の小村ジブリは、ペストによる災禍についての（いささか辟易させられるが、生き生きした）典型的事例となっている。この村の三一〇所帯（一五〇〇人から一七〇〇人の住民と推定される）では、平常年には年平均で三〇人ほどが死亡している。一三四八年八月五日から一一月一九日までの間に、この村を疫病が通過し、六一五名の死者、つまり住民人口の三八〜四三%をなぎ倒している。その他の場所では、ペストを前にして遺言書が爆発的に増加したことが知られている。これは、より曖昧な資料でありながら、遺言者の関心が強まったこと、死者の数が激増したことを明るみに出している。パリ、トスカナ地方、ロンドンでは、年平均で一四名だったのが、一三四九年には三六〇名に急増し、ブザンソンでは一四名から一六一名になっている。

よりよく知られ、正確に数え上げられた幾つかの人間集団は、時に不名誉な統計上の情報をもたらしている。フランスでは王国行政機関の高官たちは自分たちの生命を護ることに長けていた（一五%しか欠損が見られない)。これは王国の司教(二五%の欠損)よりもよい数字である。ペストで死亡したのは、イングランドの司教では二二%、スカンディナヴィアの司教では三二%、イベリア半島の司教では三七%で、イタリアでは二九~三五%にのぼる。おそらく、より意味深長なのはイングランドの司祭全体にかかわるデータ(四四%)であろう。なぜならば、このデータを使うことによって、より容易に、住民全体に適用しうる概算へと敷衍することができるからだ。

これらの数字を拡大し、国全体のレベルにまで及ぼすとしたら、無謀の極みだろうか。死者はイタリアの都市住民の四〇~六〇%に上ると言われ、イングランドでは三七〇万人の住民が二二〇万に減少し(ただし、一三七七年の数字には一三六〇年から一三六九年のペストによる死者が含まれている)、ポンメルン地方では、欠損人口は半数以上に上る。これらの数字を、あるがままに評価しよう。これらは、人的欠損の大きさを証言するには十分な概数である。

しかしながら、中世の歴史人口学者の研究を読む限り、黒死病《ペスト》は、それがいかに重大なものであったにせよ、要するに、中世末期に人口が陥没したということの、その限定された一面を説明するものにすぎないように思われる。いずれにせよ、それは一世紀の中の六ヶ月にすぎないし、たとえその人口天引が容赦のないものであったとしても、人口がその員数を回復する途方もない能力もまた周知の通りである。最も重大なのは、おそらく〔一三四八年の〕大ペストではなく、それに続く時代に絶えず繰り返し現れるペストの方であろう。ビラバン(28)は、全ヨーロッパ規模で収集されたデータを分析していて、その最初の段階のみを取り上げるが、重大な急騰のみを算入するならば、一三四七年から一五三六年にかけてペストは一一年から一二年毎に流行し、また付随的な急騰をも算入するならば、八年毎にほとんど規則的な周期的変動を示すことを指摘している。急騰した事例数の振幅差が増大することもあろうが、それはおそらく、時が経つにつれて資料収集がより正確になっていったことの結果にすぎないだろう。しかし、読み取ることのできる教訓は明白である。すなわち、ペストはヨーロッパに居座ってしまったのだ。もはやペストは〔一三四八年の〕大ペストのように全ヨーロッパ大陸を席巻したりしないことは確かだが、時と場所によっては猖獗を極めている。この反復運動によって、伝染病は累積的効果をあげ、その侵入から次の侵入までの間に、人口はもはや回復する余裕を持たない。それゆえ、以下の記述もよく理解できる。「一三四八年の死亡率がいかにすさまじかったとしても、最も重大な結果をもたらしたのは、むしろ、それに続く数十年間における疫病〔ペスト〕の反復の方である」(Ph. Wolf)。

しかし、ペストに幻惑されないようにすることが望ましい。ペストは、この時代を規定している災害のネットワークのなかの――目立ちはするが――一つの要素にすぎない。当然のことながら、第一位には、飢饉や気候上の変異と最も頻繁に結びつく、あの「大量死」が、すなわち呼吸疾患や、赤痢の症状を示す内臓疾患が来る。これらは、たいていは名前が知られていないか、同定が不可能な病気である(一四九六年、リエージュ小教区を襲った聖ヨブ熱とは何だったのだろうか)。しかし、それらの病気は、ペストと同じくらいか、それどころかより頻繁に出現するし(リエージュでは一三四九年から一五〇〇年までに、ペストによる死者七に対して一〇の割合)、時にはペストと同じくらいに死亡率が高く、特に若年層を好んで襲う(一四三八年頃の天然痘も同様)。一四一四年と一四二七年には、おそらく百日咳だろうが、「タック熱」「ユケット熱」「ダンド熱」あるいは「ラダンド熱」などがパリ住民を襲う。次に飢饉が、一三一五年の時のように突然起こり、人命を奪う。飢饉は、それと共に伝染病を連れ戻す。伝統的な三要素〔伝染病、飢饉、戦争〕の中では補足的なものである戦争を、これらの災害の中に加えることにしよう。ただし、軍事行動自体よりも副次的なこと(破壊、略奪)の方が死者を大量に出すこの時代において、その衝撃力を数量化することは困難である。しかし、年代記や家族日誌(ジャンヌ・ダルクの時代の『パリのブルジョワの家族日誌』参照のこと)をもとに推定するなら、痛切に感じられた災害として一生の記憶に残るのは、〔伝染病や飢饉による〕大量死よりも、戦争の方だった。なぜなら、それは非難されるべきものだったからだ。それは、現実の歪曲された表象の結果ということだけではない。戦争とそれにともなう荒廃（それは、無人となってしまった村々の分布地図にしっかりと刻み込まれていて、今日でも中欧からイタリアを通ってイングランドに至るまで詳細に数え上げることができる）は、ずっしりと重くのしかかっている。プロヴァンス地方のように、レーモン・ド・テュレンヌの略奪部隊が横行した所では、時代の過酷さをはげしく非難している。

従って、これらの困難な時代の収支決算、勝ち誇る死と数少なくなった人間との収支決算は、一世紀以上にわたって刻み込まれている（お好み次第で、最初は一三一五年もしくは一三四八年から一四五〇年まで、場所によってはもっと後まで）。プロヴァンス地方における租税調査（納税世帯）に基づいてであれ、あるいはイングランドにおける「死後の相続に関する調査」に基づいてであれ、収支決算を提示できたいくつかの個別的なアプローチを軽視するには、信頼できる数値化されたデータはあまりにも少なすぎる。プロヴァンス地方におけるバラティィエ(29)の作成した人口曲線と地図は、五地域における人口が四分の三まで減少し、一二地域では五〇～七〇％まで減少し、三地域だけ半数以下になったということを示しており、危機の規模を推測することができる。またそれによって、一五世紀の第四四半紀まで続く現象の持続期間を推測することもできる。

イングランドの人口に関する高度に複雑な計算（ラッセルの研究を修正したホリングワースの）は、地理的により広い範囲をカヴァーしている反面、間接的アプローチの弱さをも露呈しているが、人口変動の指標として参考にすることができる。そこでは黒死病《ペスト》の重大性は相対的なものに見える。なぜならば、イングランドの人口が一三七七年に三六五万人から二二五万人に減少したとしても、この衰退現象は一五世紀の中葉まで続くのであるから。イングランドの人口は、一四四四年にはわずか一一七万人、つまり一世紀前の三分の一にまで

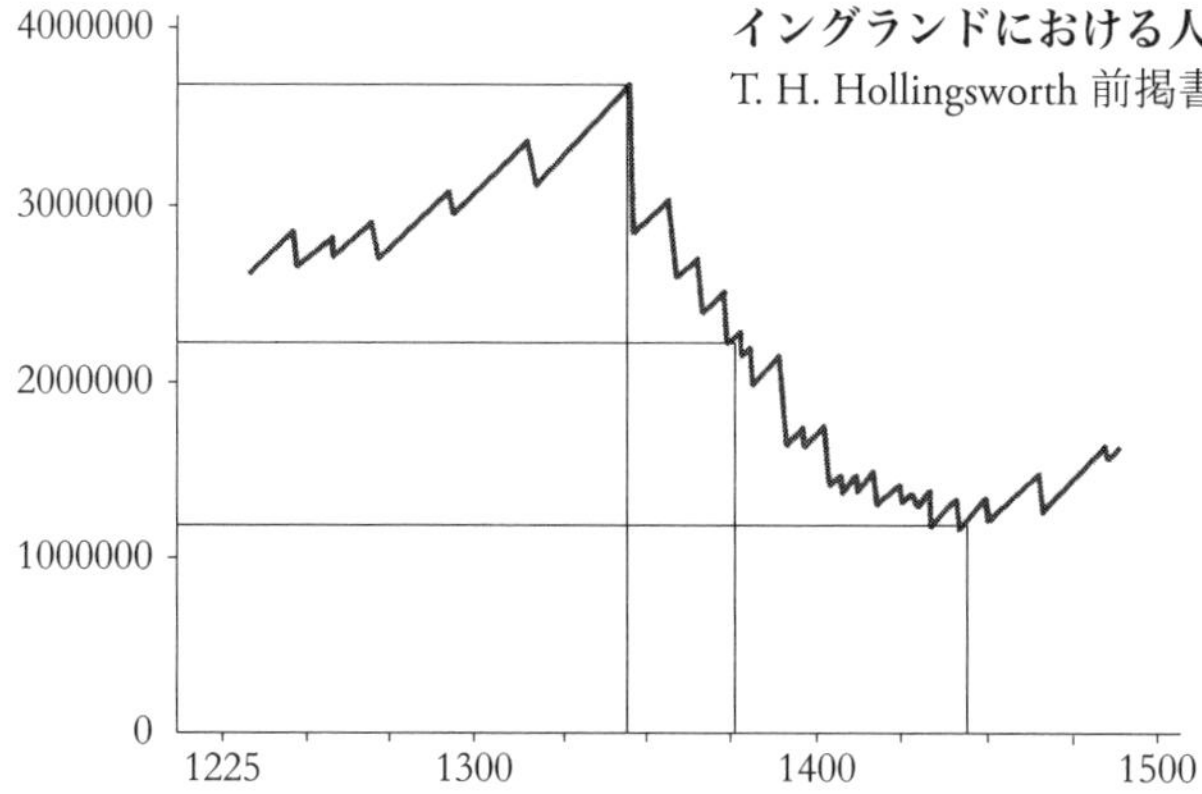

イングランドにおける人口の減少、1234-1489。
T. H. Hollingsworth 前掲書による。

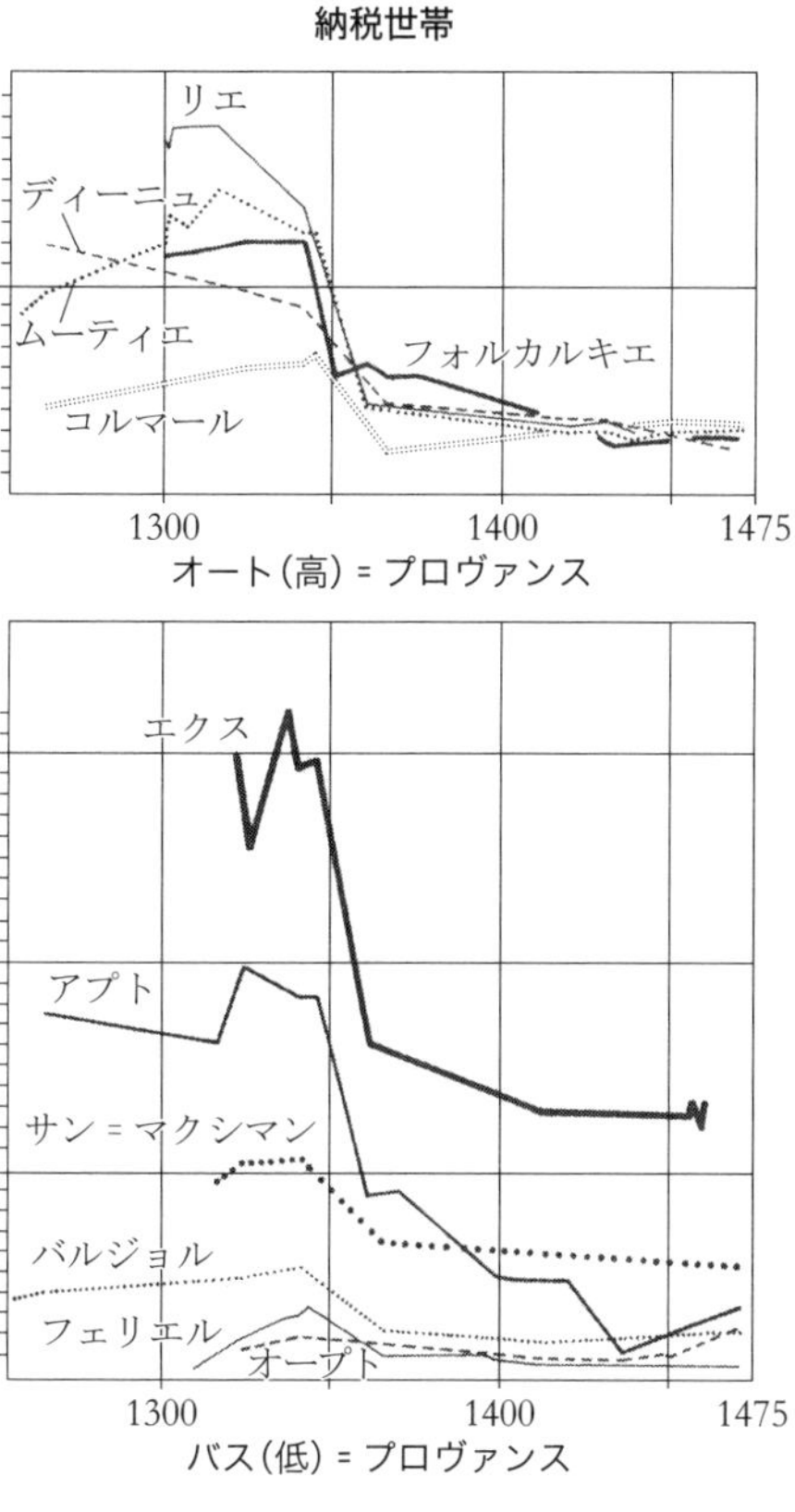

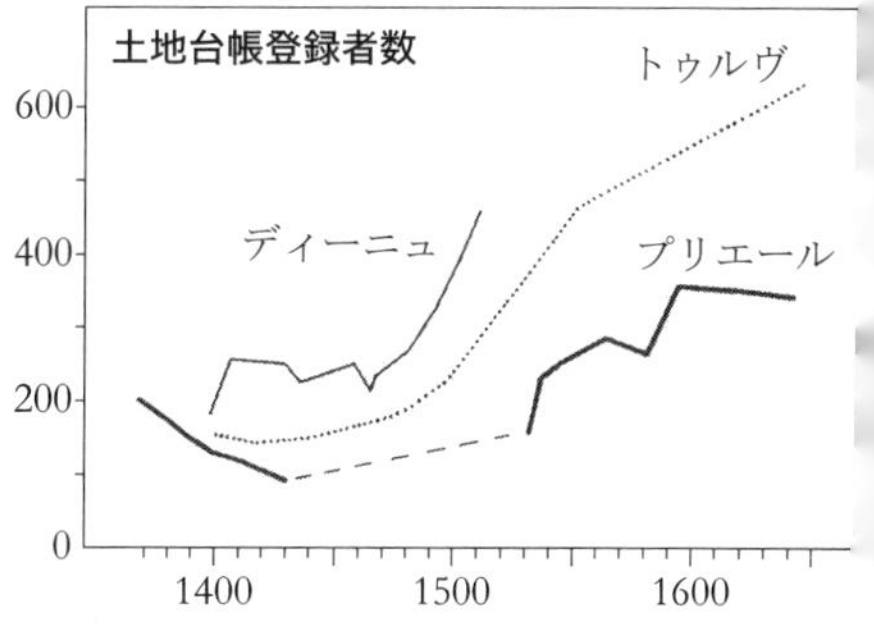

中世末期プロヴァンスにおける危機
——凋落と回復。
E. Baratier による。

減少してしまうことだろう。

この抗しがたい人口減少に直面して、定期的な死の再来を可能な限り制御しようという試みがなされる。無力な医学が伝染という考え方を否定しようとも、集合的意識は、その考え方を信じているかのようにふるまう。ペストから身を守るために、最初の集団的規制が実施されたのは、まさにこの時期である。レッジオでは一三七四年に、ヴィスコンティ・ベルナーボがその最初の処置を規定した。しかし、すでにヴェネツィアでは一三四八年以来、三人の貴族から成る公衆衛生評議会が設立され、ヴェネツィアの法規は一四八三年まで有効に機能し、他の諸国のお手本となるだろう。人々は感染の疑いのある者に対して、四〇日間の検疫期間と隔離室を用意することを学んでいく。

短い生命

たしかに、含みを持たせた方がよいだろう。中世後期、死の勝利は異論のないものだったとする融通のきかない悲劇的な見方に対しては、歴史家たちが立ち上がり、人口衰退は全ヨーロッパを見舞ったのではない、ということを指摘している。衰退現象はスラヴ人の東ヨーロッパでは見られなかった。他の地域では、黒死病《ペスト》の影響は強かったり弱かったり、様々である（イタリアでは強く、フランドル地方では弱い）。だが、立ち直りは早い時期に起こり、顕著なものだった。さらに、南ドイツの都市の繁栄に思いをいたすならば、間違いなく憔悴している顔を見せるのは百年戦争で疲弊した二つの国、フランス（フランドル地方まで）とイングランドくらいのものだろう。

おそらく、そのとおりだろう。そして、様々な土地と社会の人々が死に対してとった態度を理解するために

生誕時平均余命（%）	20歳	30歳
一五〇〇年までの支配的家族（*Houdaille*）	30	23.4
ハンガリーの司教（*Fügedi*）		22.3
ポーランドの貴族（*Viehuse*）	27.7	
イングランドの全人口（*Russell*）	24.9	22.9
イングランドの大貴族　一三二六—一四五〇（*Hollingsworth*）	29	23
フィレンツェ（*Trexler*）	29	23

は、このようなニュアンスは我々にとって貴重なものとなるだろう。にもかかわらず、ヨーロッパ世界は黒死病《ペスト》による大混乱を体験し、さらに一〇年毎の伝染病の再来によって死の存在は身近なものとなった。一四〇〇年代には、死ぬということはまったく新しい体験となったのである。

人口変動と心性の境界で、人々は、人生がより短く、もろく、脅かされていると感じる。彼らは、まるっきり間違っていたのだろうか。イングランドにおける生誕時平均余命についてのラッセルの研究は、今でも示唆的である。一三二六年と一三四六年の間には二七歳だったものが、続く二五年間には一七歳にまで落ちている。これは、黒死病《ペスト》による死がもたらしたものだが、一四〇〇年には二〇歳で止まっており、一四二五年には二四歳となり、一四五〇年頃になってようやく一三世紀末の水準に戻る（三三歳前後）。

特権的だったことによって、よりよく知ることができるいくつかの集団については、中世末期の平均余命が計算され始めている。ただし、生誕時平均余命ではなく、二〇歳か、三〇歳からの平均余命である（これらの有力者は成人年齢しか分かっていないが、それでも指標となる）。結局のところ、結果はヨーロッパのあちこちで非常に似かよっている。

王族、貴族、あるいは高位聖職者においては、平民とほとんど同じ

	1325 以前	1325 1350	1351 1375	1376 1400	1401 1425	1426 1450	1450 以後	平均
非業の死（%）	3.5	5.1	20.3	25.4	35.2	35.7	25.7	19.0

くらい、命が短いように思われる。しかしながら、彼らは、おそらく伝染病からはよりよく護られていて、飢えや貧困で苦しめられることもない。一四世紀と一五世紀に調査された四三三人のイングランドの大貴族のうち、ペストで亡くなったことが確かなのはわずかに七人だった。

逆に、戦士であるこの特権的支配層の自己崩壊過程が非常に効果的だったことが分かる。百年戦争の諸戦役とばら戦争の諸抗争の間、つまり一三五〇年から一四五〇年までの間に、大貴族における非業の死は顕著に上昇する（表参照のこと）。

そこにあるのは、一世紀以上にわたって命が短く、しばしば脅威にさらされていた時代である。長期にわたって慢性化したこの新しい死の体制は、客観的にも心理的にも、いかなる表象を生み出したのだろうか。なんらかの印象主義的な叙述に依拠することを拒否するとしても、ぴったりした資料が足りないために、そのような研究は稀である。それだけに、一四〇〇年代のフィレンツェに関する研究[30]は、時宜を得たものである。選ばれた地点は典型的と言えるだろうか。イタリアはより早く危機を脱し、おそらくはすでに回復局面にあったのだが、より正確に言えば、まさしくフィレンツェにおいて然りであった。それでも一覧表からは、依然として一五世紀という灰色の時代が見えてくる。一四二七年にはフィレンツェの住民の半数が三〇歳未満で死亡し、大よその平均余命を見積もってみるなら、男性は二七歳、女性は二八歳である。死は若い世代に激しく襲いかかる。生後六ヶ月までの乳児期の死亡を算入しないなら、三人の子供のうち一人は一五歳未満で亡くなる。次に死は四五歳以上の人々に新たな猛威を振るう。この現実の認識は、時代の著作の中に色濃く刻み込まれている。『饗宴』〔一三〇七年頃〕のダンテと、『老人の生涯の災厄と悲惨さについて』を書いたシエナのベルナルディーノ〔一三八〇―一四四四。フランチェスコ会の説教師?〕は、老化において回転の早いこの世界の代表者である。D・ハーリヒーが書いているように、才人はすばやくチャンスをつかみ、すばやく舞台から消えていく。

しかしながら、明らかに逆説的ではあるが、若くして歳をとるこの世界は、歳とって夫となり、歳とって父となる世界でもある。どういうことかと言うと、この都市社会は、ますます一つの婚姻モデル、つまり女性は早婚（平均して一七歳）で、男性は晩婚（三四歳）というモデルを実施するようになる。文人たちが、この慣習を規範化するだろう。例えばアリオスト〔一四七四―一五三三。イタリアの詩人。『狂乱のオルランド』の作者〕は、三〇歳の男が一二歳か一三歳年下の娘と結婚するのが理想的だと提案するだろう。年老いた夫は、これまた年老いた父となる。さらに、当時は珍しくないことだが、産褥時に妻が死んだりすると、寡夫は若い娘と結婚し、夫婦の間の年齢差はさらに開いていく。この社会的慣習は、当時の人口変動の拘束から機械的に生ずるものでは決してないのだが、結果としては重大なもので、そのいくつかは直接、我々に関わってくる。つまり、この時代の子供にとっては、若い母親がより長生きする継続的な実在であるのに対して、父親は、この時代の通例では、四〇がらみの年取った旦那であり、ちょっと出会ったかと思うと、すぐに消え去ってしまう、所詮、つかの間の存在にすぎない。それゆえ、父親の死亡にとても早く向き合う子供たちにとってと同様、寡婦たちの集団にとっても、こうした社会的習慣は死が至る所にあることをさらに強調することになる。

恵まれた区域に住むエリートの慣習を、フィレンツェのモデルをもとにして一般化できるだろうか。確実に、それは間違いである。しかしながら、他にも重ね合わせてみたいと思わせる事例はひとつならずある。年代記作者コミーヌ〔一四四七―一五一二〕は、五八歳で自らのことを「ひどい古物」と言った。また、一七歳でシャルル七世となった王太子シャルル・ド・フランスは、四二歳で「賢明な老人という評判とともに」死去した（E・ペロワ）。こうしたことが思い起こされる。

ジャン・メシノ〔一四二〇頃―九一〕のような〔押韻派の〕詩人たちも、それを歌にしている。

戦争があって、大量の死、飢饉があった

……要するに、貧困が支配している

命短き、我らのみすぼらしい肉体を

第6章
死者の叛乱と死の舞踏

一四世紀以降になると、恐怖に満ちた言葉によって、死の新しい解釈が刻み込まれるようになる。集合心性に対する集合的な精神的外傷《トラウマ》の衝撃力については、ごく最近に至るまで十分に知られてはいなかった。『中世末の宗教芸術』という名高い著書の中で、エミール・マールはペストについては脚注の中でほんのちょっと触れているにすぎない。伝統的な精神史にとって、中世の感性の真の意味での転換点を象徴するのは、一二七〇年の聖王ルイの死である。このような歴史の散文的な側面への無関心に対する正当な反動として、一四世紀半ばからフィレンツェ派とシエナ派の絵画に黒死病《ペスト》の衝撃が見られることが仔細に分析されるようになった。ミラード・メイスは、(31)聖母、聖家族、結婚や子供に価値を置いていた一三世紀の楽観的なテーマが一四世紀になると姿を消してしまい、神、教会制度、聖職者の威光を強調することによって教会の側の頑なな位階的見方を表現する、古めかしい緊張と厳格さのテーマに取って代わられたことを明らかにしている。一三五〇年から一三八〇年にかけて、絵画は不安ときびしさとを反映することによって、時代の色彩を写し取っている。

おそらく現在の人間なら、歴史がこのように進行するものだという解釈はいささか機械論的だと言いたくなるかもしれない。しかし、私たちは歴史と共に歩むことによって、時代の中に忍び込み、慢性化している災害に対する応答の中に二つの異なったレベルを見分けることができるようになる。第一のレベルは限定的で直接的な反応であり、恐怖をあらわす言葉によって表現される。第二のレベルはそれほど雄弁ではないが、日常生活に関わるもので、死の恐怖との間で交わされる相互作用によって表現される。

黙示録の再来

第一のレベルの反応は、おそらく最も衝撃的であると同時に、最も厄介なものなので、こんなに易々と死の歴史に入っていって本当によいものかと自問したくなる。しかしながら、鞭打ち苦行者の運動、ユダヤ人迫害、舞踏病の流行に示された「黒い死」に対する常軌を逸した様々な反応に、全く口を閉ざしておくことができるだろうか。それらを集合的恐怖の反映として理解してはじめて、死の歴史と折り合いをつけることができる。

鞭打ち苦行者たちは、現世の罪を償い、切迫している終末の日を待ちもうけているがゆえに、自分の「腐肉」を鞭打ち続けたのであって、ペストから生まれたものではなかった。苦業者たちはイタリアでは一二六〇年に、次いでラインラント地方と中欧では一二六一年に出現し、一二九六年にもまた飢饉とともに再燃した。しかし、最も大規模にこの運動が盛り上がったのは、ペスト大流行と結びついた一三四八年と一三四九年だった。だから、それは〔疫病に対する〕直接的反応とは言いがたい。鞭打ち苦行者は、時にはペストの後をついてまわることもあったが、時には露払いの役目を果たす(それどころか、伝染の役目を果たす)こともあった。この運動は、イタリアでは一三四八年以後に出現し、ウィーン、ハンガリーに達してから、ポーランド、ボヘミアを経由して、一三四九年初頭にはドイツにその一団が出現する。一三四九年冬には、フランドル地方が彼らの集結点となっている。彼らはトゥールネからイギリスに渡ろうと企てたが、失敗した。フランスへの侵入は北仏とシャンパーニュ地方の諸都市に限られるだろう。フランス南部へのもう一派の遠征はアヴィニョンの手前で、教皇の手によりくい止められた。聖俗の権力は、一時、混乱に陥ったが、まもなく落ちつきを取り戻している。教皇は一三四九年一〇月に、フランス国王フィリップ四世は一三五〇年初頭に、彼らを断罪している。ミラノの住民たちは、三〇〇に上る絞首台を市門に用意して、彼らの到来を待ちかまえていた。鞭打ち苦行者の運動は一三九八～九九年に再燃するが、イタリア、プロヴァンス地方では消滅する。テューリンゲン地方のような慢性的な流行の局地的中心では、一三四八年、一三六七—七〇年、一三九一年、一四〇〇年、一四一四年、さらには一四八〇年に至るまで再発を繰り返している。このような事実から、「黙示録の狂信者」である鞭打ち苦行者たちは、単にペストへの反応を表明しているだけではなく、現世を転覆しようとするはるかに奥深く根深い願望をあらわしている、ということが分かる。彼らの異常な行動は、罪と死という考え方に基づいて表現され、正当化される。苦行者たちが自らを鞭打つのは、永遠の劫罰から逃れるために自らの罪を贖おうとするからであり、また、「罪深き哀れな魂が救済される」ことを望むからである。それゆえ、彼らは教会の教えも規則も拒否するに至った。

伝統的に、鞭打ち苦行者の運動とユダヤ人迫害とは一緒にされがちだが、後者は一三四八年のペスト大流行に対するもうひとつのパニック的反応であり、鞭打ち苦行者にも一端の責任がある。この問題は、それが炙り出すあらゆる社会的な意味内容によって、死の歴史の問題からはるかにはみ出してしまう。しかし、そこには伝染病の時代の行動様式の最も根深い特徴の一つが反映されている。すでに一三二〇年には、フランス南西部の農民十字軍《パストゥロー》がユダヤ人とレプラ患者を迫害している。一三四八年には、ユダヤ人がペストをばらまいたという噂が民衆の間に広まった。ペストは、トレドに本拠があるとされる、キリスト教徒を皆殺しにするための恐ろしい陰謀の結果だと考えられた。望み通りの確証が拷問によって得られたことは言うまでもない。ポグロム

〔ユダヤ人虐殺〕は、しばしば苦行者によって引き起こされたが、彼らは農民であれ、都市住民であれ、民衆の抱いていた憎悪に基づいて行動した。これは、ポグロム発生の分布地図（特にユダヤ人共同体が発達し、ことのほか嫌悪されている地域では顕著な展開を示している）の背景を雄弁に物語るものである。ポグロムは、一三四八年にはカタルーニャ地方とプロヴァンス地方で、次いで一三四九年夏までには、ローヌ河渓谷を通ってスイス、ドイツ語圏へと達した。

一三七四年に、時にはかなりの人数（ケルンでは五〇〇人、リエージュでは数千人?）の男女、子供に至るまでの集団が、疫病から逃れるため幾日も、くたくたに疲れはててしまうまで踊り続けるというパニック現象は、一見したところ、これまで述べてきた様々な集合的反応の悲劇的性格を示していないように見える。にもかかわらず、そこには伝統社会が死の侵入と恐怖に直面して示す——奇妙ではあるが——最も特徴的な反応の一つを見出すことができる。イタリア南部に見られた舞踏病を連想することもできる。この現象も、同じく一四世紀に広がったと記録されている。踊り狂う人々は赤い色を恐れ、当時流行した「先のとがった靴」をはき、さらに恍惚状態に陥って、「卑猥なこと」に熱中する。彼らの異常な行動は、憎悪ではなく、めくるめくような不安と憐れみの感情とを引き起こしたのだが、とどのつまりはリエージュで悪魔崇拝のセクトの一味として追放されることになった。

これらの様々な表現は、中世の秋における死の歴史にはじめて異変〔新しさ〕が生じたことを物語っている。それは黙示録の再来である。一三世紀末に黙示録がおだやかなものだったことは、すでに指摘しておいたとおりだ。ここ〔一四世紀〕では、終末が差し迫っているということが改めて表明されている。図像がそのことを反映しているが、それはもはや教会のティンパヌムの図像ではなく、大衆向けにつくり出された新しい民衆的図像、つまりイタリアから南仏にかけての教会の壁を覆うフレスコ画のことである。一三世紀から一四世紀、

最後の審判のフレスコ画

12 世紀	13 世紀	14 世紀	15 世紀
1	7	3	45

特に一五世紀において、これらのフレスコ画では終末における天変地異が描かれることが増加している。変化のはじまりが比較的遅いとはいうものの、一二世紀から一五世紀にかけてのフランス南半分（大西洋岸からアルプス地方にかけて）のあらゆるフレスコ画を網羅した統計調査から、その変化を見て取ることができる。

最後の審判は中世末期における大テーマだったが、黙示録もまた、この時代の芸術作品に霊感を与えていた。一三七五～一三八〇年に、ニコラ・バタイユがアンジェの黙示録のタピスリーを制作し、それは一四九〇年に完成する。一四〇五年にはヨーク大聖堂のステンドグラスが、さらに遅れてパリのサント＝シャペルの一枚のステンドグラスが、この主題に基いて制作された。すでに一四世紀には、ルクセンブルク家のカール四世が、ボヘミアのカールスダインの居城に黙示録のフレスコ画を描かせている。

図像は、いささか遅れをとりながらも、当時の多くの人々が語っていたことを反映している。聖バンサン・フェリエは、一三九九年から一四一九年にかけて、フランスの西部、南部から、ピエモンテ、スペインへと巡歴し、終末の近づいていることを説教してまわり、マンフレ・ド・ヴェルセイユは、事態が切迫しているので、婦人たちにはその伴侶と別れるようにと説いた。このため、人々はこの男を黙らせなければならなかった。シエナのベルナルディーノ（一四一七〔一三八〇？〕～一四四四年）は、終末の前兆に当時の不幸のきわめてリアルな描写を交えながら、反キリストの到来を説いている。「お前は、孫たちが飢えのため地に倒れ伏すのを見るだろう。お前は、娘たちが無理矢理引き離され、眼前で手込めにされるのを見るだろう。しかもお前は、一語も発することができないだろう。お前は同様に、妻が引き離され、犯され、辱

8）聖ヨハネのテキストに基く黙示録は中世末期には絶えず回帰してはその存在を示す。ここでは死は青ざめた馬に乗っている。アンジェ、タピスリー美術館。

められても、一語も発することができないだろう。お前は、孫たちが足を縛られて吊るされ、壁に頭をたたきつけられるのを見ることだろう。お前は、母がとらえられ、眼前にて腹を切り裂かれるのを見ることだろう。お前の兄弟もしかり。時には、彼らの間に諍いが生じ、互いに殺しあうこともあるだろう。たとえ生き残る者があろうとも、これらの恐ろしきことを見、死からも見捨てられ、ついにはとらえられ、囚人として遠くへ連れ去られることだろう」。民衆の考えは、前兆と予言に集中している。民衆は、終末の前触れとして地震（一三四七～一三四八年のヴェネツィア）、いなごの襲来（一三三五年の中部ヨーロッパ、一三四六年のペスト流行直前のドイツ）、蛇と蛙の降下、そして勿論、彗星の出現や、惑星の合朔のたびに不安にうち震えた。

生きることの厳しさ

けれども、パニックが絶えず繰り返されるとしても、それは、遍在する死との妥協の形式であることが多い。あるいはむしろ、慢性化した共生の形式とでも言うべきか。おそらくはこれらの形式こそが、最も持続的なやり方で集合的感性の転換を表現している。

第一のレベルは現状認識で、そこには、短い人生の自覚の表明が刻み込まれている。中世末のフラマン語の詩人たちは、ウスターシュ・デシャン〔一三四六―一四〇六。シャルル五世と六世に仕える〕のように、得々としてこのテーマを詩で飾りたてている。

苦しみと誘惑の時代……
人生を短くする悲しみの時代。

豪華絢爛、安楽そのもののように見える宮廷においてすら挽歌が合唱される。ブルゴーニュ公の宮廷で、シャステラン〔一四一〇／一五―七五。年代記作者〕が自分をどのように売り込んだかを見てみよう。「我こそは、苦痛に満ちた人間、暗黒の闇の中、嘆きの霧雨の中で生まれた者でございます」。フィリップ善良公は、一歳になる息子の死を知らされて、「若くして死ぬことが神の御心にかなうのなら、私は自分を幸せ者だと思うだろう」と書いている。たしかに、言うはたやすい。死の確実性と「現世の不確実性」についての決まり文句は、いとも頑なに守られ、型にはまったものとなったため、一八世紀における遺言書の書式集にまで姿をとどめているが、この決まり文句は、フロワサールやジュヴァンセルの著作の中ではまだ生まれたばかりの状態で見ることができる。「死ほど確かなものはないと人が言っていることは真実である」。

このような現状認識からは〔第二のレベルとして〕様々に異なった態度が生じてくるが、それらは相対立しているように見えても、表面だけにすぎない。その態度とは、おそらくはまず落胆、次いで「メランコリー」である。この言葉は当時生まれたばかりのもので、貴族エリートの驚くほど近代的な精神状態を表しており、彼らはこれに満足を覚えている。「堅いベッドの上で憂鬱な思いに」悩むシャルル・ドルレアン〔オルレアン公シャルル。一三九一―一四六五。アザンクールの敗戦で捕虜となり、二五年を英国ですごした。詩人として有名〕は、生きる苦しみが何たるかを言い表している。当時の詩人たちの筆にかかると、この主題は「何処にありや」、あるいは誰でも知っている「されど去年《こぞ》の雪、いまいずこ」となる。この主題は新しいものではない。一二世紀のクリュニーの修道士たち（ベルナール・ド・モルレ、一一四〇年）から、一三世紀のヤコポーネ・ダ・トディに至るまで、宗教文芸はこのテーマに取り組んできた。けれども、デシャン、シャステラン（『死の鏡』）、ピエール・ミショ（『死の足跡』）らの筆により、このテーマは広がり、あえて言えば世俗化したと言ってよい。そして、おそらくはフランソワ・ヴィヨンが、彼のバラードの中で、美と栄光と人生のはかなさの意識を柔らかいユーモアにくるんで、最も巧みに表現している。

このようなノスタルジックな陶酔と全く矛盾するものではないが、この時代は、表面的には（時には実際に）死に対する無関心を表明している。つまり、死と馴れ親しむようになったのだ。この時代から増加し始めた年代記や日記帳のたぐいの中では、死に関する無関心が目立つ。語り手は、それが近親者の死であっても、無関心にその数を数え上げている。例えばドイツの年代記作者ブルクハルト・ツィンクは、一四一八年、一四二〇年、一四二九年、一四三一年、一四三八年……のペストの流行のたびに、彼の父、姉妹、三人の子供の死を看取る。以後何世紀にもわたって、こうしたブルジョワ階級の作家たちが書き表すことになるこの極度の自制が、常に無関心さの試金石であるかどうかは定かでない。けれども中世末期のドイツにおいては、ブルジョワの年代記作者の書きぶりは孤立した現象ではない。修道士や修道女の歌謡もまた、生きることの厳しさを反映している。鬱と躁とに分裂した人間たちの躁鬱病的な振舞は、日常のレベルでは、大量死の再来によって引き起こされ、より極端になっていく二つのタイプの態度——一方ではパニック、他方では貪欲な快楽の追求——を反映している。

今日ではもはや、往時の著作家たちのように、『デカメロン』の主人公たちのエゴイスムに眉をひそめたりはしない。彼らは一三四八年のペストの流行を避けてフィレンツェを離れ、災厄から遠く離れた所に、規則にのっとった快楽の場を復元した。この実例は、孤立しているどころはない。パリでは一四〇一年二月、ブルゴーニュ公とオルレアン公の要請で、ペストの大流行のさなかに、「新しい快楽のめざめと出会うための」愛の宮廷が開かれる。それは快楽の集い、遊蕩の集いなどとも呼ばれる。シエナと同じく、フィレンツェにペストが戻ってきた時には、享楽の集い、浪費の集いなどが結成された。マッテオ・ヴィラーニは、一三四八年にペストで亡くなった兄〔ジョヴァンニ〕の後を継いでフィレンツェの年代記作者となったが、同時代の人々を次のように厳しく糾弾している。「幸いにも生き延びたので、彼らは遊蕩、賭け事、安逸、そして、ありとあらゆる大罪に耽っている」。これは、災厄を「キリスト教化」しようとしている聖職者たちの言説を反映するものの ではないか、と疑うこともできる。しかし、直接的な証言がこの〔ヴィラーニの〕言説を確認している。一四五二年、二万一〇〇〇人の死者を出したケルンのペスト流行の後、四〇〇〇件の結婚ブームが起こった。特に民衆層における寡夫の結婚熱が非難されている。性交への欲望と死の遍在との間の心を乱すようなつながりは、ペストによって白日の下へとさらされた。だから、一四〇九年、ライプツィヒで、四旬節の中日に死の追放を祝うため〔カーニヴァルの〕行列をつくり、ペストの人型を川へと運び、それを沈めたのが町の売春婦たちであったとしても、驚くにはあたらない。

我々は、いささか一六世紀にまではみ出してしまっているのだろうか。だが、死の攻撃に直面しているこの時代の振舞には、この上ない継続性がある。マキアヴェッリがペストの情景を書いたのは、まさに一五二七年、フィレンツェにおいてである。墓掘人が「死、万歳」と歌いながら、肩にシャベルを担いで踊っている。一五二七年五月一日の熱に浮かされたような日、マキアヴェッリは驚くべきことに出会う。愛人をなくして、泣き崩れている美しくも色っぽい女性と、欲望が燃えさかっている老人とが、サンタ・マリア・ノヴェッラ教会で出会い、喪に服している美人に老人が明らさまにぶしつけに言い寄ったところ、これが拒絶されなかったのである。

突然襲ってくる死に対する恐怖を、生きることへの執着によって相殺するだけでなく、人ははるか先へと進む。動転のあまり、死との間に共謀関係を取り結び、媚びへつらうまでになる。このような事実は、時代の過酷さそれ自体によって説明がつく。都市における抗争を重ねるイタリアから、百年戦争のフランスまで、あるいはばら戦争のイングランドまで、殺人のあとには復讐が続き、王侯の歴史の大筋を提供する。君主の殺人は底辺〔民衆層〕に反響して虐殺となり、年代記作者は時としてぞっとするようなイメージを我々に語ってくれる。

この情景によって、人心の動揺していることが理解できる。ホイジンガの著作から[32]、実例のいくつかを借りてみよう。モンスの市民たちは、一人の追い剥ぎが四つ裂きにされるのを見て楽しもうと、とてつもない高額でこの男を買い求めた。一四八八年、ブリュージュでオーストリアのマクシミリアン一世〔神聖ローマ皇帝、在位一四九三―一五一九〕が囚われの身となっていた時、人々は細心の注意を払って、マクシミリアンの入れられている房の窓のすぐ真下にある広場に拷問の台をしつらえた。彼がこの光景を気晴らしに見ることができるように、と。一四五五年、ヴァランシエンヌの二人のブルジョワ、ジャコタン・プルヴィエとマリノは決闘裁判を争ったが、これは怖ろしくも凶暴なもので、負けた方（マリノ）は、死にかけているのに、絞首刑に処された。一五世紀のアウグスブルクの年代記によれば、見せしめのために、二人の女中が生きながら埋められて殺された。また五人の聖職者が鉄の籠に入れられ、飢えて死ぬまで塔に吊されたが、不幸な人たちが死体から剥ぎとった肉で飢えを満たす間、群衆は祈りと賛歌をともにするよう促していた。勿論、最後の事例に現れている哀れみの役割を、言葉の字義通りにとって、過小評価しないようにしよう。人はいまだ混乱した印象の中にいる。教化文芸の伝統的主題である殉教者は、イタリア絵画よりも、一五世紀のフラマン地方とラインラント地方の画家たちによって、はるかに好んで取り上げられる主題にまで押し上げられた。

これらの集合的感性の特徴を集めて、まとまりのあるものに束ねようとするのは容易な仕事ではない。リュシアン・フェーヴルが問うたように、どの時代も同じくらいに酷かったのではないだろうか。たしかに、この時代は死の強迫観念により一層とりつかれている。死に対する精神的集中の激しさはこの時代の文学を読めば明らかで、とりわけ世俗的な詩歌の場合はそうである。そこに映し出されているのは何か。一方には短い命、憂鬱《メランコリー》、そして悲嘆があり、反対側には生きることへの貪欲さがあって、この貪欲さは残酷さに、さらには心を乱すような死との結託にまで至る。たしかに、これらすべての特徴の間で、共通点は存在する。それは、終末を悲劇的で個人的な出来事として捉える自覚の増大である。この発展は、すべてが時代の不幸から生じたわけではない。少なくとも先行する二世紀にその根源が見出される。しかし、それらの特徴を強調し、苛酷なものにする、一種の生々しい成熟過程が展開していた。

この個人的で悲劇的な出来事——フィリップ・アリエスの表現を再び用いるならば、「己の死」——は、終末と来世のパニックによってひきつった利己的な死だと言えるだろうか。この考え方は、すでにホイジンガの著作の中にも見出される。彼はそこに、優しさなど微塵もない、結局のところ利己的な死を見出している。「泣くようにしむけるのは、愛する人の他界ではない。それは、不幸の中でも最も恐るべきものとしての死への恐怖である」。このような判断は厳しすぎるし、おそらく陰影に乏しいものだろう。この「己の死」という自覚がなされるのも、愛している者の死を鏡の中で見ることによってである。シャステランの『鏡に映った死』の中で、貴族的な愛の詩は、それを次のように物語っている。

愛しい方、私の顔を見て下さい
ご覧なさい、悲しい死の仕業を
決してお忘れあるな
これがあなたにあれほど愛された顔なのです

シャルル・ドルレアン（オルレアン公シャルル）は、癒しがたい死別をより一層の情愛をこめて歌いあげている。

私は愛しい人の葬儀をした
愛の修道院の中で

そこにあるのは、宮廷人に特有の洗練された趣味だろうか。その一方でヴィヨンは、亡くなった自分の両親に対して情愛のこもった言葉を捧げているが、新しい言説の口調を持つ主要著作の一つは、自分の妻を奪った死に対する庶民の大胆な弁論である（この『ボヘミアの農夫』については、あとでまた触れることにする）。ヴィヨンは、『絞首罪人のバラード』〔一四六三〕の中で、死を前にした連帯の追随者となり、唱道者となったが、この連帯の意識は個人の意識の台頭と完全に矛盾しているわけではない。そして、この過剰なる感性の時代がそれを知らなかったはずもない。

肉体の魅惑

しかし、我々が辿り着いた時点において、あえて言うならば、肉体はむき出しの状態になっており、うしろから迫ってくる死を前にして、頼るものとしては今という束の間の時間しかない。理解し、統御することがその定めである集合的表象のレベルにおいて、肉体は少しも変わっていないのだろうか。

最初にとるべき道は、おそらくは宗教的言説のように組織だったイデオロギー的な言説の中に取り込まれていない、集合的表象のレベルに見出される。集合的幻想の書き換えは解読がより困難だが、逆に、作品の書き手自身によっても不完全にしか知覚されていない意味内容を時としてより多く持っている。極端に単純化するなら、この道のりは死の擬人化へと導くだろう。それは、人間と終末との関係における究極の段階を具象化する象徴的な抽象化の努力なのである。

最初の段階は、死体の「発見」ではなく、腐敗の最も具体的な段階にある死体に病的に執着し、あたかも魅惑されることにある。この主題は決して新しいものではない。一二世紀末、エリナンは『死に関する詩』（一一九三〜一一九七年）の中で、また教皇インノケンティウス三世はその直後に『俗世の蔑視について』という回勅の中で、その見解を展開している。しかし、一四世紀に転機が訪れる。その結果、ほぼ二世紀にわたって、詩人と作家は自然の中の存在の破壊作用に陶酔するようになる。彼らは自らの老いを見つめはじめ、しまいにはこの救いのないナルシズムに、すなわち死に至る。

おまえは信じて、そして食う
おまえは見て、死んで、腐ってしまう
後には、なんにも残らない。

（ピエール・ド・ネッソン）

死体についての、記述は正確で、詳細を極めている。幾百もの事例のうちから一つだけ取り上げるなら、一四世紀中頃のイングランドの無名詩人は次のように書いている。

彼の両耳が落ちるだろう
そして両目がかすむだろう
そして鼻が尖ってくるだろう
そして皮膚がふくれあがるだろう
そして舌がまわらなくなるだろう
そして唇がぶるぶる震えるだろう
そして歯が耳障りな音を立てるだろう
そして足が動かなくなるだろう

そして心臓が破裂してしまうだろう。

この死後目録の病的な好奇心にとっては、女性の肉体が特に適している。アヴィニョンのセレスタン修道院の一枚の絵は、現在は消失してしまったが、ルネ・ダンジュー〔アンジュー公ルネ、一四三〇―八〇〕自身の作品と見なされており、「髪をきれいに結い上げた」女性の立ち姿が描かれているが、はらわたが蝕まれていて、次のように語りかけている。

かつては花の顔《かんばせ》、すべての女にまさっていました
しかし、死ねば、こうなります
私の肉体は、とても美しく、みずみずしく、柔らかでした
けれど、それは、きれいさっぱり灰になってしまいました

ピエール・ド・ネッソンは、どんな細々とした記述もためらわない。

汝は見るだろう、誰もが
悪臭をはなつ物質をつくりだすのを
絶えず、体の外へ

言葉による例証のいくつかを読んだばかりのこの陶酔状態に対して、当時の葬儀芸術は「死体墓像《トランジ》」という

形の驚くべき形象を生みだし、それは墓碑の上に次々と取り付けられた。それは一般的とまでは言えないが、時代の精神の特徴をよく示すものである。トランジとは、肉のそげ落ちたミイラのようにひからびていて、裸形か、あるいは屍衣に半分包まれていて、一人の場合もあれば、二段の複合型になっていることもあり、この場合は、故人が眠っている姿の「実物そっくり」の像が併置されていて、〔生前と死後の〕コントラストが表現されている。最初のものは一三五〇年代から見出される。例えばヴォー地方にあるフランソワ・ド・ラ・サラの墓は、遺体に動物(蛇、蝦蟇)がとりついていて、実に衝撃的なものだ。

フランスでは、一三九〇年からこの事例が増えていく。ピカルディー地方ランの高名な医師であるギヨーム・ド・マルシニの墓(一三九三年)、次いでアヴィニョンのラグランジュ枢機卿の衝撃的な横臥像《ジザン》がある(一四〇二年)。これは、残存する唯一の複合型の墓である。しかし、イングランドも負けてはいない。ここではリンカーン大聖堂の一四三〇年に造営された司教リチャード・フレミングの墓、あるいはウェルス大聖堂の司教Th・ベッキンガムの墓(一四七五年)、ユーラインのサフォーク公爵夫人の墓(一四七五年)などがあげられる。ドイツもこの動きに倣っている(一四一三年、トラウンシュタイン近郊のバウムブルク修道院にあるヨハンネス・カンペルガーの横臥像の形をした墓石)。この増加傾向は一六世紀まで勢いが止まることはないが、後で見られるように感性の変化を示すことだろう。しかし、これらの表現形態が普及する地理的範囲がフランス、イングランド、ドイツ、スイスをカバーしていても、地中海沿岸国をほぼ完璧に除外していることに以後は注意しなければならない。

横臥像《ジザン》〔ここでは死体墓像《トランジ》と区別せずに使われている〕は、遺体の操作を通して人間と肉体との間に織りなされる新しい関係を説明するものだが、これとは別の実践が、当時生まれるか、発達しつつあった。それは死者の仮面であり、遺体の見せびらかしであり、さらにその他の慣行である。ホイジンガはすでに、遺体の操作を行なう

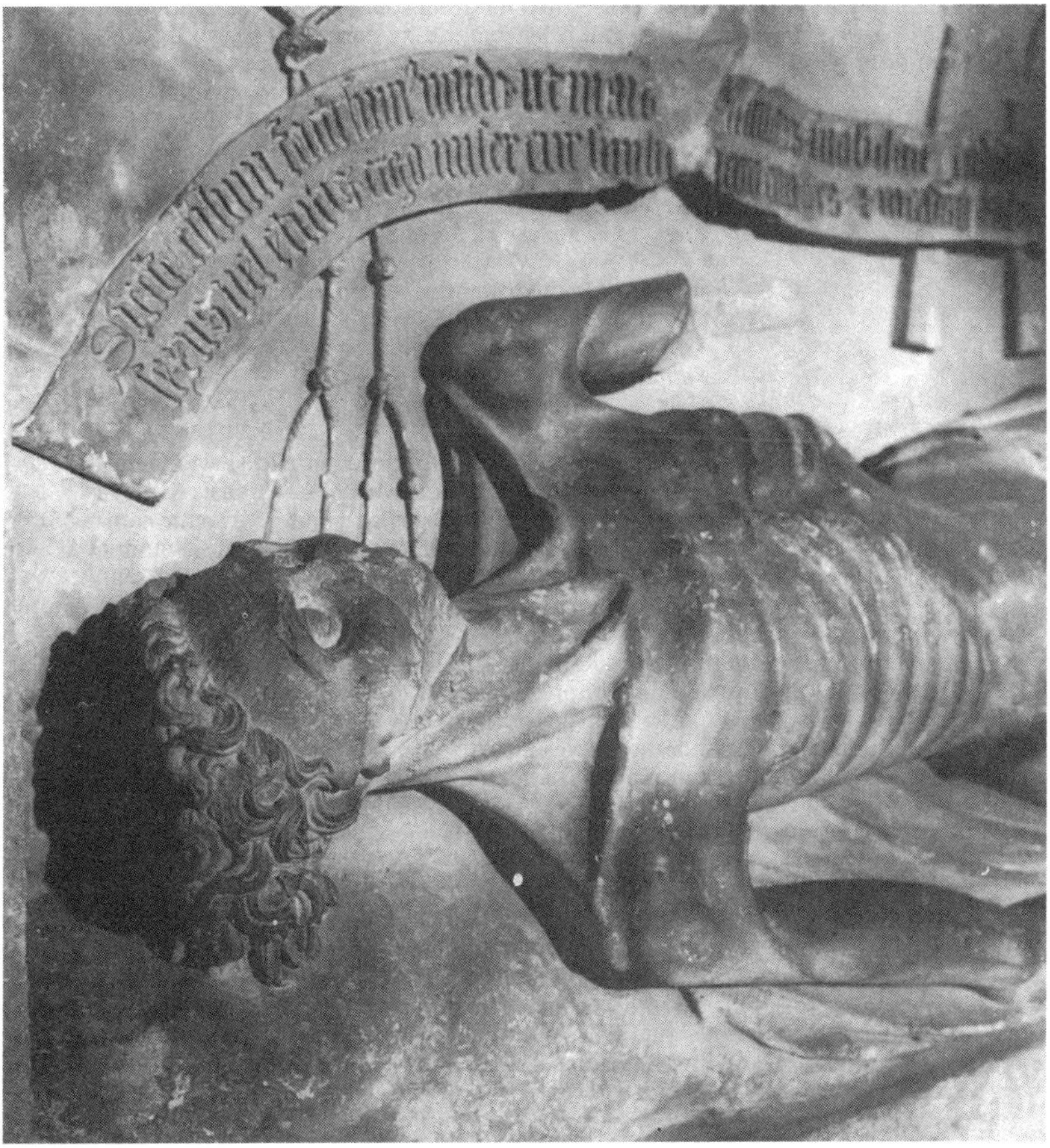

9) 肉が落ち腐敗した「死体墓像《トランジ》」の新たなイメージ。枢機卿ジャン・ド・ラグランジュの墓。アヴィニョン、石碑・石像美術館。

ためにこの時代が費やした、我々の好みからすると驚くべき惑溺に注意を向けている。つまり一一世紀、一二世紀以来、遺骨を移送するために遺体を煮る習慣が増え、このために墓は二分されることになった。教皇たちによって断罪された（一二九九―一三〇〇年）にもかかわらず、この慣習がなくならなかったことは、権力者においてこの身振りがもった社会的影響力の強さを立証している。大陸〔フランス〕で亡くなったイングランドの貴族や王侯（ヘンリー五世）は、この手段で故地へと運ばれた。そして、まことに極端な例ではあるが、アブルッツォ〔中部イタリアの山岳地帯〕の聖隠修士の場合は何を言おうとしているのだろうか。近隣の山の住人たちは、聖遺物を持ちたいと願うあまり、遺体を煮るために聖人を殴り殺してしまった。この話から、当時流行っていた聖遺物崇拝の奥にある厄介な側面に移ることは容易だろう。そこでは、物質的で手に触れることのできる信仰の媒体が重要なのだ。しかし、考えてみれば、『黄金伝説』にその情報が集められている聖人伝の伝統の中で生きている集合的感性にとって、聖人の特性の一つは、腐敗を免れ、生きているような外観を保つということだった。新しい聖人の中では、ヴィテルボの聖女ローザがそうだ。

　国王、王族というこの世の支配者にとって、当時は葬列の一環として、遺体の見せびらかしという習慣があった。とはいえ、この習慣は一二六〇年以前のフランスでは知られていない。それが見られるのは聖王ルイの息子であるルイの墓があるサン＝ドニ聖堂においてで、柩の担ぎ手は顔がむき出しのままの遺体を埋葬した。このようにして、権力者の慣行は、遺体に特別の威厳を与えようとして、地中海沿岸地方で広く行なわれていた「むき出しの顔」の市中廻りの慣行と合体した。それはイタリアのプレデルラ〔祭壇の飾り衝立の下部の装飾画〕や、装飾付き長持ち《カッソーニ》の上に絶えず見出される慣行である。聖女ルクレツィアの祭壇画に描かれている葬儀の場面では、一人の聖人らしき人が担架の上で起き直るという奇跡がまさに起こらんとしている。同様に、フランスの国王たちが一三世紀に死後の防腐処置を施され始めるとしても、驚くにはあたらない。すでに一世紀以上にわたって、イングランド王、そして、特に神聖ローマ皇帝のためには、すでにこの方法が採用されていたのだから。フランスの国王たちは、一三世紀中葉からヴァロア朝初期（フィリップ六世、ジャン善良王、一三八〇年のシャルル五世）まで、この死後における遺体の顕示という慣行を踏襲している。

一五世紀初頭に、事態は面倒になる。と言うのも、葬儀が豪勢になって、死後、葬儀のための準備期間が非常に長くなった――シャルル六世の時は一〇日を越えた――ため、死体を展示することが不可能になった。そこで国王の似姿、つまり国王の衣装と象徴を身につけた人形を作成することに決する。フランスのみならず、イングランドでも、この慣行が王族の葬儀のための規則となり、一七世紀初めまで継続することになる。

だから、遺体の代替物である似姿が遺体に取って代わるのはまさに一四世紀の初めであり、遺体を見せたいという気持の一種の延長上で行なわれたのだろう。同じ考え方から、大貴族においてもデスマスクの使用が導入された。エミール・マールに至るまで、かつての研究者たちは至る所でそれを見ており、彼らにとって中世彫像作家の写実主義への転換点はこの葬儀の技術と結びついていた。おそらく一般化は慎まなければならないが、フランスでは国王がかぶるデスマスクが一四六一年に存在したことは間違いない（シャルル七世）。イタリアでも、その使用はほぼ同時期において立証されている（一四四四年のシエナのベルナルディーノ、一四四六年のブルネレスキ）。イングランドでは、おそらくずっと後の時代になってからだろう。いずれにせよ、一五世紀を通じて、さらにそれ以後も、蠟細工のマスクは葬儀において故人を「表象」するものとして作られ続けた。

それゆえ中世の末、つまり一三世紀以降のことだが、見るに耐えないが故に遺体を隠し始めたと考える人がいる（フィリップ・アリエス）が、それは間違いであるように思われる。一四世紀に、王族の葬儀が立証しているのは逆の動きである。極端な場合だろうと言う人もいるかもしれない。しかし、ごく普通の人々の場合も同様だった。柩、つまり閉じられた箱をこの時代の特徴として一般化するのも、同様に誤りであるように思われる。大部分の場所で、そして大部分の人にとって、それは三、四〇〇年、早すぎる。例えば時禱書（フランス、フラマン地方、イタリア）の細密な挿絵を参照してみるなら、そこでは一四一〇年以来、ブシコーの画家〔ブシコー元帥のために描かれた時禱書の逸名の画家〕の影響のもとで、埋葬場面がありふれたテーマとなっている。我々が検出した事例群の中で、この種の場面は五〇あるが、柩が登場するのは三回（六％）であり、屍衣は四五回（九〇％）である。（裸の遺体もあり、苦行会員の服を着ているものもある）。記述資料も、図像が示唆することを裏付けている。

屍衣は、時には縫われていることもある（いくつかの時禱書は、死者の部屋の場面を示している）が、これはどちらかと言えばフランスの場合で、時にはイングランドにおけるように、単に足下と頭の部分だけが縫われていることもある。しばしば、簡単に黒い布で包まれているだけのこともある。誰が何と言おうと、死者は生者のすぐ近くにいて、屍衣に包まれてはいるがほぼ全裸で、大地か地下廟堂と接触している。遺体に魅了されたのか、あるいはただ単に注意深いだけなのか、とにかく遺体についての瞑想は、一五世紀初め（一四〇〇年と一四二〇年の間）には、ランブール兄弟〔『ベリー公のいとも豪華な時禱書』の挿絵画家〕の時代のフランスとイングランドの時禱書において一連の細密画家たちの挿絵にインスピレーションを与えた。我々は、同じ主題に関して、優に一五もの時禱書を知っている。すなわち墓場で、二人の隠者が聖書を読みながら、瞑想に耽っている。そこへ別の人物（一人か二人、たいていは一人の若者）が、新しく掘られたばかりの墓穴をじっと見つめている。そこには、まだ腐敗していない二体の裸の遺体が、生者を、時には皮肉を込めたまなざしで見かえしている。

死骸趣味の出現

最初の章〔「中世における死――均衡と圧力」〕で、死者は生者の世界を取り巻いていて、至る所にいるということを示しておいたが、ここでは、それが視覚化されて再登場してくるかの感がある。一三世紀の出現から一六世紀の消滅まで、「三人の死者と三人の生者の物語」は、非常に古風なシナリオに従ってはいるものの、この邂逅の特権的な表現の一つだった。教会のフレスコ画の上に、その最初の、そしておそらくはその最も衝撃的な形象化を見るのは、まさにイタリア半島においてである（一二二五年メルフィ、一二六〇年ポッジオ・ミルテート、アトリ、一二八〇年ヴェッツォラーノ、一四世紀初頭モンテ・フィアスコーネ、一三五〇年スビアコ）。例えばメルフィでは、場面は最も単純な表現に切り縮められている。一方に若者たちがいて、他方に死者たちがいる。死者は、まだ肉が落ちてはいないが、干からびたトランジであり、腹がぽっかりと空いていて、若者を眺めている。まるで、この地方の民話で語られている「死者たちの夜の行列」の一つに出会ったかのような印象を与える。それは、先祖代々の恐怖の、まだキリスト教化されていない表現のひとつなのだが、おそらく含みを持たせなければならないだろう。イタリア人の場合は、ヤコポーネ・ダ・トディその他が用いたような、生者と死者の対話という「掛け合い歌」の文学的伝統に基づいていることが考えられるからである。

最初の文芸作品が「三人の死者と三人の生者」をテーマとして据えたのは、一三世紀の後半、フランスにおいてだった（ボードワン・ド・コンデ、ニコラ・ド・マルジヴァル、あるいは『友よ、私が見たものを見たか』）。しかし、それは一三世紀末から一四世紀にかけて、ドイツ（『死せる王と生ける王の物語』）、イングランド（ジョン・オードレイの『三人の死せる王』）、そしてイタリア（『三人の死者と三人の生者の伝説』）にまで拡がる。

フランス、イングランドにおける最初の細密画は、一三世紀末に出現している。時禱書の中で、そして教会のフレスコ画の上で、さらにステンドグラスや彫刻にも、このテーマは一四世紀と一五世紀の西欧において絶えず展開し続けた。それは、どんなことを言いたかったのか。実のところ、簡単で、かつ怖ろしいことである。

今も昔もお前は馬鹿だ
だからお前も今の俺のような姿になるのだ

これは、三人の若者（三人の狩人になることもある）に、田園風景の中で三人の死者が語った言葉である。三人の死者は、わずかに残った衣服から過去の栄光を偲ばせる。イタリアではビザンツ風の影響と言われているが、別の人物が導入される。それは〔エジプトの〕隠者聖マカリオス〔三〇〇頃—三九一。キリスト教神秘主義の創始者の一人〕で、彼は若者に向かって、ピサのカンポ・サント墓地のフレスコ画に描かれている、見事に調和のとれた光景を説明し、そこから教訓を得るよう勧める。聖マカリオスの導入は、イタリアでは早すぎたし、フランスでは遅すぎて部分的だったが、このテーマをキリスト教へと取り込もうとする心遣いを証言している。また、フランスにおける形象化は、この光景を墓地の十字架の足下に設定したり、さらには四つ辻に設定したりする傾向を持つだろう。同時にこのような企ての曖昧さと限界もまた感じられる。たとえキリスト教化され、入念に練り上げられ、意味の明白な文章を伴っていたとしても、テーマは依然として曖昧なままであり（四つ辻の十字架は、敵意に満ちた死者たちが集まってくる場所だという伝統的な信仰に立ち戻らせる）、恐怖と、死の肉体的側面の露骨な暴露というテーマだけが残る。固定されていくシェーマの内部において、ますます態度と身振りが変化すればするほど、このことに変わりはない。はじめは、死者は静かである。突っ立っている

10)『三人の死者と三人の生者の物語』は死者と生者の出会いを描き、簡潔な警告を与えている。「私たちもかつては今のあなたたちのようであったが、あなたたちもまた今の私たちのようになることだろう」。シエナ派、15世紀。スビアコ、ベネディクトゥス修道院。

か、寝そべっている。死者の存在はそれだけで、それが恐怖よりも瞑想の対象だったということを証言している。そして一五世紀、特にその後半、死者は活気づく。横臥像《ジザン》は墓から飛び出し始め、攻撃的になり、しつけのよかった死者たちは若者たちに襲いかかり、彼らは逃げ出す。例えば、プレヴィエール・グリマーニ〔ヴェネツィアの統領（ドージェ）〕の聖務日課書にある美しい画像では、死者たちが狩人たちを射抜いている。同様に、マルグリット・ドートリッシュ〔神聖ローマ皇帝マクシミリアン一世の娘〕の時禱書の中では、女性主人公（落馬して亡くなった王女自身）が敵意に満ちた死者たちに襲われている。北イタリアのクルゾーネのフレスコ画（一四七〇年）では、若者が一人の死の射手の矢に射抜かれている。しかし、時禱書などに描かれているように、このテーマは、すぐあとで述べるような「死神」のテーマと混同もしくは結合していくことになる。複数形の死者たちから、単数形の死（死神）への移行が徐々に行なわれていく。

もう一つの、はるかに有名なテーマ、それは死の舞踏である。このテーマはおびただしい作品を生みだしている。おそらく偶発的なもの、あるいは歴史的に古くなってしまったものを取り去ることによって、本質的なものを保留することができるだろう。こうすることによって、このテーマの起源がフランスかドイツかという、我々にとってはどうでもよい、古くからの論争に入り込まなくてもすむだろう。私にとって明白だと思われるのは、フランスにおいては一三世紀にすでに展開していた死の文芸（『死の歌』〔一一九四―九七。修道士エリナンの作〕）の基盤の上に、突然、このテーマが出現するということだ。つまり一四世紀の初頭、『死よ、さらば』という詩の中で、身分秩序に従って行列を組み、呪いの言葉を吐きながら死へ向かって進んでいく人々のイメージが出現する。次いで、一三五〇年から一三七五年までの間に、一つの（あるいは、いくつかの）詩が、この素材『死よ、さらば』から死者と生者の舞踏というイメージを生じさせた。そこでは二人組の踊りのそれぞれに、一人のトランジ（死者）がとりつき、押したり引いたりしている。……おそらくは一三五〇年頃、マイン川とライン川の間のどこかで、説教師たちによって世俗ラテン語の原稿が作成されたと考えるのが妥当ではないだろうか。これなしで済ませようとしたために、これまでこの件では数多くの憶測が生まれていた。いずれにしても、分かっているのはドイツ語版のテクストが、一三六〇年代にヴュルツブルクからラインラントを通って北海まで、さらにバイエルンを通ってウルム、バーゼル、メトニッツ、オーストリア、ケルンテン地方に至るまで普及していったことだ。これと並行して、フランス語版のテクストも流通している。これはおそらく一三七五年頃、ジャン・ル・フェーヴルが（『死よ、さらば』に着想を得て）創作したもので、彼は、「私は、マカブレ〔ユダヤの王族アカベア家に由来。ヘロデ王によって滅ぼされた〕とダンスをした」とはっきり言っている。まさに彼を介して、フランス的表現をもった、少なくともフランスの影響をおびた一連の「死の舞踏」が広まっていく。その伝播は主として図像媒体によってもたらされたのだが、もとになったのは、一四二四年、パリの聖イノサン墓地の納骨所《シャルニエ》に描かれたフレスコ画である。これは今日では消失してしまっているが、木版画に写され、伝承とあいまって、かつての姿を伝えてくれる。図像に表現されることによって、テキスト〔ル・フェーブルの詩〕は、死の舞踏の媒体となるだろう。ヨーロッパ全体への普及がほの見えてくる。それがまずフランスの教会に達したのは、言うまでもないことだ。ブルターニュ地方のケルマリア（一四四〇年）、マッシフ・サントラル（中央山塊）地方のラ・シェーズ＝デュー（一四六〇年）、その他、今日では消失してしまったもの（アミアン、ブロワ、ディジョン）、あるいはほとんど消滅寸前のもの（シェルブール、ルーアン）などである。それはひとつのフランス、本質的には北方系のフランスであることが確認されるだろう。オーヴェルニュ地方のラ・シェーズ＝デューは、その最も南に位置していることを示している。南フランスは死の舞踏を拒絶している。北イタリアはいくつかの事例しか提供していない。ドイツからの伝染はケルンテン地方（クルソーネ、カリソーロ、ピンツォーロ）から始まり、唯一明らかにフランスの影響を受けた例は、一五世紀の第三四半期におけるサン・ラッツァロ・フオリ・ディ・コモくらいである。スペインは一四六五年以降に「死の大舞踏」を生みだす。しかし、この文字による翻訳は図像表現を伴わない。かつては死の舞踏がスペイン起源だという仮説が提出されたこともあったが、今日ではもはや誰も信じていない。フランス風の死の舞踏が最も広範囲に普及したのは北方においてだった。イングランドではその痕跡、あるいは記憶がロンドン（一四三〇年）、ハーナム、ニューアーク＝オン＝トレント、ソールズベリー、コヴェントリー、ノーウィッチ、ウィンザー、そしてさらにスコットランドのロスリンにまで見出される。しかし、オランダ経由でも、フランスの影響はヨーロッパ大陸の北方へと拡がっている。一三八八年以来、この地方では一つの詩『あの世』がこのテーマの準備をしていた。サン＝トメールではシモン・マルミヨンの祭壇画が一四五五年に死の舞踏を描いている。ラインラント地方を通って、フランスの影響は中部ドイツに達する。そこでは、この普及によってよみがえった「ドイツ風」死の舞踏の第一世代と重なりあう。その痕跡はカッセルから、マインツ、ハイデルベルク、ミュンヘン、あるいはボヘミア地方のフレスコ画や細密画にも見出すことができる。スイスでは、小バーゼルと大バーゼルの死の舞踏（一四四〇年頃）が中継の役割を果たし、このテーマを一六世紀まで発展させ（ベルン、一五〇九年）、さらにそのあとまで継続させる（ルッツェルン）。オランダから北方地域にかけてのフランスモデルの普及は、リューベック（一四六三年）、ハンブルク（一四七四年）、ベルリン（一四八四年）、ハノーファーを経て、さらにコペンハーゲンにまで達する。コペンハーゲンでは、この主題は木版画によって再現される。さらに、それはボトニー湾の奥深くフィンランドのレヴァル、あるいはテクローにまで達する。

出発点は、パリの聖イノサン墓地の納骨所にあった死の舞踏の絵（一四二四年）であり、次いでそれを模倣したもの（バーゼル、あるいはリューベックの絵）が後の普及における中継の役割を果たしたのだが、重要な

Ergo time. te instrue. corrigē mentem. Viuē mori presto: debita ferre para.
Dum licet et spacium datur: ista relinque pro patria celi. qua sine fine dies.
La mort.
Apres: nouuelle mariee
Qui auez mis vostre desir
A danser: z estre paree
Pour festes z nopces choisir
En dansant ie vous vien saisir
Au iourduy serez mise en terre
Mort ne vient iamais a plaisir
Joye sen va comme feu de ferre
La nouuelle mariee
Las: demy an entier na pas
Que cōmence a tenir mesnage
Par quoy si tost passer le pas
Ne my est pas doulceur: mais raige
Jauoye desir en mariage
De faire mons et merueilles
Mais la mort de trop pres me charge
Vng peu de vent abat grant fueilles
La mort.
Femme grosse prenez loisir
Dentendre a vous legierement
Car huy mourrez cest le plaisir
De dieu z son commandement
Allons pas a pas bellement
En gettant vostre cueur es cieulx
Et nayes peur aucunement
Dieu ne fait rien que pour le mieulx
La femme grosse
Jauray bien petit de deduit
De mon premier enfantement
Si recommande a dieu le fruit
Et mon ame pareillement
Helas: bien cuidoye autrement
Auoir grant ioye en ma gesine
Mais tout va bien piteusement
Fortune tost se change z fine

11） 修道院や教会のフレスコ画に描かれていたテーマは、ギュイヨ・マルシャンの木版画によって 15 世紀の末に流布した。女たちの死の舞踏。パリ国立図書館。

転機は、印刷術と木版画が民衆の心を捉え、それに比類のない広がりを保証した時である。一四八六年（一四八五年）、ギュイヨ・マルシャンの版画（そのおかげで、聖イノサン墓地の納骨所に描かれた死の舞踏の思い出が我々に伝えられた）に続いて、一四九二年に部分的にはマルシャン版を模倣したヴェラールの版が出た。その後、ギュイヨ・マルシャンは、女性版の死の舞踏をつけ加え、さらに三人の死者と三人の生者の伝説、肉体と魂の葛藤、そして地獄に堕ちた魂の嘆きを描く。複製されたイメージは、一六世紀に至るまで、フレスコ画という新しい媒体によって、このテーマの普及に貢献することになる。

ヨーロッパにおける死の舞踏の受容（ただし、限定されたヨーロッパで、西側の線はナントからアルプス山脈まで、東側の線はアドリア海からバルト海まで）は、書籍と写本によって衝撃を受けたエリート層において重要だが、民衆層においても同様に重要である。ドイツのフレスコ画が都会に集中しているとしても、フランスやイングランドにおいては、小さな村にもこのようなフレスコ画がある。だから、ダンスのモチーフそれ自体は、伝統的な表象の最も奥深いところに根ざしている。その原初形態において（一四五〇年、あるいは一四六〇年まで）、あえて強調するならば、死の舞踏にはキリスト教的なものは何もない。この「ダンス」は詩の中で、あるいは教会の壁の上で、生者と死者からなるカップルの行列を歩かせている（聖イノサン墓地の絵では三〇組がいた）。だがそれは奇妙なダンスで、死者だけが体を動かし、生者はこわばっていて、動きがぎこちなく、いやいやながら死者につき従っている。これらの生者は、社会的序列に従って、中世における名誉と威信の行列をなしている。皇帝、国王、伯爵、廷臣、裁判官……、あるいは教皇、大司教、司教座聖堂参事会会員など、たいていの場合は俗人と聖職者がかわるがわる列に加わり、また上から下へと下降する階層秩序を尊重して、小商人、占星術師、公証人、あるいは内科医を経て、最下層の農夫に至る。それぞれに「死」が、あるいは「死者」がとりついている。と言うのも、登場人物をとらえているのは抽象的な「死」ではなく、屍体という形をとったひとりの「死者」であって、それは腹部が開いていていたり、蛆がうごめいていたりするが、まだ肉がついていて、少なくとも屍衣の切れ端を身にまとっている。そして対話から分かることは、三人称で語っている生者が匿名の「死」に対して答えているのではないということだ。そこから何を聞き取らなければならないのだろうか。そこに「幽霊」を見出したこの世紀〔一五世紀〕初頭の著作家たちを非難したのはいささか性急だったかもしれない。しかし、この表現は不適切であったかもしれないが、それはまさしく、生者をとらえ、引っ張っていく死者であることを表現している。死への道を辿っている（あるいは「まさに死んだも同然の人々」と言ってもよい）生者たちの一人一人は、この行列の中ではその分身によって面倒を見てもらっている。死者は生者をとらえ、引っ張っているが、たいていの場合、ひどい暴力を振るったりしないのに、他方、生者は動きがとれなくなり、催眠術にかけられたようになっている。交わされる会話もまた不平等である。死者は、懲らしめ、告発し、ふざけている。太鼓腹をつきだした司教座参事会員に対し、死者は、慰めの代わりとして「最も太った奴が、より早く腐る」という意見を述べる。同情心が残忍さに取って代わるのは、疲れと極貧とで疲労困憊した農民に対してだけである。しかし、この世の権力者は、依然として傲慢と特権とがしみこんでおり、自分に起こっていることを理解せず、一番ひどいめにあわされている。彼らの応答は、弱々しく、哀れっぽく、運命を甘受している。……かくして、死の舞踏の二つの側面が明らかになる。それは、中世の末期における民衆文化がまだ部分的には分離していなかった知識人の文化と出会う主要な場所の一つを確実に表現している。まず第一に、死の舞踏はキリスト教以前の民衆的表象から受け継いだ形態（この場合には、死者による現世の侵犯）をもとにして、一連の近代的な感情の発見を表現する。各人には各人にふさわしい死者がいる。それは個人的な死であり、あきらめの上に成り立つ無頓着さではなく、驚きとなっている。この死は、まだ「スキャンダル」ではないが、すでに悲痛なもので、結局のところ、不当なものである。しかし、民衆的アイロニーという秩序破壊的な武器は問題を逆転させる。それは水平的で平等な死から、生の不平等に対する報復を、見せかけと虚栄に対する容赦のない暴露を作り出す。〔しかし〕民衆の言説に現実を転覆する力を認めるとしても、それによって死の舞踏を刺激的なテーマにはしないようにしよう。このような楽観論は耳ざわりなものになりかねない。バフチーンがどう言おうとも[33]、民衆文化は必ずしも楽天的ではなく、幻覚や幻想と無縁ではない。要するに、誰もがそこ〔死〕に行くということを確認することは、死からその厳しい支配を取り戻すということなのだ。

さて、この章を「死者の叛乱」という表題で提示することによって、私が何を推し進めようとしたか、今は理解できるだろう。中世末期の、しばしば悲劇的な状況の中で、これらの死者、つまり民衆宗教における「幽霊」たちは依然として恐怖を与える存在である。彼らは、書くという表現方法を持たない社会階層の沈黙から一時的に脱けだし、我々が追跡してきたテーマを通して自己の存在を誇示する。そのテーマとは、「三人の死者と三人の生者」であったり、死の舞踏であったりする。さらに、一五世紀と一六世紀初頭の時禱書の中でも彼らに出会うことができる。彼らは至る所にいるのだが、注意深く観察する必要がある。なぜなら死者たちは、より公的なテーマに忠実な紙面いっぱいの挿絵の主題になることはめったにないので、欄外にそれを捜さねばならないからだ。『ベリー公のいとも豪華な時禱書』の中には、葬儀の場面を描いた大型メダルがあり、その一枚には一角獣に騎乗して嘲笑的な表情をしたトランジが刻まれ、別の一枚には「三人の死者と三人の生者の物語」の若い騎士たちがキリスト磔刑像のもとで一群の死者に襲われている場面が刻まれ、さらに別の一枚には、おぞましくも陽気なトランジの集団（家族の肖像画！）が刻まれているのが見出される。

死の発明

ところで、一五世紀を通して、このテーマ体系の内部で生じようとしていたのは、一つ、あるいは幾つかの重要な変化である。教会の言説によるコントロールが始まるだろう。それは予測されたことだし、予測以上に見出されることだろう。しかし、もう一つ別の歩みが、これとは別の世俗的な道を通って開始される。それは、「死者」から「死」(死神)への歩みである。つまり、いまだ濃密で具体的な存在から、はるかに抽象的で概念化されていて、より危険ではなく、支配されるのにより適した表現への移行である。それは、どのようにして行なわれたのか。

それを理解するためには、文学的でもあり、図像学的でもある、極めつきのテーマの導入を許していただきたい。それは、「死の勝利」(凱旋)というテーマである。死の舞踏がフランス＝ドイツ的なものであるのに対して、「死の勝利」は本質的にイタリア的なものである。一三五〇年以前においては、どのように死を表現したらよいのか誰も知らなかった、と言っても誇張ではないだろう。なぜならば、死は存在していなかったからである。おそらく、ゴシック様式の彫刻(パリ、ストラスブールの)に一、二の例外を見出すのみだろう。イタリアでは、すでに一三二三年にティノ・ダ・カメリノがある高位聖職者の墓碑をつくるに際して、死を毛深い、四つの顔をもった怪物として形象化していた。次いで、アッシジの小教会堂の中で、ジョットが死を一種の吸血鬼として表現していた。一三四八年から増加していく「死の勝利」の初期における代表的な形態は、あいかわらず毛むくじゃらで鉤爪が生え、コウモリのような翼をはやしたドラゴンやデーモンという死のイメージに忠実なままである。その後の表象は、二重の展開を示している。一方では、キリストの受難と再生による救済という出来事へのキリスト教的な言及は姿を消し、「死の勝利」が自律性を獲得する。他方では、死の形象が新しい合意を獲得して急速に変化する。それは、肉のそげ落ちた女性のトランジ（髪の毛は、抜けずにそのまま）で、段々と本来の意味での骸骨へと変わっていく。死が、イタリアとフランスでは女性形、ドイツ語圏では男性形なのは、言語の構造との一致からだが、それはさらに変化して「馬上の死」となる。自らの姿を捜し求めるこの象徴体系は、明らかに黙示録の騎士たちの一人（「蒼ざめた馬」に乗った死）を借用している。おそらくは古典古代に着想を得て、イタリアでは死を大鎌で武装させるならわしがあり、一方、黙示録の記述により忠実なフランスあるいはドイツでは、弓あるいは投げ槍を死に持たせる。一つの約束事が徐々に出き上がり、死の勝利の場面を支配することになる。それは、フィレンツェからシエナあるいはピサに至るまで、一三四〇〜五〇年から一四〇〇年にかけての作品[34]、さらにはパレルモのスクラファニ館〔アバテッリ館〕の比較的遅い時期のものではあるが、その約束事に忠実な作品（一四四五年頃）の中に見出すことができる。死の場面を描写することができるのは、このすばらしいフレスコ画があるからである。「死」、すなわち弓を持った白骨の騎士は、巨大な荒馬にうち跨り（この馬も白骨化している）、泉のほとりで音楽を奏でながら談笑している一団の若き貴婦人と殿方とに矢を射かけている。これは『デカメロン』の登場人物のエゴイズムに対する情け容赦のない復讐である。彼らをけちらす馬の脚もとには、累々たる死骸の山が築かれている。そのほとんどが司教や修道士たちである。けれども、左手すなわち「死」の後方には、貧者と不具者がこの世から救ってもらおうと哀願しているが、「死」はそれを無視し、願いは無駄に終わっている。これはピサ、フィレンツェ、サンタ・クローチェのフレスコ画に繰り返し現れるテーマである。この絵の奥では、何の関わりもないかのように、謎めいた笑みを浮かべた一人の小姓が、鎖でつながれた二匹の大きな犬を散歩させている。

これらの「死の勝利」（凱旋）は宗教に着想を得たものではない、と言ったとしたら、事実をねじ曲げることになるだろう。しかし、一三四八年に死んだロレンツェッティ〔兄弟〕以来、人間の間に日常的に存在して大鎌を振りまわす「死」のおそろしさは、キリストの受難と最後の審判の聖史劇からはかけ離れたものである。死の舞踏の時のように、個人として直面させられるのではなく、集団として描かれているので、この死は悲劇的に人間的であり、決定的に肉体的なものにとどまっている。

図像と詩的インスピレーションとが結びつくことによって、このテーマ〔死の勝利〕は、より深められ、展開する。詩に関して言えば、「死の勝利」はペトラルカ〔一三〇四―七四。「マドンナ・ラウラの死に寄せる詩」を含む『詩集』と叙事詩『凱旋（死の勝利）』〕に着想を得ている。おそらく、ペトラルカによる『死の勝利』の執筆はイタリアの教会に描かれた「死の勝利」の第一世代と同時代のものである。なぜなら、それは一三五二年から一三七四年の間に書かれたのであるから。しかし、意味深長な潜伏期間を経てほぼ一世紀後に、「死の勝利」は図像となって驚異的な広まりを見せる。それは細密画からタピスリー、陶器、鏡板の小箱（一四世紀のイタリアで製作された結婚の時に持っていく飾り小箱）にまで至る。問題を整理するために、この新しい図像の出発点を一四四一年に定めるのは、あながち不当なことではない。なぜならこの年に、ピエトロ・デ・メディチの求めに応じてマッテオ・デ・パスティが、以後一世紀以上にわたってこのテーマを定着することになる挿絵を描いているからである。ペトラルカ風の「死の勝利」〔の概念〕に加えて、死のイメージそれ自体の製作に新しい段階が画された。まず、死の概念のレベルで、人間存在と死との出会いが調整され、死の属性である荒々しい侵入という性格は幾分か剥ぎとられる。ペトラルカの詩の中で、死はハルピュイアイ〔死の化身である鳥〕でも、黙示録の騎士でも、骸骨でもなく、「黒い喪服をまとった一人の女性」であって、生者を嫌ったりせず、世界を支配する永遠の反復に身をゆだねている。それゆえ、ラウラの美しさに心を打たれた死は、ある特権を彼女に残しておく〔詩人が青年期にアヴィニョンで出会った人妻ラウラは一三四八年にペストで亡くなっている〕。

12）イタリアの独自性――『死の勝利』（15 世紀）における馬上の死神《トランジ》。パレルモ、アッバテッリ館。

つねには余人に施さざる名誉を、
汝にのみ授けるつもりにして。
すなわち、いかなる恐怖も
いかなる苦痛も受けずに身罷かるを

死は、ラウラの生命である金色の髪の毛を引き抜くことにだけで満足する。体験された死のおもかげも巧みにすり抜けられる。

かの美しき顔は、死さえもが美しく見えて……

そして、勝利は、ペトラルカとラウラの亡霊との静かな対話で終わる。

死は、雅びな霊魂たちには、一つの暗い牢獄の
終わりでしかないのです……

おそらく、「死の勝利」のペトラルカ的モデルがそのまま受け入れられることはなかっただろう。おそらくは宮廷祝祭（一四四一年の、ピエトロ・デ・メディチの宮廷祝祭?）の一環として、その正確な演出の影響を受けながら、ひとつの解釈が施され、将来生まれるであろう図像を比較的厳しく支配することになる。黒衣の

貴婦人は、たいていは短い黒のトゥニカをまとった骸骨、あるいは、ひからびたトランジ（とはいえ、腐乱からくる恐怖を強調してはいない）に取って代わられる。骸骨もしくはトランジは長柄の鎌を持ち、柩を乗せた山車に乗っている。山車は黒い布に覆われ、様々な死の小道具で飾られている。とりわけ騎馬行列の疾走は、二頭の牡牛か水牛のゆっくりとした足どりに取って代わられる。一三〇〇年代《トレッチェント》から受け継いだ画面構成（一方には、貧者が「死」にむかって連れていってくれるように哀願し、他方には、この世の幸福な人々が「死」によって痛めつけられている）は、最初のうちは見かけることがあるが、まもなく、あきらめきった犠牲者の行列、穏やかな宗教行列にその座をゆずる。累々たる屍の上を平然と通り過ぎる山車の行進は、何体かの屍の象徴的な想起に縮小される。一四八三年にボローニアのロレンツォ・コスタが描いたフレスコ画には、静かな瞑想をいざなうテーマの発展がはっきりと現れている。

ペトラルカ風の死の勝利は、一四五〇年から一五五〇年の間、イタリアだけでなく、フランスにおいても――細密彩色挿絵、ついで版画、ステンドグラス、タピスリーを通して――大成功をおさめた。イタリアは、最初に死の擬人化の象徴表現に到達したのだが、一四〇〇年代《クワトロチェント》の絶頂期には、鏡板の小箱に描かれていた死の勝利も次第に目立たなくなり、しまいには全く描かれなくなる。「死」は、噂の女神が保証する集合的記憶の中で生き残ることができずに、消えてしまう。ペトラルカにとっては、「世評」（噂の女神ファーマ）さえもが時間に敗北したのだが、それも忘れられる。しかしながら、時はめぐり、一五世紀末にサヴォナローラの説教が幅をきかせる時代になると、死のテーマが力強く復活する時がやってくる。その時、死は、その恐ろしげな相貌、こうもりの翼、見るもおぞましい骸骨の供回りを再び取り戻し、この場面を見る者を震え上がらせる（大英博物館所蔵の版画『背後から見た死』にも、そのように描き出されている）。

フランス、ドイツ、さらにはスペインも、いくらか遅れて死の擬人化の道を辿るようになる。辿る道はそれぞれ異なっていても、結果は同一であり、そのことは、死の舞踏とそれに関係する諸テーマの発展の中に見ることができる。

死者による生者への襲撃を最も直接的な形で描いた「三人の死者と三人の生者」のテーマは、一五世紀後半に枯渇していき、一六世紀には実質的に消滅する。その後を、別のモチーフが引き継ぐ。それは、生者に襲いかかって殺す死というモチーフである。これは、イタリアで発展した死の勝利のテーマの受容といってよいだろう。一五世紀初頭（一四〇〇年から一四一〇年の間）以来、フランスあるいはフラマン地方の細密画挿絵師たちはアトロポス〔運命の女神〕を形象化し始めた。これは年老いて、乳房の垂れ下がった女性で、この世の権力者たちに向かって槍を投げつけている。このテーマは、当初ほとんど注意を引かなかったが、一五世紀末から一六世紀初頭までの間に、フランス、ドイツの細密挿絵の中で流行ったようだ。テネンティが指摘しているように[35]、死は頻繁に若者を、もっと正確に言えば（平均して、一〇例のうち七例が）若い女性に襲いかかり、田園風景の中で彼女を背後から取り押さえている。若い女性と死というテーマは、すでに登場している。次の世紀には、若い女性を裸にすることが好まれるだろう。

死の舞踏の中に組み込まれていたその後の展開は、これ以降、一層明瞭になる。何らかの契機を介して、死者たちは「死」（死神）に取って代わられる。その転機はヨーロッパ規模で顕著な一致を見せ、一四六〇年頃に起こっている。ドイツでは、変化が起こったのはリューベックである。バーゼルでは、何人かの人物が、あたかも「死」に対するかのように、その配偶者に話しかけている。でも、それはまだ「死者たち」である。スペインでは「大舞踏」、そしてカタルーニャ地方では、そのあとに続く様々な舞踏において、冒頭から擬人化された「死」が登場する。「私は誰にでも必ずやってくる死だ」。新しい作品群は、死の舞踏の成功を利用し、あるいはそれを台無しにしながら、死者から死神への移行を容易にした。一四六六年、ミショーが『盲人の舞踏』を描いた場合には、ペトラルカを模して、「死」は牛に乗って現れ、投げ槍で人間たちに襲いかかっている。同じ頃、一四六一年から一四六七年にかけて書かれた『林檎かじり』という詩は、死の擬人化の公認であるとともに、キリスト教的言説を再導入する企てでもある。

災難は天地創造の時から、あるいはもっと正確に言えば、原罪が犯された時から始まっている。詩の表題はそこから取られている。天使は、死に三本の矢と神の封印がされた聖務案内とを与え、これによって死は人間に対する生殺与奪の権を持つようになる。死は手始めにアベルを殺す。しかし、よく知られているように、これはことの始まりにすぎない。『林檎かじり』という詩、あるいは「神の罪深い執達吏」である死のもたらす災難は、歴史を通じて風俗画風に展開していく。これこそ、死が出版業者にインスピレーションを与えた事情を説明するものである（一五一二年、シモン・ヴォトル）。それはまた、末期の死の舞踏に新しい性格づけを与えた。リューベックからベルリン、バーゼル、あるいはベルンに至るまで、新しい動きは宗教劇から始まり、説教壇の上の説教者たちは歴史を語り、死者たちのオーケストラは見せ物の性格を強め、原罪に準拠することによって死の擬人化を表現し、さらにはキリストの磔刑によって死に打ち勝ち、すべては最後の審判で締め括られる。

この寄せ集めの展開は、初期の死の舞踏が厚みに乏しく単純だったのとは好対照をなし、全く新しい性格の作品を生み出す。かくして新しい死の舞踏をベルンのニコラ・マニュエルが描き出し、さらにホルバインの二つの主要作品、『死のイニシアル』（一五二四年）と、その普及版である『死の舞踏』（リヨン、一五三八年）が出版される。ホルバインは死の舞踏の新しいモデルを尊重し、天地創造と原罪から始める。そこにおいてホルバインは、単純化して言うなら、このテーマのキリスト教化と呼びうるものに従っている。しかし、特筆すべきは、ホルバインが一世紀以上も前に考案された当初のテーマにはもはや全く従っていないということである。もはや舞踏もなければ、死者たちもいない。風俗画を受け継ぎ、各人は人生の枠組の中で死と出会うか、あるいは死に襲われるかする。思いがけなくもあれば、ありきたりでもある個人的な死の悲劇のすべては、この念入りに仕上げられた象徴体系の中では非常に近代的な言葉づかいで描き込まれている。人文主義的であるとともに、人間化されてしまった死は、前の世紀の魔術的な背景をすべて取り除かれてしまった。人類（その中のある部分）は死者を追い払ってしまったのだが、その結果として「死」と向い合うことになる。

集合的意識化におけるこの段階は、大量死の世紀において実現された様々な成熟の中でも最も重要なものである。なぜならば、死が擬人化された象徴となってしまい、忌避され恐れられる敵対的な死者とも、また、耐えるしかなく、あれこれと異議を唱えることもできない神の劫罰とも異なるものとなってしまったので、人間たちは死との関係についてもっと自由に自分を定義できるようになった。人間はすでに死を半ば追い払ってしまっている。ジャン・ド・マン〔フランスの詩人、一二八〇頃―一三二五頃〕のような偉大な先駆者は、すでに一四世紀初頭に、自然作用とは種を維持するための死との闘いであると宣言している。カール四世〔神聖ローマ皇帝、一三一六―七八〕の時期のボヘミア宮廷にいた人文主義者と呼びうる人々の間では、この合理主義以前の合理主義的態度は、生と死に関する新しい解釈の仕方を示している。彼らは、神の秩序の完全性についての懐疑を隠したりせず、生の美しさと神の如き人間の能力とを褒め称えている。この新しい理想を凝縮した作品が、一四〇〇年頃書かれた、かの『ボヘミアの農民』であって、それは一五世紀に最も読まれ、熟考の対象となった書物の一つである。なぜなら一二五年間で一四の写本と一七の印刷とが行なわれているからである。一七世紀に至るまで、様々な模倣作品が、特に南ドイツを中心に出回ることだろう。これこそ、一冊の不穏文書の恐るべき後継者である。この書物のテーマは、分娩の際に妻を失った一人の農夫と「死」との対話である。この民衆のプロメテウスは、天の法廷における裁判で「死」を攻撃し、敵（悪党、殺し屋、誘拐魔）を罵倒することをやめないが、これらの伝統的言説の傍で、農夫は証人としてセネカ、アリストテレス、ボエティウス、プラトン、あるいはアヴィケンナを立てている。「死」が、懐疑的な態度で、生などにはなんの価値もないし、死を望む方がましだと言うのに対して、この英雄的農夫は楽観的な信仰告白、つまり死んでもなお愛は永続すると答え、それによって最後は勝利を獲るのである。

これらの英雄的真理は、力強くはあるし、それを説いているのが民衆の中の英雄であるとしても、おそらくはまだ多くの人々の利用に供されることはないだろう。大部分の人々にとって、時代のパニックと恐怖に対する最良の回答は、依然としてキリスト教の信仰による慰めの中にあったのであり、キリスト教の側も、死に関する言説を新しい感性に適合させていたのである。

それでは、キリスト教以前の信仰の魔術的世界（このもうひとつの死のシステムについて、私たちは、その見取り図を作成しようと努めてきた）は、時代の不幸によって解き放たれた敵対的な死者たちの最後の襲撃のあとでは、すべての人々から追い払われてしまったと言うべきだろうか。そんなことは、まったくない。ただしエリート層においてはそのとおりで、死者は「死」となり、要するに清潔な骸骨となり、抽象的というわけではないが、少なくとも概念化された不安になってしまった。だが民衆の世界、未だにヨーロッパの人口の圧倒的多数を占める農民においては、おそらくその大部分にとっては、そのようなことはない。そして、おそらくはそこに、民衆文化とエリート文化、民衆の宗教とエリートの宗教とを隔てる分水嶺がある。

第7章
死と来世についての新しいキリスト教的言説

一三五〇年から一五〇〇年までの中世末期を、死の「キリスト教化」における一段階とみなすことができるだろうか。この表現には異議申し立てがなされるだろうし、それには十分根拠がある。この表現には、キリスト教化の理想的な状態というものがあって、時代によってそれに近づいたり、離れたりするという、きわめて非歴史的なものの見方をとらせてしまう恐れがある。その上、一三世紀における死のキリスト教的な解釈を、その後の混乱した時代の解釈よりも正しいと評価する学者たちには事欠かないだろう。とりあえずは、キリスト教的な死の相貌が変わってしまったこと、その媒体である表象が変容してしまったこと、そしてさらに、おそらくはだが、キリスト教による死への精神的投資が活発な司牧活動の枠の中で増大し、多様化したことなどを確認するだけで満足しておこう。

とりなし人たちの時代

私はすでにこの時代を、黙示録のイメージと最後の審判のイメージの再来の時代と定義したが、そこには終末の不安が表現されている。しかし、この発作的な表現とは別に、より日常的な信仰のテーマがキリスト受難のイメージを通して死のイメージを浮び上がらせている。この事実は、あまりにもよく知られているので、必要以上に述べることはしなかった。そこには全面的な新しさがあるわけではないが、新しい感性がキリスト受難のイメージにこれまでになかった悲壮さを与えている。〔ドイツの〕聖女ゲルトルーデに続いて、神秘主義者たちはキリストの苦難の様子をますます精密なものにしていく。〔スウェーデンの〕聖女ビルイッタは、その一部始終を聖母マリア自身に語らせている。「あの方は、茨の冠をかぶせられ、目、耳、顎鬚は血にまみれていた。顎はだらりとゆるみ、口は開き、舌は血のように赤かった。……まるで腸がないかのように、腹が引っ込んで、背中にくっついていた」。図像は、キリストの死に対して、ほとんど肉感的といってもいいほどの新しい感性を表明している。この図像は、一四世紀の前半から茨の冠を導入し始め、世紀末には磔にされたキリストに拷問の姿勢をとらせている（頭はがっくりと垂れ、息も絶え絶えとなっている）。イーゼンハイムの祭壇画〔グリューネヴァルト作、一五一五年頃〕が、おそらくはその最も劇的な表現を提示している。

これとは別の形象も生まれてくる。一五世紀の末には、「苦悩する人」の表象が増大する。この「惨めな」神は、磔になるのを待っている。しかし、最も生き生きとした信仰をそそる表象は、勿論、「ピエタ」のキリスト像である。死せるキリストは、目を閉じ、穴をあけられた手を腹の上に組み合わせて、半身を墓から外に立てている。最後に、聖母マリアの苦しみが、ますます密接にキリストの苦しみと結びついていく。「七つの苦しみの聖母マリア」は一四世紀に生まれ、フランスでは一三八〇年頃に普及する。次いで、クラウス・スリューテル〔フランドルの彫刻家、一三四〇頃―一四〇五〕がディジョンのカルトジオ会修道院のために一三九〇年以降に制作した彫刻作品にならって、一五世紀には「嘆きの聖母像」が現れる。これは、磔刑にされたキリストの体をマリアが膝に抱きかかえているもので、これまた普及し、一六世紀まで大変な成功をおさめることになる。

この尽きざるテーマ群に、そのころ生まれた別のモティーフをつけ加えておこう。まず聖墳墓、ついで命の泉、高貴な血の信仰にまつわる血の圧搾機〔本来はぶどうをしぼる道具〕、これらは、フランスからブルゴーニュ公国の諸地域、つまりフランドル地方、ラインラント地方へと拡がる。最も直接的な悲哀から、最も洗練された表現まで、重きをなしているのは救い主のイメージに投映された苦痛と死のきわめて物質的な解釈である。それは新しい信仰の実践の中に根を下ろす。すなわち、初期の「十字架の道」信仰、金曜日、受難の日、聖週間に特別の意味を置くこと、ミサ、特に聖母マリアの嘆きの晩課の中で息子キリストの遺体に呼びかけること、などである。ヤコポーネ・ダ・トディの作品『悲しめる聖母は立てり』は、すでに過ぎ去った世紀から受け継いだものだった。しかし、それは嘆きの聖母のイメージについて思いをめぐらしている新しい感性にぴったり合致する。おそらくイエスの受難もまた――特にフランチェスコ会修道士たちは、そう言うだろうが――敗北した死である。しかし、このような瞑想を好むのはキリスト教徒のどの部分なのだろうか。

この時代の宗教の主要な特徴の一つは、様々な形の聖人信仰が急激に増加したことである。この身近な仲介者（とりなし人）の必要性は、これまで以上に死に対する保護者としての役割が明確になった聖母マリアへと向けられる。最後の審判において罪人を弁護してくれるのも、まさに聖母マリアである。新しい図像は、我が息子イエスに、彼を慈しんだ乳房を示している聖母マリアのテーマを展開する。聖母マリアはまた庇護者でもある。フレスコ画や祭壇画に描かれた「慈悲の聖母」、あるいは「慰めの聖母」は、そのマントの下に一群の、時には大勢の小さき者たちを保護している。聖母はまた、禍いからも護ってくれる。例えばモントーネ〔北イタリアの町〕にある一四八二年の画像では、聖母はペストの矢を斥けている。聖母は、聖ドミニクス、及びその子供たちであるドミニコ会修道士たちにロザリオの効能を示したし、同様に、カルメル修道会の総長である聖シモン・ストックに修道士の肩衣（聖母が彼に与えたマントの小片）の効能を示した。ロザリオと肩衣は、

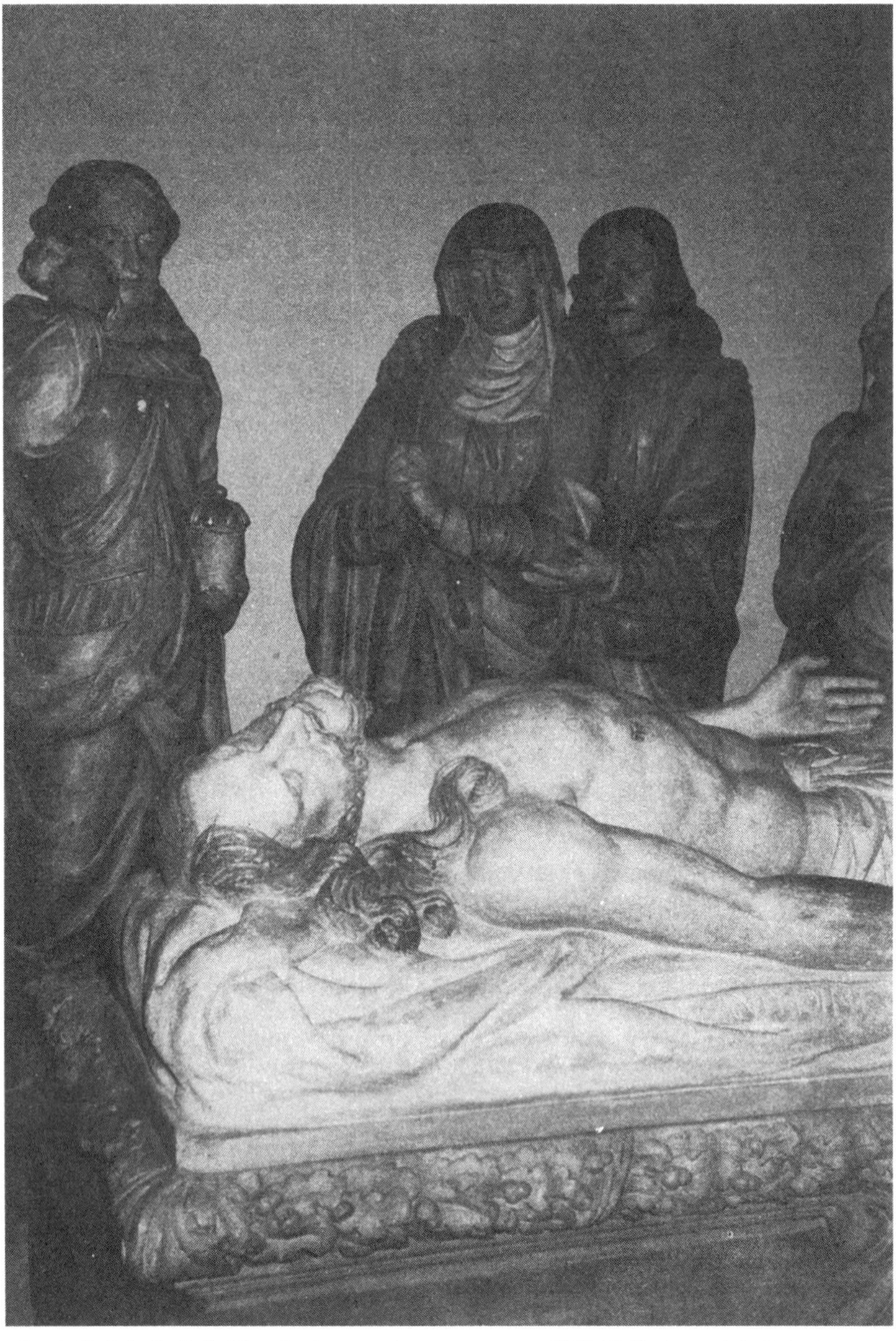

13) 中世末から古典期にかけて、ブルターニュの彫像技法は、死せるキリストのイメージについての張り詰めた瞑想を復活させている。

ある人々にとっては活発な信仰の支えとなるが、他の数多くの人々にとっては魔術的な予防薬でもある。

この時代に、聖母のかたわらやまわりには、とりなしをする聖人たちの複雑で多様化したネットワークが形成されていて、聖母が彼らに役割を割り振る。その中のある聖人は、突然死を防ぐ。聖女バルバラと、とりわけ聖クリストフは、ほとんど至る所にいる。他の聖人たちは、キリスト教徒の臨終に立会い、力づける。聖女カタリナだけでなく、聖女ウルスラ、あるいは聖女クララは臨終の床に現れる。ペストにはすでに多くの肩書きつきの守護聖人がいた。地中海沿岸では、長期にわたって聖セバスティアヌスが知られており、その祭壇と礼拝堂が農村部で増加する。そこに、聖ロクスが一三世紀に新顔の聖人として現れ、南仏地域のみならず、その他の地域にまで入り込み、聖セバスティアヌスと競い、時には彼に協力する。聖ジル、聖ヴァレンティヌス、特に聖アドリアンも、ペスト大流行の時には加護を求められた。その他の奇跡を行なう聖人たちにも、きちんと役割が割り当てられている。例えば聖モールは痛風除け、聖ブレーズは喉の病気、聖アントワーヌは「丹毒(聖アントワーヌ熱)」。聖アントワーヌは、この病気に自分の名前を与えたので、彼に捧げられたイーゼンハイムの祭壇画の一面には、彼を呼び起こす絵が描かれている。

この〔聖人の〕パンテオンは、その内容が目立って豊富になることがあるとしても、新しいものでは全くない。しかし、それは〔その数が増加するにつれて〕組織化されていく。補助的な聖人の正式グループは、地域によって五人から一五人の福者によって構成されるが、たいていは一四人の補助聖人からなる一団に落ち着く(アガス、ジル、ジョルジュ、クリストフ、ブレーズ、ドゥニ、シラク、エラスム、ユスターシュ、パンタレオン、ギー、ラルブ、カトリーヌ(カタリナ)、マルグリット)。一四四五年のフランケン地方の羊飼いの幻視が、それを公認させたかのようだ。補助聖人たちは、トリエント公会議〔一五四五―六三〕までは特別なミサで祀られている。

民衆信仰は、これらの守護聖人との間に、曖昧だが親密な関係を取り結んでいた。聖人たちは、彼らが持つとされた能力によって、危険な存在ともなりうる権力者になっていた。聖人（聖ヴィット〔聖ギ〕、聖モール、あるいは聖アントワーヌ）は、病気をコントロールし、苦しみを和らげる病気の支配者である。同様に、当時広がっていた私的な信仰の特徴の一つは、守護聖人によって提供される援助のネットワークを確保するということである。一五世紀の時禱書では、聖人への「投票」（彼らに捧げられる祈り、または連禱）は、暴走気味のインフレ現象を起こしていた。聖母マリアがロザリオと肩衣を持っているように、聖人への信仰も、物質的な媒体によって支えられていた。聖遺物の驚くべき大流行は、この頃、頂点に達していた（群集が熱狂のあまり、ハンガリーの聖女エリザベート〔一二〇七—三一。ハンガリー国王アンドレアス二世の娘で、テューリンゲンのルードウィヒ四世と結婚したので、テューリンゲンの聖女エリザベートとも呼ばれる〕の展示された遺体にとびかかり、服を剝ぎ取り、髪の毛、爪、果ては乳首に至るまで奪い合った様子を想像してほしい）。これらの護符に、多くの場合、呪術的な性質の祈りと念禱が加わる。「毎日このように唱えなさい。そうすれば、聖母マリア様は、あなたの死の七日前にお姿をあなたにお見せになるでしょう」。

キリスト教の典礼の中枢に民衆の呪術的なものの考え方と態度が移植されることで、物語と身振りのネットワークが完成する。ミサを聞いた者、あるいはただ単に聖体奉挙のパンを見ただけでも、その日一日は死ぬことはない。あるいは、ミサの間には老いることはない、とも言われる。そこから一日のお勤めの数を増やすという奇妙な態度が生まれてくる。それは、少なくとも表面的にはキリスト教化された民衆的宗教であり、この時期に成立したのだと言ってもよいだろうか。そうしたい誘惑にかられはするものの、「キリスト教化された民衆的宗教」という定義の各語彙には異議を唱えざるをえない。特に、「民衆的」という言葉についてはおそらくそうだ。なぜならば、大貴族たちの振舞や態度を追っていくと、民衆と同じく彼らも、死に対するこの種の恐怖と、それを払いのける呪術的身振りとにどっぷりと浸かっているように見えるからである。オルレアン公ルイは、悲劇的な死を遂げる前に、その前触れとなる幻を見て、それを聖イノサン墓地の死体置き場のフレスコ画に描かせている。国王ルイ一一世が晩年に味わった恐怖についてはよく知られており、彼は死が突然襲いかかってくるのを恐れて、眠りにつくことを拒み、目を覚ましていられるようにとまわりに楽人を侍らせ、生きながらえるためにあやしげな護符や治療法をかき集めていた。彼が手に入れた生ける聖人フランソワ・ド・ポール――パオラのフランチェスコ〔一四一六―一五〇七。フランチェスコ会より更に厳格なミニモ会の創立者〕――は、彼にとって、臨終の際の補助者というよりも、死に対する強力な予防措置だった。

だからといって、エミール・マールからホイジンガ、さらにはより最近の研究者たち(36)が「聖なるものについての感覚の退化」について下した厳しい判断に同調すべきだろうか。彼らの議論はいささか曖昧である。つまり、前の時代にくらべてこの時代には明らかな後退が見られた（けれども、それは反対で、いささか幻想的な完全性で前の時代を飾りたてることではないだろうか）とか、あるいは、この時代がしばしばキリスト教化のカリカチュアにとどまっていた、とかいうものだが、このような判定はおそらくは厳しすぎる。死の集合表象は、この時代においては〔彼らが考えるよりも〕はるかに深く変化していたのであって、死のパニック的な恐怖は一四世紀や一五世紀の人間をその一面においてしか説明できない。来世についての集合的表象は決定的な段階を乗り越えるのだが、それは次節で詳しく述べることにしよう。

来世を求めて

天国は、言葉で言い表すことが最も困難なものである。なぜならそれは、想い描くことが最も困難なものだからだ。最近になって知られるようになった民衆の讃美歌が天国を描きだす時、いつもその用語は貧弱である。

14) 15世紀の中頃、ジョヴァンニ・ディ・パオロは天国に、エリートたちが再会する囲われた庭園の様相を与えている。ニューヨーク、メトロポリタン美術館（ロジャーズ基金、1906年）

この研究にとって最良の支柱である図像的表象は、時として天上のエルサレムにまで拡大された閉ざされた庭園のイメージと、大いに階層秩序化された天上の宮廷のイメージとの間で、分裂している。そして、長いトンネルのはてに光の井戸に辿りつくというような、自己流のやり方で天国への魂の接近を可視化するためには、(既成のイメージを無視した)ヒエロニムス・ボスの大胆さが必要である。しかしながら、この頃、天国のテーマは明快さを失っている。それと混同されてはいないが、完全に区別されることもない地上の楽園というテーマが、ヒエロニムス・ボスに禁じられた悦楽の園を想わせる、「悦楽の庭」という着想を与える。他の者は、ヴィヴァリーニからクラナッハに至るまで、秘教的な用語で、閉ざされた庭園から愛の泉に至るまで、それに世俗的な解釈を与えることで満足している。天国は、庭園か愛の泉となる。しかし、この社会は、宮廷の感性を受け継ぐ天国の友愛の発露を徐々に天上の宮廷という構造化された階層制に置き換えてしまう。フィレンツェのサンタ・マリーア・ノヴェッラ教会にあるナルド・ディ・シオーネのフレスコ画、あるいはジャン・コロンブが『ベリー公のいとも豪華な時禱書』のために描いたフレスコ画には人間の住む天国(時には、人口過多である)が描かれ、ルカ・シニョレッリがオルヴィエートにある大聖堂のために描いたフレスコ画、さらにフーケがエティエンヌ・シュヴァリエの『時禱書』のために描いたフレスコ画では、才気ばしったため、いささか悲しげなものになった「秩序ある天国」が描かれている。

可視化が困難だという天上の歓びに重くのしかかる問題は、地獄の方にはないだろうと言われるかもしれない。地獄は、先行する世紀に積み上げられた、それに関する叙述の蓄積を引き継いでいる。先行する世紀は、想像力をかきたてる豊かなイマジネーションによって地獄の叙述の価値を高め、発展させた。一四世紀、一五世紀のフランスで作成された百あまりの時禱書の主要なテーマとして、地獄と天国の割合は平均して三対一である。

一四世紀、特に一五世紀（そして、次の時代にも続いていく）を地獄の図像の黄金時代とした、この地獄への精神的投資はなぜ生じたのだろうか。テネンティが詳細に分析したように、衰亡していく直前に現れる一種の集合的表象の白鳥の歌（そう言えるならば）ということだろうか。集合的懲罰というイメージに支配されていた中世のテーマが、個人の裁きへと道をゆずり始めた時、劫罰への恐れをより強調する必要があると感じられるようになったのかもしれない。地獄の「華やかさ」が、とりわけ民衆宗教で重きをなしていたというわけではない。しかし、このテーマが当時の集合的意識に反響するほど普及していたことは確かである。先行する時代の物語は、そのイメージを鋳直した幾つかの有名な作品によって普及した。一四世紀には、例えば騎士オウエンの物語から着想を得て修道士ギヨーム・ド・ドギユヴィルが著した『魂の巡礼』が、後に多くの著者を輩出させる大衆的基盤を提供した。

これらの物語の文学性を認めようとしない信仰上の指導者たち——聖トマス・アクィナスからタウラーに至るまで——が行なう故意の言い落としやニュアンスは、多くの著作家、あるいは最も人気のある神秘主義者には通用しない。この蓄積から汲み取ることによって、説教者たちは感情が激し、叙述は冗長になる。すでに素描されていた地獄の地勢学は詳細になる。前の世紀に現れていた、おそらく聖史劇の表現の影響で、リヴァイアサンの口が地獄の闇の入り口の定番となる。それは鍋、業火、絞首台、燃える桶などの拷問の道具で充ち満ちている。それぞれの罪に対応した拷問の類型学も詳細になる。サン・ジミニャーノのフレスコ画では、大食らいが悪臭を放つ食べ物を食べ、男色家がてっぺんから爪先まで串刺しにされている様子をタデオ・ディ・バルトロが描き出している。一四九二年、ヴェラールがジョゼフ・ル・ルージュの木版画と一緒に出版した『地獄の刑罰概論』は、地獄の刑罰の完全なシステムを展開している。高慢ちきには車責めが、嫉妬深い人間には凍った流れが、怒りっぽい人間には暗い地下室の中での修羅場が、怠け者には蛇の牙が、守銭奴には金属を溶

Tous les humains
qui deſcediret de
adam et de eve noſdictz pre
miers parens depuis leur pre-
varication ꝛ eiection de paradis
terreſtre/ tumberent et deſcen-
dirent en enfer. Les bons allerẽt
ou lymbe ſuperioꝛe appelle le lim-
be des peres. Les autres en pur
gatoire. Et les ames des enfãs
moꝛſnez de ceulx qui na-
voyent aucune foy du me-
diateur ꝛ redempteur ieſu
chriſt deſcendirẽt ou lymbe deſ-
dis enfans moꝛſnez. Et les par
faictement mauvais deſcendi-
rent en lenfer des dyables ſans
eſpoir de redemption. Ceulx qui
eſtoiẽt es parties ſuperioꝛes du
lymbe des peres ꝛ de purgatoi-
BB ii

15）『よく生き、よく死ぬための術』の中で、印刷業者ヴェラールは地獄の様々な刑罰を細かに描き出している。パリ国立図書館。

かした桶が、食いしん坊には不潔きわまりない料理があてがわれ、淫乱な者は井戸に入れられ、蛇が性器を苛む。フィレンツェのフレスコ画からフランドル地方の地獄絵まで、教会の絵から時禱書の細密画に至るまで、目くるめく光景が展開される。一五〇〇年頃に出版された大型本の『地獄集』のような、すでに発達していた文学ジャンルの編纂が始まり、地獄について異教徒およびキリスト教徒が書いたものすべてが収録される。木版画の集成が、この視覚媒体に新たな普及の力を与える。しかしながら、この地獄への執着が、形成されつつある新しい終末論の本質であるとは思えない。それは、むしろ第三の場所〔煉獄〕の重要性が増大しつつあることを示している。

それに気づくためには、おそらく、明白なパラドックスを解決しなければならないだろう。一三世紀末に見たように、煉獄に関する物語とイメージの総体は潜在的にはすでに出来上がっている（いくつかの例外――あきらかにダンテのことが想い浮かぶ――があるが、これについては後ほど立ち戻ることにする）。しかし、それが民衆的な形で、真に受け入れられていたとは言いがたい。図像が欠如していることがそのことを証明しているが、それのみがこの方面における唯一の指標というわけではない。ドイツの民衆讃美歌の中では、関心はまだなお二つの場所、つまり地獄と天国の二極にとどまっている。だが突破口は一三世紀末から一五世紀にかけて生じる、あるいは生じはじめる。教会の公式的立場は、おそらく一二七四年のリヨン公会議、さらに一四三九年のフィレンツェ公会議における発見の動きを反映するとともに、それを促進する。この観念〔煉獄〕は、時には激しい議論を巻き起こしながら、精神的指導者、および神秘主義者の間に広まっていった。彼らがいつもためらいなしに、民衆的信仰の伝説をすべて受け入れていたとは限らない。しかし、聖トマス・アクィナスから中世の終わりにかけて、神学者たちは煉獄の火の実在性を承認し、それについてより推敲された解釈を与えさえした。タウラーは肉体の死の中に、神へと回帰し神秘的合一に至る手段を見ていたが、彼にとって煉獄とは、人間界から完全に切れることができないでいる人々に取って置かれる中間の段階である。しかし、この時代の大思想家たちは、『魂の医者』のジャン・ジェルソンのように、煉獄についてより詳細な叙述を行なっている。

同様に、民衆層もまた、時には神学者の欲するところを越えて、新しい概念〔煉獄〕を土着化しはじめていることが分かる。ジャン・ジェルソンは、非常に支配的で慎重な解釈のよき代表であるが、たまたま知る機会を得たサヴォワ地方の癲癇症の老女について報告している。彼女は、一つの魂が地獄に落ちるたびに、魚の目が痛むのでそれが分かると述べている。また、自分のところに相談に来る者たちの額に罪を読み取ることができ、一日に、煉獄にいる三人の魂を救うことができると請け合っていた。拷問にかけると脅すと、ごまかしは露顕し、それは糊口をしのぐための嘘だったと白状した。しかし、ジェルソンのすでに抑圧的な解釈にあえて追従しないならば、サヴォワの老女は、モンタイユー村や、その他の土地の「アルミエ」あるいは「アルムリエ」の伝統に直接つながっている。彼女は、死者の使いと魔女の中間に位置し、悪魔と連絡をとっているのではないかと真剣に疑われはじめている。そこからは、民衆宗教における幽霊をキリスト教化しはじめた教会が、精神活動の独占を確保しつつ、いかに妥協が行なわれたかを見抜くことができる。

変化はどこまで進んでいたのだろうか。我々に情報を与えてくれる様々な資料の間のずれは、それ自体が答を明らかにしてくれる。すでに教化文芸〔啓発書〕と説教において、煉獄はすでに勝利をおさめた主題だった。このテーマが贖宥のテーマとますます親密に結びついていったことは、煉獄に現実的効用を保証している。煉獄の概念は、期限付きの個人的な贖いという社会的需要にあまりにも直接に応えるものであったために、受け入れざるをえないのである。この意味において、煉獄の概念は、死を前にした態度の個人主義化において主要な段階を画している。

しかしながら、煉獄にいかなる外観を与えるかについて、この時期はまだはっきりした態度を示していない。煉獄のイメージは、南フランスの教会のフレスコ画では稀だし、一五世紀には、四五の地獄に対して、煉獄は八しか現れていない。エリート層の個人的信仰の支えである時禱書の細密画においては、それほど貧弱ではなく、より明瞭である。このテーマに関する教会の絵画は依然として乏しい。ヴィルヌーヴ＝レ＝ザヴィニョンにある『聖母の戴冠』は、イタリア以外では、規則を裏付ける例外の一つである。

煉獄は自らのテーマの形象化を模索している。だが、この時期においては、煉獄それ自体を形象化するよりも、むしろ辺獄におけるキリストという、つなぎのテーマに訴えることが多かったようだ。このテーマは、それより前の世紀に知られていなかったわけではない。それどころか、統計は（プリンストン大学の『キリスト教美術目録』で確認したところでは）当時どれ程このテーマが普及していたかを示している。フランスの教会のフレスコ画の上で、イタリアの祭壇装飾画の上で、あるいは時禱書の細密画の中で、このテーマは増加している（時禱書の中では、煉獄は天国の二倍、地獄三に対して煉獄二の割合）。その情景は、どこでも同じだ。辺獄は、ある時は悪魔が護る城であったり、ある時は岩礁の入り口であったり、しばしばリヴァイアサンの口であったりする。しかし、最も重要な点は、この重い扉をキリストが――時には、よき悔い改め人〔キリストと共に磔にされた二人の盗賊のうちの一人〕を、しばしば洗礼者聖ヨハネを伴って――ひっくり返したので、その扉の重みで悪魔は押しつぶされ、その腕、脚、あるいは尾《しっぽ》はその下に埋まってしまい、ほんのわずかしか見えなくなる。辺獄の牢獄から解き放たれた義人たちが、救い主を迎えに出てくる。イヴとアダム、その他ひげをはやした人々の中には、時にはメルキヒデク〔エルサレムの司祭王〕の姿も見える。死に対する勝利を宣言する辺獄におけるキリストというテーマは、流行の言葉で言えば、「政治参加《アンガジェ》」して捕虜になった魂の解放への集合的期待をそれなりの仕方で表明するものではあるが、限界もある。なぜならば、それは聖金曜日におけるキリストの死とその復活の間で、たった一回しか起こらない出来事なのだから。

煉獄の利点は、死者たちの解放を小出しでなく行なう、つまり洗礼が欠けているだけの義人たちばかりではなく、我々の隣人や親族など、より無名であると同時に、より身近な人々のためにも、これを行なうことである。それゆえ、より適切な表現を見つけ出さなければならない。ある人たちは、初期の煉獄を文字通り長々と説明している。例えばジャン・コロンブは、『ベリー公のいとも豪華な時禱書』の中で複合的な煉獄を描き出している。そこには火の河があり、氷の湖があり、悪魔はいないが拷問が行なわれ、次いで魂を解放する天使の往還がある。プロヴァンス地方ロルグのノートルダム＝ド＝バンヴァの小さな礼拝堂では、小さな裸の魂が金網囲いで天井のない一種の牢屋の中に積み重なっているだけだが、天使がこれらの魂にパンを与え、渇きを癒している。別の表象は、擬地獄のテーマを展開している。フランス南西部の数多くのフレスコ画、そして、そこから遠くないスペインの一五世紀の時禱書（今日では、エル・エスコリアル宮殿にある）は、魂をリヴァイアサンの開いた口の中の焔の中央に置いているが、その上ではマントを開いた「慈悲の聖母」が見下ろし、天使が往還を繰り返している。もう一つの——こちらはフランスの——細密画は、より明解である。そこにはやはりリヴァイアサンと苦悩する魂がおり、絵の上層には父なる神がいて、その次にキリストがおり、聖母マリアと聖ヨハネに囲まれている。しかし、このイメージの横では、一人の聖職者が祭壇でミサを執り行なっていて、一群の魂がひざまずいて祈り、明らかにミサによって得られる赦免の恩恵に浴することを待ち望んでいる。このような形象化は、アンゲラン・シャロントン〔もしくはカルトン〕が一四六一年に、ヴィルヌーヴ＝レ＝ザヴィニョンで描いた『聖母の戴冠』の中で出会う非常に教訓的な展開を予告している。この絵は、アヴィニョンの司教座聖堂参事会員が当時、来世をどのように受け止めていたかを鮮やかに表現している。それは絵の上層が最も精密で、適確な指示の成果として、費用対効果は充たされ、様々な要請を克明に描き出している。

16) アンゲラン・シャロントン〔カルトン〕がヴィルヌーヴ＝レ＝ザヴィニョンの施療院にある『聖母の戴冠』の下層部分に位置づけたのは、擬地獄としてすでに古典的になった煉獄のイメージである。

天の宮廷があり、天使と選ばれた者たちが、神性を有する三人の人物によって戴冠された聖母を取り囲んでいる〔本書の挿絵では足元までしか見えない〕。中層は地上の世界で、エルサレムとローマが向かい合っている。ローマには開かれた教会があり、死者のためのミサを執り行なっている聖職者が見える。そして、暗くてほとんど見えない天においては、小さな天使が流れ星のように生き生きとした青いシルエットを描き、解き放たれた魂を天へと導いている。下層には、三つの場所がある。〔左はしには〕洗礼を受けずに死亡した子供たちがひざまずいて祈っている小さな牢屋がある。次に中央の両側に地獄と煉獄とがある。しかし煉獄では、火炎はあまり激しくなく、消えているように見える。何よりも人々は、天使の導きで、そこから抜け出そうとしている。期限つきの擬地獄という煉獄のイメージはここに定式を見出し、それは単純化され、幾世紀にもわたるイメージとなるだろう。

集合的表象について、可能な限り月並なレベルに至るまで明らかにしようとつとめてきたこの調査の中で、我々が煉獄に対するダンテの貢献についてこれまで言及することをなぜさし控えてきたか理解していただきたい。「地獄」、「煉獄」、「天国」というサイクルは、当時の諸思想の反映であると同時に、将来のインスピレーションの源泉であり、そのようなものとしてこの調査の中では位置を占めるべきものである。一四世紀初頭、ダンテはこれら三つの場所の新しい終末論について明らかに個性的な証言と解釈とを提示している。ダンテの詩的幻視は、同時代の神秘主義の潮流に養われてはいるが、中世のものの見方の些細な部分も見のがしてはいない。それは、自由であると同時に、集合的想像力にも根ざしている彼の時代の知識人のものの見方なのである。しかし、彼は一つの重要な転換点を代表している。ダンテは、それまで文字より下に見られていたものを、象徴的言語と文学的表現のレベルにまで決定的に高めた。彼の影響の曖昧な形は、それ自体が曖昧なこの状況の結果なのである。彼は、たしかに芸術家（ボッティチェッリ）にとってはインスピレーションの泉として受け入れられ、称賛されたかもしれない。しかし、『神曲』から着想を得た表象は、イタリアの外ではきわめて少なく、イタリア内ですら限られている。フィレンツェ大聖堂のドメニコ・ディ・ミケリノ、サンタ・マリア・ノヴェッラ教会のナルド・ディ・チオーネ、ボローニャのジョバンニ・ダ・モデナなどによって描かれたフレスコ画、その他、幾人かの芸術家たちが、多かれ少なかれ直接的な影響を示している。あえて逆説を弄するなら、ラファエロ前派から象徴派に至る一九世紀の再発見以前には、ダンテは死に対する感受性について何の影響も残さなかったと言える。

再征服

一五世紀の男女にとって、来世のイメージは本当に変化したのだろうか。ダンテ〔一二六五―一三二一〕から……ヴィヨン〔一四三一／三二―六三以降〕の母へとたち戻ることを許していただきたい。ヴィヨンの母は、自身を次のように描いている。

わたくしは　貧しい老婆でござります。
何も存じて居りませぬ。皆目文字が読めませぬ。
わたくしの属する僧院の教会堂に　描かれた絵に、
天国には　琵琶や竪琴、地獄には
罪人の亡者が煮られている様が　見られまする。
一つはまことに恐しく、一つは楽しく思われまする。

「聖母マリアに祈るための賦」と題されたバラッド〔鈴木信太朗訳『ヴィヨン全詩集』岩波文庫〕

この貧しい女性（その教養のすべては、自分の属している教会のイメージ豊かな表象からきている）にとって、来世は二つの場所しかない。何も持たない者にとって、術策を労したり値切ったりしたところで、何になるというのか。素直な信徳の心は、罪を犯した女にも、救済とともに罪のゆるしを保証している。しかし、この無邪気な解釈（筆をとったヴィヨンの無邪気さを当てにできる限りにおいて）は、すでに失われた理念の反映ではないだろうか。すでに多くの者にとって、キリスト教的な死への備えは、より複雑でより劇的な未知の冒険となっている。

死のまわりに、一つの儀礼の総体、宗教的身振りのネットワークが組織される。発展もあるが、多くは私がすでに叙述したものの延長である。しかし、それ以外のものもあらわれ、とりわけ死の儀礼の重要性は増していく。ホイジンガは、今日であれば、中世の秋における「数量化」と呼ばれたであろうものの重要性にすでに気づいていた。キリストの功徳を計算すること、それどころかキリストの血の滴りの数を計算することは、地獄の劫罰を軽くするのである。この傾向は宗教的実践に与えられた地位を異常に膨張させる。

数多くの身振りと実践が、死の儀礼へと正確に適用されるのが見られる。死者のためのミサがどのように描かれているかを見たければ、これもまたこの時代に増えている時禱書をばらばらとめくってみるだけで十分である。パリの国立図書館にある時禱書の資料群から得られた三〇〇近い図像（二八六例）に基いて作成された統計は、二世紀近くにわたる（一四世紀初頭から一六世紀初頭まで）全体的なバランスにおいても、それが示唆する展開においても、教えられることが多い。聖母あるいは聖人の死から連想される「よき死」のイメージは、一四世紀には相当なものであったが、一五世紀には微々たるものに落ちこみ（三％）、一〇〇年間の平均値は四％以下である。これに対して、身体的な死、あるいはジザン（横臥像）、トランジ（骸骨化した死者）などの「攻撃的死」の表象が占める割合には驚かされる。割合は一四世紀にはまだ限定的であった（五％以下）が、その後着実に上昇し、一六世紀の初めには形象化の四分の一近くを占めるようになる。最後の審判、あるいは来世のイメージは、驚いたことに逆にほぼ安定していて、図像のほぼ四分の一（それを少し下回る）前後のままである。一五世紀の後半には、新しい動きが現れる。すなわち寝藁の上のヨブが死者のためのミサの挿絵の中に取り入れられ、その数を増大していき、一六世紀初頭には図像の三分の一近くを占めるに至る。解説者たちは、死者のためのミサの一部が『ヨブ記』から借用されているからだと説明している。しかし、この現象は前からのことであって、試練にかけられた人間の苦渋に満ちた神との対話がこのように重要性を増していくことに意味がないとは思えない。それでも、やはり図像の半分近くは死をめぐる身振りの表象に集中している。一〇〇〇年の平均で四五％であるが、一四世紀には五四％、一五世紀には三分の二（六四％）に達する。よく注意してほしい。それはもはや聖人の死ではなく、我々の死、無名の、あるいはほぼ無名の人間たちの死である。かつて『往生術』の挿絵に描かれていたような死の床の場面ではなく、死者のためのミサ、埋葬の場面であり、次には葬送行列である。時禱書に目を通しながら、一五世紀の貴族や名士たちは、自分の埋葬に立ち会っているのだ。

どのようにして、そうなったのだろうか。おそらくは、このテーマに多量の心血を注いだ新たな司牧活動を考慮にいれなければならないだろう。ただし時代錯誤を避けよう。積極的な司牧活動の手段として死の想念に人生のすべてを集中するということを思いついたのはバロック時代であって、この時期ではない。しかしすでに一五世紀はこの観念を発見し始めている。説教者、宗教的指導者は、信者たちに死を想うことを勧めることによって、多くの人の不安の先を行こうとしていたのだろうか。

それゆえ、死についての説教のような論説も増加した。ジェルソンは、その著書『魂の医者』の中で、キリスト教徒に向かって死に不意打ちされてはならないと勧告している。ドゥニ・ル・シャルトルーは、その著書『貴族の生活の礼拝規則書』で、すでにある種の教育術を提案している。「そして床に身を横たえた時には、次のように考えること。すなわち、今は自分で床に着いているけれども、まもなく他人の手で墓に横たえられるだろう、と」。ここに見られるのは個人的教化の様々な形態であるが、『イエス＝キリストに倣いて』には入念に仕上げられたその定式を見ることができる。この本は、苦しみと劫罰の厳しさのイメージから全面的に抜け出してはないものの、永遠の命という価値の方を強調している。

しかし、この教育術はエリートのためのものである。大多数の者に対しては、著作家のほとんどはもっと暴力的な言説を採用しており、その中では裁きと地獄の劫罰とが主要な位置を占めている。「怒りの日《ディエス・イレ》」のテキスト〔一三世紀の修道士トマスの作。最後の審判の日のおそろしさをうたい、神にあわれみを求める〕は、一四世紀末からピサのドミニコ会ミサ典礼書の中に見られ、一五世紀末からドイツで俗語に翻訳されているが、これこそ中世末期における死の説教の鍵となるテキストの一つである。托鉢修道会（ドミニコ会、フランチェスコ会、カルメル会）の説教がこの教育術に枢要な地位を与え、それは一三世紀末から明確になり、次の世紀以降増加していく。「キリスト教化された」解釈による死の舞踏が始まる場面では、托鉢修道士（ほとんどが説教師）が説教壇につくのが通例となっている。イタリアでは、これらの修道士の荒れ狂う声が聞こえる。ドイツでは一四五四年に、ドイツ語を話さないジョヴァンニ・ディ・カピストラノ〔フランチェスコ会の説教師、一三八五―一四五六〕が、四時間から五時間もの間、聴衆を捉えて離さない。パリでは一四九二年、リシャール修道士が聖イノサン墓地の納骨所で一〇日間にわたって説教している。フランスからスペイン、あるいはイタリアへと、聖ヴァンサン・フェリエは最後の審判と死に関する彼の説教を広めている。

これらの托鉢修道士たちの原動力の一つは、兄弟信心会、あるいは第三会〔修道会の指導下にある俗人の信仰団体〕に支えられていたことだった。これらの団体は一三世紀末と一四世紀の自然発生的な高揚の中から生まれ、その後、教会の統制下に置かれている。これらの「鞭打たれた」修道士たち、あるいは顔を袋《サッコ》で隠していることから、時には「サカティ」と呼ばれた修道士たちは鞭打ち苦行者《ペニタン》の草分けであるが、黒死病《ペスト》の大流行の後の鞭打ち苦行者《フラジュラン》について書いた時、我々は彼ら（その同類）にすでに出会っている。これらの集団の多くは、後で再び出現することもあるが、出現した時と同じように急速に消滅している。それ以外の集団は、多少とも長持ちする修道会を生み出している。例えば、一三世紀末のイタリアにおいては、聖パウロ修道会、あるいは「死の修道士たち」をあげることができる。この集団は二つの隠修士集団が合体したものからできており、スカプラリオ〔修道士が服の上に着る無袖肩衣〕の上に喪章をつけ、食事の時には頭蓋骨について思いをこらしていた。彼らの印璽には「死を想え《メメント モリ》」と刻まれている。

これほど派手ではないが、社会的により定着し、小教区の段階で増加していたのが兄弟信心会である。我々は、遺言書による限定相続人に関するところで、兄弟信心会に再び出くわすことだろう。イタリアが方向性を示し、ヨーロッパの残りの部分が様々なテンポでこれにならう。都市における同業者信心会と第三会、都市と農村の慈善団体、あるいはすでに「お灯明の」信心会――小教区の祭壇にお灯明をあげる責任を負っていることから――と呼ばれるものも存在した。これらの団体はすべて、直接的に死とかかわり合いを持っている。一五〇二年には、フォレ地方〔フランスの中央やや南、ピュイ＝ド＝ドーム県とロワール県を含む〕で「煉獄の魂の信心会」が確認され、トゥールーズでは一五世紀以来これが存在していて、これはほんの一例にすぎない。まことに貧弱な教化文芸作品〔啓発書〕が普及し、これには印刷術の発明（ドイツとネーデルランドで広まった木版本の初歩的な形態）が新たな普及手段を提供していく。『魂の小庭』とか『天国への道』とか名づけられたこれらの小冊子は、死への準備を必須の修行としてあげている。説教家やその他の托鉢修道士たちは、死の床から悪魔を追い払うことのできる簡単な秘法を、この中に見出すことにやぶさかではなかった。

この印刷された新たな文芸が導入される以前でさえも、王族、領主、高位の聖職者や貴族などのための私的な信仰の教典であった時禱書は、一六世紀中葉に至るまで数の上でははるかに多数であって、それなりの流儀で死に対する不安を表明している。その構成はひとつひとつ異なるとしても、少なくとも一四世紀以降、実質的には「聖母マリアの時禱書」と「死者のためのミサ」の二つの部分に分けられる。後者は、私がすでに述べた主題をあらわす絵で色どられ、告解を受けていないキリスト教徒をいきなり襲う「突然の死」の不安を払いのけようとして用いられる、多少とも呪術的な祈りによって内容が増加している。

一四世紀から一五世紀の人々に死が切迫していることを意識させた、この責任追及のネットワークのひとつとして、教会の前庭で演じられる聖史劇や受難劇などの演劇の新たな重要性を忘れないように注意しよう。今日では、かつてのように、教会の壁に描かれた死の舞踏が演劇的表象の形象化にすぎなかったと思う人はいないが、それがおそらく身振りを交えて演じられたことは認めなければなるまい。それらはノルマンディー地方のコードベックで、おそらくは一三九三年に、ブザンソンではまちがいなく一四五三年に、フランチェスコ会の提案に基づき、そして一四四九年にはブリュージュで、ブルゴーニュ公〔フィリップ善良公〕に捧げる祝祭の一環として上演されている。聖史劇は天国と地獄（リヴァイアサンの口の格好をしている）だけではなく、しばしば個人化された死をも頻繁に取り入れている。

死の技法

死という出来事について思い悩むキリスト教徒を責めたてる多種多様な手段の星雲に、図像という視覚的な宣伝装置（教会のフレスコ画、ステンドグラス、絵画、版画、墓）を付け加えねばならない。これらは本書の基礎的媒体として私が常に利用しているので、あらためて言及することはしないが、集合的な精神的投資の強さについて納得させせられる。私には、それを過大に評価する傾向はないだろうか。印刷業の主要な中心地一〇ヶ所についてなされた統計によれば、一四五〇年から一六〇〇年にかけての「死への準備」は宗教書の〇・五％から二％を占めるにすぎない。同様に、フランスの墓における死者の形象化（トランジあるいは骸骨）は一四〇〇年と一五五〇年の間で平均五％を越えることはない。けれども真の新しさはパーセンテージにのみ表れるものではない。死の技法である『往生術』は、中世末期における死の教育術と新しい死の見方を、迫力のある総合的イメージの中に集約している。それは、死を前にした人間の不安（前もって慎重に準備したというよりは、勝つか負けるかの賭けがなされる最期の瞬間における痙攣、限りなく乱暴な証明）に対する宗教の側からの答を我々に示している。

『往生術』――テキストと絵からなる――は後発のテーマである。その歴史は一四五〇年と一五三〇年の間に刻まれているが、その後は、消滅することはないものの、衰退する。おおまかに言えば、それは、我々がすでに見てきた大きな集合的テーマ〔死の舞踏や煉獄など〕が教会の壁面に描かれたり、時禱書の頁に書かれたよりもあとのことである。『往生術』の普及が印刷術と結びついていたことは、この時期的なズレを完全に説明するものではない。おそらくはその先行形態があるにちがいない。すでに一四世紀の末以来、『往生術』の手稿本が存在していた。ニーダー〔ドミニコ会士、一三八〇頃―一四三八〕の『死に備える人のために』、とりわけジェルソンの『三部作』の最後の部分などは、『往生術』の直系の祖先のひとつとみなすことができる。けれども、一三世紀以来の時禱書では、病室における死の床のシーンの視覚化はまだ限られていたと認めざるをえない。それは『往生術』における教育術の要であり、絵があることで臨場感をもたらすことになる。一五世紀末における臨終のシーンへの関心の集中は、劇的な個人の死の発見の最も鮮やかな翻訳のひとつである。

近年の研究者たちは、『往生術』が、ジェルソンの小冊子をもとに執筆したと思われるコンスタンツのドミニコ会士〔ニーダー？〕の手によって、南ドイツのどこかで生まれたのではないかと言っている。ドミニコ会のネットワークに加えて、公会議〔コンスタンツの公会議、一四一四―一八〕の神学者たちもまたその普及の担い手であっただろう。『往生術』は、写本、木版、あるいは活版によって普及した二つのヴァージョンにおいて、ヨーロッパ的規模での成功をおさめた。ひとつは「六つの時間」にわたって増幅された完全版で、もうひとつは、その一部分のみを収めた短縮版である。知られているだけで二三四ある『往生術』の写本は、この時代のベストセラーになった（もっとも『イエス＝キリストに倣いて』の六〇〇には遠く及ばないが）。それはひとつの地理学を示唆している。ラテン語のテキスト一七五に対して、ドイツ語七五、英語、フランス語、イタリア語が約一〇、プロヴァンス語一、カタルーニャ語一の割合である。テネンティの見るところでは、『往生術』はフランドルとドイツから出発し、まずフランスとイタリアへ、次いでイギリスとスペインで広まった。印刷術は我々に少なくとも七七の出版物を残しているが、それは俗語版の地位を高め、少しだが地理学を変更する。それは印刷業の大中心地の地理学となる。すなわち、パリ（二二％）、北イタリア（一八％）、南ドイツとライン地方（一八％）、オランダ（八％）、ライプツィヒ（一二％）であるが、スペインやイギリスでも出版物は見つかっている。その成功は一五三〇年代まで維持され続けている。従って『往生術』はまちがいなく、八〇年にわたって死の文学を支配した作品だった。

『往生術』の成功は、おそらくテキストだけではなく、挿絵となった版画によるものでもある。〔テキストに挿入された〕木版画の成功に続いては、壁にピンで張り付ける一枚刷りの版画が作られた。ドイツで見られる『メメント・モリ画像集』のような古典的シリーズにおいては、「四終」〔死・審判・天国・地獄〕のテーマの下に、臨終の床、死者たちの踊り、最後の審判、天国と地獄の絵が付けられている。これらの版画の配列された場面の場面の中に、そのメッセージを読みとらねばならない。

一三枚の絵、ただし序と結びを除くと一一の場面において、一人のキリスト教徒の試練が展開する。彼は五度悪魔によって誘惑され、五度天からの息吹きによって更生し、最後は「よき死」を迎える。死にゆく人は唯一人、あるいはほとんど唯一人である。家族も近親者もほとんど介入しないし、司祭はいない。かくして彼は次のようなシーンを、おそらくはたったひとりで目撃することになる。奇怪な動物の形をした悪魔たちの群が地獄から吐き出されてきたかと思うと、これに向かって聖遺物を振りかざす天使もしくは聖人たちが現れ、両者が死の床のまわりで衝突する。

かくして戦いは死の床のまわりで展開する。このテーマは時禱書にも登場していて、戦闘は臨終の部屋か墓地で、天使と悪魔によって行なわれていた。けれども『往生術』において戦闘は新たな広がりを見せ、これら威圧的な集団のいる部屋に侵入し、賭けの憐れな対象である病人の恐怖をあおる。彼はそこで信仰を試される。悪魔が彼の眼から聖母を隠す。異教徒たちが偶像を崇めているのが見える。「一人の死者がそこから戻ってきて証言し、お前を安心させる、と言っているのを聞いたか」……。だが天使が彼を励まし、旧約と新約の聖人たちが彼の前に現れる。次に彼は希望について試される〔希望は信仰・慈善と並ぶキリスト教の三対神徳〕。悪魔は彼に罪状の一覧を示す。すると彼の罪は細長い布（吹きながし）に記され、生きた絵となって悪魔に操られて動き出す。聖ペテロ、聖パウロ、マグダラのマリア、そして神の慈悲の証人である「悔い改めた者」〔キリストと共に磔にされた二人の盗賊のうちの一人〕に伴われて、天使が再び彼を励ます。その次に、彼はこの世の富への執着によって試される。彼の妻、子供たち、財産……地下の酒倉などが現れる。最後に待っているのは絶望もしくは短気の試練である。彼に神を否認させようとする悪魔は言う。「お前は十分すぎるほど苦しんでいる」。死にゆく者は動揺し、彼の相続人を追い払う。だがここで聖殉教者たちが現れ、苦しみに打ち勝つことの証言をもたらす。戦いは終わる。悪魔は最後のあがきを試み、戦術を変え、死者のうぬぼれにとりいろうとして、王冠を差し出す。けれども大天使がリヴァイアサンの嘘をあばき、誘惑に抵抗した聖アントワーヌを見せる。試練を勝ち抜いた死者はついに解放され、裸の魂が彼の口から飛び立ち、天使たちに迎えられる。

『往生術』の斬新さを評価しようとするならば、数多くの典拠に訴えることができる。おそらくそこには死のキリスト教化も関わっているだろう。身体的な死、あるいは死の舞踏はもはや現れないか、あるいは遅せにやってはきても、わずかである。例えば、この世紀〔一五世紀〕の終わりには、サヴォナローラの論説の挿絵において、「死」がベッドの端に座り、臨終を待っている。しかしながら、本質的には、テネンティも指摘しているように、瀕死の人間は魂に還元され、その運命は賭の対象となった、と言える。キリスト教的な死の見方は変化したのである。また一五世紀初頭のものであるけれども、『ロアンの時禱書』のすばらしい挿絵を参照してみよう。一枚の有名な挿絵は、臨終の時における神と人間の対話を描いている。瀕死の人はヨブのように半裸で大地に立ち（死者の部屋にはいない）、ラテン語で神に直接語りかける。「主ヨ、私ハ私ノ霊魂ヲ、汝ノ手ニ託ス」。これは臨終の時の祈り《コメンダチオ・アニメ》の伝統的な決まり文句である。神は片肘をつき、天の高みから――重々しく、巨人のように超然としているが、思いやりがあって、親しみやすい様子で――死者に俗語で答える。「汝の罪を悔い改めよ。最後の審判の日には汝は我とともにあらん」。神の御使いである天使ミカエルは、哀れな

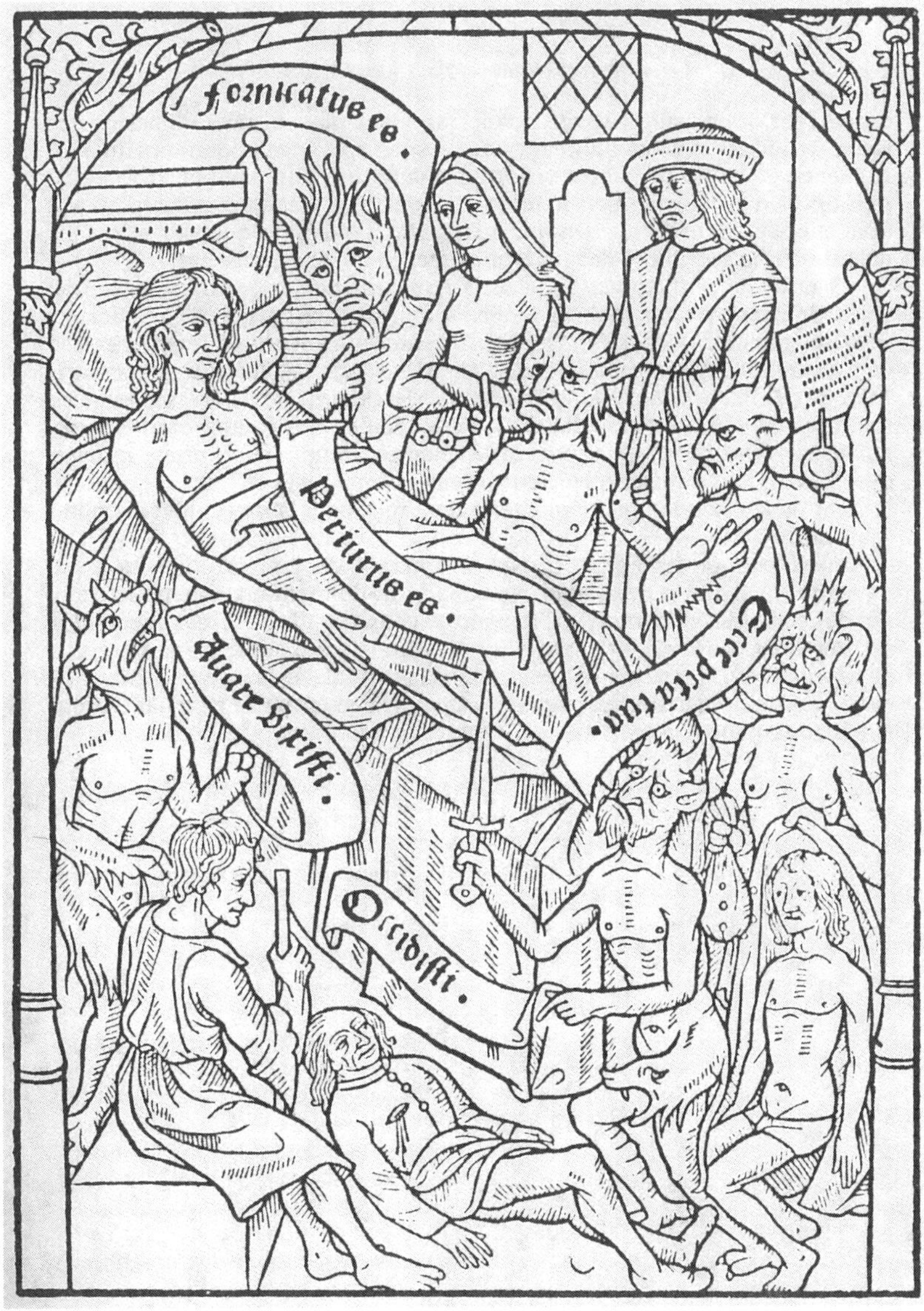

17) 『往生術』は臨終を劇的なものにする。死に瀕している人は、悪魔たちに取り囲まれ、罪の喚起に苛まれる。ヴェラールの『よく生き、よく死ぬための術』から。

魂をつかんでいた悪魔の手から魂を奪い返し、逃がしてやる。この神は――もし、不敬が許されるならば――煉獄の発明を認めた「当世風の」神であるが、一方で死にかけている人は、相変わらずはるかに古風な解釈の中にとどまっている。

しかし、これとは対照的に、『往生術』が提示する厳しい解釈では、勝つか負けるかはすべて最期の瞬間における頑張りにかかっており、死にかけている人間は自分のまわりで競い合っている諸勢力にはさまれた、ほとんど受身の賭けの対象でしかないように感じられる。邪悪な勢力が悪魔の姿をして直接介入し、避けねばならない絶望の一歩手前である恐怖の力をかりて、救いをもたらす最後の跳躍を獲得しようとするこの恐るべき光景は、この時代に広まった人々の死を前にした感性をよく説明している。

おそらく、こうした〔恐怖の〕感情は、臨終のイメージに生涯を通じての覚悟を結びつける一連の『よく生き、よく死ぬための術』を説いた書物を読むことで、いささか静められたとも考えられる。この種の本は当時、数多く出版されている。シャステランの『死の鏡』、A・ド・モンジュヴィの『死の歩み』、モリネの『死を思うための教え』、メシノの『君主の眼鏡』などなど。しかし、『地獄に落ちた魂の嘆き』、あるいは『往生術』の第二世代の出版物を読むなら、今際の際にすってんてんに負けてしまうという幻想も依然として主要なテーマであり続けている。これらの書物は、テネンティによれば、一四八八～一五〇〇年の間に激増し（およそ五〇種類も！）、死への信仰が最も初歩的な形で民間に普及していることを教えてくれる（その中核は恐怖である）。

従って、死（屍体あるいは骸骨）はサヴォナローラとともに再び戻ってきて、臨終のベッドの端に座ることとなる。サヴォナローラは、「死の眼鏡をかける」ため葬式に行き、臨終に立ち会い、いつも有益な警告のしるしとして髑髏をそばに置くことを勧めている。死は、恐怖の司牧活動の礼拝に使われて、ある種のキリスト教化のための主要な介助者となった。以降、その地位に長く留まることだろう。

第8章　死から墓場へ——身振りのインフレーション

天使と悪魔とが対決している幻想的な死者の部屋から、死をめぐるキリスト教の新しい実践の現実世界へと立ち戻ることにしよう。まず資料を探さなければならない。教会の公式の言説については、これまでと同じように司教区の典礼を通じて利用することができる。また、一三世紀あるいは一四世紀初頭の典礼と一五世紀末のそれとを比べてみると、精密さが増し、身振りが増加していることも、十分興味深い。次に、我々が司教巡察の報告を利用できるようになった中世末の時期（フランドル地方では、その研究が行なわれている）には、小教区で起こっていることを報告している司祭たちの声が司教巡察報告書にも反映されている。最後に、図像はその詳細さのゆえに、あいかわらずかけがえのない資料となっている。例えば教会の祭壇画や、時にはより直接的なものとして時禱書などがある。

時禱書に描かれている死は民衆の死ではないし、大貴族の死でもない。それは、たいていはブルジョワの死ということになるが、その内容から判断するならば、一般的には男性が取り上げられている（私の調査によれば、女性は一三例中一例にすぎない）。死は孤独なものとは考えられていない。孤独死のケースは三例しかなく、そのうちの一例は夜の静寂の中の「悪しき死」の場合である（二人の悪魔が一人の女性の魂を奪い取っている）。

だから、一般的に言って死は公開のものである。立ち会い人の数は、五人から一〇人の間を揺れ動く。つまり、それは近親者であり、その中では女性が多い（ただし子供はいない）。いずれの場合も、少なくとも一人の聖職者か、一人の修道士がいる。最も単純な光景では一人の修道士がぽつんといて、平均的な光景では二、三人の聖職者（主任司祭とその待祭たち）、最も構成がきちんとした光景では、一人または二人の修道士が数人の聖職者に付き添っている。ただ二つの場面の中では、一人の医者がしっかりと尿瓶を握っていて（それで医者だと分かる）、これで絵は完全なものとなる。典礼の展開については、我々には断片的なものしか残されていない。告解は、ほとんど現れていない（一例のみ）。なぜならば、〔時禱書では〕核心とも言うべき瞬間を描き出していることが最も多いからである。つまり臨終の聖体拝領（三例）、終油の秘蹟（五例）の場面である。このことから、よく知られている故意の言い落としがあったとしても、この秘蹟〔終油〕は受け入れられ始めていると結論づけてよいのだろうか。このような一般化をするには、判断の基礎がいささか薄弱である。いずれにしても、その光景はきわめて劇的なものになっている。司祭は塗油式の道具を準備している。病人は大ロウソクを手に持っている。あるいは、彼の代わりに別の人がそれを持っている。じっと動かない立ち会い人たち（家族、一人か二人の修道士）は、ベッドのすそで祈ったり、時には祈禱書を読んだりしている。悲嘆の表情は、はっきりと外には現れていない。この場面には宗教的な性格づけが支配的である。たしかに、いくつかの手落ちが見受けられる。こちらでは、あだっぽい女が悪魔に魂を持っていかれようとする瀕死の伊達男に流し目をくれているかと思うと、あちらでは二人の若者（おそらく跡継ぎとその友達）が、うわべだけの悲嘆にくれて付き添っており、このちんぴらどもは一刻も早く遺産の入った櫃をあけようと焦っている。このような風俗画はめったにないが、当然のことながら、それは時禱書の絵から期待できるものではない。

時として運がよければ、自分のすべての行動を細々と述べ立てるおしゃべりな公証人の筆によって、臨終の床で起こっている光景を「ありのままに」知ることができる。一四世紀のフォレ地方では、次のような記述が見られる。「真夜中頃、証人は自宅のベッドで寝ていた。証人は路地で人々がひそひそとしゃべり、鈴がなるのを聞いた。そして、教会の助任司祭であるJ・ミシャレが聖体を掲げてやってくるのが見えた。証人はこの人の後について、遺言者の住まいに赴いた。そしてベッドの上には遺言者がおり、その傍らには告解を受けるアンドレ・ブリュネリ殿がおられた。遺言者は告解がすんで聖体を拝受すると、財産の処分を行ない、その直後に息を引き取った……」。

医者が時折り出る端役であるとするならば、公証人の出番もまた稀だった。一度だけ、公証人が出てくるのが見られるが、臨終の前、遺言者と向かいあってである（『レヴィスの時禱書』、リスボン）。そして、私の調査の中では、唯一『グリマーニの時禱書』（ヴェネツィア）が、複雑だが、うまく構成された舞台を示している。そこでは、中央に聖職者がいて終油の秘蹟を与えているが、一方には医者がおり、他方には公証人がいて、遺言書を認めている。前景には寡婦と子供、侍女がいる。我々は、あとでまた遺言書を取り上げ、その普及度を測定するだろう。ジャン・トゥセールの言うことを信ずるならば、フランドルの農村地帯においては、遺言書はまだ死の床ではあまり見られない[37]。唯一、文字を書くことができた司祭は、信者に対して遺言書を勧めているが、確かめようもないやり方〔慈善〕で教会に利益をもたらそうとしているのではないかと疑われている。時禱書をもとにして見てきたこの無声映画には、音声が欠けている。そこでは、祈り、唱句、連禱の増加も、あの新たに普及した祈り、ロザリオとキリストの五つの傷の祈りも聞きとれない。特に、これらの証言をもとにどこまで拡大解釈できるのか、なお不安は残る。儀式は複雑さを増し、臨終の聖体拝領に、とりわけ終油の秘蹟に親しみを感じるようになったと結論づけることができるだろうか。トゥセールは、フランドル地方については、そう考えている。しかし、いつもの通りの悲観主義から、彼はそこに曖昧な理由しか見出さない。つまり、住民たちは香部屋の鈴が鳴ると臨終の聖体拝領の番だということに慣れ親しんではいるが、それは贖宥を得ようとするためである。カドザンド島〔オランダのゼーランド州〕の住民は、秘蹟を受けることなく死ぬという不安から、聖職者が島を出るのを嫌がる。しかし、司祭の側はこの任務が重すぎると不平を言っているが、トゥセールは、農民が司祭に期待していることについて、司祭が沈黙を守っているのではないかと疑っている。秘蹟とは、キリスト教的というよりは呪術的な性格を持つ、来世へのパスポートなのである。

通夜も、時禱書の絵の中には見られない。これは、時禱書が見せようとするものの枠の中には入りきれないからだ。半ダースほどの実例だけが、遺体の身繕いについて強調している。ある絵では、二人の男が故人の遺体をシーツにくるみ、地面に散らばった藁の上に横たわらせている。部屋は空っぽである。別の絵では、一人の女が、ベッドに置かれた裸の遺体を屍衣に包んで縫っている。また別の絵では、かろうじて屍衣に包まれただけの遺体が、二人の女性によって木の柩に入れられる。通夜を思い起こさせるような絵としては、唯一、ほとんど裸に近い遺体が、開いた柩の側で、地面にしかれたシーツの上に横たわっているものくらいだ。そこでは四人の人間——男が三人、女が一人——が、立ったままか、ひざまずいたりして、悲嘆に暮れている。さらに三人の人間が部屋に入ってきて、泣いている。ある絵では、遺体は、祈りをあげる二人の修道士の張り番に任されているだけだ。別の二つの絵では、乞食たちに用意されたパンを配るために、侍女が死者の部屋の扉を取り囲んでいる。つまり、伝統的な葬式の「配りもの」である。いずれにしても、教会は明らかに、通夜を聖なる場所〔教会〕へと引き戻す努力に成功していない。では、何も変わっていないのだろうか。我々は、当時、ヨーロッパの至る所で臨終を知らせる〔教会の〕弔鐘が普及し始めたことを知っている。

死の儀礼において最も重要な変容が現れたのは、屍体の身づくろいから年忌の儀式まで、つまり臨終からあとの時期の身振りにおいてである。この変容は、分かりやすく言うなら、二重の動きを反映しているので、明瞭さに欠けるところなしとしない。一方の動きとしては、すでに説明された死に対する執着の結果として、来世に対する精神的投資が途方もない重みを持つということ。もう一方の動きとしては、死後の儀礼を通して、個人と社会の存在を肯定しようとする明白な動きがあるということだ。この二つの側面は互いに結びついているると言えるだろう。それらは絡みあって、一人一人の人間の死の唯一性の意識を高めている。人は、一方においては遺体や大地に結びつくすべてに関心を持ち、他方においては来世における死後の運命にも関心を持つ。そうした心配りの中に、死の唯一性の意識が刻みこまれている。しかし、何もかもが矛盾なく進むわけではない。おそらく、もはや異種混合をしなくなった我々のほうが、それを経験していたこの時代の人々よりも、この矛盾には敏感なのかもしれない。教会が来世のキリスト教化において決定的な成功を収めると同時に、支配階層のレベルでは、身振りにあらわれた態度の全面的な肯定が明らかになる。これらの身振りは、現世的な価値体系にしっかりと根を下ろしていく。

遺言書は、この調査においては主要資料として高い地位にあるが、その本性そのものからして曖昧な性格も帯びている。我々は、図像の中ではめったにそれに出会わなかった。これらの証書を探しに行くのは、図像の中ではなく、公証人が遺言書を集めた公正証書役場か、時々、遺言書を照合する法廷登録簿の中である。まだ局地的、分散的であるけれども、今日では遺言書について研究が行なわれ、それはトスカナ地方をはじめとして、イングランド、フランスのいくつかの地点、すなわちボルドレ地方からトゥルーザン地方、リヨネー地方あるいはプロヴァンス地方に至るまで、知られるようになった。これらの調査をもとにして判断するなら、遺言書は、死が近づいた時の主要な社会的身振りであると同時に、来世を可能な限り組織化するための特権的な手段となりはじめている。

この慣行は次のように変化していく。それが〔中世のヨーロッパで〕復活するのは、場所によって時期が異なる（一一世紀から一二世紀まで）が、西暦一〇〇〇年の直後においてはまだ自分の魂の救済のための信心深い遺贈の集積だった。一二世紀、特に一三世紀になると、依然として宗教的性質が主要なものだが、遺言書には世俗的な要素が再導入されている。すでに見てきたように、フランドル地方では、聖職者は瀕死の人々に遺言書を認めるよう勧めていた。このローカルな実例は、一三世紀以降、慈善のための遺言書を勧める教会の政策を反映しているにすぎない。しかし、この慣行は、普及していくにつれて世俗化していく。司祭は、遺言書を集めることができた。例えば一四世紀に、フォレ地方では、遺言書は臨終の聖体拝領に組み込まれ、財産処分は聖体の秘蹟拝領の後に行なわれた可能性がある。しかし、次第に公証人が公認の聖職者に取って代わっていく。この地方では、司祭はほぼ一〇件に一件しかその役割を果たしていない。遺言は、市民的な行為となったのである。

同時に、この行為は目に見えて普及していく。どの程度までだろうか。一連の大量な証書を処理するにあたって、歴史家たちは、この慣行が表象としてどの程度まで適格かということにまだ確信が持てないでいる。トゥールーズでは、古代ローマ風の遺言書が一一七二年から一二七五年までの間にほそぼそと復活するが、年間の平均が一二七五年から一四〇〇年までの間で四件、一四四〇年までで六件、一四四〇年から一四五二年までの間で一二件である。フォレ地方では、一四世紀全体で三二二四件あり、年平均三〇件程度で、一地方の範囲では平均をわずかに下回る。リヨン司教区裁判所においては、伝染病が猛威を振るうことのない通常の年には、遺言書は一三八〇年まで、年一〇件以下であるし、一四世紀末から一五世紀末までは二〇から三〇件である。五〇〇の小教区をかかえる都市とその周辺地域としてはきわめて少ない。ロンドンでは、司教区裁判所での遺言書の登録は一四世紀の年平均五〇件から、一五世紀の一〇〇件へと上昇している。後者〔一五世紀〕の場合、死亡した成人のうち一〇〜一五%が遺言者であり、おそらく二〜三%が女性の遺言者である。近代において見られるような、ほとんどあまねく普及している習慣からはほど遠い。この分野ではより早熟なイタリアにおいてさえ、遺言書はエリート的性格を保っている。ただし、遺言書はすべての社会階層に見出され、この慣行が近代になって普及することを予告している。フォレ地方では、農民の遺言書は一三世紀には知られていなかったが、一四世紀になると資料群の三分の二を占めるようになる（農民六七%、ブルジョワ二七%、貴族四%、聖職者二%）。ロンドンでは、一二七四年と一四八〇年の間に一万一〇〇〇件の遺言書が登録されている。明示されている社会層の大部分（四三〇〇件のうち三六〇〇件）は、職人と小商人の遺言書であり、例えばその中には三三〇人のビール醸造業者、あるいは二五〇人の仕立屋、さらに一一四人の金銀細工師がいる。つまり、少なくとも遺言者の三分の一は、この都市階級の中の露店や小売店の出身である。

しかし遺言書には、それ自身の限界があることも認めなければならない。なぜなら、半ば民衆的な要素が含まれるとしても、この資料における強度の選択性はなくならないからである。そして、どの程度までそこで性別による表象の不均衡が示されているか、よく注意しなければならない。リヨネー地方では、一五世紀、貴族では女性遺言者はたったの一六%であるし、平民の遺言者では二三%にすぎない。一人の女性に対して三人の男性という割合である。同じ時期のロンドンでは、女性の遺言者は一五%である。

しかしながら、個人の役割の増大に応じて、死と死後の世界が整備され、社会的に階層秩序づけられた儀礼が行なわれるようになったことは事実であって、それは、遺言書の条文その他の資料によっても、死から……来世に至るまで、追跡することができる。我々は個別研究のアプローチによって（まだとても少ないけれど）、そのことを判断できるのだが、遺言者たちが自分の葬儀について、葬列から教会のお灯明に至るまで、ますます関心を増大させているのが詳しく分かる。例えば一五世紀のプロヴァンス地方では（N・クーレの研究によ

(%)	1450 1459	1460 1469	1470 1479	1480 1489	1490 1499
自分の葬儀について 言及していない遺言者	80	50	40	36	23
言及している遺言者					
・葬列	8	15	17	26	25
・灯明	13	26	32	34	61

N. Coulet によって報告されたデータ。

れば）、この時期の特徴の一つである葬儀への熱望が明確な形をとるのは、おおよそ一四八〇年頃であるらしい。

葬送行列

時禱書の絵では、遺体（自宅にいるブルジョワの場合）は、女たちの手に委ねられ、着替えさせられるか、屍衣に縫い込まれるかするのだが、当時、発展しつつあった貴族や王族の慣行では、死者の家で世俗的で壮大な葬儀が挙行されている。ここでは、教会に遺体を運ぶという教会法の義務などはもはや問題にならない（とはいえ、この義務が本当に守られたことなどあったろうか）。遺体は、その社会的地位に応じて（一四二二年に亡くなったシャルル六世の場合は、二〇日間）、また時代に応じて一定期間、自宅に展示される。その期間は、一五世紀初めには四日から五日、一五〇〇年頃は一〇日、その後はもっと長くなる。この長い展示期間のために、理由は明らかだが、内臓摘出（内臓と心臓は、別に埋葬される）と防腐処理が一般化した。その後は、すでに見たように、死体は次第に似姿〔肖像画もしくは人形〕へと置き換えられていった。

イングランドでは、衣服と勲章を身にまとった国王の人形《ひとがた》が登場するのは一三二七年のエドワード二世の葬儀以降のようだが、この習慣が恒常化するのは一五世紀になってからである。次いで、ヨーロッパ大陸では一四〇三年のオルレアン公ルイ、一四〇四年の〔ブルゴーニュ公〕フィリップ大胆公の葬儀において、「もし、遺体がもたないようならば」、「代理の像」をつくることが想定されている。それはおそらく空の柩か、あるいは人形であったろう。いずれにしても、一四二二年以降、つまりシャルル六世の葬儀でも、また同じ年に行なわれたイングランド王ヘンリー五世の葬送行列においても、人形が登場したことは確かである。この慣行は、顔をむきだしにした遺体の顕示に取って代わるようになり、一五世紀末には国王以外にも広がり、王族と貴族たちがそれを模倣する。

人形の頭部は彩色された蜜蠟のデスマスクでつくられ、残りの部分は――遺体の状態に応じて――故人の地位を示す衣服を身にまとい、男性の場合は地位を示す勲章、女性の場合は宝石を身につける。こうして一五世紀の終わりまでには、人形が肉体に取って代わり、展示を延長することができるようになる。その結果、儀礼はさらに複雑になる。なぜならば、まず故人の（実際の）肉体が葬儀の間（あるいは往生の間）に展示される一方、豪華に飾られた別の部屋（栄誉の間）には壮麗に飾り立てられた栄誉の寝台が置かれ、その上に人形が安置されるのだが、時には、次々に訪れる群衆からも見えるようにと人形は傾けてある。この驚くべき段階的発展はさらに進行する。アンヌ・ド・ブルターニュ〔一四七七―一五一四。ブルターニュ公フランソワ二世の娘。シャルル八世に嫁ぎ、彼の死後ルイ一二世の妻となる〕の場合、華美に飾られた人形の前に置かれたテーブルに豪勢な食事が供される。この見かけの食事は、権力者のための儀礼が二分割されていたのを終わらせる。つまり遺体への哀悼は消失し、実物の身体は隠される。芝居がかったやり方でそれに取って代わるのは、高貴なる人物の栄光に満ちた公的表象である。このように、権力者の葬儀に登場し、一五世紀末に完了する進化において、我々はおなじみのモデルに再会する。それは、死体の代わりに死のイメージを、横臥像《ジザン》の代わりに骸骨を、おぞましい現実の代わりに、滅菌されただけでなく変貌させられた造形物を置くというモデルである。しかし、それだけではない。教会の外では、世俗的栄光における故人の人格を褒め讃えるための世俗的な非公式典礼、社会

18）フランス国王の葬儀（シャルル６世）——「似姿」もしくは「表象」は国王の衣服と勲章を身にまとっている。パリ国立図書館。

的儀礼が姿を現しつつある。

葬列は、故人への「最後の栄誉礼」を演出する死者の家へのパレードの当然の延長である。この時期の年代記には、外国で没した王族の遺体の祖国への帰還にともなう長い葬列の思い出が記載されている。百年戦争の時には、イングランドの王族〔の遺体〕がフランスを通って帰還したし、それほど遠くはないが、〔一四八三年にエクスで没した〕アンジュー公ルネはプロヴァンスからアンジェに帰還した。より一般的には、邸宅から教会までの王侯貴族の葬列は、陽気な入市式を模して豪華に編成されている。葬送行列は、入市式のいわば残照だった。〔先頭には〕家紋をつけたお仕着せを着た死者の触れ役、つまり、故人の地位と気前のよさに応じて数は変わるが、おおっぴらに着飾り、食事を与えられ、金を支払われる貧民〔乞食〕の集団がいる。その数は、騎士の場合なら三〇人ほど、上級身分の貴族になれば数百人を数える（ピエール・ド・ボージューの場合は五〇〇人を数えた）。そのあとに聖職者が続く。まずは托鉢修道会や他の大修道院の修道士、小教区聖職者と司教座聖堂参事会員、最後に高位聖職者。故人の家臣と召使い、故人の供回りの貴族、これらが身分秩序に従って、行列の第一集団を締め括る。

葬列の中心は、「栄誉の品々」（幟、軍旗、故人の武器、故人の紋章入りの楯、先祖の紋章入りの楯）で構成される。これらの後に、「表象」、つまり二層になった天蓋付きの輿が続く。下の壇には隠れるかのように柩が置かれ、上の壇には本来の意味での「表象」、つまり、ありとあらゆる勲章を身につけた似姿が柩の掛け布の上に横たわり、その上には天蓋がかかっている。天蓋付きの輿は、初めのうちは側近たちの腕で担がれていたが、一五世紀の末には黒い馬飾りで包まれた馬に引かれている。その後に親族「葬列」が続く。これはごく少数の、喪に服している最近親者の集団で、長い黒のガウン、裳裾のついたマント、目だけしか見えないケープ付きフードをまとっている。より遠い親類も、同様に喪に服して（ただし目立たぬように）前者に続き、葬列の中のその他大勢の集団からは離れたところを歩いている。この豪勢な行列は繰り返し行なわれ、時には三日間（前夜の徹夜課から、葬儀当日のミサ、さらには翌日のレクイエムまで）にわたって行なわれたが、一四〇〇年代《クワトロチェント》のイタリアで見られたような、まさに世俗的な凱旋式の様相を見せている。

いま見たばかりの貴族の葬送行列は、この時代の葬儀の雰囲気を伝えているのだろうか。そう言ってしまうと、話が性急に拡大されてしまうかのようだ。上の方に向かってなら、拡大解釈とは言えない。我々は、一五世紀のフランス国王の葬送行列についてはよく知っている。そこには貴族身分の葬儀の一般的な構成が同じように現れている（国王と貴族のどちらがまねたのか、という問いは無意味）。同様に、そこでは儀式がますます複雑になっていくことが分かる。一四八九年のシャルル八世の葬列においては、先頭を行く四〇〇〇人の貧民でふくれあがり、そのあとを公権力を代表する一ダースほどの団体が続き、その組み合わせにより、葬列にまさしく凱旋式の様相を与えていた。

ごくありきたりの庶民の葬儀に関しては、当然のことながら十分知られてはいない。しかしながら時禱書においては、写本彩色挿絵師たちが諸聖人や聖母マリアの葬列、時には無名の人の葬列を描いている。そのような挿絵はごく稀ではあるが、しばしば明瞭な指示がなされている遺言書の記載から、裏付けを十分に取ることができる。トゥールーズでは一四世紀末から、葬儀の行列《パレード》が、お金をたっぷりもらえる人気の高い公然たる見せびらかしの催し物であったことは確かなようだ。聖職者が遺体を引き取りに家に行き、遺体の前で「恭順」の祈りを唱える。それから厳かに、遺体を教会へと運ぶ。遺体はたいまつに囲まれ、しばしば托鉢修道会士に付き添われ、同時に貧者の集団も加わり、最後に親族や友人たちが続く。教会でのお祈りが終わると、もう一つの行列——そこで唱えられる連禱の文句（「お聴きください」）から「エクサウディ」と呼ばれる——が、墓地まで繰り広げられる。南仏での慣行は、パリで行なわれることと本質的に異なるものはない。パリの慣行については、シャトレ裁判所の原簿に登録された遺言書の中に読みとることができる。これらの都市住民の遺言書の多くにおいては、「四人の托鉢（修道会士）」という文言が決まり文句となっている。フランス、フランドル地方、ドイツその他において、屋台や小売商人の人々は、自らが属している兄弟信心会か、ギルドの会員の助力を当てにすることができた。それは、これらの結社の主要な義務の一つだったのである。

死者のためのミサ

教会で執り行なわれる「死者のためのミサ」（葬列が教会に向かうのであれば、その後で、葬列が墓地に向かうのであれば、その前に行なわれる）は、私の定義に従えば、二つの方向に向かって顕著な展開を示している。宗教的な見取り図の中に身を置いてみるならば、それは祭式・典礼の発達ということだが、他方では、集合的儀礼の入念な社会化ということでもある。

全くの貧困者、あるいは一般の住民に関して、教会は通夜（「死者のための徹夜課」）のために遺体を教会に運ばせようとしたが、それに成功しなかった。遺体から一刻も早く解放されたいと願っていた農民や民衆は、遺体を置き去りにして教会へ行き（あるいは、すでに見たように、そうしない頑固者もまだいたが）、教会で手短かに遺体なしのミサを受けさせたのちに、遺体を大地に埋葬した。有力者の場合は、何世紀も前から遺体を修道院に安置することが貧困者の場合よりも多かったが、私たちが見たように、住居において遺体を見せびらかすことが一般化すると、そう言ってよければ、ほとんど教会を経由しない並行儀礼が発達する。〔民衆と有力者による〕この二重の行為の結果、「遺体のある」ミサは是非とも必要なものではなくなった。とりわけ、大貴族においてはそうなった。この時期の時禱書から私が収集した死者のためのミサの挿絵六五点のうち、わずか三点だけが、顔のむき出しになっている遺体を担架に乗せている場面をはっきりと描き出しているが、ただしこれは、顔をむき出しにする地中海地方の伝統にのっとったイタリアの事例である。たしかに他の大多数では、遺体が柩の中におさめられている可能性がある。しかし、それももはや鉄則ではなく、以後は、死者のためのミサは遺体なしですませることができるようになる。

教会側の執念の相対的失敗は、祭式そのものの発達によって埋め合わせがなされる。時禱書のテキストの中での「死者のためのミサ」の記述は、一五世紀初頭から、その九五%の事例において、なくてはならない重要な構成要素となっている。さらには一三五〇年から一四五〇年まで、あるいは一四八〇年まで、〔時禱書の〕五五～六五%においては教会における「死者のためのミサ」が描き出されており、このミサが必要不可欠な儀式であったことを証明している。これは、現実における分極化のしるしであり、模倣され、再生されたモデルの重みがいかほどであろうと、この上もなく貴重な資料源である。

しかし、絵の注釈を始める前に、テキストに向かうことにしよう。トリーア地方は、特別に研究が進み、長期的持続の事例にとって貴重な場所でもあるが、そこでは一五世紀になると、埋葬（フネラ）と葬儀ミサ（エクセクイエ）が結びつき、俗語でBegangnis（埋葬）、Grabmesse（葬儀ミサ）と呼ばれるようになった。フランドル地方では、主任司祭が葬儀について数多く語っており、すでに社会階層の区分が死者の地位と見栄とによって明確になされていた。何世紀にもわたって受け継がれてきた慣行に従って、通夜から翌朝まで唱えられる晩課、朝課、讃課が区別されていた。大貴族の場合、儀式は、すでに見たように徐々に三日間にわたって繰り広げられるようになっている。晩課は通夜の夜に、大ミサは朝に、レクイエムはたいてい翌日に歌われた。一四六三年のトリーアのあるテキストによれば、「死者のための徹夜課」が、通夜や自宅での遺体安置の代用として発展している（時禱書の挿絵のかなりの割合が本来のミサよりも、これに当てられている）。ミサの後、「棺側の赦禱」が行なわれる。例えばブリュージュ（ブリュッヘ）では、これが限りなく長く、複雑である〔答唱、聖書の朗読、唱句、念禱、詩篇、そして撒香など〕。たしかに、トゥセールが示唆しているように、キリスト教以前の儀式の多様な残存物をキリスト教化しながら、呑み込もうとしたために、このガリカン式〔フランス式〕典礼は腹いっぱいになってしまった。しかし、トゥセールと共に、この儀式がどこまで理解されていたのか、首をかしげざるをえない。

〔時禱書などの〕絵を見ても分かるように、「死者のためのミサ」は豪華なものとなる。司祭と侍祭は祭壇にあがり（「助祭と副司祭のミサ」と呼びならわされているものを唱える）、聖歌隊と修道士は聖職者席に着き、聖歌隊席のうしろか聖職者席で歌を歌い、服喪中の家族は一般的には内陣に、時には柩の両側にあるベンチに座る。それから、柩の足下には泣き人《びと》が何人かいて、遺族と同じく、黒い頭巾でほとんど顔をおおい、大ロウソクをかかげ持っている。霊柩台は——予想どおり——この場面に不可欠な要素である。高くかかげられた柩は布でおおわれているが、この掛け布は、フランスの伝統の中では「柩の掛け布」と呼ばれるもので、時には黒であったり、しばしば彩色されたりしている。教会は、葬式用にこの布を貸し出すことによって収入を得ていた。中央が膨らんだ、蓋のついた柩（垂れ飾りがつき、ラシャで覆われている）の上には、しばしば木の台が載っていて、さらにその上には二重の天蓋がかかっている。これこそ、まさにフランス人が言うところの霊柩台（イタリア語では、catafalco）である。これを見たドイツ人は、これにふさわしい名前を見出せないでいる。だからウェストファリア地方のテキストでは、ボルディク boldik（一四三三年）、バルドク baldoc（一四四二年）、ボルドク boldok（一四八四年）などと言っている。フィリップ・アリエスとはちがって私は、この霊柩台が〔死者の〕表象と混同され、一五世紀末以前には例外的であった大貴族の蠟マスクをつけた彫像や人形に取って代わったのだとは、全く思わない。それは、全く異なった様々な要素をごちゃ混ぜにすることだ。霊柩台は、もとはと言えば「光輝く礼拝堂」(遺体安置所)の土台であり、この言い方は一五世紀中頃から現れた「光り輝く家」から来ている。その上には、点された大ロウソクが森をなしていて、少なくとも四方(しばしばそれ以上)には蠟の松明がたかれていた。「光」の氾濫こそ、新しい自己顕示欲の特徴の一つであるが、それは別の様式でも表現される。例えば、霊柩台の縁に沿って、また太い松明の上に、時には泣き人の鎖帷子の上に、時には教会の壁に沿って張り付けられたり、描かれたりした帯状装飾(フランス語で言う所の「葬式幕」〔故人の頭文字(紋章)が入る〕)に、故人の――そして時には柩の四隅に後見人として控えているご先祖様たち――の大紋章の楯形紋が繰り返し繰り返し登場してくる。この情景の演劇性に効果が期待されていることは、一目瞭然である。「そこには遺体安置所がしつらえられ、黒幕で四角に区切られ、香がたきこめられ、劇場のように明りで満ちあふれている」と、当時の文書には書き記されている。

けれども、この顕示欲のエスカレーションにおいて、貴族の葬儀はさらなる一歩を踏み出す。たいていはパンとワイン、あるいは大ロウソクから成り立っていた大ミサの寄進は、貴族の葬儀によってその本来の意味から完全に逸脱してしまう。従来の要素は、「栄誉ある品々」や「武器飾り」と呼ばれる騎士の武具に取って代わられる。この儀式は、「秘儀」をも兼ねていると言われているから、奇妙なものに感じられる。一人の伝令が順次これらの品々を遺族と死者の「表象」に示したのち、祭壇に次々と楯、大兜、剣を、そして最後に、飾りたてられ、死者の武勲を偲ばせる旗指物をつけた軍馬を示す。時には二人の貴婦人が、死者の武器と紋章の銘句を背負った栄誉の馬を引いてくる。これは、一五世紀の貴族世界における宮廷文化の名残りを想起させるものである。それはまだ初歩的なシェーマにすぎない。騎馬試合と武器の奉納を二つに分け、馬の数を増やす(一五一五年、ブリュッセルのドン・フェルナンドの葬儀の時には一二頭)ことによって、最良の場合には、宗教的儀式は世俗的な凱旋式へと変貌するのだ。奉納は、血統の正しさと貴族としての高い地位の証明である

19）時禱書の中で頻繁に描かれている死者のためのミサには、新しい儀礼の特徴が集められている。ブシコーの時禱書。パリ、ジャクマール＝アンドレ美術館。

から、そのあとに続く葬送演説（弔辞）の形をとった説教によって説明されねばならない。いくつかの事例では、死者の家系図を示し、貴族としての身分の高さを証明することに執着している。死者の思い出は、視覚によって永続する。死者の「表象」（「代理」）である肖像は、墓が完成するまで教会に安置され、栄誉の品々はそこに吊るされるか、鉤で引っ掛けられる。ますます増長していく貴族の野心、これは、より一般的な傾向の極端なあらわれなのか、あるいは、それに逆らうことによって目立とうとする心遣いなのか。この問題は、墓について語る時に、再び現れてくることだろう。

墓の秩序

人々は、どこに埋葬されたいと願っていたのだろうか。その答は、大雑把に言って、社会的地位によって決定される。しかし、数世紀以来、事情はいささか複雑になっている。埋葬場所の選択は、もはや単に教会か墓地かではなく、小教区か修道院か、ということでもある。一般的には、一三世紀に発生した托鉢修道会（ドミニコ会、カルメル会、フランチェスコ会）のうちのどれか一つを選ぶ。ニュアンスに富む像を結ばせるほどには個別研究が十分そろっているわけではないが、勿論、それは現在提出されている貴重なデータ群を軽視する理由にはならない。トゥールーズでは一五世紀において、墓の六〇％が死者の属している小教区で作られているが、これは依然として際だって多数派である。いくつかの小教区付きではない教会は、市壁のそとにある新墓地に、それまで分散していた墓地を集中させる。特に、托鉢修道会系の四つの修道院〔上記の三修道院にアウグスティノ会が加わる〕は、それぞれが墓地を有しており、成功を収める。トゥールーズは平均的な事例だろうか、それとも例外だろうか。おそらく、これを地中海の諸半島にまで拡大適用したとしても、軽率ではないだろう。

いずれにしても、これは都市の一例にすぎない。このような選択は、農村には存在しないのだから。

教会（あるいは修道院）と墓地との間では、教会をひとにぎりのエリートの専有とみなす伝統的な力関係が、多くは損なわれずに残存している。私たちは、墓の社会学においてそのことを確認することだろう。しかし、すでにトゥールーズの事例においても、数百通の遺言書の調査から、その割合を知ることができる。遺言者の八〇％が墓地を、一〇％が修道院を、残る一〇％が教会を選んでいる。同じ時期のリヨンとその周辺の遺言書も、似たような特徴を示している。貧富を問わず、それどころか貴族、さらには聖職者でさえ、多くが墓地の方を選んでいる。

しかしながら墓地は、都市では特にそうだが、時には農村においても、明らかに変化している。おそらく、共同墓地の都市計画には先駆形態が存在したのだろう。ピサのカンポ・サント墓地は、一一世紀に造営され、ジョヴァンニ・ディ・シモーネが一二七七年から一二八三年の間に造ったとされている大理石でできたゴシック様式のアーケードによって囲まれている。この集合墓地は、ランフランシ司教がピサの十字軍にゴルゴタの丘から持ち帰らせたと言われている土を盛って造ったものである。カンポ・サント墓地は、イタリア半島で模倣され、お手本となるべきものだが、やはり例外的な存在である。

フランスの北半分から中欧にかけての北ヨーロッパ全域において、死体置き場あるいは納骨堂が、当時、都市の墓地問題の一時的解決手段となる。私たちは、一三世紀にこれらの建築物の地味な始まりを見ている。一四世紀に入ると、パリの聖イノサン墓地という最も有名な事例をもとに、都市における墓地の発展を辿ることができる。この墓地の始まりは九世紀と一〇世紀にさかのぼる。当時それは都市の外にあったが、フィリップ二世尊厳王〔在位一一八〇―一二二三〕が高さ三メートルの壁で取り囲ませ、都市の中へと組み入れた。もともとは小教区の墓地にすぎなかったが、一三七一年にはパリの七つの小教区の死体がここに集中するようになる。

この墓地では、共同墓穴に死者を埋葬する。つまり深さ五メートル、ないし一〇メートルまで掘り下げられた溝に死体を投げ込んでいくのだ。一四世紀初頭からは、掘り返された骸骨を乾燥するために、風通しのよい屋根裏部屋の付いたアーケードを壁の上に建造した。納骨所《シャルニエ》ができたことによって、墓地は完全なものとなる。寄進者たちは、アーケードの下に墓を建てるか、チャペルの形で墓を建てさせる。一四〇八年にはベリー公ジャンが、墓地に「三人の死者と三人の生者の物語」を彫らせ、一四二四年には土台の壁に、はっきり分かってい る限りで最初の「死の舞踏」を描かせた。一四四九年からは（一七世紀まで）、回廊《アーケード》と納骨所の上には家が建てられ、様々な信心深い（その他、あまり信心深くもない）商売が、〔死骸の〕腐臭にもかかわらず、この死者と生者の共同の場所のにぎわいの恩恵に浴した。聖イノサン墓地の納骨所は、その規模において例外的ではあるが、孤立した事例ではない。当時は都市においても、農村においても、納骨堂《オシュエール》が建てられている。例えば、ブルターニュ地方で見受けられる納骨堂は初期には木造だが、やがて石造りとなり、しばしば教会の壁と接合され、外部からの遺骨を受け入れた。ついで一五世紀末には、墓地は教会から離れ、自律的な地位を獲得する。ここで、一七世紀末まで続く、墓地の発展のあらましが見えてくる。一五世紀の細密画にもとづいて想像するなら（墓の場面の背景に、納骨堂がしばしば登場する）、納骨堂は、墓地の壁を囲むアーケードの上にある回廊の形をとるようになる。作成された地図は、ヨーロッパのかなりの地方で、納骨堂がきわめて濃密に存在することを示している。一五世紀には、スイスからオーストリアへ、そしてティロル地方に至るまで、納骨堂が増えていく。納骨堂の分布地図は、フランスの一部、南ドイツ、スイスのドイツ語圏、バイエルン地方、さらにハンガリーとスロヴェニア地方にもいくらか広がっている。これらと異なっているのは、バスク地方、あるいはイタリアの地中海様式の納骨堂である。

納骨堂の分布地図は、常夜灯明台の地図〔本書二七二頁〕とさして異なるものではない。それによれば、常夜

20）ピサでは、中世イタリアが考案した「カンポ・サント」の特徴がよく出ている。

21）ブルターニュでは昨日まで、時には今日でさえも、納骨堂の伝統が守られているが、周期的な改装にあたっては、名誉ある故人の頭蓋骨は箱の中に集められる。

22）イングランドのオクスフォードシャーの貴族ジョン・クロフストンとその妻は1470年以来、スウィンバーンに葬られている。真鍮板に彫られた死者の肖像である「ブラース」の例。ブリテン諸島で多く見られる。

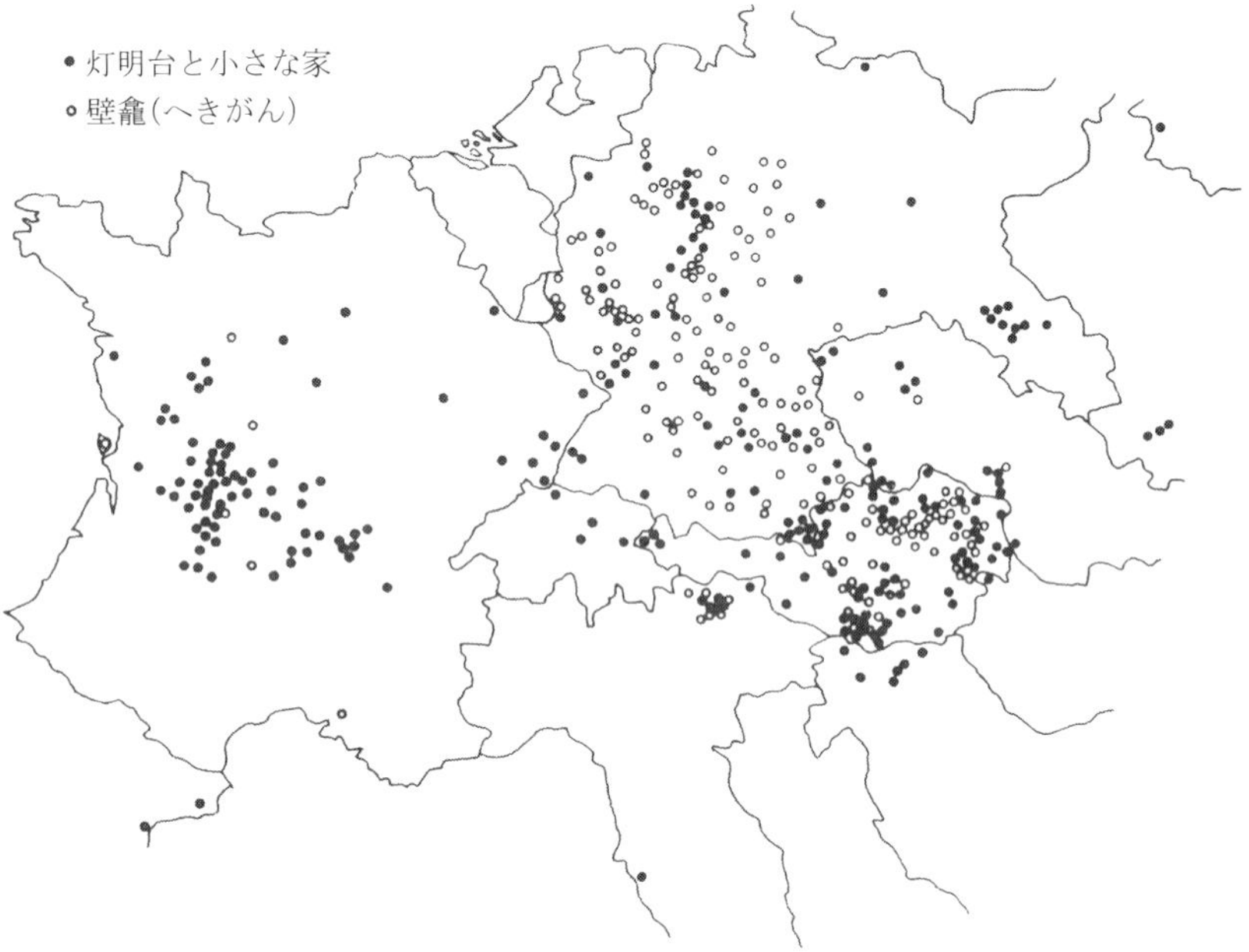

中世ヨーロッパにおける常夜灯明台の分布。
F. Hula による。G. Krier の地図。

灯明台は様々に形を変えながら、(その発生地であるフランス中央部から)ゲルマン系ヨーロッパへと広がっている。墓地の様相の変化としては、集合的な大十字架(個人用の十字架の代わり)が聖域の中央にかつてないほどしっかりと建ってはいるものの、結局、個人向けの十字架が増加していく。時禱書の中の埋葬の場面では、墓地には木の十字架がぎっしりと立ち並び、しばしば十字架の頭部には二枚の木板がはすかいにかぶせられ、屋根の役割をはたしている。これに混じって、彫刻を施された墓石があり、より裕福な人々の墓であることを示している。このタイプの墓石が一二世紀に出現するイギリスから、一五世紀になって、とりわけスウェーデンのゴットラントでこれが見出されるスカンディナヴィア半島に至るまで、「平たい墓石」に彫刻されたある種の十字架には、複雑な唐草模様や組み合わせ模様が彫り込まれている。中世キリスト世界の周縁に、死をキリスト教化するこの象徴的な要素が出現したのはようやく一五世紀になってからである。だからと言って、墓地が、決定的に閉じられ、文明化され、支配された場所だったと結論づけないようにしよう。墓地は昼間でも汚く、放置されたままで、生きもの（家畜や人間）が歩き回る場所だったし、そうした有様がすぐに変わることはないだろう。それから、地域と地域、都市と農村との間のニュアンスの違いをつかんでおいた方がよいかもしれない。しかし、それはそれとして、当時、死者の場所のキリスト教化が重要な段階を越えたという印象は、十分に得られたはずである。

少なくとも枠組だけは出来上がった。次は当時の資料から得られる知識によって、そこに埋葬の場面そのものを導入することである。ここでもまた、時禱書が貴重な資料であることが判明する。おそらくそこでは、流行が何らかの関係を持っているようだ。「ブシコーの画家」と呼ばれる逸名の絵師は、それまで葬儀の場面としては「死者のためのミサ」を描いていたが、一四一〇年に彼が描いた最も有名な『ブシコー元帥の時禱書』では、墓地における埋葬の場面を描いている。レイアウトの関係から集団の数は切りつめられ、平均すると四人の聖職者、五人の服喪者が参列しているにすぎない。喪服で隠されているにもかかわらず、男女、近親者をはっきり見分けることができる。女性を葬儀から排除するということは、まだ習俗の中に入り込んでいないようだ。死体がむき出しにされていたことについてはすでに論じているので、故人についてはここで繰り返さない。いずれにしても、二つの事例を除いて、遺体はただ屍衣に包まれて穴の中に入れられる。遺骸の入っていた柩は、蓋が開いたまま、穴の側に置かれている。柩が埋葬のために使われるのはまだ例外的である。考古学と文書資料のデータは、図像学の示唆することを裏書きしている。ハンス・ブルクマイル〔序章参照〕のような名士でさえも、一四四一年に、たった一枚の板の上にのせられて墓に葬られている。一五世紀のトリーア地方の司教座聖堂参事会員も同様である。あまりに局地的な印象を一般化することを恐れずに言えば、柩に入れて葬るという風習はドイツ系のヨーロッパとフランドル地方から広がり始めたようだが、フランス、イギリス、ましてや地中海世界ではまだ知られていなかったように思われる。

人口の八〇％近くが、この場合、いわば「並み」だったのだから、ここに出てくる埋葬は一般人のものでは全くない。現世の有力者にとって、教会にある墓は、それが与える死後のメッセージによって、死を前にした態度におけるもうひとつのアプローチの諸要素を示している。「聖地」に埋葬されるという特権を持っていたのは誰か。これまで見てきたように、教会への侵入はまだ始まってはいなかった。フランスにおける墓の資料集（ゲニエール・コレクションの素描画によって見ることができる）は、すでに利用しているが、この点に関しても大変有益である。聖職者、君主、貴族以外に、平民のために残されている場所はきわめて限られている。相変わらず、公証人、法律家、上層ブルジョワが入るだけだ。一二五〇年まで、墓に入る平民は事実上ほとんどなく、一三世紀後半でも三％しか見られない。けれども一四世紀前半から急速に発展（九％）し、一三〇〇年から一五〇〇年まで（実際は、一六〇〇年まで）に七％から一二％の間を上下しながら安定し、急激な発展は見られない。現世の二大特権者集団――つまり聖職者と貴族のことで、常にサンプルの一〇分の九を占めている――の間では、両者のバランスに置いてある展開が見られるものの、それは固定観念によって期待されるような意味合いでは全くない。つまり一二世紀以降、ある種の非聖職化が進み、俗人が優位を占めるようになっていた。この傾向は一五世紀初頭まで続き、聖職者は三〇％を占めるにすぎない。その後、あきらかな揺り戻しがきて一六世紀まで続くが、聖職者と修道士の墓は五〇％近くに増加する。

しかしながら、もう少し近づいて見るならば、いくつかの変化に出会う。例えば、墓に投影されているような男女両性の表象、あるいは家族のイメージなどがそうだ。死に体現された大貴族の世界の象徴的表象は、相変わらず子供を無視している。一三世紀後半には、国王や王族の子供に対して、その扉が細めに開けられていたが（五・五%の割合を占める）、一五五〇年まで扉は再び閉じられる。一一五〇年から一三五〇年まで二世紀にわたって、女性は全体では五%から三二%へ、俗人では九%から四九%へとめざましい躍進を遂げるが、この成果を維持することができず、その後は各々二五%と四〇%へと下落する。しかしながら俗人の横臥像《ジザン》の構成については、印象は違ってくる。一三世紀中葉まではたった一人で横たわっているのが圧倒的だったが、一五世紀末では横臥像の六〇%が夫婦の組み合わせである。ただし、この頂点は長続きしない。オルレアン公シャルルの優しい〔これは反語で、実際には苛酷な〕一五世紀は、彼が墓に入るまで、その約束を守り続けたのだろうか〔シャルルは二〇年の幽閉ののち、イギリスからフランスに帰国した〕。そして、一四一七年以来ローウィクの境界（ノーサンプシャー）で手を握り合っているラルフ・グリーンとその妻の情愛深い横臥像は、他の夫婦たちのためにも証言しているのだろうか。本当にそうなのだろうか。「家族、少なくとも夫婦は、死の彼方でも永続する。個人的な出来事も、二人で乗り切ることができる」――これが、墓に語らせようとしている、非常に単純であると同時に明白とは言えない教訓の一つである。だが教訓はこれだけでは全然ないのだ。

　エミール・マール、さらにはパノフスキー[38]以来、中世末期における墓の発展の重要な特徴は、芸術の諸形態だけでなく、集合的表象との関係においても明らかにされてきた。事態が変化し始めるのは、まさにそこにおいてである。要点だけにとどめるなら、我々は今、一四世紀の初頭において、表象体系の試練に直面している。フランスでは、平民の墓は凹状に彫刻された一枚の石の板である。他の地域では、別の技術が優勢になってくる。イギリスでは、真鍮製品（彫金された銅板）が作成され、これらの銅板は今もなお教会に多数残っているが、海を伝わって対岸のブリュージュ（ブリュッヘ）からコペンハーゲンまで、あるいはリュベックにまで達し、各地に散在している。半ば地面に埋もれた形で、これらの穏和な姿の横臥像が見出されたのだった。その後、墓板の慣行が止むことはなかったが、一二世紀と一三世紀の間には第三の領域の発見、つまり横臥像《ジザン》を立像にすることが始まった。スペイン、あるいはイタリアでは目を閉じたジザンが、フランス、イギリス、あるいはドイツでは目を見開いたジザンが造られた。

こうして、一三〇〇年頃にひとつの転換が起こる。パノフスキーはそれを美学的必然性という言葉で論じているが、その必然性自体が内的なダイナミズムによって促されたものである。彼の説明がどれほど魅力的であろうとも、それは問題の一局面に照応しているにすぎないし、彼もそのことは十分に承知していた。なぜならば、眠って水平に横たわっている姿と、直立して活動している姿とを一緒にするやり方の矛盾を前にして、それへの対応は二重のものとなるからだ。大多数のものは石の板、あるいは真鍮板で満足していて、それらをつつましく地面の上に置いている。一方、「平民から〔抜け〕出てきた」と呼ばれる少数の人々においては、次第に直立の姿勢が優勢となり、徐々に死者を立ち上がらせることになる。それどころか、あえて言えば死者を殺し、その代わりに本当の横臥像《ジザン》を、さらには骸骨化した死体墓像《トランジ》までをもつくり出す可能性も残っていた。それはすでに見たように、実際に採用された解決法のひとつである。しかし、この解決方法と、その前の方法〔直立姿勢〕との間に、一つの妥協が姿を現していた。つまり、墓を〔上下に〕二分し、下層には死の表象であるトランジを置き、〔上層にある〕故人の「生きたままの」表象と結合することである。故人は、生き生きとしており、地上のあらゆる栄光のしるしを身につけている。もし、極度に単純化したこの要約を大目に見てもらえるならば、この〔墓の作り方の〕発展が、美学的形式の必然性への対応などではなく、死についての表象〔観念〕の変化に由来するものであることを、先にあげたデータから認めてもらえるにちがいない。

パノフスキーの表現を再度借用するならば、まず最初に、似姿の「活性化」がある。水平に眠る死者の姿は、徐々に、跪いて祈る故人の姿に取って代わられる。つまり、死者は生き生きとしていて、永遠性を約束されている。フランスでは、このような発展はゆっくりとではあったが、着実に進行する。一四世紀は一％前後であるが、それから一五世紀前半には四％、後半には八％へ、一六世紀初頭には一〇％となる。これは、一七世紀の決定的な転換を前にした横ばい状態と言える。フランスは、この頃建立され始めた巨大な壁墓において、イタリア以上にこの解決策を採用している。しかしイタリア半島では、玉座に座った故人の栄光に包まれた姿がより早く知られている。例えば、一三世紀末以降、ナポリ大聖堂におけるアンジュー家のロベールや、その他の高位聖職者にも、しばしばこの手法が使われた。しかし、一四九八年にポライヴォーロが建立した教皇インノケンティウス八世の墓をはじめとして、この方法が大量に実行されたのは特に一五世紀末のことである。跪いていた死者は、どっしりと玉座に座っている。たしかにごく少数ではあるが、横になって半身を起こし、いささかくつろいだ格好で肘をついている似姿もある。そして、この分野ではスペインが模範を示している。シグエンザ大聖堂にあるドン・マルティン・ヴァスケス・デアルケの横臥像がそれで、この若者は脚を組み、信心深いものに違いないと思われる書物を読んでいる。おそらく、安易な解決策とは、全く単純に横臥像を立ててしまい、柱像にしてしまうことである。これらの「立てる」横臥像は、これまで全くなかったわけではなく、マインツでは一五世紀の一連の大司教たちの像（一四一九年から一四三四年、ついで一四八六年）に見ることができる。結局、よく知られているように、一五世紀末に至るまではイタリアだけが、この現世の価値へのこれ見よがしの回帰を徹底的に押し進めようとしていた。つまり、騎士や王侯を鞍に乗った姿で表し、死んでも騎手であることを強調するのだ。最初の事例はまださやかなものではあるが、一二八五年、次いで一三〇一年（スカラ家のアルベルト一世）に現れる。しかし、一四世紀に北部イタリア全域で一派をなすほどの伝統が作り上げられたのは、ヴェローナのスカラ家のカン・グランデ〔一二九一―一三二九。宮廷に学者・文人を集め、ダンテやジョットを保護した〕の堂々たる記念碑以来であり、また、同じくフィレンツェの大聖堂にある「だまし絵」、つまり一四三六年にパオロ・ウッチェロが描いたジョヴァンニ・アクト（ジョン・ホークウッド）の、そして一四五六年にA・デルカスターニョが描いたニコラ・デ・トレンティーノの騎馬像から始まったのである。

個人が死の中で立ち上がり、徐々に出現してくるという現象を、一本調子のシェーマにまとめあげるのはやめよう。横臥像もまた、彼らなりのやり方で、この発展の特徴をはっきりと示している。例えば彼らが教会に占める場所だが、もはや無視することができないほどはびこっている死者のために、教会はそこに小さな領域を与える。ゲルマン世界では、古代人の石棺を模した長方形の柩が教会の真ん中にすえられる。このような解決策を知りながらも、フランス、イギリス、イタリアでは、「壁龕墓」（英語ではAlter-tomb）という方法が選ばれる。この壁龕は、時には、〔聖堂内の〕小礼拝堂ほどの大きさになり、教会の壁に作りつけられる。柩はそこでは二層構造になっており、横臥像《ジザン》の上には故人の生前の姿をかたどった像が見える。それは、フランスでは跪いた姿で、イタリアでは観覧用寝台に横たわった姿をしている。しかし、現代的な言い方をするならば、この私的な領域においては、天であれ、地であれ、頼りになるもので死者を取りまくことは以前よりも許容されるようになっている。一三世紀の象徴表現は控え目だったが、あとに続く図像はもっとあからさまである。ある人々は、天国に固執する。跪いた姿の死者は、しばしば、弁護してくれる聖母マリア、時には守護聖人に祈りをささげている。別の人々（これは、徐々に増加する）は、地上の絆と連帯関係に固執する。死の最中での親族、家来、友人の連帯関係を表現しているのは、喪に服し、涙にくれる「泣き人《びと》」たちである。彼（女）らは、まずはじめに一二六〇年、サン＝ドニ教会で行なわれたルイ・ド・フランス〔一二四三―六〇。ルイ九世の長男だが若死にした〕の葬儀の場合のように、墓の四隅に行列を組んでいるのが見られる。次いで一四世紀から一五世紀にかけて、その重要性は増していく。貴族のパレードと化した葬列は教会へなだれ込み、石と化して今に残っている。ブルゴーニュ地方にあるフィリップ・ポーの記念碑においては、涙にくれる男女が薄い石板

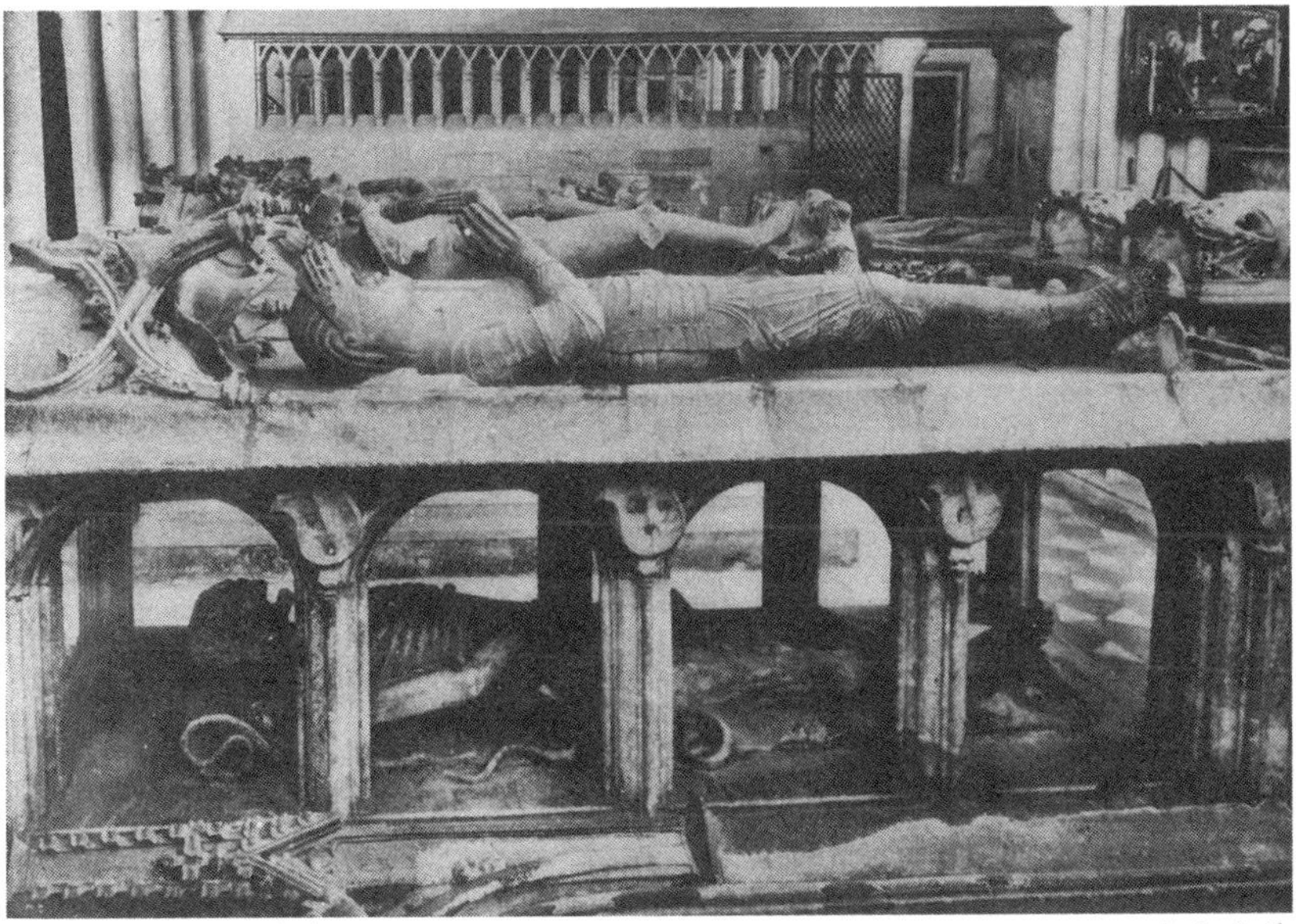

23) 中世の秋、横臥像《ジザン》は二層化する。このドイツの墓では、下層にある死体墓像《トランジ》の上に、甲冑を身につけた騎士が重ねられている。

の上の横臥像を担っている。〔彫刻家の〕クラウス・スリューテルはシャンモルのカルトジオ派修道会において、フィリップ善良公〔ブルゴーニュ公〕の墓から「泣き人」たちを抜け出させ、彼らに生命を吹きこみ、自由に振舞わせている。ブルゴーニュ公国の支配の及ぶ範囲内では、このような展開はリールのルイ・ド・マール、ブリュッセルのジャンヌ・ド・ブラバン、あるいは、アントウェルペン（アントワープ）のイザベル・ド・ブルボンの墓のフラマン風の小像へと行き着く。そこでは、喪に服している人々の態度と服装はもはやなく、危急の際に集まった家族の再会（男性、女性、そして司教）に取って代わられている。

中世末期におけるキリスト教的な死のまわりで起こった、この急激な身振りの増加は、とりわけ大貴族の世界において顕著であるが、我々はここで可能な限り、この発展についての暫定的な結論を出しておくことにしよう。結局のところ、大貴族たちはほとんど「キリスト教的」ではないように見える。〔結論の第一は〕個人の出現、――個人は現実に即して描かれた特徴と確固たる人格、とりわけ個人の社会的地位と現世における栄光とを持っている。〔第二に〕家族の出現――ただし、あらゆるレベルにおける現世的な同化と結合。夫婦間の狭い家族ではなくて、この世の階層秩序、絆と結合をおおいつくす、より広いネットワーク〔第三の結論〕。私たちは、これらのものが、（家と教会とで）二重になった貴族の葬儀の中で過度なまでに強固なものになり、また彼らが、間接的ではあるが、明白なやり方で墓に執着していることを見てきた。

しかしながら、この結論にも、すでに微妙な二重の差異が見えてくる。二層化された墓の中の横臥像《ジザン》の公的なイメージの下には、死体墓像《トランジ》や腐った死体のイメージ、身体的な死の過酷さの想起がある。壁龕のてっぺんでは、とりなしの聖母マリアが、跪いた人物（死者）を見おろしている。これらの登場人物は、単なる部品ではない。この人物たちは、来世についての保証を悲痛なまでに追い求めると同時に、現世の価値に対する執着を肯定することに熱中している。

第9章　来世への新たな戦略

遺言書が「財産の処分」を規定するものであったとしても、大部分の遺言書は宗教的文書だった。どのような形式を取るにせよ、遺言書の冒頭は敬虔な祈願に始まり、その用語、そしてまもなくその書式もきちんと配列が決まってくる。遺言書は多様であり、しばしば豊富でもあるが、その背後には一定数の主題がきちんと繰り返し現れている。一四〇〇年、パリの盾持ち《エキュイエ》ギヨーム・ド・ジャンボランは、シャトレ裁判所の公証人の前で、次のように遺言書を認めている。「人間一人一人の日々は短く、死より確実なものはなく、人の時間より不確実なものはないものと待ちもうけ、愚考いたします」。この冒頭部を手始めとして、人々は神、聖母マリア、守護聖人、そして「神の祝福を受けた天国の宮廷全体」にその魂をゆだねる（神と人との取りなし人のパンテオンは、ひとまとめにされている）。徐々に形式化が進んでいったとはいえ、遺言書の書式は文章作成の模範を示すようになる。そして、主としてフランソワ・ヴィヨンの天才のおかげで、遺言書が一五世紀において詩作の訓練の一つとなったとしても驚くにはあたらない。しかし、ヴィヨン以外の人もこれを行なったのだった。

それは、来世への保証をつかもうとするためなのだろうか。この主題は、臨終の床での最後の、そして決定的な闘争という『往生術』のイメージとは矛盾しているように見える。けれども、表面上そう見えるだけで、その矛盾は解決済みである。霊魂が〔死後すぐに〕地獄に落とされるのではないとすれば（そう、願わない者がいるだろうか）、第三の場所である煉獄への期待（そのイメージはますます強化されている）は、数多くの人々の期待となっていく。これまでは聖人と殉教者だけが天国にまっすぐ入ることができるとされていた。だが、この時から争いの口火が切られる。なぜなら、もし煉獄の魂が自分自身では何もできないとするならば、死者のために救いをもたらすのは生者の投票、すなわち施しと祈りだけだからだ。

死者のための祈りの古いやり方が検討し直されているのではなく、内部からゆっくりと、その究極の目的が変わっていく。三日忌から七日忌、三〇日忌、四〇日忌、そして一周忌に至るまで、これらの祈りは、定められたリズムに従って死者に暇乞いをするための段階的な手段だった。この〔儀礼的〕枠組の中に、一つの全く新しい解釈が忍び込む。つまり、刑罰を軽くしてもらいたいと願う哀れな魂の救済を保証するために、人は献納金とお勤めを積み重ねようと努めるのだ。そのためには徐々に段階を踏むよりも、間を置かないやり方の方が好まれた。本来三〇日目に行なわれるミサを意味した「三〇日ミサ」は、それ以後は、連続して行なわれるように定められた三〇回のミサを曖昧なまま示すようになり、一周忌ミサには一年分のミサが積み重ねられる。聖グレゴリウス〔ローマ教皇グレゴリウス一世（在位五九〇―六〇四）、グレゴリオ聖歌を編集〕は、かつてないほどこのシステムの保証人となる。彼は、煉獄の観念と死者のための祈りの技法の誕生に、その古い〔古代の〕知識を提供したのだとも言える。彼は、しかるべき時に具体化され、あるいは大きくなっていく潜在的存在の一人である。聖グレゴリウスのミサ〔グレゴリオ・ミサ〕の図像が比較的大量に出回りだしたのは一四六〇年頃とかなり正確に特定できる。これらのイメージは、グレゴリウスの〔作とされる〕三〇日ミサへの熱中ぶりをひたすら反映しており、このミサには魔術的、もしくは絶対的な効果があるとみなされる。聖グレゴリウスは、悩める魂を助けるための具体的な方法（施し、巡礼、そしてなによりミサ）を示していた。遺言書は、こぞってこの要請に応えている。

「敬虔な〔慈善のための〕遺贈」という表現は、かなり多様な現実を覆い隠している。しかし、この慣行がきわめて広範囲に普及していたことも確かである。おそらく、一四世紀と一五世紀の証言は、この慣行の重要性について一致することはないだろう。フランドル地方では司祭たちが、「教会のために何らかの遺言書を認める者など、一〇〇人に一人もいない。彼らはすべて、自分の相続人の決定に身をまかせてしまう」と不平をもらしている。そして、ある遺言書が〔教会への〕遺贈を実行するようにと明記した時でさえ、その執行になかなか同意しようとしない相続人との間で生じた、長期にわたる談判の模様が紹介されている（カンブレ教区会議、一三一七年、一三二三年）。このような住民全体に対する聖職者の悲観論を明るみに出す指摘は、遺言書に基づいて研究を進めている現代の研究者たちが言っていることと、おそらく表面的には矛盾しているように見えるかもしれない。遺言書を作成するエリートの態度を反映するサンプルにおいて、「敬虔な遺贈」はほとんど普遍的に見られる。一四世紀のフォレ地方の遺言書の九七％、同時期のリヨンの遺言書の七〇％がそうで、プロヴァンス地方でもその比率は同じである。トスカナ地方、イギリス、ドイツの遺言書について研究している研究者たちも、これに匹敵するような数値化されたデータを持ち合わせてはいないものの、このことを肯定している。この用語は至って曖昧だが、どんな意味内容を含んでいるのだろうか。「敬虔な遺贈」は、宗教施設にも、慈善事業にも、あるいは直接、貧者〔乞食〕に対してもなされている。リヨン地方の遺贈は、一四世紀から一五世紀にかけての「敬虔な遺贈」の様式の完全な実施範囲を示していて、その典型的な事例として取り上げることができる[39]（表を参照）。

遺贈者は、誰に遺産を与えるのだろうか。まずは、大部分の場合、小教区にである。そして、誰よりも司祭に対してである。司祭は、自分に支払われるべきものを要求することができるし、それどころか、ひとつ以上

財産の被遺贈者	小教区	近隣の小教区	それ以外	計	
				数	%
慈善	28			28	4.5
兄弟信心会	68			68	10.5
光の信心会	172	99		271	41.7
施療院	42	47	82	171	26.7
橋		21	2	23	3.5
古い修道会		3	9	12	1.8
托鉢修道会			25	25	3.8
司祭館と礼拝堂	42			42	6.5
隠者			8	8	0.2
計				*649*	

の地方（フォレ、ドーフィネ）において、司祭は臨終のベッドとそれを覆っていたものを要求することができる。このような「遺骸の権利」が、昔からの慣行を事実上キリスト教化していく。教会の取り分（あるいは「キリストの取り分」）が、旧来の「死者の取り分」に取って代わるのだ。しかし、司祭の権利は徐々に〔労働に対する〕手当て同然になり果て、喜んで提供されるものではなくなる。実際は、この表〔「財産の被遺贈者」〕から判断するならば、最も多くの喜捨（贈与）を集めていたのは、小教区教会および近隣教会の祭壇組合、すなわち「光」の信心会である。これらの組織をもとに（リヨン、あるいはトゥールーズで）、死を迎える際に抱きとめてもらいたいと願う取りなし人の組織網を再構成することができる。こうした意図との関連で、遺産は兄弟信心会に登録される。私は、その増大の理由を、死を前にした人々の連帯心にあると述べておいたが、兄弟信心会の数が多く、強力になっていただけに、被遺贈者（受取人）の中にそれが数多く見出されるのは当然である。

次いで修道院が、遺贈の被遺贈者（受取人）として登場する。リヨン地方の事例では、修道院はそれほど多くはないが、あつかっている地域が農村だからである。修道士を見つけるためには、しかもそれが最も人気のある托鉢修道会に属しているならば、都市まで探しに行かなければならない。都市ならば、修道士の数は多いし、その上、祈禱によってご利益を与えてくれる別種の信心家たちに出会うこともできる。トゥールーズには、ベギン会系の修道士や修道女がいたし（ただし、一五世紀の初めには托鉢修道会の管轄下に入っている）、トゥールーズと同様リヨンにも、隠者、女性隠者などが、一四〇〇年の直後に消滅するまでは存在していた。

表にも示されているように、橋の建立のために遺贈することは、信心深い〔敬虔な〕行為である。遺贈が、免罪の獲得を伴うことは確かである。しかし、この種の遺贈はすでに慈善と呼びうる行為の範疇に属している。施療院には多額の遺贈が行なわれ、しかも件数はとても多い。しかしながら、この慈善行為が重要であるとしても、貧者と直接接触するという形態に優るものではない。農村においても、都市においても、「配りもの」は常に欠くべからざるものである。裕福なパリ市民は、いつでも貧乏な隣人を抱えている。一四〇七年、ジャン・クルテは、「プーリー通りの四八人の婦人に、一人当たり一一ソル（パリ鋳造貨）」を遺贈している。トゥールーズでは、貧しい乞食たちは一四世紀には葬儀に際して貨幣をもらっていたが、次第に食べ物と衣服をもらうようになる。フォレ地方の山の中では、施し物の種類が定められている。すなわち、白パン、黒パン、生肉、塩漬け肉。四旬節には、魚、卵、チーズ、そらまめ、えんどう豆、赤ワインなど。

天国への投資

一つのシステムが存在するが、それは旧来の慣行を保持しつつも、そこにこれまでとは異なった意味あいを与えている。この「敬虔な遺贈」は、中世末の経済と死の集合心理において、何を意味しているのだろうか。

敬虔な遺贈

1300-1349	1350-1399	1400-1449	1450-1499
71%	69%	60%	34%

これについて全体的な判断を下すのは、研究の現状では途方に暮れるしかない。ある人々は、そこに身の程知らずで無分別な出費を見出している（例えば百年戦争末期のボルドー地方の貴族のように）が、別の人々は、おそらく社会的階層制の反対側に身を置いて、村人たちのためらいを強調している。「〔我々の〕祖先がすでに与えている。これで十分だ。小教区と司祭は自分たちの持っているもので一生懸命やるべきだ」（フランドル地方）。この対照は、地理的な要因によるものだろうか。それとも、利用された資料の異なったものの見方から生じたものなのだろうか、あるいは、エリート（なかんずく貴族たち）のかなりの散財と、平民たちのためらいとの間の断絶の深さを表しているのだろうか。

おそらく、より正確に、年代上の重要なニュアンスについて紹介しておいた方がよいだろう。リヨンの遺言書の研究者によれば、現在までのところ、最も正確に分かっていることは、一種のリレー現象が一四世紀から一五世紀にかけて起こっているらしいということ、また「敬虔な遺贈」は、この地方ではあきらかな減少傾向を示しているということである（表は、端数を切り上げたもの）。

教会への寄進、貧者への喜捨も減少し、金額も切り下げられ、しかも小教区の枠内にとどまる傾向が強まる。一四世紀には、聖職者は模範を説き、遺言書により、平均して八例の遺贈を行なわせていたが、一五世紀には三例しか見られなくなる。この傾向は、経済的変動では説明がつかない。

それでは、何が起こったのか。M・Th・ロルサンは、再改宗が始まったと主張している。人々は施しを倹約し、ますます多くのミサを要求するようになった、と言う。一四世紀に年忌のミサはほとんど行なわれていなかったが、一四五〇年から一五一〇年にかけては、遺言者の三分の二がそれを要求している。これを改宗、あるいは利己的な執着と言ってもよいだろう。遺言者の関心は、――そして遺贈そのものも――自分の魂の救済という主要な目的に集中している。これまで研究してきたどの地方においても、誰も巡礼を信じなくなり、少なくとも遺言者が相続人に対して巡礼を行なうよう依頼することはもはやない。巡礼は、一四世紀までは見ることができたのであるが。

ミサは……、どんな形で行なわれていたのか。王族、貴族、金持たちは、「礼拝堂付き司祭制度」を創設することで、この問題を解決した。礼拝堂には有給の聖職者たちがいて、この人々の魂の平安のために永代ミサを執り行なう。一四世紀から一五世紀にかけて、この制度は増加していった。イギリスでは、それは目覚しい成功を博した。一四三八年、大司教シシェルは、ヘンリー五世、クラレンス公爵トマス、その他フランスとの戦争で死んだ貴族の主従たちのための祈りをささげる目的で、万聖礼拝堂を創設した。この意図に沿って、「生活に困窮する書生」は、この礼拝堂で祈りの言葉を唱えなければならなかった。これとは別に、より限られた目的のためではあるが、永代供養を行なう小規模な礼拝堂もまた重要である。かくして、「寄進による供養堂」を創立するという習慣が確立する。これはイギリス独自のもので、そこでは有給の聖職者が永続的に、毎日一回、あるいは数回のミサを執り行なう。供養堂は、教会の敷地にありながら独立した建物で、墓の近くにあって、上述の祭式を執り行なうために供せられる。

「礼拝堂付き司祭制度」は、つまるところ、「寄進による供養堂」と同じものだが、特に一四世紀の大陸ヨーロッパではかなり広まっている。最小限に見積もっても、有力者や金持の間では永代命日ミサが創設される。すなわち年忌のミサだけでなく、毎月、毎週、ミサを永代行なうのである。パリの住人、ジャン・ド・ポパンクールは、遺言書の中で、「地代二〇パリ・ソルと、当人が農地として所有する可耕地全部を教会にゆだねる。

……そして、毎年、遺言者が他界した日に、荘厳なる命日ミサを執り行なうように」と言い残している。ボルドレー地方では、ビュ〔ラ＝テスト＝ド＝ビュ、ジロンド県の町〕の隊長であるジャン・ド・グラーイが、一三六九年に、六一回の荘厳命日ミサを行なうこと、一八の礼拝堂に永代灯明と数多くの祈禱を寄進すること（そのうちの一つは、モン＝サン＝ミシェルに）を言い遺している。ここで、ジル・ド・レーのことが想起される。彼は青髯の原形となった人物だが、遺言書から判断する限り、知られざるユーモリストである。彼は神に申し開きをする前に、「無垢の子供たち《イノサン》」の魂の平安のために永代ミサを執り行なうよう言い遺している。たしかにこの平安を、彼はあの子供たちに負っていたのだから。

年忌のミサは――時としては、複数の日にまとめられてしまうが――、命日ミサの通常の形態をとどめている。神聖ローマ帝国では、アウグスブルク、バーゼル、その他の町の貴族やブルジョワが創設した永代命日ミサは非常に豪華で、徹夜課と死者のためのミサ（あるいは魂のためのミサ）のあとでは、墓地で棺側の赦禱が続き、葬儀のミサの儀礼が再現されている。

しかしながら、一五世紀は通貨インフレの時代で、遺言者は、永久を当て込んだ投資が急激に侵食されてしまうことに気付いた。当然のことながら、彼らは自分たちの意志の執行が無効になることを恐れた。ある人々は、自分たちの遺贈の確実な証拠を残したいと躍起になった。こうして、パリでは、ジャンヌ・ラ・エロンヌが、「前述の教会（聖セヴラン教会）の石柱または壁に真鍮の板を取り付け……前述の命日のミサに言及するよう命ずる。私が指定した遺言執行人たちは指示したとおりの銘を入れるように」。これは用心としては不十分である。それゆえ一五世紀以降は、永代命日ミサから、回数を定めた一連のミサをできるだけ早目に執り行なうことへと方向転換している。しかし、金持にとって、〔インフレの損失を〕埋め合わせするためには、数千回のミサを見積もらなければならない。たった今言及したばかりのビュの隊長は、すでに一八の礼拝堂への寄進以外に、五万回のミサを要求していた。もっと慎ましいところでは、もう一人のボルドー住民ベルナール・エクッサンが自分自身のために二万五〇〇〇回、自分の先祖の魂のために一万回のミサを要求していた。このようにして金持の領主、あるいは金持のブルジョワは、自分たちの行き過ぎた要求を数量化されたサービスに変換してしまう。一種の相場が彼らの精神の中に成立する。フィリップ善良公は、側近が死んだ場合、彼らのためにミサをあげさせている（ただし、内密に）。すなわち大領主のためには四〇〇から五〇〇回、騎士のためには三〇〇回、貴族のためには二〇〇回、従者のためには一〇〇回。

天上への精神的投資が、中世末期における貴族財産の危機の原因になったのではと時に自問したくなるのは当然である。いくつかの数字は夢を見ているかのようだ。ジャン・ド・グラーイの場合は「金貨四万エキュ」、もう一人のボルドー人は五〇〇〇リーヴル、同じ地域に住む中級貴族の領主の多くは一五〇〇から三〇〇〇リーヴルである。我々は、この問題について一気に解決しようなどと思ってはいない。我々にとってより直接的に興味があるのは、貴族モデルがどの程度まで一般的な傾向を代表していたか、またどの程度までそれが模倣されていたか、ということだ。

だが、貴族モデルは一般的でもなければ、模倣されてもいない。長い間、貴族の「立派な遺言書」に幻惑された後で、最近になって発見されたばかりの平均的な遺言者の態度は、新しい〔慣行の〕気前の良さよりも、一定の間隔をもって実行され体系化されている伝統的な儀式のシステムの方により近い。フランドル地方、ラングドック地方、あるいはプロヴァンス地方と同じように、リヨネー地方では年忌のミサが執り行なわれているとしても（一年間、司祭は日曜日毎に『死セル者ノ記憶』を唱える）、また三〇日目に行なわれる「三〇日ミサ《トランタン》」が年の終わりに実施されているとしても、この慣行における新しさとは計算したり計量したりする新しさであり、聖グレゴリウスの定めた「三〇日ミサ《トランタン》」をミサ三〇回と算定したことにある。だがこれは、非常に慎ましい基準である。その上この慣行は、躊躇なく受け入れられたわけでは全然ない。ブリュージュ（ブリュッヘ）では、都市富裕層においてすら、小教区の台帳から数えることのできる年忌のミサは一年後にはもはや現れることはなく、永代基金はないも同然だった。

だから、来世を「取引する」やり方において生じた革命的変化なるものに対しては、それにふさわしい限界を保たせておこう。フランドル地方では、この度はずれな行為は、おそらく「一％」と言われている少数者の特権にとどまっている。とはいえ、進行中の変容は、それが来世の新しい表象を暗示している限りで、より広い社会的枠組の中での重要性を失わない。生者による代禱とミサによって贖罪が可能だという考え方、死後の劫罰をごまかす、あるいは少なくとも妥協する可能性があるという考え方が幅をきかせはじめている。

この展望において、故人の魂のための儀式の増加と、贖宥状の発達とは軌を一にしている。おそらく、来るべき世紀に非常に重くのしかかってくるであろう問題点の前で、この章を閉じるのがおそらくは正しいだろう。実際、感性、特に民衆の感性において、贖宥状が何を表象しているかを直かに知ることは容易ではない。贖宥状とは、ミサや慈善事業の犠牲を払わなくても、それを買うことによって直かに罪の軽減を得る手段である。遺言書は、贖宥状に言及していない。せいぜい、一三世紀に出来上がったこの概念が、一四世紀から一五世紀にかけて徐々に大衆化していった、ということを指摘できる程度である。聖年の大赦が五〇年毎、ついで三三年毎、さらに二五年毎に行なわれたため、贖宥状は月並みなものとなった。何人かの教区司教は、自分のところへの巡礼のために、ローマ教皇庁の〔贖宥状発行の〕特権を横領してしまう。例えば、一四二〇年のカンタベリーへの巡礼のように。司教区参事会員のある者は、教会堂の建設を助成するために、贖宥状を勝手に自分たちで山分けしてしまう。当初は大変控え目なものだったこの特権の普及と、その価値〔品位〕の下落を考えあわせるなら、時禱書におけるこれらの祈りと、その新たな効能書きの地位がよく分かる。それは幻想的な刑罰の軽減を、贖宥状に助けをもとめる人々に与えるのだ。「恵ミ深キ主ニ祈リ奉ル」、これは六六六六日分の免罪に相当する。「受胎祝詞」は一万一〇〇〇日分にあたる。一五回の「主の祈り」は、うまくいくと二万年と三〇日分の免罪にあたる。それから、このインフレーションは爆発的に拡大していく。「主ヨ、イエス・キリストハ十字架上デ汝ヲ讃エル」は、聖グレゴリウスにとってまだ一万四〇〇〇年の免罪にあたると考えられたが、教皇シクストゥス四世〔在位一四七一―八四〕はこれを吟味しなおして、四万六〇〇〇年と四〇日にあたるとした。煉獄の罪の料金表に人間の時間を導入した時点から、これをやり遂げるために、安価な貨幣が導入されるのは必然だった。

この企てにおける重大な転機は、教皇カリストゥス三世が一四五七年に、それまでは自分自身のために手に入れるものだった贖宥状が、死者にも適用されると宣言したことにはじまる。この宣言により、我々がこれまで追跡してきた煉獄の組み立てに新たな局面が切り開かれた。この宣言は、死と救済についての集合的不安に対して安易とも言える不適切な回答を出し、しまいには根本的な批判を招いてしまったのだった。

中世後期における死をめぐる身振りの新しい体系について今まで分析してきたが、それを終えるにあたって、死の儀礼がキリスト教化されたかという冒頭の疑問に答えることは、実際にはとても難しい。おそらくは、問題設定それ自体がまずかったのではないだろうか。

キリスト教以前の諸要素からなる呪術的世界は、集合的感性に生じた一四世紀中頃の危機の後も破壊されることはなかったが、民衆信仰の領域に閉じこめられてしまったようだ。しかし、死のキリスト教的なモデルもまた、新しい時代の課題に応えるため、大きな変容を被った。教会は、大急ぎで体勢を立て直そうとする苦悩の果てに、その終末論の方向転換を開始し、「幽霊」を文明化して、それを煉獄の哀れな魂に作り変えようとした。まさにそれによって、教会は古典主義時代のシステムへと導く発展を始めたのだった。その時、救済の経済学がキリスト教徒の生活全般を支配することだろう。

煉獄を「発明する」ことによって地獄の過酷さを緩和した教会は、おそらく、こうした変化を下から支えていた、より奥深い集合的な要求に応えたのであろう。支配層、あるいはエリート層の意識において、「死」はますます誰にでもやってくる個人的な出来事であり、また神から独立した新しい人格であって、人生の道のりの果てに出会うものである。こうした意識の高まりは、問題の諸条件を根本から変えてしまった。不安と戦慄の中で――ただし、この不安は時禱書の中でヨブと神とが対話を始める一四六〇年から一五〇〇年にかけて頂点に達するもので、もはや一四世紀後半におけるパニック的恐怖ではない――人間たちは運命の解決方法を自分自身で見出すようになった。しかも気前よく、来世に心的エネルギーを投資し、運命の主人公であるという印象を自分自身に与えたのである。そこから、身振りの急増が始まる。そうしながらも、彼らの振舞には曖昧さが残る。大貴族においては、畏れと謙譲に高慢が、地上における彼らの存在価値に対する執着が混ざり込む。人間は、己の死についての観念を発見していながら、それでもその主人となることができないために、手に届く安っぽいイデオロギーの中に新しい要求にふさわしい答を捜し求めている。この弁証法的瞬間の本質的特徴をなすのが、彼らの曖昧さと矛盾なのだ。

第三部　ルネサンス——転機、あるいは急展開

第10章
一六世紀中葉における生と死の勢力

一六世紀は、一つの神話なのだろうか、それとも、よく言われているような「似非明晰概念」なのだろうか。我々は、〔ルネサンスのような〕あまりにも単純な見取り図に対して警戒することを学んだし、死の中世的なシステムの見直しを、一六世紀の経済・社会的な変化や人口の新たな爆発に結びつけることはもはやしない。いささか凝りすぎてはいるが、それでも明瞭なやり方として、ピエール・ショーニュが定義した「死について言明されたことの総量と、平均余命という導関数との間の正の相関関係」というモデルは、このような場合に当てはまるのだろうか。まずもって考えられる解答は、二つのレベルで与えられるにちがいない。だが人口動態と心性という二つの要素の間のまったく機械的でない関係は、どのように書かれたらよいのだろうか。これが問題の核心だが、行程の最後でしか解決できないものだろう。さしあたっては、次のように自問してみなければならない。中世の末期に、死の重圧は本当に変化していたのだろうか。

そのとおり、と歴史人口学者は我々に答えるだろう。一四五〇年から一六〇〇年までの時期は、ヨーロッパの人口の全面的な再上昇の時期であり、大ざっぱに言って、一三世紀末の人口を回復している。啓蒙哲学の時代からミシュレの時代のロマン主義歴史学に至るまで、様々な人たちがそれぞれの流儀で信じたようなルネサ

24) 死骸趣味は継続しているものの、〔ハンス・ゼーベルト〕ベーハム（1500～50年）においては、「死は万人を平等にする」という異教的な知恵に基づくアカデミックな技能鍛錬へと変化している。パリ国立図書館。

ンスなどもはや流行おくれではあるが、それでも「ルネサンス」は存在したのである。

明るい一六世紀?

すでに見てきたように、変化はヨーロッパの一部では非常に早い時期に現れている。東欧に人口減少は及んでいなかったようだし、地中海沿岸地方、イタリアとスペインでは、人口回復は早く、活発である。人口の再上昇は、すでに一五世紀のはじめから開始していたが、その現れ方は地域によって様々である。フランドル地方で人口曲線がはっきりと上昇し始めたのは一五世紀後半になってからである。フェルフルスによれば、この地方の人口は一四六九年と一四八五年の間に二五%増加している。しかしながら、この収支決算は地域によって非常に異なっている。フランス王国においては、イル＝ド＝フランスでも、ボルドー地方やリヨネー地方と同様、人口回復は早くから見られたようだ。しかし、ブルターニュ地方とプロヴァンス地方では、この動きがはっきりするには一四五〇年、さらに一四七〇年まで待たなければならないだろう。この時期を過ぎると、人口増加は既成の事実となり、ヨーロッパの南と北で、顕著なずれを伴いながらも、至る所で上昇が見られる。この「明るい一六世紀」は、いつまで続くのだろうか。生憎なことに、歴史人口学の研究者たちは我々に向かって、それがほとんど死産児であったと主張している。彼らが言うところでは、一五世紀末にペストの大軍勢が舞い戻ってきて、一五三〇年まで猛威を振るっていた。そして、短い息継ぎの後、一六世紀最後の数十年間は最も殺人的な伝染病が猖獗を極めている。彼らの言うことを信ずるならば、明るい一六世紀は、バルザックの『あら皮』〔次第に細りゆく生命・財産のたとえ〕のように、一五三〇〜一五五五年という実に限られた時期へと縮まってしまうことになる。一〇〇年単位の収支決算が示していることからすると、それはあまりにも悲観的な見方であり、事実には合致しない。より豊富な情報を得て作成されたごく最近の個別研究を見るなら、ヨーロッパの大部分の地域で、人口が豊かな時代は一五八〇年まで続いたと言える。

この時期をもっと先まで押し進めることができるだろうか。古いタイプの人口動態のリズムとモデルを明確にした重要な研究の一つであるピエール・グベールのボーヴェ地方に関する研究は、歴史人口学上の一六世紀を、おそらくは一七世紀の最初の三分の一の時期にまで達する絶頂期にまで延長し、一五八〇年から、おそらく一六四五年までの間を高止まりの安定期として描いている。村落単位の精密な研究が行なわれているイングランドも、この結論を否定してはいない。とはいえ一七世紀前半に至るまで継続した拡大型モデルを、西欧全体に敷衍することはおそらくできないかもしれない。多くの地域では、一五八〇〜一五九〇年に転機が訪れるが、最も明白な原因だけに限れば、ペストと戦争の再発に関係している。ロシアでは、人口拡大と新領土征服の偉大なる世紀に伝染病と戦争が終止符を打つのは、一五六〇年以降であるらしい。地中海沿岸地域では、転機はきわめて明瞭に一五八六～一五九〇年の時期からである。しかし北欧、フランドル地方、オランダでも同様である。フランスでは、いくつかの地域（パリ盆地、ブルゴーニュ地方）で、一五八五年以後に小教区数が減少し始めるのが見られるが、転機として重要なのは一五八七～一五八八年である。ブルターニュ地方からプロヴァンス地方に至るまで、いくつかの地域に関するより精緻な研究は、プロヴァンス地方の年代記作者が「大量死」と呼んでいる一五八〇年代の重要性を確認している。

細部に踏み込まずに、ずばりと言うならば、ほとんど至る所で、一世紀にわたって、多少とも人口の拡大があったようだ。しかし、それは異なった時期に起こっている。ある時は一四五〇年から一五五〇年の間、ある時は一五〇〇年から一六〇〇年、さらにもう少し後のこともある。次に、たとえて言うならば、それは異なった体型を持っている。大部分の場所では、近代の資料が欠如しているため、この人口増加のカーブを正確に明示することはきわめて難しいが、いくつかの資料に恵まれた地域では、それを行なうことができる。例えばフランスのナント地方では、三〇年間にわたる住民の人口曲線において、円天井と金だらいが描かれていて、人口が増加する二〇年あまりの上げ潮の時期のあとには、一〇年にわたる混迷の引き潮の時期がくる。大部分の場合、様々なリズムと差違とを示唆することができるのは、一定期間にわたって多少とも正確に算定された住民の数である。おそらく北欧、東欧と同じく、フランスにおいても、人口増加が最も顕著だったのは一五世紀末から一六世紀中頃までの間である。パリ地域では、その頃、いくつかの地区では人口が二倍、さらには三倍、それどころか一〇倍になった所さえあったし、プロヴァンス地方では、男性の数が全体として一四七〇年から一五四〇年までの間に三倍になった。しかし、決定的な勝利が明らかになるのは、むしろ一六世紀後半である。例えば、スペインのヴァレンシア王国などがそうだ。イタリアでは、地方と地方の間で様相がまるきり違う。シチリア島では、一六世紀の初頭から終りにかけて、人口はほぼ二倍になったようだ。ローマでも、同じく一五二六年から一六〇〇年の間に（一万五〇〇〇人から一〇万人に）急増したのに、他方ヴェネツィアでは、一五六〇年代までは人口成長が顕著だったが、その後あきらかに成長リズムが鈍化し、一五七七年のペスト大流行に至って目を見張るような人口の大暴落が起こる。一六世紀後半は、トスカナ地方でも確認されているように、陰鬱な時代だった。

必要以上に凝ったりしないようにしよう。一世紀全体（時にはそれ以上）に関する収支決算からも、上昇傾向は明らかであり、時には目覚ましいものがある。イングランドでは、一五七〇〜一五七七年には人口が四四〇万人に回復したようだし、カスティーリア王国では、一五三〇〜一五九四年に、三〇〇万人から六〇〇万人に、フランスでは、おそらく一二〇〇万人から二〇〇〇万人へと増加しただろう。グローバルな数量確認は、それがいかに不正確なものであっても、衝撃的である。しかし、この確認以上に重要なのは、おそらく、当時の人々にとって死のイメージ、あるいは死による人口の天引がどのように変化したかを知ることである。そして、おそらくはここにおいて、我々はいくつかの矛盾にぶつかることになる。平均余命は変化したのだろうか。伝統的な災厄は衰退したのだろうか。これらすべての点について、とりあえずの収支決算書は、それが僅かであるか、まったく否定的であるか、のどちらかである。たしかに、資料が全く使えないということではない。稀に存在する人口調査や租税資料から出発し、粗野な全般的評価の裏側に回り込むためには、小教区簿冊が提示する死と生に関する日々の会計状態がすでに我々のものになっている。小教区簿冊は、かなり以前から存在していた（ブルターニュ地方では、一四六三年にはお目にかかることができる）のだが、キリスト教のヨーロッパでその管理が体系化され普及していったのは一六世紀になってからである。しかし、特にトリエント公会議〔一五四五―一六三〕以前では、初期の小教区簿冊は非常にバラバラに（たいていは大雑把に）記載されていた。また埋葬の統計学は、誕生の統計学よりもはるかに困難である。フランスからイングランド、フランドル地方、

0 ～ 19 歳	20 ～ 59 歳	59 歳以上
38.9%	50.3%	10.7%

あるいはイタリアなど、いくつかの例外が、限定された個別研究の範囲内であるが、微かな光を投げかけることに成功している。それから、いつでも資料の沈黙の裏をかかねばならない。つまり、より正確な人口調査から、一つの地域の年齢構造を再構成したり、あるいは特権階層にかかわるより豊富なデータを利用したりするのである。

例外的であるかもしれない事例を使って、それを拡大適用することは慎まねばなるまい。イタリアのマントヴァ地方、あるいはモーデナ地方では、死亡率は時としては驚くほど近代的である（モーデナ地方では、一六世紀末には二六‰）が、時には伝染病のために急激に増大する（マントヴァ地方では、一五七八～一五八〇年には四一‰から七一‰へ）。ヴェネツィアは、おそらくより確かで、より豊富な収支計算を提供することができるだろう。そこでは一七世紀のごく初頭に三三‰という死亡率を示していて、さらに補足的なデータも提供してくれる。ヴェネツィア共和国〔一四世紀末からヴェネツィアがイタリア本土の諸都市を征服したことで成立。ヴェローナ、パドヴァなどの都市を含む〕の諸都市の平均死亡年齢は、その頃、二六歳であり、幼児死亡率は非常に高い（ヴェネツィアで二七%、本土の都市で二三%）。二〇歳で同一年齢層の半数が死亡していて、まさに古いタイプの暴力的な人口変動の典型的特徴を示している。しかし、ヴェネツィアは都市型の人口モデルであり、むしろ特殊な事例にとどまる。その年齢構造が示しているように、「高齢者」がきわめて例外的に重要な地位を占めているからだ。同様に、ナントとその周辺地域について詳細な研究をしたA・クロワ(40)は、幸運にも、死亡年齢を確定させる小教区簿冊のいくつかを発見した。それによれば、洗礼を受けた者のうち五四%が、二〇歳でもまだ生きている。しかし、洗礼を受けずになくなった子供を算入したら、どうなるだろうか。

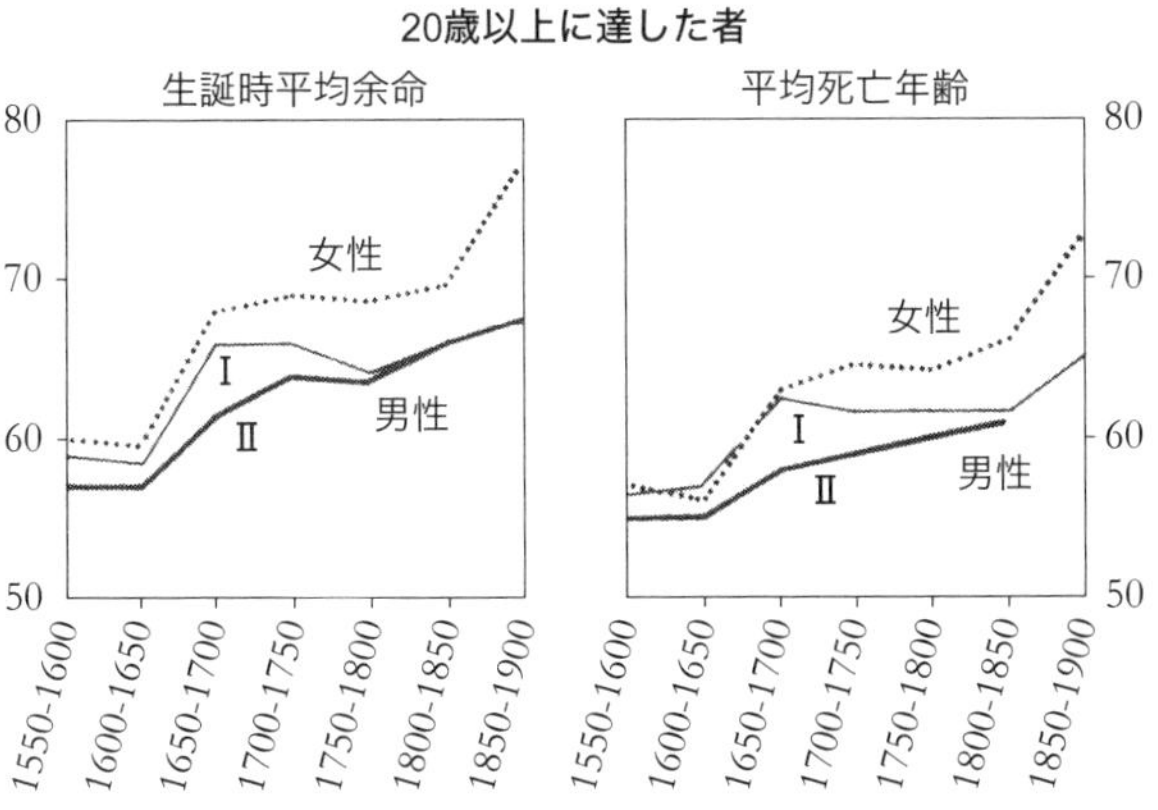

16世紀から19世紀までのジュネーヴにおける死
L. Henry による。

従って、しっかりした足場を見つけるためには特権的な階層に、つまりそれを描き出す資料によっても、またその社会的地位によっても特権的な階層にしがみつかざるをえない。ジュネーヴの都市貴族層は、平均して、都市住民全体よりも五、六歳長命である[41]（「平均寿命」あるいは「生誕時平均余命」は、およそ三二歳くらい）。それでも、死は相変わらず激烈で、子供と若者の四五％から五〇％は、二〇歳にならないうちに死亡している。

一六世紀に入ると、事態は好転するだろうか。確認できるのは一五五〇年以降である。一五五〇〜一六〇〇年から一六〇〇〜一六五〇年の間に、生誕時平均余命は、端数を切り上げて単純なものにすると、男性の場合は二八歳から三〇歳もしくは三一歳、女性の場合は二九歳から三四歳へと上昇している。しかしそこには、〔変化を〕決定づけるものは何もなく、二〇歳以上の大人の平均死亡年齢は、あいかわらず五五歳から五七歳あたりを動かずにいる。フランドル地方では、一連のベルギー系の修道院における修道士の人口の中に、平均以上の流動性が検出されている[42]。すなわち、一五〇〇〜一五四九年と一六〇〇〜一六四九年の間に、平均死亡年齢は四四歳から五六歳へと上昇したようだ。たしかに顕著な上昇である。しかし、この特権的なデータをもとに拡大適用ができるだろうか。実のところ、死亡率の構造における革命的変化を、なぜ、その頃〔一六世紀後半〕まで待たねばならないのだろうか。アンリによると、ジュネーヴの特権層は、伝染病の危険にさらされていなかったわけではないが、その打撃を受けることがより少なく、飢饉、食料不足、そしておそらく部分的には伝染病からも護られていた。彼らにとってさえも、生誕時平均余命が三二歳であることは、我々が一三世紀について語ったのと同じレベルにとどまっていることを示している。このあたりが、長期にわたって変わることのない上限なのである。ほとんど変動のない幼児および若者の死亡率（多かれ少なかれ、約五〇％が二〇歳になるまでに死亡する）についても劇的な変化は期待できない。

一六世紀の病い

それゆえ、一六世紀の人間にとって死が遠い存在となったなどと言うことはできないだろう。このことは、伝染病がこの時代に手心を加えなかっただけに、一層当てはまる。レプラが決定的に衰退したということは、繰り返すことはもうしないが、記録しておかなければならないだろう。しかし年代記は、ありとあらゆる種類の伝染病が増加していることを記録している。おそらく、このような印象は、集合的生活のこれらの側面について記述している証言が増加しているという事実によって、一層目立つものとなっただろう。さらにまた、これらの病いの多くは不可解なもので、ただ名前だけが分かっているのみで、近代医学における診断とは必ずしも一致しないものがある。それらは特殊な感染症で、現在でもその名は知られてはいるが、毒性の異なる別の病気なのかもしれない。すでに見たように、フランスでは、「タック」（一四一一年）、「ラダンド」（一四二七年）

という呼吸器系感染症が知られている。一四八五年には「粟粒症（発汗症）」の最初の発生があり、軍隊とロンドン住民に多大の犠牲者を出した。この新しい病気は、ひどい発熱と発汗によって激烈だったが、「二〇と四時間のうちに死んでしまうか、治ってしまうか」という特徴を持っていて、一五〇六年の夏、次いで一五一七年の冬にも再発生して再びロンドンを襲い、さらに夏には北海とバルト海の沿岸地域、ネーデルラント地方、ラインラント地方にまで広がった。それ以後、この病気の流行は定期的に反復されるようになる（イギリスでは一五二八～一五二九年、ドイツでは一五五一年、一五五七年、一五六四年、一五八〇年）。この粟粒熱は、特に再発の場合には死者の出方が一様ではなく、特に成人にとって打撃の大きいことが特徴となっている。同様に、様々な疾患が混同されているため確実に同定することが困難な他の病気が地中海沿岸地方を襲っている。皮膚湿疹をともなう点状出血熱（「発疹ペスト」）が、一四九〇年のグラナダ攻囲戦で出現する。この病気は、一五〇五年にイタリア二八年にはナポリにも現れ、フランス軍兵士の一〇分の一を殺した。しかし、これだけでもすべてを言いつくしてはいない。百日咳（本当に百日咳だったのだろうか）が、一五一〇年にフランスとイタリアを襲い、発熱と譫妄状態をともなう熱病「伊達ズボン熱」が一五二八年にフランスに出現し、一五四五～一五四六年にかけて再び流行する。ホラント地方と、バーゼルに至るライン河渓谷地方では、一五一七年に咽喉の化膿症が現れ、それはクループ（ジフテリア性喉頭炎）の症状を呈している。同年代には、天然痘と麻疹が海外領土であるヒスパニョラ島の住民の一〇分の一を殺している。

一六世紀のこれら数ある「発見」の中でも、おそらく、梅毒は別格の地位を占めていると言えるだろう。その前史はよくは知られていないし、議論も分かれている。それは、あまり目立たない形でヨーロッパ地中海沿岸に潜伏していたとする説もあれば、アメリカ大陸の発見によって活発になったとする説もある。それは一四九七～一四九八年からフランドル地方で見られたし、おそらくは一四九六年以来、ヨブ熱として知られていた。

ドイツにおいては、梅毒は一四九五年に南ドイツから入り込んだことが知られており、アウグスブルクでは、この新しいタイプの「ペスト」が人々を不安に陥れている。フランス軍は「ナポリ病」をフランスに持ち帰り、この病気はその後、多くの人々にとって「フランス病」と呼ばれるようになり、軍隊は地方での活発な梅毒伝播者となる。梅毒は、肉体の交渉にかかわるがゆえに、モラリストたちによれば、罪ある行ないを懲しめているることになるのだが、出現当初は数多くの死者を出したため、様々な病気の中でも格別な地位を占めていた。ラブレーがパンタグリュエルの物語を送ったのは、まさに彼が治療していた梅毒病みたちに向けてであった。しかし、この病気が不安をかきたてるのは、それがエロスとタナトゥス〔死〕とを緊密に結びつけているからである。そして過去の著作家たちは、バルドゥンク・グリーン〔一四八九頃—一五四五。ドイツの画家。「美と死」「女の三世代と死」など〕やドイッチュ〔ニコラス、一四八三—一五三〇。スイスの画家。「賢いマリア」「狂気のマリア」など〕が描いた、若い娘を犯す死という幻想画の主題を、梅毒のアレゴリー（寓意）として説明している（彼らは、全く間違っているのだろうか）。それほど珍しくも、エキゾティックでもないし、あまりよくは知られていない、他の病気も密かに広がっている。局地的な流行性の急性発症としては、赤痢が、大量の死者を生み出す病気として姿を現す。例えばフランドル地方では、一五三八年、一五四一年に出現し、何度も一六世紀を通して繰り返される。これは、飢饉と物価騰貴のような危機とともにやってきて大量死をもたらす病気で、一七世紀と一八世紀にはますますそうなるだろう。さらに、正確な診断が欠けているために判断することが困難だが、数々の伝染性慢性疾患が当時蔓延していたようだ。結核などは、中世末期以来、徐々に広がっていたと考えられている。

最後に、ペストだが、その発症力は全く失われてはいない。J・N・ビラバン[43]は、ヨーロッパにおいてほぼ一〇年毎に流行していた中世ペストの大サイクルの切れ目を一五三六年頃に置いている。このサイクルは一三四七年に始まり、その第二段階は一六八三年まで続き、そこで緊張はいくらか和らぎ、大きなペストは一四年毎になるという。しかし、ビラバンの主張にもかかわらず、二つの段階の差異はそれほど明瞭ではない(少なくとも一六三〇年代までは)。リエージュ地方では、一六世紀のペストは二〇年毎で、ホラント地方でも同様である。アウグスブルクでは一五年毎、バルセローナでは一三年毎、ライプツィヒでは一二年毎、ニュルンベルクでは一〇年毎、ナントでは三三年毎、などである。このことは、これまで説明されてきたように、事実上ペストはヨーロッパに居座ってしまったということを意味する。それは潜伏し、突如として息を吹き返す。一六世紀初頭には、ペストは至る所で見られるが、一五世紀末以来、ペストは再発し、一五二〇〜一五三〇年までその流行が続く。おそらく一六世紀の中頃、一五三〇年代から六〇年代までの間が休止期間ということになるだろう。それからまた勢いを取り戻す。一六世紀末におけるペスト大流行は、一五六四年と一五七五〜一五七六年に、ヴェネツィア住民の四分の一、ミラノ住民の五分の一の命を刈取る。特に一五八〇年から世紀末に至る大流行はすさまじいものだった。麗しき一六世紀を一五八〇年あたりで止めておこうという気にさせるのは、繰り返し起こる危機が頑なで、広範に広がっていたからである。一五九九年から一六〇三年までの間、ナント地方からスペインまで、フランドル地方・ドイツからポーランド・北海沿岸・バルト海沿岸に至るまで、事態は変わらない。この頃、ペストの広範な流行はまさにヨーロッパ規模で広がっていったが、なぜか分からないがそれを免れた「島嶼部」〔例外的な地域〕もある。一つの都市から別の都市へと、ペストの広範な流行はすさまじい攻撃に直面した時の逃走と恐怖、そして防衛という伝統的な反射行動を蘇らせた。攻撃は、一五九九年冬に、おそらく肺炎の形をとって再来したものと思われる。次の点については、議論が行なわれている。この一六世紀最後の大ペスト(同時に、一七世紀最初の大ペストでもある)は、〔中世末の〕黒死病大流行より死者が少なかったのだろうか。スペインでは、大ペストは都市によって、一〇%から三三%の住民の生命を奪っている。サンプルとして選ばれた人口一五〇〇人のドイツの小さな町ウルツェルでは、ペストによって町の住民の三三%が死亡している。限定されているとはいえ、恐るべき数字である。その後も、一六世紀と同様に、間を置かずにペストの流行が繰返され、紛れもない人口衰退を招くことになるだろう。

一六世紀の立役者であり続けたペストには、それにふさわしい地位を割り当てなければならなかった。しかし、少なくとも世紀末の転換点を前にした頃には、もはやそうではない。なぜならば、当時の集合的な知恵においては、それが他の二つの災厄、すなわち戦争と飢饉の仲間であることが、よく知られているからである。

いくつもの戦争と言うべきだろうか。一六世紀は、イタリアから神聖ローマ帝国、あるいはフランドル地方に至るまで、残酷な戦争が繰返されるのを見てきた。これらの戦争には伝統的な戦闘の特徴があり、しかも資料がより豊富なため、病気の場合よりも識別することがはるかに容易である。少なくとも、近代戦における大量殺戮に比べれば、戦闘中の死者は少ない。兵士や、ドイツ人傭兵たちは、本来の意味の戦争というよりも、彼らが感染し、撒き散らす病気によってはるかに多く死亡している。とりわけ、地方で行なわれた掠奪戦や都市に対する包囲戦は、非戦闘員の命を多数奪った。この時期は戦争に対する恐怖に敏感であり、図像の中での戦争の占める地位がそのことを証言している。プロテスタント側から見たカトリックの暴力や、カトリックの側から見たプロテスタントの暴力は、単なる論争上のテーマの域を越えている。宗教戦争の猛威や、フランドル地方におけるスペイン人の「凶暴さ」以前においても、一五二七年のローマ劫掠〔フランスと結んだローマ教皇は皇帝カール五世に敗れ、ドイツとスペインの傭兵が町を掠奪し、大量虐殺を行なった〕は、ヨーロッパを茫然自失の状態に陥れた。現代の歴史家たちは、これらの事件が惹起した衝撃を節度あるものに引き戻そうとする傾向がある。一五七六年のアントウェルペン〔アントワープ〕の劫掠では七〇〇〇人が殺されたことになっているが、おそらくはそれより少ないだろう。一五七九年のファルネーゼ公によるマーストリヒトの劫掠においては、一万人くらいの犠牲者が出たことになっているが、これは住民の三分の一にあたる。一五五三年のシエナの攻囲戦においては一万人が死亡したが、飢えと窮乏によるものが多い。一五五四年のフランス軍によるバンシュ〔ベルギーの都市〕の劫掠の結果は、様々な資料に直接あたることによって計算することができる。攻撃の後、四五％の村民が欠損しているが、しかし、と楽観的な人々は言う、彼らは全員が死亡したわけではない。そして、逃亡した人々は再び戻ってくるはずである。殺伐とした計算表ではあるが、少なくとも都市の持つ柔軟性と回復能力とを見出すことができる。ローマには一五二七年の劫掠直前には五万五〇〇〇人の住民がいた。大量の都市脱出（これは最低限の用心、特に女性にとっては）、これに劣らず大量の虐殺（死者九八〇〇人、さらに二〇〇〇人あまりがティベレ河で溺死）、次いで、飢饉と、夏の間中流行した猛烈なペストのために、毎日の死者が一〇〇〇人に達した。だが一五三〇年には、ローマには三万二〇〇〇人の住民がおり、一五六〇年には劫掠直前の五万五〇〇〇人を越えている。これらの災厄の規模が、集合的想像力によって誇張されがちなものであることは、あら探しをする人々ともに承認しよう（あまり局所的ではない別の収支決算書が作られるべきだろうが、農民戦争の時期〔一五二四―二五〕のドイツにおける叛乱農民の虐殺の決算書を示すことなど誰にできるだろうか）。それ以上に、私たちが関心を持つのは、集合意識によって受けとめられた印象である。

飢饉の方は、うっかりすると見逃してしまいがちである。この災厄は、あまりにありふれており、月並みだったため、目立たないのだが、初期の小教区簿冊のおかげで、その実像を把握することができる。ブルターニュ地方では、一六世紀末の数十年間、端境期の困難な時に墓の数が増大している（一五八四年のシャトーブリアン〔ロワール＝アトランティック県の都市〕におけるように）。人は、この頃になってもまだ、文字通り飢えによって死んでいた。次いで、いくつかの飢饉は、あまりにも深刻なものであったため、集合的記憶にしっかりと刻み込まれている。例えば一五〇一年の飢饉、あるいは一五〇四〜一五〇七年の飢饉、最後に一五二一〜一五二四年の地中海沿岸地方（フランドル地方、ブルターニュ地方でも同様）における飢饉。これらのいくつかの素描よりも、さらに先へと進むことは可能だろうか。本書は、死の年代記であると同時に、歴史の苛酷さの年代記でもあるのだから、すぐさま感じとることができなくとも、より深い所にある変化を考察しなければならないだろう。ナントでは、一六世紀の最後の三分の一に、厳冬と氾濫が頻発する。自然災害は、気候が人間の出来事におけるもうひとつの構成要素であるということを思い起こさせてくれる。一五六〇年代には、一四九〇年から一五六〇年まで続いた暑い時代が終わり、一七一五年まで続く寒い時代に取って代わられる。そのため、一七世紀は苛酷な様相を帯びることになるだろう。このような気候の転換は、直接間接、それなりの流儀で、人口学上の一六世紀の終わりを準備することとなる。

　死の歴史にとって最も重要な特徴の数々を一つの束にまとめることはできるだろうか。おそらく私たちは、ひとつの時代の明白なパラドックスの前に立たされている。なぜなら、この時代〔一六世紀〕は、数字だけで判断するならば、人口が全体的にも明らかに上昇している（少なくとも一五八〇年代までは）のに、その一方では死・病気・ペストに居座られ、その苛酷さに圧倒されていたのだから。だが、この二つの命題の間には、真の意味での矛盾は存在しない。経済・社会構造の変動そのもの、新世界の発見と新技術の開発などによって、生が死に勝利するこの時代の攻勢を説明することができる。出生が死を超過したとしても、定期的な危機（伝染病、飢饉、あるいはその両方）に見舞われ、台無しになるという、いわゆる古いタイプの人口学的モデルが最も苛酷な姿をとって現れるのは、この時代の末になってからのことである。D・ハーリヒーが一四〇〇年代《クワトロチェント》のイタリアの人口変動について述べたことは、一六世紀の人口学的モデルをある程度予告するもので、一六世紀についても適用できるのではないだろうか。彼によれば、一五世紀のピストイアその他の地域では、その規模において一四世紀のペスト大流行に匹敵するような大流行が何度も起こっている。しかし前の世紀とは全く

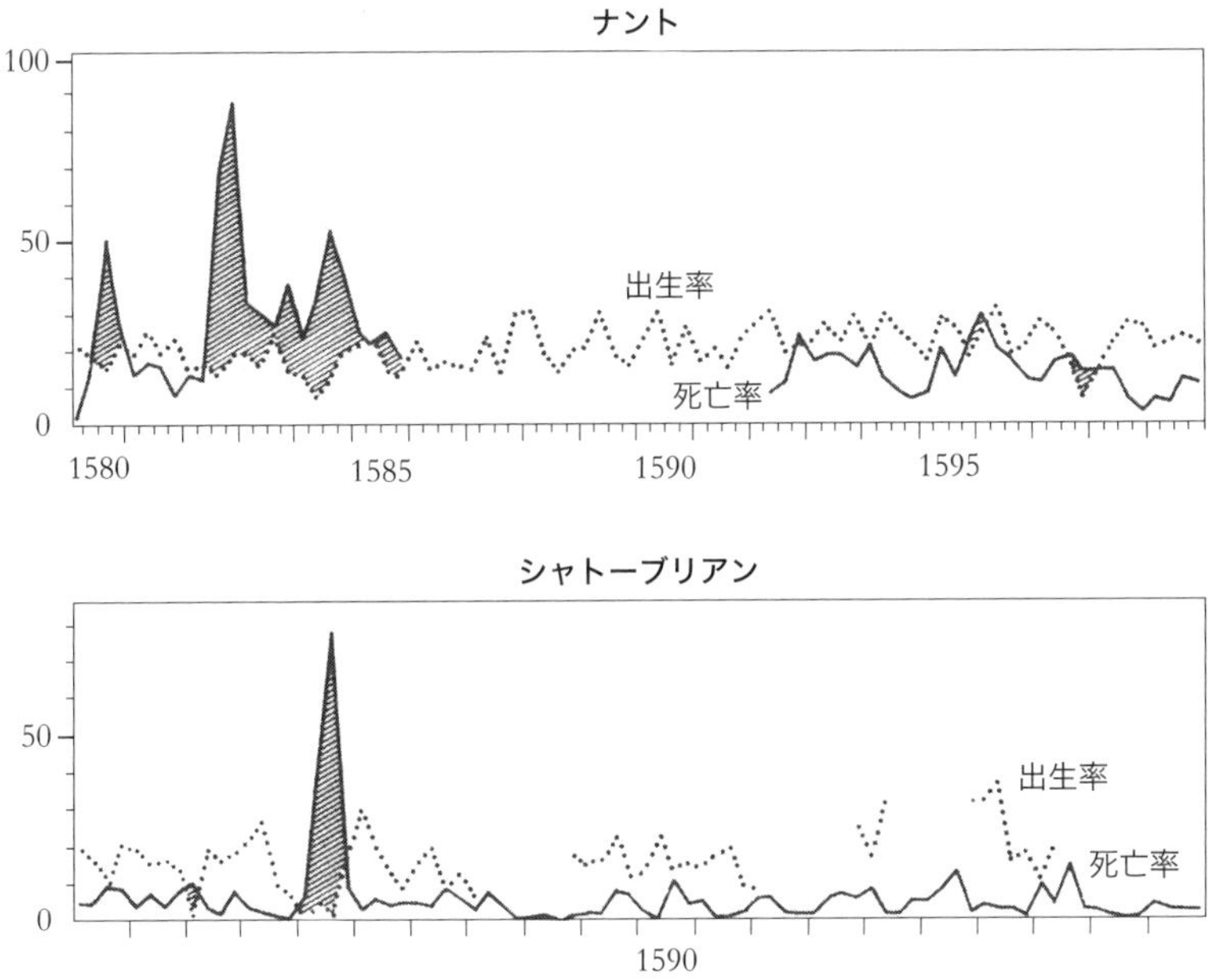

16 世紀末におけるナントとその地域における死亡率の危機。
A. Croix による。

異なって、その欠損を穴埋めするように、出生率が上昇し、元の人口を速やかに回復している。イングランドの農村についての個別研究によっても、この仮説は裏書きされる。コリトン〔人口史家E・A・リグリの調査によって、この地域で産児制限の慣行のあったことが明らかになった〕では、一五四五年から一六三九年までの間、生誕時平均余命は、この時代にしては高い数値を示している。すなわち四二歳という数字は、おそらく一九世紀以前には見られることのない数字である。しかし、この人口の活力は、これまた非常に高い人口の再生産率と結びついている。出生率はこの時期には二・三四であるが、一七世紀には半分近く（一・二八）に下がってしまう。モーリ郡〔北イングランド、西ヨークシャー州〕においても、同様の事実が確認されている。これらの力強い出生率の上昇は、人口学的なメカニズムよりも、精神的であると同時に社会的でもある背景にその原因がある。

そして、おそらくはこうしたことが、一六世紀の独自性をつくりだしている。物理的には、人間はあいかわらず死を統御することができないので、死は至る所でつきまとっている。けれども、人間の態度は以前ほど受身ではない。一五四三年に、ヴェサリウスは、著書『人体の構造について（人体解剖学）』の扉絵に、期待と好奇心をもって眺める階段教室の聴衆を前にして行なわれる整然たる解剖の場面を掲載している。頁をめくってみよう。時には夢見るようで、あるいは瞑想にふけっているようでもあるが、けっして引きつってはいない皮を剥がれた人体標本と骸骨標本とは、我々に人体解剖の秘密を明らかにしてくれる。これらの内科医たちは、まだ死を支配することを学んではいない。それでも彼らは、死を少なくとも彼らのメスの下に置いたのだった。彼らはペストを治療することはできなかったが、この時代においてすべてはまだ魔術だった。アンリ二世とその宮廷人たちは、メッス包囲戦において、水銀を満たしたハシバミの実の首飾りによってペストの伝染から身をまもろうとしていた。一五四〇年にはニコラ・マッサが、その後にはヴィクトール・ボナゲンティブスが、伝染の理論に気づいて、それを発展させる。一五七七年、ヴィチェンツァ〔イタリア北東部の都市〕におけるペストの経験から、マルガリアは、伝染病から身を守るために、四〇日の検疫期間の措置を発展させるようになる。最初にヴェネツィアで、次いで西地中海全域で、公衆衛生の制御システムが発展し、組織化される。病院、隔離病棟、そして、船長に要求される健康証明書などが配置され始める。人々は、まだ事の核心を理解してはいないが、それを摑まえようと心に決めたのである。

第11章

一六世紀における死の三つの異議申し立て

中世末期、死のまわりには一つのシステムが配置されていた。それは、豊饒であり、矛盾にも満ちていたが、煉獄という第三の場所を創造することによって、死出の旅路を人間的なものにしようとしていた。煉獄とは、有期の贖いの可能性によって、神の審判の厳しさをやわらげようとする試みであるが、このシステムは、死者のための祈り、ミサ、そして贖宥状という形で、そこに生者のイニシアチブを再導入していたのである。死の不安と苛立ちに対する、ひとつの抜け道が発見されたようだ。それは、すべてが計量されるようになった社会の新しい価値〔富〕を、来世との関係においても通用させることのできる、この世の勝者たちのためのものでもあった。

ところが、それが構造化され、はっきりした形を取った時に、このシステムは三重の異議申し立ての対象となってしまった。〔第一に〕民衆世界の側からの異議申し立て――公式の宗教、あるいはエリート文化は、死者を再掌握することによって民衆を「文明化」したと信じていた。第二に、知的エリートの側からの異議申し立て――彼らは、支配層の新たな世俗的価値観を反映して、ユマニストの試みの枠の中ではあるが、至高の裁き手と人間との取引〔煉獄〕よりもはるかにラディカルな、別の道を切り開きつつあった。最後に、宗教改革による異議申し立て――それは、いくつかの側面ではユマニスムと親近性があるものの、救済の問題を中心に置いて新たな宗教の回答を提起したという点では、根本的に異なっている。その多様性にもかかわらず、これら三つの「異議申し立て」の間には、少なからぬ接点がある。ある種の民衆叛乱は、宗教改革の中にその道を見出すであろうし、その一方で、ユマニスムの一分派は宗教改革へと導かれていく。エリート文化と民衆文化の間には、いくつもの架け橋があり、交流がある。説明を明快にするために、それらを別々に論ずることになるが、最後には、これら三つの冒険が絡み合い、死を前にした態度において、共通の道が描かれるのではないか、と思う。

［1］民衆の異議申し立て？

既成のイメージにおいて、これ〔民衆の異議申し立て〕はおそらく予期されてはいない。まず、我々の無知の甚だしさをきちんと認識しなければならないのだが、民衆層において、新しいシェーマはどこまで受け入れられていたのだろうか。教会の壁に煉獄のイメージが描かれることはまだ稀で、この世紀の末にならなければ真に普及しない。どの階層であれ、遺言書はミサの要求を増加させているが、この慣行は、おそらく一六世紀の最後の三分の一世紀になってもなお、少数の事例にとどまっている。従って私たちは、新しい表現がどこまで浸透したかについて、本当はよく知らないのだ。

同じく私たちは、キリスト教以前の古い死の表象が、どの程度、消滅したのか、回復したのか、言明するのにいささか躊躇を覚える。私たちは、「三人の死者と三人の生者」の主題が消滅する過程を辿ってきたが、それはもはや過去のものである。次に、死の舞踏は、群をなした死者たちの回帰であると同時に、破壊的メッセージの伝達でもあったが、〔一六世紀には〕その本来の意味から逸脱するものとなっている。たとえ、このテーマがドイツ、スイス、あるいはフランスの教会の壁に、例外を除き、なお生き長らえているとしても、それは正統的な〔教会の〕司牧活動の範囲内に引き戻されている。しかし、死者は常に近くにいるのであって、それが現れるのを見るために、はるか遠くまで探しに行く必要などはまったくない。私たちは、すでにフリウル地方の「ベナンダンティ」について触れているが、これらの善い「妖術使い」は、村の豊穣を守るために、夜間ウイキョウの茎を持って、本物の妖術使いと戦うために出かけていく。(44) しかし、死者の面倒を見る、別種の「ベナンダンティ」もいる。一四七五年から一五八五年までの間、アルザスからヴュルテンブルクを経て、バイエルン・スイス・ティロル地方に至る地域一帯で（そして、あえて言えば、おそらくは地中海地方にまで）、民衆信仰のまさしく核とも言うべきものが存在した。そこで出会うのは主に女性が多い（一五二五年にはティロル地方のブルゼベルクの女性ヴィパート・ムージン、シュヴィッツ州キュスナハトではゼーレンムッター（魂の母）、一五九九年にはフリウル地方の公証人の妻、一五八五年にはマントヴァ地方の機織り工（男）、一五八六年にはバイエルン地方の男性……）。これらの人々〔主として女性〕は、四季の斎日〔三日間の断食を行なう〕の間に四肢の強硬症におちいり、死者たちの夜行行列に加わっていく。行列は、様々な形をした女神に率いられていたが、その女神にはいくつもの名前がある。一三九〇年のミラノの異端審問官にとってはディアナ、南ドイツではホルダ、あるいはペルヒタ、それ以外では、サティア、アブンディア（『薔薇物語』のアボンド夫人から）とも呼ばれた。この女神の後には、「荒ぶる者の軍団」――chasse saubage（仏）、esercito furioso（伊）、Wütischend（Wütende）Herr（北欧神 Weden の軍）、Wilde Jagd（英）――が続き、そこにはキリスト以前の死者、洗礼を受けずに死亡した子供、非業の死にあった者などの姿が見られる。この死者たちの荒々しい軍隊を人々は恐れ、一線を画していたが、一五世紀になると、それは神の命令によって浄化しつつある魂の軍隊というものに変っていった。異端審問官において、また、彼らに糾問される者たちにおいても、あわれな魂と交信しようとする、昔ながらの、いやそれ以上に強い関心が現れている。一五四四年には、〔死者信仰の〕体系が出来上がっている。フランクフルト年代記は、〔ヴィーナスが住むと伝えられている〕ヴェーヌスベルクの丘に現れた遊行僧について語っている。彼らは、過去と未来を知っており、洗礼を受けることなく死亡した子供たち、戦闘中に亡くなった戦士たち、そして魂が肉体を離れ、そこに戻ることができないでいる人々の群れを呼び起こすことができる。

これらの物語を通して、民衆的な死者信仰のイメージが浮び上がってくる。それは、農耕儀礼につながると同時に、それとははっきり異なった、おそらくはより古いものであろう。なぜなら、その最初の痕跡は少なくとも一〇世紀と一一世紀に見出されるからだ。ここで特に私の注意を引くのは、これらの信仰の生命力とその柔軟性である。なぜなら、それは一四五〇〜一四七五年以後、煉獄の観念を受容し、個人的救済の不安という新たな需要に適応しているからだ。しかし、まさにこの段階において、これらの信仰は増大する〔教会の〕抑圧、さらには「ベナンダンティ」を魔術使いにしてしまおうとする徹底的な同化作用の下にさらされることになる。つまり、「ベナンダンティ」が交信している死者は、地獄の亡者ということなのだ。このレベルでは、民衆宗教は叛乱の担い手ではないし、体制転覆の問い直しの担い手でもないと言えるだろう。民衆宗教は、その現実的な柔軟性によって新たな提供物（煉獄）を受容することができたように、半非合法的な状態でその生命を長らえることができた。入念に作り上げられた新しい民衆宗教は、この時代に、おそらくその最盛期に達したと言える。

しかし、この運動と並行しながら、おそらくそれよりは目立たないけれども、別の作業が、死と来世の問題をめぐって民衆の意識の中で進行している。救済の方法が階層化されたシステムに組み込まれ、そこにおいてはこの世の権力者と金持だけが贖宥状、祈り、ミサの受益者だったので、事実上、周縁に追いやられた人々（都市と農村の人々）は新たな道を探していたが、印刷術が彼らにもたらした新奇さを使わないはずは決してない。知識人の文化と民衆文化との間に、交流の流れが、双方向で形成される。〔事例ばかりを挙げて〕量的な多さを誇張しないようにしよう。その宇宙論の詳細を知るには粉挽きメノッキオの講釈を聞くだけで、十分である。私たちの前で、〔同時代の〕他の多くの人々に代わって証言してくれるこの無名の人物は、異端審問官の書類の中から、ギンズブルクによって再発見された。(45) 彼はフリウル地方の粉挽きであり、一五三二年に生まれ、一五八三年と一五九八年に裁判にかけられている〔ギンズブルクによれば、メノッキオは一五九九年に死刑を宣告され、おそらく一五九〇年に死んでいるが、同じ頃に哲学者ブルーノも異端として処刑されており、当時のローマ教皇庁の姿勢を反映している〕。この男は独学者で、『薔薇物語』『聖書』『聖者伝』『マンデヴィルの旅行記』（一四世紀の旅行記の一つ）『デカメロン』、そしておそらく『コーラン』、さらに幾冊か他の本を読んでいた。とはいえ、口承文化が彼の考察の骨組みと背景をなしている。死と来世の問題が主要な位置を占めている世界観を形成するためには、それで十分だった。出版術（そして宗教改革）と接触した結果、自ら定義するところでは、この「繊細な人間」は「農民と職人の数多くの世代にわたる初歩的で直感的な唯物論」（ギンズブルク）をまとめ上げようと企てた。その結果は、表面的には奇妙なものだが、威厳に欠けるということはない。「私は、物質なしには人は何もできないと信じている。神様だって、物質なしには何もできなかっただろう」。原初の混沌は、ある日――「偶然に」――、塊となった。ちょうど、固まった牛乳からチーズができるように。次いで、地球というチーズの上で、自然発生的にうじ虫がうごめき始める。天使……そして神自体も物質から生まれる。キリストは一人の人間である。秘蹟には何の価値もない。終油の秘蹟だって？　魂に油を塗ることなどできっこない。死者のためのミサだって？　そんなものが何になると言うのだ。「人が死ぬ時、それは野獣のようであり、蝿のようなものだ」。

天国だって？「それは、たんまり金を持っていて、苦労など知らずに生きている旦那方がいる、この世の楽園のことだ」。地獄だって？　坊主たちのつくりごとにすぎない。復活だって？　馬鹿げたことだ。そんなことになったら、天も地も人でいっぱいになってしまうではないか。――このようなことを言っていながら、メノッキオは心の底では信心深い。彼にとって四大元素、つまり水・空気・土・火は神性に満たされている。ミシェル・セルヴェ〔一五一一―五三。神学者としては三位一体を否定し、医学者としては血液の循環を発見したが、カルヴァンの怒りをかい、異端として焚刑に処された。セルヴェトゥスともいう〕を彷彿とさせる、ひとつの表現を使うことが許されるなら、それは唯物論的汎神論とでも言えるものなのだが、表面をおおう皮をむけば、キリスト教的なるものとは何の関係もない。メノッキオは、農民的な純真さをもって一六世紀における不信仰の問題を解いている。我々がしなければならないのは、おそらく、メノッキオが誰のために証言しているかを解明することである。ギンズブルグは、異端審問の資料の中に、メノッキオの同類たちを発見している。それは粉挽き業者、商人あるいは職人たちで、大勢ではないが、メノッキオが病的な事例ではないと言うには十分な数である。メノッキオの場合は、他の者たちが粗野なやり方で定式化したものが、より念入りに仕上げられている。

彼らの多くは、お偉方だけが特権を有し、神の罰と恐怖が強調される来世のシステムを攻撃することによって、一線を踏み越えたのだろうか。メノッキオにおける素朴でもの静かな唯物論が、唯一可能な解答と言うわけではなかった。おそらく、それはごく少数の人間にしか理解できなかっただろう。むしろ当時のより多くの者たちは、永遠の劫罰のない来世のイメージを終末への期待に置き代えていた。一五五〇年のヴェネツィア教会会議によれば、再洗礼派にとっては選ばれた者だけが復活し、地獄はなく、悪人の魂はその肉体とともに滅びるという。選ばれた者は、復活の時まで眠り続ける。おおざっぱに言って、再洗礼派から、この終末論を受け継いだソッツィーニ派〔反三位一体派〕に至るまで、見取り図の上では連続性が見られる。極端かもしれないが、思いきって単純化するなら、これらのグループが民衆の間で成功を博したのは終末に関するこの解釈によるものだと言える。これは、教会の解釈とメノッキオの解釈とのちょうど中間にあたる。神の罰という恐怖の武器庫を取り壊しながらも、この解釈は復活と因果応報の希望だけは温存した。終末のまぢかな到来を期待している人々にとって、これらの希望はすぐ手の届くところにあったからだ。

しかしながら、民衆の夢の一部を反映するこの運動〔再洗礼派〕は、一六世紀の前半の大規模な示威運動において壊滅させられてしまった。つまり、一五三〇年代を境として、農民たちの反乱は結託した教会と俗権の力によって血の海の中に沈められてしまった（これについては、宗教改革を語る時にまた触れることにする）。こうして反乱という道は早いうちに閉じられてしまったのだが、民衆のレベルでは、もうひとつの武器が、あえて言えば強情なる否定の別形態とでも呼ぶべきものが存在していて、それは既成のイデオロギー的モデルを転倒と嘲弄のメカニズムの中で変容させる。古代のサトゥルヌス祭の伝統に基づくカーニヴァルこそ、その最も典型的なものである。近年の研究は、一六世紀における「カーニヴァル的なるもの」の重要性を強調し、民衆文化と民衆的行動形態を、瀕死の状態にあるものとしてではなく、その豊かな攻撃性に着目している。

生と死についての民衆的な解釈を自分のものとし、それらを最も豊かな形で、しかも〔荒唐無稽な〕筋立てにもかかわらず、最も明瞭な形で表明することができたのはラブレーである。彼とともに、エリート的ユマニスムと民衆文化との出会いが生まれ、ユマニスムは民衆文化によって実り豊かなものになった。それは〔年代的にも〕稀なる交流の瞬間であり、そのような時は長くは続かない。なぜなら、一六世紀の末には民衆世界は掌中に収められ、用心深く監視されるようになるから、民衆文化の血潮は完全に枯渇するわけではないにしても、少なくとも沈黙し退化していくことだろう。ラブレーが〔ルネサンスの〕民衆的解釈の代弁者であるということは、〔現代における〕新しい発見である。なぜなら、古典主義と啓蒙主義の時代以来、人々はラブレーの解釈を知識人のそれとしてしか見てこなかったし（ロマン派においては若干ニュアンスが異なるが）、リュシアン・フェーヴルに至るまで（彼をも含めて）、人々は互いに非難しあっては、ラブレーを冒瀆しているとか、理解していないとか言ってきた。これとはちがい、全く別のラブレーを復権したのは、バフチーンの著書(46)の功績である。

パンタグリュエルの物語は、ひとつの死から始まっている。ガルガンチュアの妻、バドベックは、パンタグリュエルを産み落とすと亡くなってしまう。この死は、浄められるのではなく、その反対物となる誕生と結びついている。つまり死とは出産なのだ。そして、〔妻の〕死と〔子の〕誕生の両方に責任のあるガルガンチュアは、雌牛のように鳴き、子牛のように笑いながら、何よりもまず死に対する生の勝利を祝うことにした。この笑い〔哄笑〕による癒しは、同時にひとつの世界観をも示しているが、そこにおいて死は常に生とつながっている。すなわち誕生、祝宴、会食に。また当然のことながら、それに続く事柄とも結びついている。つまり、自然のサイクルの別の表現である糞尿（ガルガンチュア自身、あまりに臓物料理を食べ過ぎた〔母〕ガルガメルの消化不良のせいで、糞と人間あるいは動物の臓物の名状しがたいごちゃ混ぜにまみれて生まれている）、あるいは生命を与える性行為と結びついている。死の描写を高らかな哄笑で締め括るこの崇高な下品さは、恐怖を乗り越える手段以上のものである。民衆の通夜における会食のごとく、それは和解のための儀礼であり、人間を生の自然なサイクルに触れさせる。

このように苦痛なしに母の胎内へ回帰することには、来世の恐怖に対する非神話化が伴う。それは、終末の限りない恐怖に対する嘲弄（パンタグリュエルは、アナルク王の軍勢に小便をかけ、ちょっとした世界の終末をもたらした）〔第二之書二六章〕であり、特に地獄と煉獄に対する嘲弄である。このためには、我々をそこに連れていくのが最良の手段であるとラブレーは考えた。おそらくラブレー自身は、『パンタグリュエル物語』〔第五之書〕の最終章（伝統的な煉獄物語と同様、地獄下りで終わることになっている）を書いてはいなかったかもしれない〔ラブレーの死後に出版された「第五之書」は、直筆ではなく、偽書とする説がある〕。しかしラブレーは、それ以外の所で、余すところなきまで十分に地獄を描き出している。それはまさにカーニヴァル的な地獄で、エピステモン〔『パンタグリュエル物語』の登場人物〕によると、そこでは悪魔はよき仲間であり、祝宴が主要な位置を占め、人間たちは「カーニヴァル的な」生活を送っている。つまり、この世の名誉と序列が転倒され、この世のお偉方には最も卑しい仕事があてがわれている。人を半狂乱にさせる地獄のイメージから、民間伝承的な、生命を吸収すると同時に生命を与える母の乳房という観念へと我々を引き戻すこの冒険の中では、すべてが不条理な転倒というわけではない。学者たちが長いあいだ議論してきたエピステモンの有名な復活のシーン〔第二之書三〇章〕は、血がワインに変わり、死が祝宴になるキリスト受難劇のエピソードの滑稽な転倒以上のものであると同時に、ラブレーは、意図的に困惑させてしまうよう仕組んだ筋書きの中で、ぞっとするような死とは何の縁もない新しい死の解釈をつくりあげている。ラブレーにおける来世とは、パンタグリュエルにあてたガルガンチュアの手紙の中で明らかなように、幾世代にもわたる継続性において具体化されているこの世における不死のことなのだ。死後の生は、生物学におけるよりも文化と歴史の中に、幾世代にわたる創造的継続性の中に刻み込まれている。このレベルにおいては、バフチーンが指摘したように、救済という出来事を下から上へ、リヴァイアサンの口から天国の高みへの上昇運動として位置づけた中世の「垂直的な」解釈は、ある世代から別の世代への歴史的進歩という「水平的」なものの見方に取って代わられる。そして、驚愕した（オリュンポスの）神々は、「パンタグリュエリヨン草」の効能を讃えながら、どこで人間は止まるのだろうかと自問する（第三之書〔五一章〕）。中世の古い世界を転倒させる――頭と尻を逆さまにする――にあたって、ラブレーはカーニヴァル的な転倒という民衆文化のやり方を活用した。死の恐怖から人類を解放するというユマニスム的な理想のために、ラブレーはこれを利用したのだった。

ラブレーと民衆文化。この出会いは例外的なもので、他に類のないものなのだろうか。もしそうなら、バフチーンによって提案されたモデルはおそらく模範的事例であることをやめてしまうだろう。しかし、それはヒエロニムス・ボスの事例でもあり、ブリューゲルの事例でもある。民衆文化と民衆の知恵は死を地獄に追い払ってしまう。そこでは、ラブレーの主題が再び現れ、地獄は羽目を外したイマジネーションの夢幻的な表現に変わることによって、その幻想的な現実性を失う。

一五世紀末以来、認識されるようになり、一六世紀を通じて主要なテーマの地位にまでのし上がる狂気のイメージは、ミシェル・フーコーが指摘したように、弁証法的関係を通じてたしかに死のイメージと結びついている。フーコーが示唆したほど機械的ではないが、しかし明瞭に、狂気あるいは狂人が死に取って代わっている。狂気は死と重なり合い、あるいは死と共棲している。ちょうど一四九二年にセバスティアン・ブラントが出版した『阿呆船』の中に描かれているように。しかし私は、フーコーのように、この段階的なリレーの中に人間の苦悶の表情の転移、恐怖のもう一つの形象化、つまり単なる「同じ不安の内部でのねじれ」を見たりはしない。それでは狂人の果たす社会的側面を無視、あるいは否定することにさえなる。狂人は、ルネサンス期の世界においては、都市の兄弟信心会においても、若者集団の中でも重要な役割を果たしている。それは、告発・異議申し立てを行なうことによって、集合的カタルシスの役割を果たす。狂人の役割とは、この世を転倒させて見せることによって、他の人々に彼らの真実を告げたり、この世の欠陥や愚劣さを告発することである(フーコーはそれを無視したわけではないが、この側面は彼にとってさほど重要なものではなかった)。そして、それこそまさしくエラスムスが著した『痴愚神礼讃』(一五〇九年)の教育的意図だった。狂気は、ブリューゲルの幻想的世界や、阿保(愚者)の祭りにおける若者たちの示威行為と同様に、ラブレー作品の不作法さにも見られるが、それは民衆の知恵が被らざるをえなかった仮面である。〔ルネサンスに一度開けられた〕扉が再び閉される――それは一六世紀末に始まり、古典主義時代〔一七―一八世紀初頭〕まで続く――ことにより、民衆文化の表現とその生き残りとは、重大な危機にさらされることになるだろう。

一六世紀の間に、とりわけその末期には、カトリックとプロテスタント両者の改革の一環として、新たな国家装置と教会とが結びつき、民衆文化に対する猶予期間に終止符を打つことになる。これから語ろうとすることを先取りしなくても、この再征服がどのように行なわれたかはよく理解できるだろう。新たな司牧活動（カトリックであれ、プロテスタントであれ）が、死者と会ったり、語らったりする者を魔女と同一視し、死者と対話した者を地獄の亡者と同一視することに、旧来の民衆宗教（ベナンダンティに関連して我々が見出した死者信仰）は耐えぬくことができないだろう。幽霊をキリスト教化した後も、教会（少なくともカトリック教会）はその独占を保持し続ける。魔術の発生と発展、その追求と抑圧は劇的な事件であり、一四～一五世紀にひそかに始まり、一六世紀後半に増加し、一七世紀前半には絶頂に達する。この出来事は死の歴史とは直接関係しないと言われるかもしれないが、それはおそらく思い違いである。〔魔術使いとの〕混合が行なわれることによって、旧来の民衆的死者信仰は決定的に法の外に置かれ、ますます不可解な民衆意識と慣行の暗闇の中に追いやられていくことだろう。

これとは別の出来事について言えば、〔エリート文化と民衆文化の〕出会いから、粉挽きメノッキオは読書を介してエリート文化から少なくとも自分自身の宇宙生成論を仕上げる勇気を引き出すことができたし、これとは反対に、ラブレーは世界を逆さまにしてみせる彼の解釈の精髄を民衆文化から引き出しているが、この出会いもまた、最後には有罪を宣告される。そしておそらく、それを包囲しようとしているのは、〔国家〕権力の抑圧だけではなく、〔教会の〕非難でもある。おそらくバフチーンが提唱したモデルの弱点――それが魅力的であることに変わりはないが――の一つは、楽観的な言葉遣いで、一様に反体制的で、反神話的なものとして定義される民衆文化が存在すると想定したことである。それは、理性の眠りから化け物が生まれるということを忘れている。民衆の創造性から同時に一五世紀の死の舞踏が生まれ、伝染病の流行から鞭打ち苦行僧やポグロム〔ユダヤ人の虐殺〕が生まれたことを忘れている。すでに見たように、この世紀もまたペスト大流行の時代のひとつであり、死に直面していた庶民——皆が皆メノッキオという名前ではない——は、その大多数が幻想と魔術的処方に身を任せていた。ペストの予兆は、一五〇一年には十字架の雨と血の滴りとなり、一五六五年のイタリアでは地中の大音響となり、一五七一年、ハンガリーのケムニッツでは地平線に現れた黒い騎士の姿をとる。各々の民族は独自の方法でペストを払いのけようとする。一六一二年には、低ラウジッツ〔東ドイツのブランデンブルクの南〕地方のスラヴ系農民は、自分たちの村をペストの侵入から守ろうとする。真夜中に、二人の農夫と、七年来の寡婦、六人の乙女が村外れに集まる。奇妙な行列……女性たちは着物を脱ぎ、一人の男がその着物を護っている間、老女が一束の枯れ木を持ち、六人の乙女は、もう一人の男が操る犂をしっかり握っている。犂は輪を描いて、村の空間を外部の呪いから引き離そうとする。それから、彼らは無言のまま村に戻る。

私は、リュシアン・フェーヴルのように、不信仰という観念が一六世紀において時代錯誤であったとは思わない。しかし、死を支配できるという観念を民衆意識に期待するのは、おそらく時期尚早というものだろう。死は依然として、民衆にとっては不可解であり、脅威であったのだから。

〔2〕ユマニスム的修正

死に対するもう一つの異議申し立てとは——ただしそれは、私たちが民衆層の中にその痕跡を探し求めていた異議申し立てにくらべれば、はるかに意外ではないのだが——、ヨーロッパ規模におけるユマニスムという枠組の中で形成されたエリート層の異議申し立てである。

ここであと戻りして、複数あるユマニスムの根源と先行形態を、それらが互いに交差している所に捜し求めねばならない。それは一四世紀末、とりわけ一四〇〇年代《クワトロチェント》のイタリアにおいてである。このゆるやかな年代決定に驚いてはいけない。我々が人口動態について語る時、〔明るい〕一六世紀が一つの神話ではないのかと自問するのは、よく知られているように、イタリアではどこよりも早くそれが始まっているからだ。一五世紀のイタリアにおける人口と経済の急速な回復と、そこにおける生きることの厳しさの表現との間に機械的な関係を打ちたてるわけにはいかず、明らかにヨーロッパには様々に異なる態度があり、その地理的多様性は様々な背景と対応している。ヨーロッパ的規模での「死の舞踏」の流行において、その震源地として重要だったのはフランスとドイツだが、（イタリア）半島は、集合的態度と表象とのレベルにおいて確固とした独創性を発揮している。私たちはそれを、死体の身体的側面と、いくつかの主要なテーマ（死の舞踏）に対する故意の言い落としの中に見出すことができた。「死の勝利」というテーマの特別待遇、いくつかの精密なサンプル調査によって明らかになった墓碑の変遷についても同じことが言える。

必要なステップを踏むとするならば、死のユマニスム的解釈における重要観念の一つが初めて現れてくるペトラルカの『凱旋』（一三五二～七四年）にまでさかのぼらなければならない。この名声あるいは栄光への愛着は、〔イタリアの〕集合意識の中で「永生」の一形式となっている。このモチーフはきわめて世俗的で、現世的価値のただ中に根を下ろしているが、ただしペトラルカ的な勝利の連鎖において最終的には神が勝利する。「死」は「愛」に勝利するが、「名声」は「死」を越えて生き続ける。けれども「時」がやってきてそれを滅ぼし、それもまた神の永遠性の中で消滅する。しかし、『凱旋』より前に著した『わが秘密』の中で、ペトラルカは聖アウグスティヌスとの対話の形を取りながら、現世的な栄光の積極的価値を擁護している。「栄光は確かにうつろいやすく、見せかけのものではある……しかし、だからといって、栄光を追い求めるのを我慢すべきではない」。

〔一四世紀の〕ペトラルカや、その同時代人コルッチオ・サルターティが、この世は虚しいとするキリスト教的観念と、栄光による永生という新しい価値観との間でいまだに引き裂かれていたのに対して、一四〇〇年代《クワトロチェント》は、ユマニストたちの言葉を通してこの二つの主題を和解させようとする。一四八〇年には、サッバディノ・デリ・アリアンティ〔一四五〇頃―一五〇六〕が『七〇の不思議な物語』の中で、彼の代弁者の一人に次のような議論をさせている。すなわち、天上の喜びは二つの美点を持っている。たしかに、神と向き合うことこそ最も本質的なことである。しかし、善行の記憶も、二番目ではあるが、無視することのできない神のもう一つの美点である。それゆえ、栄光を求めることは正当なものなのだ、と。今日、こうした考えは我々にとっては陳腐なものに見える。しかし、イタリアの商人貴族の飛躍的発展に適合し、ついでプリンチパート制〔君主制〕にも適合したこの行動理念は、一五世紀イタリアの社会にとっては死活的な諸価値に根本的に応えるものだったので、貴族、ブルジョワ、聖職者に対して顕著なインパクトをもった。君主に対して賛辞を惜しまぬユマニストたちは、君主が追求すべき栄光のモデルを提示する。この要請に応える新しい表現形態が形成される。すでに見たように、墓碑はその性質を変化させ、葬送演説は名声を不朽のものとする手段と化す。一四四〇年以後、ペトラルカの『凱旋』のテーマが刻みつけられている数多くの装飾長持のパネルの上では、行列の構成においてバランスの変化がはっきりと見てとれる。「死」は控えめになり、時には完全に消え失せている。「愛」と「名声」の勝利は歴然たるものがある。君主の勝利――これについては、イタリアがルネサンス時代のヨーロッパにそのお手本を示すだろう――は、現世の諸価値（権力と栄光）の高揚の極端な表現である。栄光の理念が、徐々にキリスト教的な不死の理念と並んで表明されている。

これだけが、一五世紀という枠の中でユマニストが試みた考察の唯一の新しさではない。テネンティの表現を再び用いるならば、時間の持続に関する新たな意味が生まれ、そこからはまた、生に関する別の観念が生み出される。それらの独創性を理解するには、この時代の宗教思想を見ればよいし、同様に、我々が見てきたような、肉体的衰えのイメージに価値を付与する世俗の経験を参照すればよい。『永遠の知恵』を著したスソのような神秘主義者にとって、現世の生のうちに最も濃密な瞬間を感じるためには、絶えることなく死を修行するという方法しかない。スソの主張は、今際の際に究極の価値を置く『往生術』の対極にある。つまり『往生術』とは反対に、彼は一生かけて専念すべき死の心得を編み出した人々の一人なのである。私たちがフランスとドイツの感性の中に見出したように、死体墓像《トランジ》を恐怖に満ちた眼差しで見つめるということは、時間からの逃亡のいまひとつのアプローチを表している。これとは対照的に、イタリアのユマニスムは独自の道を見出している。つまり、苦しみはいつまでも続くものではないし、それを補って余りある喜びがあるし、あるいはすべてを癒す時間の働きがあるのだから、いずれにせよ、苦しみには必ず終りがあるのだ、と。ユマニストたちは、死を日常の観念に引き下ろしてしまったので、死はもはや生の目的ではなくなってしまう。彼らはペトラルカの『癒しについて』の教えに従っている。「君は死の恐怖から解放されたいと欲するか？　ならば、よりよく生きよ、人生はよきものなのだから」。「よく生きる」こと――このように時を生きることの意味を発見することにより、生は軽視されるかわりに、意味あるものとなり、そこから創造的な生き方も試みられるし、老いは成れの果てではなく、生の完成となる。サルターティは老いを、神の贈り物であり、放浪の終りにやってくる栄光に満ちた結末と見ている。彼の場合、救済を来世に求めるという考えになおも支配されてはいるが、その思想の歩みは、テネンティが言うように、人生と時間とが等価であることを完全に受け入れたレオナルド・ダ・ヴィンチの智恵へと到達することだろう。

25）最後の言葉は宗教に帰るのが一般的だが、ルネサンスの木版画（マルティノ・ロータ、1520 ～ 83 年）の場合は、「時」の老人が「運命」の車輪を回している。パリ国立図書館。

一五世紀後半のイタリアにおいては、このように、死に対して一種の新しい振舞が徐々に形成されていたが、宗教的言説は、その要求において最も極端ではあったが、これについて決して無関心ではなかった。「往生術」は、ここでは急速に、よく生きよく死ぬ技術として表現されるようになる。この変容は、サヴォナローラ〔一四五二―九八〕の著した『よき死に方の教え』にはっきりと現れている。彼が、最もおぞけをふるうような方法（墓場を訪れる、あるいは両親や友人の断末魔の瞬間に立ち会うこと）によって、死を常に修行することを賞讃しているのは、ただ老いを待ち受けるのではなく、生涯を通してこの修行に取りかかろうと考えるからである。このようにして、彼は、それなりのやり方ではあるが、我々があとで検討することになるユマニスムの発展形態においてはキリスト教的ユマニスムの中に位置づけられることになる。逆に、最も異端くさい人々の間でさえ、来世のイメージは生の歓びの延長である全く現世的な歓びというものとして描き出されるに至る。ロラン・ヴァラ〔一四〇七―五七〕は『快楽について』の中で、天国を徳性に対する報賞であると同時に肉体的歓びの場、それどころか悦楽に耽る場として表現している。他の者たちは、凝ったやり方で来世を人生の歓びの延長として描き出しており、それはエデンの園の神話につながっていく。司教座聖堂参事会員であるチェルソ・マッフェイ〔一四二五―一五〇八〕は、『天国の心地よき快楽について』を著し、天国における歓びは地上の歓びの成就だとみなす。「あらゆる感覚的快楽の充足」において、天上の歓びは、それにふさわしい忍苦と比例していて、処女や殉教者たちが楽しむのはまさに触覚器官によってなのだ。

一五〇〇年までに、ユマニスムはその発祥地であるイタリアから様々な道を辿りながら、死と来世に関する新しい解釈を提唱した。それは生きることの価値を再評価し、たとえ短いものであったとしても生きるに価するとした。一六世紀には、ユマニスムはヨーロッパ規模の現象にまで拡大するとともに、さらに宗教色をうすめていき、印刷術のますます増大する影響に触れることによって大衆化するようになったが、同時に多様化も

26) エラスムス的なユマニスムは、死に想いをめぐらすこと（コギタ・モリ）を知っていた聖ヒエロニムス〔347頃～420年〕の中にすでに認められる。

していった。いささか戯画的なまでに単純化する危険を冒すならば、これから見るように、死の様々な解釈は三つの集団、もしくは傾向にまとめることができる（勿論、様々なニュアンスのちがいと、互いの間の架け橋はある）。第一に、ペトラルカの後継者として、新プラトン主義の中に自らの宗教的熱望に合わせて純化され、明らかに刷新された枠組を見出した人々。第二に、さらに遠くまで行き、霊魂の不滅と永遠の劫罰とを否定する人々。第三に、これとは反対に、キリスト教的ユマニスムの枠の中で、宗教的熱望と新しい価値とを和解させようとする人々。

一六世紀イタリアのユマニスムに容易な逃げ道を与え、ヨーロッパ規模のペトラルカ風文学の成功の中でいささか退屈なやり方ではあるが流行したプラトン主義の流れに対しては、時に厳しい意見もある。(47) しかし、だからといって、彼らの詩歌を軽視したり、ましてや口を閉ざしたりすべきではない。それが成功をおさめたこと自体、この詩歌が大いに宮廷世界、そこに生活する人々、一定のブルジョワ出身のエリートたち（モーリス・セーヴ〔一五〇一頃—一六〇頃。リヨン派の代表者の一人〕、ルイーズ・ラベ〔一五二四—六六。リヨン詩派の女性詩人。美貌に恵まれ、官能的な恋愛詩を多く残す〕の時代のリヨン詩派の人々）に気に入られたことを証明している。そこには、人生が短く、時がすり抜けていくという主題が再び見出されるが、それは新たなノスタルジーに彩られている。レオナルド・ダ・ヴィンチからデュ・ベレー〔ジョアシャン・デュ・ベレー、一五二二—六〇。詩人。プレイヤッド詩派の宣言書『フランス語の擁護と顕揚』を書いた〕までの新プラトン主義が提唱している解決方法は、神の探求と同一化し、それに取って代わる美の追求である。これは、ひとつの来世への憧れであるが、来世とは完璧なる住処であり、そこに向かって不死の霊魂が羽ばたこうと思い焦がれている。霊魂は、中世の図像においては今際の際の人間の口から飛び出す真っ裸の小人だったが、この洗練されたエリートたちにとっては、物質から解放された勝利に輝く聖霊である。しかし、不死の魂は、その創造主の下に戻ろうと熱望しながらも、〔時代の社会的な〕

システムのただ中に位置している。テネンティと同様に、この唯美的な渇望がいかにして貴族的エリートの沈鬱な快楽になりえたかを理解することができる。つまり、このエリートたちの生活の危機と困難とは、一六世紀を通じて深刻化していき、ついには伝統的宗教的言説によって癒されるに至るからだ。とはいえ、生きることへの希望と信頼を濃厚な愛に託した人々もいた。ジェリ〔イタリア散文の古典的作家。一四九八―一五六三〕は『魔女キルケ』の中で、オデュッセウスと、豚に変えられた彼の仲間たち（彼らは人間の境遇に戻ることを拒否している）との刺激に富んだ対話を提示している。ジェリにとって、人間の最大の不幸は、命が逃げ去っていくという感覚であり、死の恐怖である。生涯において至福の時とは、時の流れが止まっている瞬間である。死に関して新しい省察を提示している人々の中でもおそらく最も豊かなレオーネ・バティスタ・アルベルティは、その日その日を大切にし、将来への恐怖のために現在の幸福を見失わないようにと勧めている。人間の時間こそ、人生における唯一の尺度である。ジェリにおいてと同様、アルベルティにおいても、老いの復権が生の再解釈の延長線上にある。老いは生の完了、あるいは総仕上げであり、そこから、人は物事を遠く離れたところから見通すことができる。「だから、生きるということは素晴しいことなのだ」。かくして、終末期における最終的消滅は、その苦々しさのすべてを失うことになる。

集合的態度の歴史において、これらユマニストたちの歴史的重要性を過小評価しないようにしよう。これらの曖昧な新プラトン主義者たちは、肉体から解放され、神の無限へと回帰していく抽象的な不死の魂の浄化されたイメージを、死のキリスト教的なモデルにもたらした。また啓蒙的な解釈のためには、大部分は古代からひっぱってきたものだが、別のイメージをもたらした。それは、復活とは反対に、この世に見出される眠りとしての死である。それは、物質と精神の中間にある第三のもの、つまり生きた人間そのものに専心すべきだという考えである。

その後、一六世紀後半において、老ミケランジェロ〔一四七五―一五六四〕は、美が死に打ち勝つには向いていないということを発見して、ペトラルカ流の理想の敗北を認める。栄光による永生という神話は、一四世紀末に初めて登場するが、時のうつろいに対して頑強に抵抗できるものであることをも明らかにした。この神話は、王侯貴族の世界においては、個人の名声や、守るべき、あるいは獲得すべき「名誉」と混然一体となっている。この言説はそれが蘇らせた騎士の理想に接ぎ木されて、偉大な武将――フランソワ一世、あるいはカール五世――の言説となり、彼らの回想録作者の言説となる。さらに、そのブルジョワ版なるものが、つつましく始まっていく。つまり、ある人々においては、労働と、その成果（作品）、要するに社会的有用性を通して不死の観念に行き着くと解釈されるのである。

ある人々は、もっと遠くまで進んでいる。これは、私が予告しておいた第二のグループで、一歩前進し、永遠の生命とか死後の報賞とかを必要としない人々のことである。このような大胆さは当時において可能だったのだろうか。一五五〇年に、カルヴァンは『不品行について』の中で、ラブレー、グーヴェア、デペリエを非難している。彼らの目的は何か。神へのあらゆる尊敬の念を破壊すること、「あらゆる宗教は人間の頭の中で捏造されたものであり、神が存在するのは、我々がそうあってほしいと思うから存在するのであり、地獄と呼ばれているものはすべて子供騙しにすぎない」と思わせるためである。少し経ってから、ヴィレは、その著作『モンペリエ教会への書簡』の中で、イエスを全く信仰せず、肉体の死後に永遠の生はなく、したがって永遠の死もないと考える偽の理神論者を非難している。

これらの非難に対して、我々現代人の考えは二つに分かれている。リュシアン・フェーヴルに言わせれば、一六世紀も一五五〇年以前において、それどころか一七世紀のシラノ・ド・ベルジュラックやリベルタンたちよりも以前において、真の意味での不信仰というものを語ることはできない。一六世紀のような信仰篤い時代にこのような考えが可能であるなどと言うことは、時代錯誤の罪を犯すことになる。ラブレーはどうだろうか。おそらくはプラトン主義に近いが、不信仰では勿論ない。だが、〔フェーヴルのような〕歴史的相対主義による説明がすべてそうであるように、まわりまわってそれ自身が相対化される運命にある。バフチーンの解釈に触れてしまった我々にとって、リュシアン・フェーヴルの主知主義的な解釈は、歴史的に時代遅れであるように思われる。

　不信仰は、存在している。このことを、フェーヴルも知らなかったわけではなく、不信仰の概念の最初の痕跡を一五五〇年もしくは一五六〇年にまでさかのぼらせている。しかし、一五一六年には、ピエトロ・ポンポナッツィが『霊魂の不滅について』を上梓していて、彼はそこで、アリストテレスとアヴェロエス（アヴェラール）主義の伝統に則り、個人の不死の概念を拒否している。少なくとも、それは証明不能であるとしている。正統派の外見をとりながら、パドア学派は、霊魂の不滅という本質的な概念を疑問視したのである。

　別の人々は、このような控えめな問題の立て方をはるかに乗り越えている。ジョルダーノ・ブルーノ（一五四八～一六〇〇年）は、無限の宇宙において死は不可能であると信じていた。何物も消滅することがない宇宙の無限性に対するこの信仰は、後にパスカルを恐怖に陥れるものだが、それは〔ブルーノにおいては〕「（人間に）翼を与え、死と業苦と恐怖から免れさせる」という信頼と信仰になる。肉体の死に対する狂おしい恐怖に対して、自然は声高に抗議を行ない、肉体も魂も死を恐れる必要はないと保証する。なぜなら、死は存在のもう一つの形態にすぎないのだから。腐敗することを免れない外観の多様性の背後では、宇宙の代謝が行なわれていて、死はその一階梯にすぎない。大鎌を死に持たせ威嚇させたところで何になるというのか。同様に、トマス・モアは、〔『ユートピア』のなかで〕ユートピウス王に布告させている。「いかなる者も、魂が肉体とともに死に、滅ぶと信ずるような、人間本性に関して下劣かつ卑しい意見を持ってはならない」。これとは反対に、ポンポナッツィにとっては、死後に褒賞を受ける希望や、あの世において罰せられるという恐怖などは、人間の尊厳とは両立しがたいある種の奴隷根性を意味している。これはエリートの態度であると言われても当然であろう。ここで再び、リュシアン・フェーヴルの議論に出会う。〔不信仰の〕先駆者は存在したか、彼らは何を言おうとしたのか。

あまり思弁的ではないが、はるかに実存的な立場から、死に対する徹底的にユマニスム的な異議申し立ての最前線にいるのが、おそらく、モンテーニュであろう。死についての彼の思索はおそらく晩年のもので、『随想録』執筆が終了した後の一五九三年頃に練り上げられたようだが、しかし、少なくとも一五六〇年にモンテーニュの友人ラ・ボエシが亡くなって以来、彼はそれをずっと温めていた〔モンテーニュは一五八八年に『随想録』第二巻を上梓した後、一五九二年に死去している〕。これは、半世紀にわたる総括であると同時に、一人の人間の生涯の決算でもある。モンテーニュは、一五七〇年代に、いくつかの特徴からして古典的であると同時に、すでに大いに自由なストア派的な態度から出発していた。つまり人生の短さと、死の到来の不確実性の確認だが、これは古典的な幕開けである。人間の一生を通じて死から悟りを得ようとする思想は、これまた〔古代的な〕よりよく生きる術の系譜に属するものだろう。よく死ぬためには、「死から奇妙さを取り除こう。死を実践し、それに慣れ親しむことにしよう。頭の中には死のことしか考えないようにしよう」。とはいえモンテーニュは、通常の司牧活動が死にゆく者を恐怖で震え上がらせているやり方をすでに非難している。

その後モンテーニュは、この〔ストア主義的〕段階を他者の経験、すなわち自殺についての考察を加えることによって乗り越えていった。だが自分自身についても、彼を悩ませた尿砂という病いを経験し、また落馬して気を失うという経験をする。意識を取り戻した彼は驚嘆する。「魂のはたらきは、肉体のそれと同一の歩調で始まる」。それは、（ほとんど）死ぬと同様の経験だったのだろうか。そこからモンテーニュは、一生を通して死の想いにとらわれるということは無意味だし、それ以上にいたずらに苦しいことだと考えるようになった。「たとえ一五分であろうとも、かかる情念は毒にも薬にもならず、いかなる宗教の掟にも合致しない」。生きることから死を取り除いてしまったので、モンテーニュはどのような形であれ、もはやあの世の問題を背負い込むことはしない。この第二世代のユマニストは、栄光とか名声とかに関しては辛辣である。霊魂の不滅性——キリスト教的な意味であれ、プラトン的な意味であれ——に関しては、肉体と魂とは分離されるとしても、彼は魂だけが神からの贈り物であるとは想像することができなかったので、この点に関しては最後まで慎重な態度をとっている。死に関するモンテーニュの省察からは、「生それ自体が、その目的、その意図、その権利」でなければならないという、生の勝利の観念が姿を現す。死の経験を通して個人という存在を発見するということは、中世末以来の偉大なる歩みの一つだったが、モンテーニュとともに更なる一歩が踏み出された。我々の人生を我々がいかに用いるかということを意識することによって、経験なるものは生かされる。モンテーニュの宗教に関する章を開くことはやめておこう。少なくとも、モンテーニュとともに死の経験の世俗化が徹底的に押し進められたことは明白である。しかし、彼は誰のために証言しているのだろうか。

この言説が、「モンテーニュの生きた」社会を全然代表していないと言い切るのは、おそらく誤りであろう。とはいえ、モンテーニュ自身の経験を越えて、それが反映している社会的価値を評価することは依然として困難である。多くの人々にとって、ユマニスムの内部においてですらそうなのだが、死の新しい解釈が追求されたのはキリスト教的な経験の中においてであったのだから。

[3] プロテスタント対カトリック——煉獄をめぐる争い

宗教改革が死についての言説にもたらした転機を理解するためには、一五二〇年から一五三〇年までの間に、このテーマについての省察を行なったキリスト教的なユマニスムとの関係——連続もしくは断絶——をさぐってみる必要があるだろう。整然とした説明をするためには、大胆に見えるかもしれないが、モンテーニュ〔一五三三—九二〕からエラスムス〔一四六六/六九—一五三六〕へと後戻りをすることをお許しいただきたい。この時期、宗教を論ずる著作家にとって、「往生術」(死の技法)は依然として集合的な関心の的であり続けていた。しかし、フランス系のフランドル人たちにおいてトーンの変化が生じ始めたのもこの頃である。彼らはイタリアのユマニスムの松明を受け継ぎ、「死の技法」を「よりよく生きる技法」に改めた。パリで出版され、多少なりとも成功した何冊かの論説が、この新しい精神の出現について証言している。例えば、一五二〇年から一五三三年の間に版を重ねることになるクリクトヴェウスの『死の原則』の場合がそうである。彼は、どちらかと言えば、中世の著作家たちよりも、むしろ古典古代の哲学に依拠しながら、死への恐怖を生涯にわたってそこに投影することを拒否している。キリスト教徒らしく生きた人々にとって、死はもの静かで平穏なものになるはずである。この主題は、一五三三年にはエラスムスの著作『死を準備することについて』に取り入れられ、結実する。本当のところ、エラスムスは一五三三年まで待つまでもなく、一五二〇年以来、『痴愚神礼讃』の中で煉獄をめぐる奇妙な会計、あるいは墓についてのくだらない気遣いを非難していた。たしかに彼にとって、狂人の強みのひとつは、おそらく死に対する恐れが欠如していることだ。ただし、この見方は、あまり長くは続かない。歳を重ねるに従い、エラスムスは貧困と病気と死を受け入れる唯一の手段としての来世の重要性を再発見している。しかし、ユマニストは、再び神の掌中に身を置くことになろうとも、それでもやはり、死の想念の上に生涯を築くことは拒絶する。「よき終わり」を迎えるための唯一の指針は、相変わらず善の自覚なのだ。ユマニストの理想とキリスト者の理想とを満ち足りた有益な生涯へと統合する真の信仰心は、その生涯を全うするために死を準備するという緊張など少しも必要としない。

エラスムスは、われわれをルネサンスの時代における死についての第三の異議申し立て――宗教改革――の境界にまで導いてくれる。しかし、テネンティが想起させるように、ユマニストの抑制された平穏と、カルヴァンに絶えずつきまとう、あの神への恐れ《ティモル・ドミニ》との間には、はるかなる距離がある。

宗教改革は、死に打ち勝とうとした。改革者たちの個人的な歩みの中で、死の問題は中心的な地位を占めていた。若きルター〔一四八三―一五四六〕における死と劫罰に対する恐怖を思い起こすことは、議論を端折ることには決してならない。死の脅威の真っただ中でなされた誓願の結果として彼を修道院へと導くことになる冒険の起源には、この問題があったことを想起すべきである〔ルターは一五〇五年、雷雨の中で落雷の危険にさらされ、死の恐怖を体験した〕。だから出発点においては、我々にはなじみの、あの死に対する中世的な感性が荒れ狂っているのが再び見られる。その次には、激しい不安に対する、教会の側からの回答の滑稽さが明らかになる。贖宥状、それはまさしく、教皇の鍋を煮えたぎらせるための信心深い商売だった。大安売りの呼びかけをするドミニコ会士テッツェルの説教によれば、信心深い人のお金が募金係の献金箱の底にチャリンと落ちる時、煉獄に囚われている魂が解放され、天国に向かって飛び立つというのだ。従来の宗教史は――ミシュレに至るまで――歴史的な対立関係を、このようなエピナルの版画的なイメージに切りつめてしまった。単純でもかまわないというなら、このようなイメージも誤っているわけではない。エラスムスは『痴愚神礼讃』の中で、ルターは彼の提言の中で、そしてカルヴァンは彼の初期の提要のうちの一つ（『霊魂ノ薬』、一五三四～一五四五年）

27）マルティン・ルター同様、アルブレヒト・デューラーにとっても終末は近く、それは黙示録の4騎士によって象徴されている。パリ国立図書館。

の中で、各人各様のやり方ではあるが、贖宥状と煉獄とを非難している。彼らだけではなく、プロテスタント派の改革者において、これは躓きの石だった。絵を固定するための第三のポイント、それは終末への予感である。そこに、救済に対する個々人の苦悩や、大いなる娼婦、新しいバビロン〔ローマ教皇庁〕に対する反抗の密かな抗議の声などが合流した。

これまで見てきたように、黙示録という主題は中世末期に再発見され、一六世紀初頭には未曾有の規模に発展する。一六世紀末のアンジェの黙示録、あるいはその木版刷りでさえも、一四九八年にデューラーが制作した一四枚の銅版画に比べれば、驚くほど穏やかに見える。一六世紀に黙示録の主題に取り組んだほとんどすべての人々に霊感を与えたのは、まさにデューラーだった。ドイツでは、一五二二年に刊行されたウィッテンベルク聖書と一五六六年刊行のフランクフルト聖書との間に、ブルクマイル、ハンス・ゼーバルト・ベーハム、ホルバインの銅版画が、フランス語版の出版物においては、アントウェルペン〔アントワープ〕の聖書（一五三〇年）、あるいはセバスチアン・グリフの手になるリヨン版聖書（一五四〇年）が出ている。この主題のイメージによる普及は、フランスの教会のステンドグラスにも登場していて、その知名度が非常に高かったことが確証される。人類に襲いかかる大異変の詳細なエピソードは、新たな激しさでもって展開される。一五世紀の末には、新たな死の登場人物として、大鎌を持った骸骨が現れ、黙示録の四騎士に代わって人類を滅ぼさんと蒼白き馬にまたがってやってくる。ドイツからフランドルにかけて、まぢかにせまった終末への期待は、そこに最適の図像表現を見出した。

死、来世、最後の審判、だがその前に……悪魔がいる。プロテスタント派にとっても地獄は存在する。けれども彼らが我々をそこに導いて行かないのは、あるいは伝統的な版画におけるほどそれに関心を示さないのは、悪魔なるものが〔地獄ではなく、この世に生きる〕我々の中にあるからである。最近のルターの伝記作者たちは、ルターの穏和で柔和なイメージには批判的だ。従来のイメージでは、ルターはその全生涯にわたる厄介な同伴者〔悪魔〕から——まるで小説の中にあるかのように——解放されていた。だがルターにとって、悪魔は存在していた。我々の世界全体がある意味で悪魔の帝国なのだから、ルターが悪魔を見ないなどということがありえようか。同様に、デューラーの有名な銅版画の中にも悪魔は現れ、黙示録の騎士が通りかかる森の中で、死と同様、騎士の従者となってつきまとっている。けれども、騎士の平静さがそこなわれることはない。絵の上の部分、森の出口には堅固な要塞が見えてくる（ルター派聖歌に出てくる、あの堅固な城）。これは、死を免れない人間にとっての救いであり、騎士にとっては旅路の終着点を表している。死は手なづけられてはいないが、抑制され、軽蔑されている。宗教改革は、死の問題に対する一つの答を提示している。それは十分でもあり、また不十分な答でもある。宗教改革から生じた様々なグループあるいは教会は、この決定的な問題に関して意見の一致を見るには至らなかったとしても、少なくとも死と来世の問題に関しては、根本的には共通する主張を持つに至った。

双方〔ルター派とカルヴァン派〕にとっては、二つの場所〔天国と地獄〕しか存在しない。一五二〇年以後、ルターは煉獄に関する信仰をきっぱりと否定していたし、カルヴァンも、神やその他の存在〔天使や悪魔〕を見る人々のグループを否定することにおいて人後に落ちることはなかった。一五三九年のストラスブールの討論会において、教会における死者のための祈りの伝統を想起させるピエール・カロリを相手に、カルヴァンはこの主題について論じている。カルヴァンは、聖書における証拠が不十分であるどころか、全く欠如していると論じて、カロリを論駁した。同様に、終油の秘蹟も、彼に言わせれば後世の追加であって、信憑性もなければ、原始教会にも事例はないとして、ためらうことなくこれを否定している。この全面的否定には、贖宥状と儀礼崇拝に対する反発だけではなく、カルヴァン派の解釈の要とも言うべき主張、つまり、人間の行為による救済ではなく、信仰による救済という根本的な主張も刻み込まれている。

死後の魂に生じることに関して、〔ルターも、カルヴァンも〕意見の一致にはほど遠い。両者とも、復活を強調してはいるものの、中間の時期についての新しくもない問題をめぐって衝突する。ルターは、いかなるものであれ、煉獄に似たものを再び導入することに対する恐れから、連続する二つの裁きという従来の考え方、つまり死後における個人の裁きと、終末における集団の裁きという考え方を拒絶するに至る。彼にとっては、ただ一つの裁きしかない——それは、最後の裁きである。そして、この裁きを待つ間、ルターは永眠という考えを再導入するが、死者はそこでは身動きできないようになっている。これに対して、カルヴァンはルターに反駁する。彼は『キリスト教綱要』のなかで、悔い改めた盗賊に対するキリストの言葉を想起させる。「汝は、今日にも私とともに天国にいることだろう。」そして、徐々に階段を昇っていく。神と完全に結びついた善き人(義人)の魂は、世の終わりには最後の審判を受け、霊的な肉体を再びとりもどすことだろう。それゆえ、死者の霊をキリスト教化し、集団的な裁きを犠牲にしてでも個人的な裁きに重点を置いてきた長い歴史の歩みに対しては、ルターはカルヴァン以上に明確に反対する立場をとっている。すでに深く根差している集合表象から見れば、おそらく、これは困難な立場である。この問題は、ルター派の信仰実践の歴史の中で再び現れてくることだろう。

いずれの場合でも、これらの解釈から生ずる死のイメージは、カルヴァンの救霊予定説によってますます強められた二つの道の単純な二者択一(救済か、劫罰か)に回帰することによって、悲劇的な様相を帯びる恐れがある。ところが、実際には死の不安は消え去ってしまっている。矛盾しているようだが、英雄伝説時代の改革派のテキストを読む限り、矛盾は表面上のことにすぎない。ルターの冒険の出発点になった、あの陰鬱なドラマ(死、悪魔、黙示録)の土台〔恐怖〕は消え去り、〔死後の世界への〕信頼に取って代わられている。これについては少なからぬテキストがそれを証言している。例えばマルグリット・ドゥ・ナヴァール（一四九二〜一五四九年）は『夜の幻視の対話』のなかで、自分の母親の死を描くにあたって、死の苦しみなど大したことではないと言っている。なぜなら、彼女は次のように旅立ったのだから。

美しく、透明で、光を放ちながら、
神に満たされ、神を享受しながら……

故人〔母親〕は、次のように言っている。

みまかるにあたり、わたしは思い起こす。
これほどの喜びはない。けっして悪人に会わず、
死も火も水も、あるいは縄からも免れたのだから。

一五七五年、デュプレッシ・モルネーは『生と死に関する美談』において、死が悲しく、蒼ざめていて、見るもおぞましく描かれていることに不満を表明している。これとは別の死のイメージが取って代わる。そのイメージとは、それが呼び起こすシンボルと隠喩《メタファー》において、新プラトン主義のイメージにその外見において似ていないこともない。リヨンで一五七一年出版されたジョルジェット・ドゥ・モントネーの『キリスト者の紋章あるいは銘句』は、この理想を明らかにしている。荒れ狂う海の上に突き出た岩礁の上に、まるで軽業のようにまっすぐ立てられた梯子が天にまで届いている。雲間から一本の腕が突き出て、この梯子をよじ登ってくる

信仰の闘士を助けようとしているが、筋肉隆々、しっかりしたもので、危険を恐れることもない。恩寵を固く信じている人にとって、死は容易なだけでなく、願わしく、待ち望まれるものになった。恐れが消滅したわけではない。死への恐れが神への恐れに取って代わられたのである。エラスムス的な義人は、その救済をきたえあげ、死に対して平静になっていた。カルヴァンによれば、義人とは信仰と神の恩寵を確信しつつ死ぬ人のことである。死はそれ自体、なんの問題をも投げかけない主題となってしまったかのようだが、マルグリット・ドゥ・ナヴァールによって率直に表明されていた、あの死への親近感が人を欺くことはないのだろうか。「なぜなら、神はすべてのことをすべての人間に、いつでも、あるがままに見ることができるようにはなさらなかったのですから」。

これらの疑問は、さらに深まっていくことだろう。いずれにしても、宗教改革がその実践によって死に革命をもたらしたことはたしかである。我々は、その実践的側面を現場で見ていくことにしよう。その大きな特徴は一目瞭然である。生きているうちに死を準備することは重要なことではなくなり、臨終でさえ――儀式も秘蹟もなく――大げさなものではなくなったし、死後〔の儀礼〕は、少なくとも生者にとっては消滅した。もはや、死者のための祈りもない。そのようなものが、何の役に立つというのか。死者は、救済されるか、あるいは破滅するかのどちらかである。英国国教会は、一五五二年には寄進と永代基金とを廃止することによって、『平信徒教本』からそれらの祈りを取り除いてしまった。一つの革命が、教会の機構を揺り動かしただけではなく、人々と死との関係、さらには人々と死者たちとの関係をも揺り動かしたのだ。伝統的な信仰の中の幽霊は、煉獄にその居場所を見つけてもらったばかりなのに、乱暴にもその居所を奪い取られた。西欧の人間の一部にとって、宗教改革は長期にわたる発展における一つの突然の切断だった。我々が論じてきた死に関する三つの異議申し立ての中で、最も明瞭で大規模な混乱をもたらしたのはおそらく宗教改革であり、それは住民全体を新たな生と死の思想的枠組の中に引き入れた。制度的教会のレベルにおいては、プロテスタント教会の内部におけるニュアンスの違いに着目するならば、それ以後、少なくとも二つのモデル〔ルター派とカルヴァン派〕が存在する。ローマカトリック教会の内部では、思想も集合的感性も異なった道を進み続けていたので、対立はますます強烈になっていくだろう。

来世はこの世の物差しで計られる

よく知られているように、トリエント公会議〔一五四五―六三。反宗教改革の出発点〕は、プロテスタント派に対抗するため、カトリック教徒に対して煉獄への信仰をひとつの信仰箇条にしていくのだが、これは、一四三八年のフィレンツェ公会議〔一四三九―四三。東西両教会の統一を宣言〕以来の重要な画期をなすものである。しかし、それは長期にわたる進化の確認であって、その根ははるか以前にまでさかのぼるもので、この世紀になってその特徴が明らかになったにすぎない。最初の「近代的」な煉獄と言えるもの（中世の煉獄との対比において）、それはジェノヴァの聖女カタリナ〔一四四七―一五一〇〕が著した『煉獄提要』（一五一一年刊）である。この日付とトリエント公会議の決定との間には半世紀の間隔があり、この間に宗教改革が勃発し、死に関するカトリックの言説は顕著に変化している。『往生術』の出版は衰退し、一五三〇年以降、伝統的な形態の『往生術』は消滅して、より多様性を持つ作品へとその座をゆずる。しかし、この言説自体も衰退の一途を辿っている。死に関する作品の一世紀にわたる動向を解析し、数量化した最近の研究によると[48]一六世紀中頃は、一四七〇年から一五二〇年もしくは一五三〇年までのピークと、一七世紀のさらに大きなピークの中間にある停滞期である。クリクトヴェウス（一五二〇年）、エラスムスの『死を準備することについて』（一五三四年から一五六〇年まで、しばしば再版され、大変な成功を収めた）以後、「死の技法」が書かれなくなったわけではない。イタリアでは、インノケンツォ・リゲリが一五五〇年に『生者と死者との対話』を著し、ピエトロ・ダ・ルカが同時期に『よく死ぬための原理』を著している。しかし、これらの死の技法はスタイルと内容を変えてしまった。これらは旧来の死の喚起から死骸趣味を撤退させ、特に死の瞬間から劇的な要素を完全に排除したのだが、伝統的な形態の『往生術』は、まさにこの瞬間に関心を集中させていたのだった。エラスムスを中心として、キリスト教的ユマニスムとともに姿を現してきた、「死の技法」から「よく生きる技法」への移行は、ここにその帰結を見出したのである。

死についてのこの新しい言説は、ピエトロ・ダ・ルカにおいて見られるように、一生を通じて追求すべき死の教育術を大いに発展させる。他人の死についての、頭蓋骨についての瞑想、遺言書の起草の重要性など、これらの要素はこの頃に登場し、後のバロック時代の盛大な儀式の中で発展するのが見られるだろう。一五五〇年以降、デュピュイ＝エルボーの『鏡……』の中で展開されるような新しい解釈は、プラトン的な霊魂と肉体の二元論を正統的な意味へと引き寄せている。つまり、霊魂からはすべての喜びが由来し、肉体からはすべての不幸が由来する。肉体への配慮は何の役にもたたない。肉体への蔑み、この世の諸事の空しさという主題（一五七八年、ディエゴ・デ・エステルッラの『この世の空しさに関する概論』）は、流行の新しい常套句となる。人々は、美しい死者を描くことに楽しみを見出した。これらの主題を記憶しておこう。我々はバロック期にその運命を見ることになるだろう。

これらの修整された死の見方を通じて、煉獄が本質的な部分を構成するような来世に関する観念が徐々に形成されていく。ジェノヴァの聖女カタリナは、神秘的な幻視と、より厳密な記述の明晰さとを和解させた。反宗教改革的な煉獄は、そこから始まるだろう。そこでは、人は火に苦しめられる。煉獄は擬地獄となるが、おそらく熱はいささか低い。しかし、そこから抜け出す時には、神を見失うという苛酷な苦痛に対する究極の慰めを十分に味わうことになる。この世紀の中頃には、説教師たちは〔煉獄の〕値をつり上げていた。天国へまっすぐ行くことができるような福者がほとんどいないことを知っていたから、煉獄はますます、キリスト者のほとんどにとっては必然的なもの（恩恵をもたらす必然性）として認められるようになる。ただしこれは、ユダヤ人、トルコ人、異端者には拒否されている特権である。これらの信心深い伝説は、まったく新奇なものではない。おそらく、これらの伝説は、聖女ゲルトルート〔一二五五―一三〇一／〇二〕、あるいは聖女メヒティルト〔一二一〇―八五〕の時代の伝説にくらべれば、精彩に乏しいかもしれない〔第三章〕。しかし、その伝説を通じて、一種の新しいコンセンサス――炎、劫罰、全体的煉獄と個別煉獄の共存、死者と生者との間の関係の規範――が形成された。

我々は、これらのモデルの民衆への普及については、あとで検討しなければならないだろう。しかし、集合的表象の受容についての確実な試金石である図像にすぐさま向かうならば、この時代の過渡的性格は依然として際だっている。一五二五年にフィレンツェのポルテッリの描いた煉獄の絵は、三層から成る抽象的な構図で、勝利の教会、戦う教会、苦悩する教会を表している。囚われ、苦悩する教会を喚起しているのは、裸ではあるが拷問にかけられているのではない人々で、場所はアーチ型をした地下室で、中央には悪魔が鎖で縛られている。地獄のような煉獄については、これ以外にも知られていないわけではないと言われるかもしれない。デューラーは『マクシミリアンの時禱書』の中で、それを喚起している。プロヴァンス地方、あるいはニース地方の教会で、私はたまたまそれを見つけたことがある（とはいえ、それは僅かに五つの図像にすぎない）が、主題の扱い方は様々で、それが不確かであることを示している。この主題〔煉獄―地獄〕は、エゼキエルの幻視〔旧約聖書のエゼキエル書第三七章にある「古骨の谷」〕の死骸趣味的な暗示と結びつけられ、祭壇の前面に描き出されている（トールヴ）。それはまた、最後の審判における大天使ミカエルによる「とりなし」と区別がつかなくなっている（ピュジェ＝シュル＝アルジャン）。そして最後に、世紀末のイメージがこれとは反対に、聖グレゴリウスのミサや、魂の救済と結びつく慈善行為を、画面に詳しく描き出す教育的応用によって強い印象を与えている。

慈善行為の必要性は、かつてないほど本質的なものとして現れている。慈善家の奥方のイメージからはほど遠いミケランジェロでさえ、終末の問題で悩み、友人に手紙を送り、その中で、諸聖人への「とりなし」を求める祈り（代禱）と慈善行為の必要性について語っている（施しをする、貧しい娘たちにお金を恵む等々）。次に、地上における煉獄という観念が登場してくる。現世の苦しみに高い価値が与えられることによって、正しい者は、究極的には神の債務者になる代わりに神の債権者になる。

ベラルミーノ枢機卿〔一五四二―一六二二〕は、トリエント公会議期の大思想家だが、この人物をもって私は一区切りをつけることにする。彼は一六世紀末に、『よく死ぬための技』という著作の中で、新しい解釈の諸要素を集めている。ベラルミーノの描き出す煉獄は、今日の我々には依然として中世的だと映るかもしれない。彼は、煉獄で燃えさかる火が現実のものであると信じて疑わない。死の瞬間についての幻視では、臨終の床のまわりに悪魔が立ち会っているということを排除していない（しかし彼は、終油の秘蹟の前に行なわれる臨終の聖体拝領を、成功裡に試練に耐えるための気付け薬として推賞している）。それにもかかわらず、彼はサヴォナローラに至るまでの中世の修道士における苦行観からははるかに隔たっている。彼はエラスムスの著作を読み、咀嚼している（戦いが激化したこの時期、厳格な正統派はこれらを禁書のランクに指定していた）。そして結局のところ、彼にとっては「正しき良心」こそが、良き死を判断するための正統な基準と映ったのである。良き死は、悪しき生を償うことはできないかもしれない。「良く生きた人は良き死を得、悪しき生を送った人は同じく悪しき死を迎える」。死は救済の扉であり、過小評価されてはいない。しかし生は、永遠のための真の基準となったのである。

トリエント公会議の決議は、この死の新しいシステムに認可を与え、法的な効力をも与えた。煉獄の明白な実在性、死者のための祈りと献金（ミサと慈善）の正当性と効用。プロテスタントに対して、このように慈善行為の役割を神の意図にかなったことだと再確認することは、重要な意味を持っている。それゆえ、私が分析したばかりの様々な言説――ユマニスムの言説、カトリックとプロテスタントという二つの改革の言説（まさかその二つが一致しているとは誰も言うまい）、そして、ほとんど定式化されていない民衆の異議申し立ての言説――から、集合的態度の分析に移行する時、それらがどこまで言説を反映しているのか、当惑せざるをえない。死による人口の天引がおそらくあまり抑圧的でなくなり、様々に異なった態度により自由な余地を与えていた一六世紀が提示するのは、もはや一つのモデルでもなければ、二つのモデルですらない。この生への欲動は、社会諸集団の中で、あるいは新たに現れた裂け目に沿って、どのように異なった屈折を起こすのだろうか。「生への愛着」は、テネンティにとっては、少なくともエリート層における個々の経験の個体性の自覚を特徴づけるものだが、それは、イデオロギー的枠組に適合して、あるいはそれから独立して、いかなる表現を見つけたのだろうか。一六世紀のイデオロギー的大混乱は、我々の関心である死の問題に関しては、異なる方式に従いながら二つの宗教改革の枠の中で二重に問題を処理したという印象を受ける。だが、実際はどうだろうか。この時代ほど、〔死の解釈に〕豊かさをもたらした時代はない。そこでは、死をめぐる民衆的態度の古いネットワークはまだ生き続けていて、革命的変化を追求し提起するエリート文化に開かれている。その一方で、キリスト教的な死のモデルは、中世を脱け出て決定的な段階を踏み出したのだが、衝撃の下に分裂してしまったように見える。

第12章

ユマニスム期における死に対する新しい感性

　ルネサンスは、無意識ではないにせよ、事前の計画もなく進められた長期の持続における発展の代わりに、死を全体として問題にしたのだから、我々としてはまずはそれが呼び覚ました新しい言説を提示することが必要だった。それに続いては、態度と身振りを評価するために、実存のレベルに立ち戻る必要があるが、それは同じくらい容易なことではない。

　死の脅威は、この時代に、集合的意識の中で後退していたのだろうか。またそうだとすれば、どんな集団においてなのだろうか。この予備的質問は、素朴すぎるように見えるかもしれない。たしかにルネサンス期についての古典的解釈は美術と文芸の証言に関心を集中していて、中世末期の死骸趣味とは対照的に、そこに生の勝利を感じとっていた。だが、このような解釈をだれもが認めていたわけではない。エミール・マールは、フランスの地方を例にとり、次のように指摘している。少なくとも一五五〇年までは死骸趣味《マカーブル》が流行しており、それはおそらくより日常化していて、教会の中よりも、むしろ玄関や、暖炉、日時計などに髑髏、骸骨、遺骸、あるいは〔死の〕格言などが飾られていた。ノルマンディー地方からポワトゥー地方、あるいはロワール川流域にかけては、「死を忘れるな」の俗化した警告が見出される――「死を思え／死はやってくる／忘れていても必ずやってくる」（ノルマンディー地方、イヴト）。これは地方の些細な知恵である。肉体的な死の存在感を墓場の中で最も明瞭に示している横臥像《ジザン》の生産量のカーブをヨーロッパ全体で辿るならば、一五世紀の潮の上げ止まりに比較すると、一四九〇年と一五三〇年の間にカーブが著しい急上昇を描き、下り坂に入ったのちも一五五〇年代まではそのレベルを維持し続けている。だから一世紀、あるいはほぼ一世紀近くにわたってフランス、またはイングランドで知られていた、この横臥像という表象は、そこではますます成功を収めるのだが、オランダ、特にドイツでは、進入は衝撃的である。イングランドは例外なので、あとで立ち戻ることにするが、これを別として、変動はたしかに一五三〇年代から再び下落を見せるようになる。ここで思い出してほしいのだが、死骸趣味の流行が終わりを告げる時期は、どうやら『往生術』の出版が顕著な変化を示す時期でもあるということだ。その次に注目されるのは、ヨーロッパ中が死骸趣味の表現に熱中している時に、イタリアがそこから外れていることである。

しかしながら、死に対して敏感に反応する感性を最もよく見出すことができるのは、おそらくイタリアの例を通してであろう。この感性は、ある部分は伝染病と時代の様々な不幸を、またそれとは別の、より内面的な危機をも反映している。サヴォナローラの時代のフィレンツェにおいては、一四九七年に虚栄を火刑に付して以後、以前に追い出されていた死のイメージが大挙して戻ってきている。ペトラルカの『死の凱旋』のミニアチュールやタピスリーが、しばらくの間、死のぞっとするような光景を蘇らせる（大英博物館所蔵の版画集『背後から見た死』）。また、一五一一年のカーニヴァルの際に画家ピエロ・ディ・コジモによって演出された、怖ろしくもあり、教訓的でもある見せ物は、ヴァザーリをはじめとして、おそらく他の多くの人々をも驚かせた。そこではペトラルカ風に、水牛に引かれた巨大な山車に骸骨と墓石が積み上げられ、その上には長柄の鎌を持つ死の似姿が立っている。墓石から骸骨の仮装した人物が出てくるかと思えば、死の仮面をつけた者たちが「私は苦しみ、泣き、悔い改める」と歌う。その後ろからは、死者たちが跨ったやせ馬の隊列が続く。黒い松明、旗、屍衣に包まれた人物たちがミゼレーレ（「憐れみたまえ」）を歌いながら、行列を締め括る。「この荒々しい光景が、町中を恐怖と感嘆によって埋め尽くした」のはもっともである。しかし、この事例は孤立したものではない。カルロ・ゼーノの書簡は、コンスタンティノープルでフィレンツェ人とヴェネツィア人が取り仕切ったカーニヴァルについて、我々に書き残している。その筋書きは、エロスとタナトスを組み合わせたよりいかがわしいものである。そこでは「美しく着飾った」若い娘が、二人の老人に束縛されて青春を満喫できないことを嘆き悲しみながら、踊る。だが最後には、「死」が大鎌を持って現れ、娘の着ているものをはぎ取り、娘はその場で裸のまま死んでいく。一五七七年、フィレンツェでは、聖ヨハネの祭りの日に、放蕩で身を持ち崩して女のようになよなよした「反キリスト」が、「死」を伴って行進する。ルネサンスの勝利のさなかにさえ死が存在することは、たとえそれが祭りの見世物によって飼い慣らされた、もしくは昇華された曖昧な死であったとしても、大いなる恐怖が遠ざけられてはいないことを示している。

しかしながら、ひどく駆け足の観察であっても、全体としては、死のイメージが遠ざかってしまっていることは否定できないだろう。最近の大展示会のカタログに収録されたいくつかの表題を時代の反映として利用してよいならば——選ばれたのは『フランスのコレクションにおけるルネサンス絵画』（パリ、一九六八年）と、『ブリューゲルの世紀』（ブリュッセル、一九六三年）——、死の存在は様々な形をとっているが、比較的目立たない。フランスにおけるコレクションの中では絵画の表題の一七％、つまり六分の一であり、ブリューゲルの時代のフランドル地方の絵画では一一％以下を占めるにすぎない。これは多いか、少ないか。一六〇〇年代の『カラヴァッジョとカラヴァッジョ派』になれば、表題の二五％は死のテーマに集中している。これらの数字は、ちょっと見た限りでは戯画としか思われないかもしれない。とはいえ大量の数値というものは、目新しいもの

28）若い娘と死という新しい主題について、ハンス・バルドゥング（通称グリーン）はエロスとタナトスを結合することにより、謎めいてはいるが決して悲劇的ではない解釈を提示している。ブリュッセル、ベルギー王立美術館。

でなくとも、それなりの価値を持っている。この〔絵画に表れた〕死の九〇％は、依然としてキリスト教的な解釈の中にどっぷりと浸かったままである。世俗的な死（戦闘場面、あるいは殺人場面）は、古代ローマ趣味の死（ルクレティウス……あるいは三執政官の虐殺）と同じように、フランドルでもイタリアでも、すべてをあわせても平均一〇％から一一％に過ぎない。死は、なによりもまずキリストの受難に関わっている（絵画の三分の一、イタリアの絵画では四五％を占めるが、フランドル地方でははるかに少ない）。殉教者と聖人の死というイメージも、イタリアでは多数である（二五％）が、フランドル絵画ではほとんど消失している。フランドル地方の独創性は、ゲルマン系ヨーロッパと同様、依然として終末を大いに強調している点である（天国、それ以上に地獄、特に最後の審判、時には辺獄も同じくらい）。関連する他の主題（ソドムとゴモラ、嬰児虐殺などが目立っている）と合わせると、それらは資料群の表題の半分以上である（悲しいかな、またしても印象主義的な評価）。そこから描き出される地理には、驚くことは何もない。少なくとも、死に対するいくつかの感性が姿を現している。イタリアがキリストの受難と聖人の功績に集中しているのに対して、北方ヨーロッパは（ボスからブリューゲルまで）終末と復活に強く思いを凝らしている。

死者の栄光

おそらくは単純すぎるかもしれないが、今のところは、一六世紀初頭まで抑圧的な姿を取っていた死が後退したということの総括にとどまることにしよう。しかしながら、このシェーマには本質的な裂け目があること、つまり、変革を受け入れる用意のできている「エリート」の態度と、いくつかの緊張の間で引き裂かれようとしている大衆の集合的態度との間には本質的な裂け目があるということを指摘しないわけにはいかない。

29）フェリペ２世によってブリュッセルで挙行されたカール５世の葬儀。ルネサンス期の君主の葬儀において喪はこれ見よがしに行なわれる。パリ国立図書館、Planche 30。

「エリート」という言葉は、簡単なだけに意味をゆがめ、混乱のもとでもあるので、私はこれを無闇に使いたくはないのだが、当面の話題のためには便利なので、使い続けることとする。俗世における君主、大貴族、有力者から始まって、一つの新しい死の慣行が展開し、最も目覚ましいやり方で集合的感性の変化を記録している。これらの変化には前例がないわけではない。変化は一四世紀半ば以来、連綿と追及されてきた長い道の中に刻み込まれている。しかし、根本的な社会変化（元首政、絶対君主制、一新された貴族階級と生まれたばかりの寡頭支配における権力への意志）と、ユマニスム的な解釈が提供するイデオロギー的土台との間の出会いが最も明瞭に打ちたてられるのは、まさにこの〔死をめぐる儀礼の〕変化によってなのである。これらの儀礼は、これから見ていくように、それぞれニュアンスのちがいがないわけではない。イタリアのモデルと、フランス、あるいはイングランドのモデルを見分けることができるだろう。しかし、全体として、その精神は同一である。

第一番には、凱旋式が来る。まずはイタリアが、ペトラルカの遺産を継承して、そのモデルを提示している。死の勝利は名声の勝利の後ろに隠れ、名声の勝利は君主の勝利と一体化している。ピエロ・デッラ・フランチェスカの舞台演出による、フェデリーコ・ダ・モンテフェルトロとバティスタ・スフォルツァの凱旋式から、チェーザレ・ボルジア、あるいはパウルス二世を介して大ロレンツォ〔・デ・メディチ〕、あるいはレオ一〇世の凱旋式に至るまでの間に、表現の枠組が形成され、神聖ローマ帝国、フランス、その他の君主たちがそれを受け入れた時、それはヨーロッパ的なものとなった（一五二二年、デューラーが演出（企画）したマクシミリアンの凱旋式）。それは、死とは反対の所にいるようだが、おそらく問題の核心にまで来ている。凱旋式とは、生き続け、あらゆる富を授けられ、凡人から区別されるあらゆることにおいて称賛される、生きた個人を肯定することである。要するに、死に対する挑戦なのである。

この運動が極限にまで押し進められたのは、まさにフランスにおいてである。つまり、国王の葬儀においては凱旋式が死の儀式を包囲し、そして打倒する。死は、死後の栄光と継続性の肯定になる。私はすでにその最初のステップについて述べている。つまり一五世紀前半の英仏における君主や大貴族の葬儀以来、遺体の見せびらかしが重要になったが、その後、亡骸に代わって蠟のマスクをつけた人形《マネキン》による「表象」の慣行が生まれ、ついには死後の名声を表す身振りと派手な行列へと発展した。すでに存在していたこの筋立てに加えて、フランスの王室の葬儀には、その充実だけでなく、はっきりと分かる変容が導入されている。[49] それはシャルル八世の葬儀が行なわれた一四九八年から、アンリ四世の葬儀が行なわれた一六一〇年までの期間であるが、王をあらわす人形が用いられるのは、この時がフランス王室としては最後になる。

変容の第一は、葬儀におけるイタリア風「凱旋式」の発見である。時代を開く堂々たる葬儀のうちの一つが、一五一二年に行なわれた国王ルイ一二世の甥、ガストン・ド・フォワ〔一四八九―一五一二〕の葬儀である。彼は、ラヴェンナの戦い〔一五一二年、仏軍が教皇・スペイン軍を破った〕で騎士的な死を迎えながらも戦いを勝利に導いた若き英雄だが、その遺体は、敵から奪ったおびただしい数の軍旗をなびかせながら、一万人の参列者が参加する騎馬行列によってミラノまで移送された。さらに、この光景を「ローマ風」にするため、葬列の後尾には捕虜を徒歩で歩かせた。その中には教皇使節ジョヴァンニ・デ・メディチ、のちのレオ一〇世や、大総帥ドン・ペドロ・デ・ナバーラのような位の高い人たちもいた。しかし、フランス王家の儀式をイタリア風凱旋式の単なる翻案とするのは誤りだろう。これらの葬儀は、先行する諸世紀の伝統に執着しすぎているために、誤解も生じさせてしまう。先行する儀式におけるのと同じように、次第に豪華になっていくこれらの行列において最も華々しい斬新さとは、生きた国王の表象としての似姿に与えられた新たな地位である。一五四五年のフランソワ一世の葬儀において頂点に達し、一六世紀いっぱい存続する慣行において、国王の身体は死後に行なわれる四〇日間の儀式によって強調される。これは、贅沢に飾り付けをされた部屋の中に置かれた栄誉の床の上で、四〇日間にわたって国王の似姿をさらすことである。彼を生かせておけるなら、もっとよかったかもしれない。少なくとも、宮廷の儀礼そのままに、公衆の面前で食事が王の似姿に供された。この儀式は、決して新奇なものではない。少なくとも、数日間にわたって繰り返されたのであるから、それは人目を引くものになった。年代記作者たちや回想録作者たちにとって、フランソワ一世の死に際して行なわれたこの儀式はことのほか驚きの的だった。我々は今日、その起源がフランスであることを知っているのではあるが、彼らにとっては、古代ローマの皇帝たちの葬儀の古めかしい名残りがこの儀礼の主たる新しさに見えたようだ。

この儀礼の発達の中で重要なもうひとつの身振りは、フランソワ一世の葬送行列から始まったものだが、遺骸そのものを載せた霊柩車と、王の威厳を示すあらゆる徴に飾られた似姿を載せた霊柩車とが分離されたことである。そして、おそらくさらに重要なことは、国家の最も高貴なる身体〔団体〕が再結集するのが、この似姿のまわりだということである。これらの新しい儀礼の象徴的な意味は、同時代人によって理論化されている。つまり、国王は決して死なない。亡骸は滅びるとも、その威厳は生き残り、腐敗することはない。「王様は亡

30） イギリスと同様、フランスにおいても、この夫婦に見られるような夫婦の情愛は、ルネサンス期においてはかなり新しいものである。ガラルドン（ウール＝エ＝ロワーズ県）、サン＝ピエール教会。

くなられた。王様万歳！」なのだ。

国王儀礼は、少なくとも部分的には、〔他の葬儀でも〕模倣される。〔死者の〕似姿は、王妃たち（アンヌ・ド・ブルターニュ、一五一四年）のみならず、高位の貴族の葬儀にも見られるし、葬儀の食事は、王家の血統を引くと称する人々の前で供されている（一六〇八年ロレーヌ公カール三世）。しかし、新しい儀礼の急速な増加がひときわ目立つのは、おそらく、世紀初頭から一六〇三年のエリザベス女王の葬儀までのイングランドにおいてであろう。それは、宗教改革へと移行する国には、より顕著な謙虚さへの努力が期待されたからであるし、おそらくはまた、特権階級におけるこの慣行の普及度がフランスより目覚ましいものだったからだろう。似姿あるいは表象は、ここではより普及している。それはヘンリー八世の妻たちと同じようにマリー・ステュアートの葬儀においても見ることができるし、高位の貴族たちの葬儀においても登場する。葬儀の騎馬行列に関する版画、あるいは記述や計画案は、この行列の重要性を視覚化するのに役立つ。実に厳格な礼儀作法がこの非常に高価な儀式を支配していて、いくつかの勘定書がそれを記憶にとどめている。そこにおいて注目すべきことは、儀礼がほとんど完全に世俗化されていることである。勿論、私は誇張しているのかもしれない。なぜなら、エリザベス一世の葬儀においては主教たちが行列に加わっているからで、彼らは巾広の巨大な帽子をかぶり、それがまた奇妙にサープリス〔膝丈の祭服〕や長袍祭服〔袖なしのマント〕とうまく組み合わされていた。しかし、イングランドにおいては（フランスでの行列における以上に）、そこで形成されていた葬列の意味について思い違いをしてはいけない。これは、愛情の表現というよりは、家系の連続性という王朝の社会的な意志表明なのだ。中世末期の、ひきつけを起こす泣き女は、この行列の中では居場所がなく、死者の顔は、この光景に威厳を添えるために注意深く隠されている。フランスやイタリアと同じように、宗教改革が行なわれたイングランドでも、豪華に葬儀を行なうということは、特権集団のレベルにおいては見事なまでに宗教的動機とは無縁の、ある価値体系の勝利を意味するようだ。ここから、世俗化を結論づけてもよいだろうか。

おそらくはかくも性急な結論を前にして、私たちはしりごみしてしまうだろう。しかしながら、中世後期においては葬儀を描いた多くの図像表現が教会の中での葬儀にとどまっていた（時禱書の中の葬儀）のに対して、一六世紀の葬儀は街頭に降り立ち、その行列は社会的序列に従って展開している。儀式のクライマックスが教会の中に再び戻るのは、少なくともカトリックのヨーロッパにおいては、一六世紀の終わりのことである。

しかし、葬儀がいかに意味明白であったとしても、それをもとにしてすべてを判断することはできないだろう。ルネサンスの墓は、その大部分はやはり大貴族や名士たちの世界についての証言ではあるが、死に関してはより近く、おそらく一義的ではない言説に導いてくれる。これらの長持ちするようにつくられた記念碑は、たった一日の葬儀の光景よりも、そのメッセージを後まで伝えることができる。葬儀の方は、過去の生涯の現実的な側面と共に消えてゆくのだから。

そうは言っても、墓の変化は、その原理において、葬儀における儀礼の変化を想起させずにはおかない。前の時代から受け継いだ儀礼の構造の中には、はっきりとした新しさが現れている。例えば横臥像《ジザン》において、それはもはや死体墓像《トランジ》ではない。一五二〇年から一五三〇年までの間に数え上げられた横臥像の数の急増について、誤解してはならない。なぜなら、死の表象は変化してしまっているからだ。一五〇〇年以降、腐敗した似姿（オーヴェルニュ伯夫人ジャンヌ・ド・ブルボンのそれのように）は、ますます少なくなっている。ドイツでは、内臓の垂れ下がった死体など放棄されてしまうし、フランス圏では、ブルーの教会のマルグリット・ド・ブルゴーニュとフィリベール・ド・サヴォワの墓でも、またサン・ドニ大聖堂にあるルイ一二世、フランソワ一世、アンリ二世など一連の国王墓所でも、この形象〔横臥像〕の精神は完全に革新されている。これらの事例すべてにおいては、似姿の二分化が通例となっている。下の段に「死せる」似姿があり、その上に「生ける」

似姿がある。すっかり根を下ろしてしまった現世と個人のために役割を残して置くこの二分化表象は、重要ではあるが、すでに見てきたように、新しいものでは全くない。さらに、表象の仕方にも変化がある。例えば、死体墓像《トランジ》はそのおどろおどろしさを失っている。さらに新しい一歩がフランス王室の墓によって踏み越えられる。眠っているままの姿で平穏に復活の時を待っている。マルグリットとフィリベールはブルーの教会で、眠っている。それは夫婦の墓であり、家族の墓でさえある（フランソワ一世の場合）。上の段にある「生ける」表象において、君主はもはや眠っている姿ではなく、ひざまずいた祈りの姿で表されている。フランソワ一世の墓は、さらにその浅浮き彫りによって国王の戦役と勝利とを描き出している。その他にも、より内面化された形ではあるが、記録を残そうという同様の心遣いから、枢要徳（賢明、節制、剛毅、正義）の像が墓を取りまいている。最初に、このような形で死後の賛美を行なったのはイタリア人だったが、フランスでは、このやり方はブルーのフィリベール・ド・サヴォワや、ナントのブルターニュ公フランソワ二世と同様、国王の墓にも適用された（シャルル八世、ルイ一二世）。ひざまずいた姿の国王の彫像はフランスでは一派をなすことだろう。次の世紀には、フランス、あるいはイングランドで、この慣行の普及が見られるだろうが、しかし、すでに一六世紀以来、〔スペインの〕フェリペ二世は自分の家族に囲まれ、エル・エスコリアル宮殿でこのテーマの成功を証言している。フランス王室では三組の夫婦が、一定の時間を置いて、顕著な発展を示唆している。これらはおそらく、目を閉じた死者で、ルイ一二世〔在位一四九八―一五一五〕とアンヌ・ド・ブルターニュは腹部を切開されたばかりで、死体防腐処置をする人が手荒く縫い直したあとを露骨に見ることができる。詳細を記した記録はその後消失してしまい、エミール・マールもほとんど言及していない。しかし、これらの死者は見事なものである。おそらくルイ一二世とアンヌ・ド・ブルターニュとの場合にはまだ硬さがとれていないが、フランソワ一世〔在位一五一七―四七〕の場合は、彼の男性的な強さと、〔その妃〕クロード・ド・フランスの清澄な優美さとがうまく結びあっている。最後に、ジェルマン・ピロンが腕を振るったとされているアンリ二世〔在位一五四七―五九〕とカトリーヌ・ド・メディシスの裸像がある。これらの平穏な――とはいえ、中世的な意味でないことは確かである――横臥像《ジザン》は、復活の時に身にまとうであろう輝ける身体をすでに持っており、復活の時を待っているのだろうか。あるいはむしろ、肉体の美しさと完全さとの永遠性を表しているのだろうか。それとも単に、彼の記憶を表しているのだろうか。すでに述べたように、ルイ一二世とアンヌ・ド・ブルターニュの（なかば恍惚状態の）解放感の表現が思いめぐらされることだろう。この彫像は、実際の死の表現であると同時に、「心のこもった死」の表現でもある。さらに、カトリーヌ・ド・メディシスの三体の横臥像がある。なぜならば、三つの横臥像が相継いで作られたからだ。第一に、ジロラモ・デラ・ロッビアに注文された横臥像がある。彼は、フランス人気質に順応することによってうまくやろうと考え、王妃をひからびて硬直した裸像で表した。これは前の時代に流行っていた厳格な道徳的教訓だったが、〔王妃によって〕拒絶された。ジェルマン・ピロンの二体〔ルイ一二世とその妃〕ののびのびとした裸像の方が好まれた。しかし、一五八三年、完成した墓は王妃の勘気に触れて取り壊された。おそらく、王妃は墓のイメージの中に自分の姿を認めることができなかったのだろう。最後に王妃がつくらせた墓は、私たちを再び一四世紀の初頭に立ちもどらせる。王と王妃は豪華な衣装に身を包み、王冠を頂き、お互いに慎み深く並んで横たわっていた。

この一連の事例は、ある世紀の全般的な動きをはしなくも明らかにしている。いくつかの例証によって、テーマを拡大し、問題を掘り下げることで満足しなければならない。これらの墓は、栄光や美といった現世の価値と成果に対する執着を表現しているが、家族はまだすっかりそうなっているわけではない。フランスの国王夫妻像、フランソワ一世やフェリペ二世の家族像があるにもかかわらず、これらの事例は家族というよりは王家の肯定であり、フランスの墓の中で勢力をなすには至っていないし、夫婦の比率は前の世紀と比べると六〇％

から四〇%へと減少している。要するに、夫婦が構成する家族（当然、子供も含まれる）の真の勝利は、この動きの最先端にいたイングランドにおいてさえまだ実現していなかった。フランスにおいては、一六世紀後半でさえ、それは横臥像の総数の四%を占めるにすぎない。

これらの横臥像は、家族の連続性によって死後まで生き延びようと欲していたわけではないが、すでに見てきたように、彼らの徳性、栄光、そして時には彼らの業績が永遠に残ることを期待していた。それこそまさに何人かのユマニストたちに特有な誇りであり、大胆さでもあって、彼らは自分の墓にその願望を記している。一五二七年にウィーンの聖エティエンヌ教会に埋葬された学者ヨハンネス・クスピニアヌス〔皇帝マクシミリアン一世の顧問〕は、彼の歴史学的業績の不朽の名声を期待して、次のように刻ませている。

果てしない歴史に彼は不朽の足跡を残した
クスピニアヌスはここで永久に生きるだろう

ヴェローナの二人のイタリア人内科医ジロラモとマルカントーニオ・デルラ・トッレは、一五一一年、古代風の石棺の中に英雄の死を描かせている。彼は〔箱の中にかくまわれた美少年〕アドニスのように元気はつらつとしてベッドに横たわっているが、その魂はやがて仙境に遊び、最後には、この世の名声が彼を不滅のものとする。このような信仰告白の事例は、パドワの住人チェザーレ・クレモニーニが自分自身のために刻んだ平穏な墓碑銘と同様にまだ稀なものではある。「ここに、クレモニーニのすべてが眠っている」。

生への志向

様々な執着の複雑なネットワークの中にいささか混然と組み込まれているとしても、永遠の生命と復活への希望はやはり最も数多く見受けられる事例である。アウグスブルクでは、フッガー家の横臥像の上に、墓から出ようとしているキリストが描かれているのと同じように、フランソワ一世の墓では、戦闘の場面もあるが、二つの横臥像の上には天蓋が張り出し、復活するキリストが彼らを見守っている。ミケランジェロが制作した二つの霊廟（ユリウス二世の墓とメディチ家の礼拝堂）においては、死に関する瞑想ははるかに曖昧で、より難解な形で表明されている。より直接的、あるいはより素朴に表現された復活への希望を見つけだすためには、おそらく、あのイングランドの真鍮板《ブラース》〔図22〕に立ち戻らなくてはならないだろう。これは貧しい人々のためのもので、次の世紀には成功を博する主題に沿って、「イングランド風に」屍衣に包まれた男女を表している。この屍衣は一枚の布で、つま先と頭のところの二ヶ所のみが縫われていて、前面が開いている。しかし、彼らが復活のラッパにすぐに応えられるようにするため、時には下の部分がゆるやかになっている。彼らは素裸で、墓の外に足が出そうだ。

これらは、社会の底辺にいる人々である。栄光、あるいは業績によって不滅になるということは、要するに、この世で幸せだったごく少数のエリートたちの特権にすぎなかったのではないだろうか。ここで、エリート文化の反映である文芸における証言に目を向けてみよう。それは、墓に書かれたエリートの態度についての、詩で書かれた論評となっている。一五世紀の死骸趣味は消え去っている。中世末期が「遺言書」を作成していたのに対して、一六世紀は墓碑銘を発達させる。例えばフランスのプレイアッド派の詩人においては、重要な視覚の逆転が感じられる。詩人は英雄の足許に、念入りに彫琢された永久不滅のイメージを捧げる。フランソワ・ド・ブルボンは今やすでにエリュシオンの園〔神々に愛された英雄が死後幸せにすごす所〕の中にいる。

死は汝の遺骸をここに安置する
汝の魂が天の住人になった今は

死は解放であり、また眠りでもある。

刃《やいば》もその身には軽やかになり
安らかな眠るような休息の中で
遺灰と遺骨も眠れますように

しかし、墓碑銘は墓と同じようなものだ。それは死について、あまりにも平穏なイメージを与えていて、往生に対する感性の様々な側面の一つを語っているにすぎない。墓碑銘のロンサールには、哀歌のロンサールが相呼応する。たしかに彼は理性をはたらかせ、「人間精神の卓越性」においてプラトン風の議論にふけり、時にはルクレティウスに戻ることすらある。

おお神よ、かく言う哲学こそが真実
あらゆるものは最後には滅ぶ……

物質は残り、外形は失われる。

(哀歌、第二四篇。一五八四年)

しかし、それ以上に、彼〔ロンサール〕は時の過ぎゆくこと、美しさと若さの喪失、「今を楽しめ」〔ホラティウス〕の喪失について大げさに語っている。イタリアからフランス、イングランドでは、墓碑銘や哀歌が――リンゼー、テュルヴェルヴィル、あるいはコプレイのように――プラトン風の同じ旋律を繰り返し、宮廷人向けに鋳直されたユマニスムの公式聖典《ウルガータ》が作られる。それは、栄光による死後の生を信じていたが、終末を非常に強く意識しており、ロンサールの作品が老いの憔悴を呼びさます時、描写はリアルになる。うら若き女性と死という主題は、一五世紀末から一六世紀初頭にかけての時禱書の中で展開されていた。花の盛りの娘(たいていは着衣)や、時には青年を背後から狙いすませて投げ槍をみまうのは、まさに死である。一五〇〇年から一五二〇年にかけて、この主題はスイス、あるいはドイツのようなゲルマン系の画家たちの中において、その最もめざましい表現方法を見出すに至った。何人かの画家は、死が散歩中の恋人たちを不意に襲うという主題(デューラー、あるいは〔その弟子であった時期の〕バルドゥングの一五一〇年の作品)、あるいは恋人たちが死骸趣味のシンボルに思いを巡らすという主題(デューラー)を付け加えた。次いで攻撃の度合いはエスカレートし、バルドゥング・グリーンと称するようになった彼の後の作品では、死は燻製のように黒くたくましいトランジ〔骸骨化した死者〕で、裸の若い娘を背後から不意をついて抱きかかえている。マヌエル(通称ドイツ人のマヌエル)の一連のデッサンの中では、ドイツ人傭兵の格好をした「死」が若い女のスカートの中に手を入れ、女を抱きしめ、快感を与えている。これは次の時代のより平穏な絵画表現では、再びお目にかかることのない緊張感である。一五四〇年に描かれたバルドゥング・グリーンの一枚の絵は、「死」に監視されている女性の姿に人生の様々な段階を与えることによって、省察をはっきりと描き出している。この主題は、一六世紀の末には、より洗練され、より攻撃的でない二つの系列の絵画表現において再び取り上げられることだろう。その第一は、老若二世代の間にある女性の絵で、美しさの盛りにある彼女は満足気に若い娘の方へ身をかがめているが、その背後では老人（死の無害な代理人）が彼女に腕をさしのべている。次いで宗教色が復活し、虚栄と頭蓋骨の冥想というバイアスを通って、悔い改めたマグダラのマリアの主題に辿りつくことになるのだが、一六世紀はなおも強烈にエロティックな風刺を込めてこれを取り扱っている（オランダの画家バルトロメウス・シュプランガー、一五四六〜一六一一年）。エロスとタナトス、これはドイツの特産品だろうか。北欧系の言語においては、死は男性形なので、この主題に性的意味づけが起こると説明されている。しかし、私がすでに引用した一五二二年のコンスタンティノープルのカーニヴァルが示しているように、イタリアでもこうした奇抜さが全く知られていなかったわけではない。危険なまでにこれらの主題を拡大適用する（フィリップ・アリエスのように、それを感性の重要な分岐点とする）よりは、そこに一五二〇年代という時代の歴史的意味を読みとることの方がおそらく賢明だろう。この時代には、先行する世紀においてトランジをもとにして発見された肉体と裸体美が、しだいに罪悪感から解放され、美の支柱、人生の歓びの支柱として称揚されるようになったのだ。

ルネサンス期のエリートたちの死に対する感性について結論を出す前に、その複雑さについて再確認しておかねばならない。これまでに取り上げられた事例（葬列、墓、葬いの詩——これ以外に何かあるだろうか）は、英雄化と栄光を強調し、革新と断絶の重みを強調することによって、この複雑さを危険なまでに排除している。しかし、「死を願わず、死を恐れず」（ピブラック）と決心したこれらの英雄的な一匹狼たちにおいて、ましてや大貴族たちにおいて、意識の深層部は何重にもなっていて、多くの矛盾をかかえている。カール五世は、フランドルやブルゴーニュですごした青年期以来、大人になるまで現世の栄光にとりつかれていて、騎士の狂気とルネサンスの感性とが結びついていた。しかし、その晩年における死の妄想、その綿密な準備、生存中に行なわれた葬儀における最後の振舞は、よく知られている。それは、自分を蠟の似姿によって表現させた同時代のフランスの君主たちの幻想による解決と同じである。カール五世は過渡期の感性を表していると言えるのだろうか。それならば、フェリペ二世についてはどう考えればよいのか。彼は、エル・エスコリアル宮殿の墓の上でこれ見よがしに祈りを捧げつつ、その栄光の中で硬直し、澄ましかえっている。しかし、エル・グレコは、有名な『フェリペ二世の夢』の絵の中で、人間たちが地獄の火の湖にせり出した最後の審判の狭い橋を渡っていく、一二世紀あるいは一三世紀以来の地獄の幻視から来る悪夢を描き出している。国王の心の中の世界は、依然として中世から変化していない幻視で一杯なのである。

第13章　選択から実践へ――カトリックとプロテスタント、一つの態度か、二つの態度か

　エリート主義的な死の新しいモデルが上流階級においてどこまで浸透していたかという問いがなされねばならないとするならば、それ以上に、その普及における下方の境界線がどこにあるかと問うことも必要である。プロヴァンス地方の公証人が遺言書を作成する際に用いた書式集にざっと目を通してみよう。一六世紀の書式は数が多い。なぜならば、証書をしたためる様式が、この時まで何世紀にもわたってきちんとした形式に従って入念に仕上げられ、凝り固まっているからである。例えばマルセイユのある公証人は、敬虔な祈りの陰に「古代風の遺言書の様式」を忍び込ませている。「ローマにては知らぬ者なき総督と同名の私、マルク・アントワーヌ〔マルクス・アントニウス〕は、創造主である神に私の魂の救済を祈る。第二の生を享受するため、魂を歓びの地へと導いてくださるように」。その一方で、エクス＝アン＝プロヴァンスの同業者の一人は神の啓示に満ちた非常にキリスト教的な遺言書の様式を挿入している。それは、はじめに人類の死の最初の原因である父アダムの罪について触れてから、人生の短さについてのヴェルギリウスの文章を追加したり、あるいはプラトンを引用する。「神のごときプラトンよ。汝は、神を知らずして、死に臨んで次のように言った。神ヨ、吾等ヲ憐レミタマエ」。公証人の事務室で、時には下っ端書生の型にはまった筆づかいの中に、新しい思想の普及の

痕跡が刻み込まれている。

さて、一六世紀の大いなる新しさとは、勿論、キリスト教世界の分裂であり、カトリックとプロテスタントとが死に対する二つの全く異なった解釈を押しつけたことである。これ以降、最後の旅立の装いには、一つのモデル、それとも二つのモデルが存在するようになるのだろうか。この後に起こることを先回りしなくとも、そこには共通の身振りからなるひとつの枠組があって、どちらの陣営も、同じ動機によって、同じリズムで発展し続ける、ということが推測できる。大部分が無意識のものである行動様式に関しても同様で、それらは社会、家族、グローバルな集合感性などの長期的持続の中での発展と結びついている。身体に対する態度、墓、遺言書や家族日誌において家族を切れ目なく維持しようとする手法など、例はいくらでもあるが、それらは一見したところではカトリックとプロテスタントとの間で非常に異なった発展を遂げていくというわけではない。しかしながら、来世についての概念により関わってくる別のレベルの問題があって、そこでは二つの宗教的イデオロギーの対立がはるかに直接的に刻み込まれている。それがどの程度のものかは、さらに吟味しなければならない。最近では、カトリック（あるいは反宗教改革）とプロテスタントという二つの改革が、対立を超えて現実には一致していたという考え方が広がりつつある。とはいえ二つのシステムが、死と来世に関して、両者を一致させることが困難なまでに両立不能性を提示していることに変わりはない。この歴史的転換点においては、死を前にした態度の領域は我々を心性史の根本問題の一つに直面させる。すなわちそれは、構造化されたイデオロギーと、人々の集合的な回答（受容もしくは拒絶）との間のゲームの問題である。フィリップ・アリエスにとっては、カトリック的な死とか、プロテスタント的な死とかは存在しない。だがそれでは、死に対する集合的感性を何世紀にもわたって違った風に形成してきた亀裂の衝撃を過小評価することになるのではないだろうか。

対立する選択

まずはじめに、生のさなかにある死を取り上げよう。それは、遺言書で書かれているような、「健康な状態」にある死のことである。態度や感性における二つのレベル〔宗派〕の間の対立は、はっきりしている。とはいえ「家族日誌」という慣行の中で、カトリック教徒におけると同様に、プロテスタントにおいても、家族は死を超えて連続していくという新しい感情が、貴族と同様に、司法官や商人の中でも広まっていく。この慣行は一六世紀の発明品ではないと言われるかもしれない。その典型的な事例に出会うのは一三世紀以降、イタリアのフィレンツェ、あるいは発達した都市住民層の中であるし、あるブルジョワが――パリであれ、地方であれ――したためた日記は一五世紀のフランス、イングランド、あるいはドイツで全く知られていなかったわけではない。しかし、その慣行が流布し、意味深長な表現手段となったのは実際には一六世紀、特にその後半のことである。これらの日誌類は実に様々ではあるけれども、我々に関係することについては共通して、死を超えた家族の連続性を保証しようと気づかっている。それゆえ、我々が見たように、中世末以来、貴族の家系において大いに強調されたこの〔家族という〕感情の相対的な普及を、これらの日誌が表明していると言うことができる。そこに刻み込まれているのは死に対する勝利などでは決してなく、むしろ継承と伝達への激しい感情なのである。おそらく、これらのエリートたちの中で筆を執り、松明を引き継いでいく家父長の役割の強化は、女性の役割の抹殺なしには進まないだろう。このような不平等があったにせよ、至る所で、家族は、死を超えようとするこの手段によって確立されるのである。

家族は、遺言書の慣行の普及によって、より一層その重要性を増すようになる。要するに遺言書というものは、少しずつ、より大げさでないやり方ではあるが、家族日誌のメッセージを伝達するという要求に応えている。一六世紀の遺言書に関しては、最近の研究に徴してみる限り、十分な数の研究があるというにはほど遠い。おそらくいささか軽率であるかもしれないが、私の印象を述べておきたい。死へ接近するこの社会的身振り〔遺言書〕が、中世末期以上に目に見えて一般化したのは、まさにこの時期なのである。遺言書は、公証人によって作成されるごくふつうの証書となり、フランスでは長期にわたって、この慣行を支配する形式を獲得した。ヴナスク伯領〔南東フランス〕では、一一冊の公証人の書式集が一六世紀に作られている（一五世紀は二冊、一七世紀は四冊、一八世紀は五冊）。この指標はいかにも心もとないものではあるが、それでも慣行の普及を示している。おそらく、より早咲きのいくつかの地域（イタリア……フランドル地方も？）の先行性を明確にするためには、差異を捉える社会学と地理学を究めることが必要だろう。研究され始めたいくつかの地域においては、文書は真の近代性を示している。一五八〇年から一六〇〇年までの間に、パリでは、すでに男性の遺言書と同じくらい、女性の遺言書があるようだ（五一％対四九％）。一五世紀のロンドンでは、遺言書の一〇分の九が男性の遺言書であることを思い起こしてみよう。そして、女性も男性も、その四分の一は「健康な状態」において遺言書を公証人の事務所に渡している。このことは、それ以後に受理された証書に関しては態度が変化したことを証言している。次に、九六％の場合、公証人が筆を執っていたとしても（四％の「自筆の」遺言書は、死の考え方において個人的スタイルを実行している）、これらの都市の遺言者は無学ではけっしてなく、男性の場合の四分の三は自分の姓名を署名をすることができたし、女性の場合は三分の一が署名できた。たしかに例外的な情況ではある。フランスの地方における情況について私が知っていること――一般的にはより後の時期についてだが、それだけに一層有力な根拠を持っている――は、とりわけ男性が優位に立っていることをより顕著に示唆している。少なくともこの傾向が、家族の連続性の中で認知され、準備され、組み込まれた自分自身の死に関して、より広い社会層が示した新しい態度を反論できないやり方で記録していることを考慮に入れておこう。

しかし、この共通し、根本的で、存在そのものに関わる発展、そして宗教的言説からは無縁なところで刻み込まれているこの発展の外側で、一六世紀の遺言書は宗教改革から生じた新たな裂け目を明らかにしている。それらの定型表現（書式）が形成されたのは、まさにこの頃なのである。南フランスの二つの「サンプル」地区（オディジオの研究[50]）、つまり、カトリックが多いプロヴァンス地方の大きな村キュキュロン〔二〇〇一年の人口一七九二人〕と、周辺の「エグ渓谷」のいくつかの村〔当時、カルヴァン派の宗教改革に改宗したヴァルド派の避難所〕で、遺言書の書式の変化を追ってみるならば、死と終末のイメージがある地域ではどのように変ってしまったかを現場で押さえることができるだろう。この小宇宙の中においては、宗教的境界線のどちら側でも、受難のキリストよりは神の方に加護が求められている。しかし、この世紀の終わりには、自分たちを「真に忠実なカトリック」であると言い始めるキュキュロンの住民は、ほぼ一致して聖人たちの仲立ちと同じく聖母マリアへの信仰を表明している（一六世紀初めが七〇％で、世紀末には九〇％にのぼる）。その一方で、一五六〇年代まで力ずくでカトリックの正統教義に縛りつけられていたヴァルド派の隣人たちは、その後は煩わしい仲介者から逃げ出している。つまり、聖母マリアはその四分の三で、聖人はすべての場合で〔忌避される〕。キュキュロンでは、「彼の魂の救済のために」とか、「彼の罪の赦しのために」といった書式で、遺贈、慈善行為、追悼ミサが要請され続けていたのに、それらのもはや時宜にかなっていない書式は、彼らの隣人〔ヴァルド派〕の遺言書からは世紀中頃以降、ほぼ完璧に消滅している。また書式の崩壊には身振りの崩壊が伴う。〔ヴァルド派の村では〕九日間《ノヴェーナ》の祈り、年忌の終わりに唱えられるミサ、三〇日間連続ミサ、あるいは寄付は完全に消滅してしまったのに、その隣り村〔キュキュロン〕では、あいかわらず伝統的な祈り（ノヴェーナ）が続けられているし、ミサの寄付もさらに強化されている。さらにエグ渓谷における宗教改革派は、近隣のすべての人々がそれについて気にかけているのに、その大部分（六〇％）が墓に対して無関心であることをおおっぴらにしている。このことは言っておかなければならないが、彼らは祭壇や灯明に寄進したりすることをやめてしまったけれども、それよりもはるかに貧者に対して慈善を施すことを心がけている。改革派共同体の連帯心が確立され始めているのだ。この南仏における小宇宙は、片方にカトリック、他方にプロテスタントいう白黒だけの画像の中で、おそらく、いささかあまりにも完全な、あるいは単純化されたイメージを示しているかもしれない。ヴナスク伯領の小さな町リル＝シュル＝ラ＝ソルグ（ヴナールの研究がある）は、まずプロテスタントに改宗し、次にカトリックの再征服の前に屈しているが、こうした紆余曲折を発見するために、はるか遠くにまで行く必要はないのである。前の世紀にはなかった激しく不安定な発展が一六世紀の動乱を引き起こしたのであり、死をめぐる身振りのネットワークは、一時的にせよ恒久的にせよ、打撃を受けざるをえなかった。

それ故、死と来世に関する二つのイメージは、私たちがすでに出会った学識ある人々の著作の中でだけではなく、現場で、すなわち民衆の慣行の中でもぶつかりあっている。カトリックの世界、まず第一に地中海地方（スペイン、イタリア、南フランス）においては、煉獄における魂への信仰が定着したようだ。黄金期のスペイン文芸は――エリートの文芸であれ、民衆の文芸であれ（しかし、ここではエリートの文芸が民衆の文芸を反映している）――、煉獄における哀れな魂で充ち満ちている。そしてプロヴァンス地方とニース伯領において、私たちは村の教会堂に至るまで、煉獄にいる魂のための祭壇や小聖堂の普及を追跡することができた。それらは、時には家族の葬儀用の小聖堂の再利用であったり、またこの世紀後半においては、死の舞踏の描かれた黒い板張りの祭壇画の建立であったりするが、後者は次の世紀には一般化する。

これに対して、プロテスタント側の来世が、その当時どのように受け止められ、述べ伝えられていたかというと、それは讃美歌、説教書、福音書解説、あるいは論争書、時にはより直接的に家族日誌の記録などから描写することができる。贖宥状に対する告発は、文芸の中では依然として顕著な地位（ラインラントでは、一六〇九年には一六％）を占めているが、この論争の段階は過去のものである。死は、何よりも地上の悲惨さ、短い人生の旅路からの解放であり、永遠の至福を告げるものと見なされている。時には、死に対して罪と地獄を連想することがあるが、多くの場合、永遠の至福の希望の方が強調されている。しばしば説教は、一五世紀末の宗教的不安に対して救済の確信を対立させるが、その一方で、悲嘆に暮れている魂は不安の中でため息をついている。なぜならば、罪人はその行為によって救済されるのかどうか確信を持てないからである。だから、プロテスタント的な死は、劇的な要素が排除されるよう希求し、好ましい出口を捜しているようだ。つまり地獄は存在する、説教や宣教は「悪しき敵」について語っている、しかし遺言書はそれについては全く語っていない。フォグラーが言っているように、[51]「宗教改革は中世の悪魔主義に対して、もし人が信仰を抱いているならば悪魔は打ち倒され、敗北するという考えを対置した」のだ。

理論的には、この〔プロテスタント的〕解釈は、死をめぐる身振りと実践を全面的に変革してしまうはずだった。極端な場合、それらは消滅するとさえ言えるかもしれない。救済されるか、地獄に堕ちるか、死んだ者には関係がないということになる。しかし、カトリックとプロテスタントの両世界における葬儀の発展を比較・研究するなら、著しく含みのある印象が残されている。

様々な慣行の収斂

明確に定式化された思想の歴史というよりは、習俗の歴史に関わるものだが、それでも同じくらいに重要な共通の現象というものが数多くある。例えば、埋葬の技法などがそうだ。一六世紀には、ヨーロッパの大部分の地域で、柩を使用する慣行が大いに発達している。ラインラントでは、カトリックであれ、プロテスタントであれ、柩は至る所で見られる。しかし、私たちがこれと同様の正確なデータを持っていない他の地域に関しては、注意が必要である。地中海の諸半島、南仏では、依然として顔をむき出しにした葬列を忠実に実行している。〔ドイツの〕トリーア地方から〔フランスの〕アルビ地方に至るまで、たとえ細部では変化を来したとしても、宗教の変動が伝統を一変させるということはなかった。宗教上の隔たりというよりも社会的な隔たり、そしておそらくは地理的な隔たり（北方諸国の方が柩により早く慣れたのだろうか）の方が依然として強かった。なぜならば、貧困者は依然としてしばしば屍衣に包まれただけで、大地に直接葬られていたからだ。

死者は、以前よりもよりしっかりと隠されるようになる。遺体のまわりでも「下品な言動」が起こらないように気を配るようになる。儀礼的な苦しみであれ、逆に酒による和解の儀式であれ、感情を外に表すことは、カトリックの間でも、プロテスタントの間でも、好感を持たれない。スペインでは、「葬式歌」はファン二世の王宣により一四一八年に（理論的には）禁止されていたが、フェリペ二世のもとで再び禁止されたことからして、この慣行の根強さと、おそらくはその勢いの増大とを示している。一五六九年、コルドバの司教であるクリストバル・デ・ロハスは、悲嘆の表明はミサを妨害するものだと言って、夫の葬儀から妻たちを排除した。あとには雇われた泣き人しか残らなかったにちがいない。この悲嘆の飼い慣らしは、どの程度効果的だったのだろうか。後世の証言は疑いを入れるに十分である。

ヨーロッパのもう一方の端、ラインラントでは、通夜と葬儀の宴会に際しての様々な表現について、同様の敵意に満ちたまなざしが見られる。しかし、宗教上の境界線を越えて、同様の問題がプロテスタント諸国でも見られる。フリースラント地方では、プロテスタント教会の規則集は、葬儀の間、墓の上や墓のそばで添い寝していた妻たちの儀礼上の涙を禁止している。ブランデンブルク地方からメクレンブルク地方にかけては、通夜にはできるだけ少ない人員（一人から六人まで）に限るように、もし可能ならば、大勢の隣人や友人よりも職業人（施療院の女性たち）に参加を限定するようにと努力が払われた。死者を旅籠で「酒に溺れさせる」慣習について、ある人々は、酔っぱらって罪の重さを皆で分け合うためだと言い、またある人々は、寡夫を慰めるためだと言い、そこにはこの現象についての二様の解釈があるのだが、この慣習は厳しく告発された。

君主や大貴族を取り扱うにあたって、服喪が階層化された社会儀礼へと組織されていく時代において葬儀（葬列と式典）の重要性が増していくことに、私たちは気づいた。したがって私たちは、カトリックとプロテスタントの二重の言説を、その曖昧さと矛盾にもかかわらず、受け入れる準備ができている。大貴族の行き過ぎた葬儀は、どこまで共通の慣行の手本となることができたのだろうか。それは慣行の反映なのだろうか、それとも先取りなのだろうか。遺言書の条文から感じとられるカトリックの慣行は、一五世紀に始まった発展の延長として盛大な葬列を展開させる。修道会の役割は増大し、苦業信心会は一五五〇年以後、地中海諸半島におけると同様にフランスでも増加し、墓にまで随行することを彼らの主要な義務として位置づける。これらすべては、特に都市市民の間では、強化された見せびらかしの方向へと向かう。平民の行列は、大貴族の行列よりも注意深く詳細に述べられてはいない。一五八一年のペスト大流行の際、フランドル地方のクルティヨンで採用された規則は、埋葬と記憶の等級を以下の五段階に分けている。大なる、あるいは中程度の鳴鐘、小鳴鐘、二度の読唱ミサ、しかし貧者にはなんの葬儀もない。最初の四つの等級は死者の四〇％を占めている。貧者の大部分は太鼓もラッパもなしに死んでいく。同時に、多くの金持は自分たちの子供をなんの儀式もなしに埋葬させたとも記録されている。彼らの九八％（二〇〇〇人以上のサンプルの中で）は、無雑作に墓場に安置されている。

カトリック教会は、葬儀の中にあまりにも歴然とした異教的な儀式の名残を見出さない限り、豪華な葬列に対して公然たる戦争を仕掛けることはなかった。大貴族の異教的な儀礼よりも、野卑な人間の民間伝承的な慣行に対して戦争を仕掛ける方がたやすかったのだ。同様にスペインでは、ユマニストと異端審問所は北西部で行なわれている葬列に対して、一致して驚きを表明している。一六世紀の数多くの証言（アストゥリアス、ガリチア、ブルゴス地方）は、パン、ワイン、大ロウソク、子羊、牡羊の奉献について語っているが、それらは、たとえその意味が隠されていたとしても、死者を象徴するものだった。ここでは、寛容は一時的なものに終わるだろう。プロテスタント世界では、その頃、はるかに深い断絶が待っていた。死者の運命が決定されているということが真実ならば、なぜ葬儀が必要なのか。あらゆる見せびらかしは、カトリックの迷信の遺物に対する譲歩となってしまうのではないか。しかしながら、需要の圧力それ自体が、葬儀の全部あるいは一部を教会堂に、あるいはしばしば墓場に、さらにはそこに備えられている礼拝堂に再導入するように仕向ける。しかし、死者のためのミサは排除され、葬儀の目的は完全に変わっている。死者の心遣いは完全に排除され、儀礼は生者のための教育、つまり終末への道徳教育の口実となる。

従って、再導入された儀礼は、大部分は葬列に限定されていたが、次第に葬儀の説教にも広まっていく。儀礼についての規則は[52]、「礼儀正しい」キリスト教的な埋葬の必要性を認めている。そこに参列することは共同体にとっても学生にとっても義務とされ、その時間は朝の八時から一五時までの間と定められた。牧師は、家まで遺体を探しに行き、教会に寄ることも寄らないこともあるが、墓場までの行列に参加する。プロテスタント派の深いためらいは、旧来の慣習に対してなされたちぐはぐな譲歩そのものに現れている。例えばカルヴァン派は、ルター派が有し、共同体が執拗に要求した弔鐘に反対している。カルヴァン派は、ルター派では行なわれている十字架の携帯と葬儀の讃美歌の合唱も拒否している。さらに聖書の朗読や、葬儀のための説教が発達するようになるのは、まさに公衆の圧力によるものだった。カルヴァンのみならず、メランヒトンも、そのこと〔旧来の慣習の復活〕に好意的ではなかった。その効用は疑わしいものだったし、そこで曖昧な偽の典礼に再び戻るかもしれない貧者にとっては特にそうだった。それゆえ、プロテスタント教会は、取り扱うべき主題を厳格に決定している。すなわちそれは、親族にとって力添えとなる死に関する教育である、と。

特に、死者のための仲立ちを再び導入することは、どんなにわずかであっても、警戒されていた（しかしながら、少なからざるルター派の領邦においては、神に魂の救済を祈るための短い式文が認められるようになる）。同様に、弔辞によって虚しき栄光を語ることにも不安があったのだが、おそらくこの領域においても、有力者のためには大いにたっぷりと譲歩がなされるようになる。一五八〇年以後、ドイツのプロテスタント地域では、追悼の説教が普及し、新しい儀礼が旧来のミサに取って代わるまでになる。だが宗教改革は、ここで一つの敗北を喫することになる。つまり、葬列における社会的区別を廃止しようとするその夢において敗北を喫したのである。埋葬における等級が再び現れ、地上の虚栄を永続させる。

このような紛争は、埋葬の問題に取りかかる時に、再び見出される。二つの改革（プロテスタントとカトリック）は、墓地に向けられた疑いに満ちたまなざしにおいて交差する。民衆宗教における墓場とは、死者の滞在場所であり、異端の慣行の場所である。カトリックの墓場は、まだ決定的な変化をこうむってはいなかったが、進化の途上にあった。ブルターニュ地方からカトリックの強い中部ヨーロッパにかけて、納骨堂は反対に遭うことなく発展し続けた。プロテスタントに対抗して、これらの「永福ノ状態ニアル」骨が聖遺物とみなされるのが正当だとされることさえあった（一五五三年、アイフェル〔ライン川左岸の山岳地帯〕の首席司祭の裁定命令）。特に、木、石、時には金属（ラインラント）で作られた個人用の十字架は、プロテスタント派とちがって、神への感謝と個人の徴となることが認められたために大切にされた。例えば、スロヴァキア地方、あるいはハンガリーの墓地の場合がそうだ。

プロテスタント派に移行した地方では、墓地はその意味を変えてしまった。たしかに墓地は、例えば自殺者や公的犯罪者を受け入れない神聖な場所であるという本来の使命を保っていた。しかし、墓地の呪術的な役割を強化しうるようなものすべてを消滅させようとする努力が払われている。当局にとって、そこは「休息と眠りの場所」であり、あるいは、ある人が書いているように、「我らの友人が休息の床についている神の野原」である。しかし、ドイツのプロテスタント派は墓地を市壁の外に移すことによって、教会と墓地との伝統的な結合を断ち切ろうとする。その点では、彼らは反宗教改革を先取りしている。ルター自身も、この考え方に好意的だった。聖書に根拠を見出すとともに、衛生・健康上の理由も挙げられている。しかし、それによって非難をこうむる危険性があるし、それどころか住民のはっきりした拒絶をこうむる危険性さえある。次の世紀〔一七世紀〕の初頭には、墓地の移転は都市では成功したが、農村では失敗している。墓地の風景は変わってしまったが、それでも問題がなかったわけではない。ルター派は十字架を認めたが、カルヴァン派はこの迷信的な慣行の名残を拒絶している。スロヴァキアやハンガリーにおける木の柱、ほとんどどこにでもある一般に地味な石板などは、もっと近づいてよく調べてみなくてはならない。スロヴァキアの城県《コミタ》の教区会議を不安にさせているのは、まっすぐに立った石で、丸い頭が乗っており、首が長く、肩幅が広い人間の形をした古くからの形象が復活するのではないか、ということだった。プロテスタント派は、ここではカトリックの「迷信」と伝統的なアニミズムという二つの戦線で戦わねばならない。同じ観点から、ドイツのプロテスタント派は、聖遺物の危険な集積所である納骨堂だけでなく、キリスト教以前の信仰から来る「生き霊」の夜の集いに対しても戦いを挑んだのだった。

その理由はともかく、墓地の問題は、当時一般的には顕著な変化を示していた墓の〔場所の〕選択の問題と密接不可分の関係にある。カトリック世界では、中世末期に至るまで、墓が教会の中にあることは稀だったが、この世紀の後半において決定的に進歩を遂げる。それは、この時期だけのことだったように思われる。ボルドー、ルーアンにおけるフランス国内の教会会議（一五八二年）は、教会の土地の〔墓による〕過密と侵略とを新たな災厄として非難している。この現象は地中海地方にまで広がっていったと思われる。スペインでは、一五六六年にトレドの教会会議が、少なくとも同様の危惧を表明している。というのは、教会の態度は前の世紀ほどにはっきりしたものではなくなっているからである。〔以前には〕中世末の局部的な例外を除いて、聖職者、貴族、有力者の特権は厳格に保持されていた。その後、礼拝の場所の増加、特に托鉢修道会の新しい修道院が、資産を持っている人に選択の可能性を与えた（修道院の中に埋葬してもらうためには、小教区に対して償いの名目で一定額を支払えば十分だった）ので、そう言ってよければ、市場《マーケット》の条件を変えてしまった。更新された条件にはより広い、民衆的な公衆の需要が対応する。それは都市に住む小売商や職人たちにまで解放されたのである。教会の中に埋葬されることは、生きている間に信心会に所属していることがそうであるように、死後の連帯の追加保証として人気が高かった。そしてさらに、兄弟信心会への加盟は（「お灯明の」信心会であれ、苦行信心会であれ）、多くの場合、信心会の集団墓所の恩恵に浴そうとする願望や、加盟している信心会の長衣にくるまれて埋葬されるという願望によって説明される。これらの身分の全体は互いに結びつき、生きている間であれ、死後であれ、連帯への同じ心づかいに対応している。そうした行為は、中世に知られていなかったわけではないが、それらは一部の人々の特権にとどまっていた。一六世紀はそれらの普及の序幕となり、一七世紀はその本番となるだろう。とはいえ、それは曖昧な発展でもある。我々は、ミシェル・フーコーが乞食、狂人、病人に対する病院と施療院への「大いなる封じ込め」と呼んだ時代の夜明け（あるいは始まり）におり、この種の誘惑をよりよく理解できる。どうして、教会の中に死者を封じ込めないことがあろうか。

我々はここで白黒をはっきりさせようとして、判別テストを課しているように見えるかもしれない。それは、すべてを教会に集中しようとするカトリックの宗教的態度と、〔それを分離させようとする〕プロテスタント的な態度とを決定的に対立させようとしている。だが外観とは裏腹に、そんなことはないのだ。たしかにプロテスタント派は、死の前での不平等を廃絶しようと望んだ。しかし一五三〇年以降、葬儀に関するザクセンの規則は、三階級の葬儀を再び導入している。たしかにプロテスタント派は、教会の中に埋葬されるという世俗の有力者たちの特権を廃止しようと望んだ。しかし、この世紀の後半以降、ドイツのプロテスタント教会は貴族、役人、聖職者のために教会の中の墓を認めるという譲歩を行なわざるをえなかった。英国国教会は、冥福を祈るミサを取り除いた後でさえも、平然と横臥像《ジザン》や墓を受け入れている。他の地域では、問題なのは連続性よりも、新たな侵略の始まりである。例えばスウェーデンや、北方のルター派諸国では、社会的な理由が考えられる。教会の権威的な監視がゆるみ、さらには消失したために、兜、銘句、紋章で飾りたてられた貴族の墓に聖域を委ねてしまうことになる。ヴァザ家とその縁者たちに由来する天蓋付きの大きな墓は、一六世紀の末には堂々とそこに居すわることだろう。ここでは、宗教改革は社会的な見せびらかしの展開を前にして、一時的ではあるが後退している。

死を前にした振舞いのモデルは一つなのか、それとも二つなのか。出発点において、プロテスタントの慣行とカトリックの慣行との間では、断絶は乗り越えがたいもののように思われた。しかし結局、宗教改革が安定し、その要求を世間一般に受け入れられている答に適合させるようになると、事実上の歩み寄りが姿を現すようになる。しかしながら、歩み寄りなど全く不可能に見える一つの領域が残っている。それは、死後の慣行にかかわる問題である。煉獄と慈善による救済の観念の否定に関しては、いかなる和解の可能性も存在しない。たとえ、それが無意識のものであっても……。

一六世紀のプロヴァンス地方の遺言書に立ち戻るとすれば（これはまだ局地的な調査ではあるが、それを軽視することができるほど、現在のところ研究はほとんど終了していない）、聖歌隊を伴うミサ（カンタータ、あるいはカンタール）、九日間の祈り《ノヴェーナ》、「一周忌」あるいは年忌などの伝統的な慣行がほとんど以前のままに永続化しているのが見られる。ここでは、グレゴリウスによる三〇日間の祈りは一時的に後退しているが、永代ミサの基金は前進し、こう言ってよければ、際だってより質素な「顧客」にまで達している。死後の連帯の仲介者であり、保証人である兄弟信心会や灯明信心会は、数多くの遺贈を受けている。カプチン会、フランチェスコ会の原始会則派、ドミニコ会、これら反宗教改革の先兵たちは、依然として、来世への仲介者であり続けている。わずかな情報に、それが語ろうとするつもりのないことまで語らせないようにしよう。本質的に、死に対する信仰心を表すカーブは、一六世紀のカトリック的ヨーロッパにおいてはまだ確定してはいない。一五世紀の勢いがさらに増進しているのか、それとも一時的な混乱であるのか、今のところは分からない。

宗教改革派の慣行は、この基本的問題に関しては、まったく愛想がない。ルター派も、カルヴァン派も、ドイツの教会はミサと徹夜課を禁止し、「死者の日」を廃止してしまった。唯一、一五四〇年のブランデンブルク伯領の法規においては、「霊魂の日」の年忌ミサが維持されている。イングランドでは、一五二九年の法令によって、死者のためのミサに対する支払いが禁じられ、一五四七年には、「煉獄についての、また逝ってしまった人々に対してミサを執り行なう必要性についての誤った信仰」が断罪されている。しかし、一つの問題が残っている――死者はどうなったのか？　かつて濃密な人間関係のネットワークによって包まれていた遺体も横臥像もなくなってしまうとしたら、あとに残るのは「幽霊」ばかりではないのか。

来世に対する投資から、生者に対する慈善へと対象が移ったと言うのでは、あまりも安易だし、不十分でもある。当時、フランスのプロテスタントがカトリックの隣人よりもはるかに気前がよく、共同体の貧者に対する施しに熱心であったことは、彼らの遺言書を通して得られた印象である。しかしそれは、この世紀の大部分を通じて公認されるというよりも、（かろうじて）黙認されていた少数派の教会の事例であり、そこでは〔宗教よりは〕村の連帯の反射神経が大いに機能していたのだ。フォグラーによって研究されたプファルツ伯領では、平均をはるかに下回る結果が得られている。たしかに、慈善は王侯、貴族、国王役人においては盛んであるし、職人においても見られる。しかし、総合評価は曖昧で、ばらつきがある。農村は、おそらく都市よりは相対的に慈悲深かっただろう。事態は明瞭であり、貧者が死者に取って代わることはなかったし、またそうなる恐れも決してなかった。しかし死者の方は、自分たちに割り当てられた新しい運命を甘受していたのだろうか。

しかし、プロテスタント側がここで問題の解決をはなはだ難しくさせてしまったことは、反宗教改革派の司牧活動の主要な関心事の一つを再認識させる。トリエント公会議の後、カトリック勢力は、これまで見てきたように、ますます激しく死をめぐる〔民衆の〕伝統的な信仰と闘っていた。あえて言うならば、カトリック勢力は煉獄の代用品を提供し、その中にキリスト教以前の「幽霊」を閉じこめたうえで、それを文明化しようとした。プロテスタント派は、この安易な解決を拒絶した。プファルツ地方では、聖人信仰をいまだに維持し、病気を追い払う連禱を知っている女性の民間治療師たちが、魔術師の集団や、山岳地帯に根強く残る周縁の人々や、ペストを斥けるために道沿いに十字架を立てたり、嵐の前に教会の鐘を撞いたりする時代おくれの人間たちと同じ集団に組み入れられていく。

プロテスタント諸国での集合的意識におけるこの死者の根絶、つまり死者と生者との間のやりとりと相互提供を規制するために二世紀にわたって展開されてきた、あの複雑で体系化されたシステムとの断絶が、どのように経験されたかをあらためて問いかける必要がある（それは特にN・Z・デーヴィスが行なっていることである）。これは容易には解けない問題で、まずどのような資料に基づけばよいのだろうか。とりあえず、エリ

31） 口ひげをピンとはり、あごひげをぼうぼうに伸ばした詩人のジョン・ダン〔1573～1631年〕は、イギリス流に両端を結わえられた屍衣に包まれて、雄々しく復活を待っている。ロンドン、セント・ポール大聖堂。

ザベス朝期のイングランド人にとって幽霊は実際には消滅などしていなかったとはっきり言える。エリート層および大衆層にとって共通言語でありつづけていたエリザベス朝期の演劇は、幽霊に重要な役を与えている。それは批評家たちが考えたような、セネカのまねとか、導入部のための便利な手段としてではない。煉獄は、シェイクスピアの『お気に召すまま』の中で語られているし、ハムレットの父は囚れていた場所からじかにやってくる。

この世で私の生涯になした数多くの罪は、
焼き尽くされ、きれいさっぱり浄められるであろう

しかし、シェイクスピアを引用しなくても、アングロ＝サクソンの世界からフランスのセヴェンヌ地方に至るまで、プロテスタントの世界では、排斥された体系の遺物が民衆信仰を育んでいたことが分かる。キース・トマスは、幽霊が無力化したかに見えたアングロ＝サクソン世界における幽霊の生命力を我々に思い起こさせてくれる[53]。これは、解答のための初歩的な一要素にすぎない。N・Z・デーヴィスは、家族のイメージそれ自体が、死を前にした時の断絶の感情によって変形され、屈折されなかったかどうか、我々に問うてみるように薦めている。この断絶の感情は、伝統的なやり方で営まれてきた葬儀がどうやっても贖えず、癒やすこともできなかったものなのである。

第四部　バロック時代の盛大な葬儀（一五八〇～一七三〇年）

第14章
バロックの戦慄

ルネサンス末期、新たな戦慄がヨーロッパの感性を貫く。この戦慄をバロックと同一視することはたしかに便利かと思われる。それくらいこのレッテルは濫用されているのだから。一五七〇～一五八〇年と一七世紀中葉の間に、その特徴が出そろうことになるこのエピソードのより精緻な定義を、結局は放棄することになるかもしれないが、少なくともこのレッテルは便利だと言っておこう。たしかに年代は大まかだが、エリートのレベルにおける超高感度の検電器として、死に関する感性は様々な事件（宗教戦争、虐殺）によって緊張しており、古典主義時代を「悲劇の一七世紀」へと変えてしまう大激動を先取りしている。

それゆえ、私がこの章をフォンテンヌブロー派の最も独創的な画家の一人であるアントワーヌ・カロン〔一五二七頃―九九。カトリーヌ・ド・メディシスの寵を受け、祝典の企画にもあたった〕が一五六六年に描いた『三頭政治家の死』〔三頭政治の一角を担ったギーズ公フランソワは一五六三年新教徒によって暗殺された〕を例にとることによって、かなり早い――ヴァロワ朝末期のルネサンス的宮廷祝祭のまっただ中にある――時期から語りはじめるとしても、驚くには当たらないだろう。カロンは、当時の人々が想像したとおりの古代ローマの、正確でもあり、また非現実的で清澄でもある風景の中で、ぞっとするような殺戮のエピソード（荒れ狂う兵士の群れ、切り取られた首の行列など）を描き出している。ご存じのように、この画家は、〔実在の〕モデルを知っていて、〔三頭政治の始まった〕一五六一年以降に見出される主題をでっち上げたりしてはいない。したがって、フォンテヌブロー派の艶めかしい一連の作品の中では調子はずれのものであるこのイメージは、決して突飛な奇抜さではない。これに先立つこと四年前、カロンは『愛の葬儀』の中で、黒い帽子以外なにも身につけていない子供たちの葬列を描いている。一方から他方の絵に、象徴的な転換を見るのは穿ちすぎだろうか。だが愛は死んだのである。一五六二年、フランスでは、ヴァシーにある納屋でプロテスタント派がミサをあげている時、〔ギーズ公による〕虐殺が行なわれた。一五七二年、サン＝バルテルミーの虐殺が勃発した。この二つの虐殺の間に、一六世紀末の数十年を覆い尽くすことになる宗教戦争が始まった。

同じ頃、絵画におけるもうひとつの「虐殺」が、全く異なった芸術的感興の中で、我々を襲う。それは同じく一五六六年、ブリューゲルによって描かれた『ベツレヘムの嬰児の虐殺』である。彼は語る。真白な雪に覆われたフランドルのある村に、兵士たち（画面中央の甲冑をまとった騎兵の無情な一団）がやってきた。虐殺は、村人たちの恐慌と恐怖の中で、村を取り囲んだ歩兵隊によって行なわれた。おそらくブリューゲルの絵の中でも、その心の高ぶりから来る力強さという点において最も見事な絵の一枚であるこの作品が、連作の中のひとつだということを我々は知っている。すなわち、一五五八年の『最後の審判』は、あえて言えば「伝統的」な黙示録である。一五六〇年の『死の勝利』は、中世の主題の復活だが、死が軍団をなし、生者の世界を力ずくで呑み込もうとしている。最後に、一五六一年の『怒り狂ったグレーテ（マルガレーテ）』は、野蛮で愚かな戦争の寓意画である。ブリューゲルは、簡素さを排除しない豊かな表現によって、ミヒャエル・アイツィンガの正視に耐えない版画の前兆となった。アイツィンガは、『ベルギカ（ベルギー）の獅子』の中で、一五七三年のハールレムにおける集団絞首刑や、一五七六年のアルバ公麾下の兵士たちによるアントウェルペン〔アントワープ」の男女に対する残虐な拷問を描き出した。イメージで表現する人がいる一方、他方ではそれを文筆に託す人がいる。ドービニェ〔一五五二―一六三〇。気性の激しい軍人で、旧教徒に迫害された新教徒の苦難を詩に綴った〕は、『悲愴曲』という著作において、我々を証人にさせるために、「私は……を見た」という言葉で始まる描写的なルポルタージュの手法によって、『……の悲惨』という題のつく作品の先駆けをなしている。

誤解がないように意見をまとめておこう。死に対する感性がどのように出来上がるかを理解するためには、時代の不幸についての直接の証言か、あるいはそのほとんど変形されていない反映から出発することが便利であるし、また不可欠でもあるのだが、このレベル〔の資料〕に限定するのは窮屈である。この新しい感性に大きな刺激を及ぼしているのはエリートの集合的想像力であるから、我々はさしあたってはそこで満足することにしよう。死の新たなる侵入は、この想像力の集合場所に、様々な迂回路を通って、より秘かになされることだろう。その表現は、聖俗の叙情詩と同じく、当時増大しつつあった慰めの文学においても見出されるだろう。さらにまた、旧来の『聖史劇』とはちがって、この時代に生まれつつあった「近代的」な演劇が、死についての幻想を産み出すあらたな条件を提供している。すべては許され、エリザベス朝の即興的な演劇は殺人と流血の行列を繰り広げる。図像学は、こうした感性の復元に大きな貢献をもたらしている。エミール・マールのおかげで、いかに反宗教改革の美術が、ローマから発して、殉教者のイメージ、より正確に言えば、死のイメージにしがみついていたかが知られるようになった。それ以来、暴力と激動の世界の反映として、カラヴァッジョとヨーロッパにおけるカラヴァッジョ派の重要性が強調された。しかし、静物画の画家たちのより内面化された瞑想も発見された。彼らは、死出の旅路について新たな省察をうながすために、彼らの描く『空しさ』という絵の中央に頭蓋骨を配置した。音楽も、このコンサートの中で、その役割を果たしている。一七世紀は、愛された人の死と解き放たれた魂の昇天についての最も美しい歌曲によって始まる。モンテヴェルディの『オル

32) リアリズム（写実主義）とドラマティックな力強さ――カラヴァッジョの『聖母の死』はバロックの最先端であり、その変貌でもある。パリ、ルーヴル美術館。

フェウス』は一六〇九年に作曲されている。バロック時代とまだ呼びうるものは、一六八七年にパーセルの作曲したオラトリオの中で、ディド〔カルタゴの女王。アイネイアスに恋したが、彼に去られたために自殺した〕があげた絶望的なうめき声で幕を下ろす。エリートたちはこぞって、快楽の追求から死に対する凝然とした瞑想へと、いともやすやすと移っていく。何故かと問う前に、この遭遇からエリートが何を引き出したかを見ていくことにしよう。

向かい合う死

死は、ぼかしたり、はぐらかしたりせず、それどころか、好んで透かし見たり、露骨に暴いたりする。死の歴史における転換点は、カラヴァッジョが一六〇五年と一六〇六年の間にあの『聖母の死』を描き出した時にある。この絵は当時スキャンダルとなった。疲れた庶民の女が、足は腫れ上がり、少し肥り気味の体に赤い粗末な服をまとい、休息の中で両腕を投げ出している。それは最後の闘いを締め括る疲れきった休息である。このあまりに人間的な死者は、ビザンツの伝統が残した眠れる聖母とはかなりかけ離れている。死は単刀直入で飾り気のないリアリズムの中にあり、極端なところもない。なぜなら、この光景に死骸趣味は全くないが、それを初めて見た時から力強く迫ってくるからである。

同じ道のりを通って、別の人間がはるか彼方へと進んでいく。『悲愴曲』の中で、ドービニェは、粗暴な兵隊上がりによって傷つけられ、死に瀕している百姓の家に入り込む。

私は、息も絶え絶えの喉から、半死半生の声を聞く

その叫び声に導かれて、すぐに見えてきたのは
死にかけた男の、もがき苦しむ頭から
敷居の上に散らばった脳みそだった……

瀕死の男はとどめの一撃を懇願し、苦しい息の下から、めった打ちにされた妻と、生きながら焼き殺された子供たちの死を訴えている。しかし、リアルなこの情景描写は、決して冷たいまなざしでも、超然としたまなざしでもない。そして、多くの者が詩人シャシニェ〔?—一六三五。『生の軽蔑と死に対する慰め』一五九四〕に導かれるままに、目くるめく死の情景の幻惑に引き寄せられるのだが、シャシニェは一六世紀末にこのような死を再発見した最初の詩人たちの一人である。

死すべき人間よ、被いの下に何があるか考えよ
死体置き場の死骸はうじ虫に食われ、
やせさらばえ、肉が落ち、露出した骨は
肉をはぎとって、ばらばらにしてみよ、関節は失くなってしまう……

それゆえ、この感性は、死体墓像《トランジ》の腐敗という、過ぎ去りし中世の亡霊を再び発見するのだろうか。そうでもあり、そうでもない。たしかに幾人もの人が、我々の前に腐敗の耐え難いイメージを見せるために墓を開いて見せる。シャシニェは、バロックの詩人の群の中では孤立した事例ではなく、彼には少なからぬライバルがいる。例えばドイツではグリフィウスが、死せる賢者に自身の四肢が蝕まれる死後の悲惨さを詳細に語らせて

いるが、その一方で、ホフマンスワルダウは彼が追い求めている冷酷な美女の肉体を蝕む腐敗を描き、心臓だけは除外した。なぜなら、心臓はダイアモンドでできていたからだ。だが何人かのイングランド人にとって、そんなことはたいしたことではない。例えばエリザベス朝の劇作家であるフォードは、最後の眠りを次のように描いている。

そして、最後の眠りがあなたを捉え
そして、うじ虫があなたの体を群をなしてはい回る
おいしいごちそう、豪華で凝った献立にお祭り騒ぎだ

一方、フランスでは、宗教的著述家たちが、血まなこになって十字架にかけられたキリストのイメージを描き出す。例えばオーヴレ〔詩人。一五九〇頃―一六三三。『十字架の勝利』など〕は言う。

殺された男は、この十字架にぶら下げられていた
あまりにも不潔で、血みどろで、やつれはて、あまりに不格好なので
ほとんど形を見分けることもできなかった……
顔中、吐きかけられた痰で醜くゆがみ
肉体は、至る所生気を失い
十字架の至る所から、大量の血がほとばしっていた……

しかし、歴史は二度繰り返すことは決してないので、永遠に失われた中世末期の死骸趣味と、バロック時代の死骸趣味とを対決させることは控えなければならない。たしかに、一七世紀初頭の墓は死のイメージを再発見している。しかし、それは肉がこけ落ち、腐敗した横臥像《ジザン》では決してない。ベルニーニ〔一五九八―一六八〇。イタリアの彫刻家・建築家〕は、一連の墓石作品において、ますます執拗に、死に対して場所を与えることだろう（骸骨は勝ち誇っているようだが、結局は制圧されてしまう）。しかし、このイメージは、もはや死の舞踏における攻撃的で嘲笑的な死者（トランジ）や、中世的勝利に怒り狂う死（死神）――たとえそれがペトラルカ流に穏やかなものになっているとしても――を思わせるものではない。

しかしながら、この死体墓像《トランジ》の最後のイメージを、北欧、特にそれがより長期にわたって維持されていたイングランドに特有のものとみなすことまではしないようにしよう。反宗教改革の南欧でも、バロックが隆盛になるにつれて、この主題〔トランジ〕をいささか好んで取り上げる可能性はあった。もともと死骸趣味の気質が全くなかったスペイン（この国がおくればせに死の舞踏の主題を受け入れたことを想起されたし）は、リベラの筆のもとに殉教者を取り扱い、ヴェラスケスの筆のもとに自然のしくじり（あらゆる種類の怪物）を導入した時に、同じくらいの過度の情熱を往生の想起に傾けている。セヴィーリヤの慈善病院で、ヴァルデス・レアルはこの世の物事のはかなさという主題を追求し、我々の前で僧衣、祭服につつまれた高位聖職者の柩を開いて見せるのだが、半分腐った死体のぞっとするような薄笑いを隠したりはしない。イタリア――この時代、イタリア半島は、スペインと非常に密接な関係にあった――では、パルマやローマで、カプチン修道会風のみごとな墓地が登場する。そこでは、おびただしい数の頭蓋骨と骨が過剰な装飾の構成要素となり、修道帽と修道服をつけた骸骨が生前と同じ格好をしている。これらの死体装飾は、それ自体、決して地中海地方に特有のものではない。蠟の仮面を付けたミイラや、服を着て飾りたてられた骸骨が聖人の聖遺物を表現し始めたのは、スペイン、イタリア、あるいは南フランスだけではない。〔スイスの〕フリブールに近いサン＝フェリクス＝ド＝タフェールにある、赤いマントに覆われ、金ぴかにごてごてと飾りたてられた骸骨と同じくらい印象的な光景に出会うためには、カトリックが再征服したスイス南部の諸カントンのような地域の境界線を歩き回れば十分である。一般に普及したこのバロック的死骸趣味は、非常に長い生命力を保持し続けることだろう。それは、選ばれた事例〔サン＝フェリクス〕が証明しているように（一七五五年）、一八世紀半ばまで、あるいはさらに後までも生き残ったのである。だが本当のことを言うと、それ〔バロック的死骸趣味〕は初めて接した時にはショックを受けるが、よく飼い慣らされ、洗練された死骸趣味であり、分かりやすくて、おそらくは効果的な教育の手段だった。

これと並行して、葬式芸術における死は、装飾のイメージにおいてはほとんど単純化され、最終的には骸骨の外見をとるようになったと言ってもよいだろう。それは、完全に肉がそげ落ち、「無菌化」された、比喩的な死であり、これまで以上に現実とのつながりを持たない。たしかに、骸骨は生き生きとしている。それはフランスでも、イタリアでも、大規模な葬儀において霊柩台を飾っている。ヨーロッパのカトリック地域、中でも地中海地域で増殖していた煉獄の魂のための祭壇において、それは頭蓋骨と交差した脛骨からなる飾り模様となり、その黒い祭壇において白く、あるいは金色に浮かび上がっている。しかし、エリートたちによって体系化された象徴のレベルでは、この死の画像はユマニスム期から継承された時を司る老人というイメージと競い合うことになる。こちらの方は、翼を持ち、大鎌を携えた頑丈な老人というイメージに落ち着く。結局のところ、マニエリスムから古典派に至るまで、版画でも絵画でも、時を司る老人というテーマは、劇的要素を取り除いた死のイメージを提示している。

だが思い違いをしてはならない。このように「観念としての」死を閉じこめたとしても、この時代の人間た

33） バロック期には、ローマのカプチン修道会のカタコンベ（地下納骨所）のように、死骸趣味はその極限に達する。納骨所は当時のまま大切に維持されている。

ちは、あえて言えば、生きられた死の非情さを再発見している。つまり、死の瞬間、あるいは死出の旅路というものがかつてないほど過大視され、魅惑的な苦悩の対象になったのだ。死の瞬間の情熱的な凝視を象徴するイメージと言えば、現在は〔フィレンツェの〕ウフィッツィ美術館にあるカラヴァッジョの『メドゥーサ』であろう。切り取られた首、なおも噴き出ている鮮血、まだ生きている頭髪の蛇、恐怖に引きつった笑い、かっと見開かれた目。メドゥーサは恐怖を与えながら、自らも恐怖におののいているが、これはカラヴァッジョ流の感性の本質的な特徴と見えるものにおいて孤立した事例ではない。カラヴァッジョは、勝利者『ダヴィデ』の中でも、同じ主題を再確認している。ダヴィデは死の硬直状態にあるゴリアテの首を示しているが、それは斬首の後の洗礼者ヨハネの首を掲げているサロメのイメージそのままである。『聖マタイの殉教』の中では、死に続く瞬間ではなく、死の直前の瞬間を凝固させている。あお向けに倒れている聖人は、まさに剣の一撃を受けようとする状態にあり、目撃者たちは、あたかも突然のフラッシュを食らったように、純粋状態の恐怖を表現している。聖人のすぐ後ろにいる一人の子供は腕を縮め、顔にはメドゥーサと同じ怯えの表情さえ浮かべている。

最後の情景

カラヴァッジョの描く世界がいかに「バロック的なるもの」を代表しているとしても、それは「バロック」のすべてではないのだが、〔時代の〕感性の様々な特徴を探求している我々にとって、このようなレッテルは結局の所ほとんど重要ではない。だが少なくとも、〔カラヴァッジョの絵を通して〕我々はバロックという現象をより広く理解できるのである。この現象について、エミール・マールが彼の著書である『反宗教改革の美術』の中で強調しているのは、宗教画による殉教者の再発見と、時として自己満足的なその濫用についてである。フランドル地方のアントウェルペン〔アントワープ〕におけるのと同じく、ローマ、フランスでも、聖人の拷問劇は絵画にその反響を生み出した。この聖人の再発見においては様々な要素が融合している。たしかに、インドであれ、日本であれ、この時代には新たな殉教者が生まれている。しかし、また「伝統的な」殉教者もいて、『黄金伝説』の聖人たちはボランディスト〔聖人伝の編集をした修道士〕に至るまで、大いなる批判精神を抜きにして受容されていたし、また一五七八年のローマにおけるカタコンベの発見によって脚光を浴びるようになった、非常に古くて同時に新しい殉教者などもいる。R・P・セヴェラーノが、彼の著書『地下のローマ』を公刊したのは一六三四年である。

一五八八年のバロニウスの著書から、イエズス会士ビヴェルスがアントウェルペンで公刊した『十字架と忍耐の至聖処』に至るまで、当時はこの種の文芸があふれていた。それは、病める者であれ、死の床にいる者であれ、生者の教化のための、新旧の殉教者すべてに関する物語である。反宗教改革の支配するカトリック的ヨーロッパにおいて、殉教者は時代の要請だった。ローマからナポリまで、そしてスペインでは、エル・グレコが聖マウルスとその仲間に対する拷問の残酷さを描く一方、リベラは大胆なリアリズムで人間を引き裂き、皮を剝ぎ取る。フランス人も近くから、あるいは遠くから、カラヴァッジョにあおり立てられ、ヴァランタンからシモン・ヴーエに至るまで、ローマの反宗教改革の影響の下に生きる。カロは一六二六年〔一六三三年〕に、〔三十年戦争の〕処刑を描いた有名な版画集〔『戦争の悲惨』〕を出版する。

殉教者という主題には隠された意味があって、その証拠に、それは実例による教育という宗教的枠組をはみ出している。例えば、古代はそれなりのやり方で、重要な死者の実例を提示している。(ルクレティウス、ディド、クレオパトラ、あるいはセネカが、行動的な死の例証として選ばれている)。明晰な思考のレベルにおいて容易に検知できる動機〔反宗教改革のイメージによる教育〕を超えて、それはより全般的で、より深く、より根づいた感性の一つの特色だった。この時代の人々は、この光景の中に何を探し求めているのだろうか、あるいは、少なくとも、そこに何を見ているのだろうか。

それは何よりもまず、J・ルッセ〔文献一覧、二〇三〕が言っているように、行動的な死、あるいは「躍動的な」死である。カラヴァッジョが示した死のスナップショットは、我々をまさにその瞬間における死へと導く。このようにして、行動的な死という主題は、恍惚という、バロック的感性の本質的なモチーフの一つとの実質的な血縁関係を見出す。ベルニーニの『聖女テレサの法悦』という有名な連作の中で、苦しんでいると同時に愉悦に浸っており、緊張していると同時に平穏な聖女の表情に刻み込まれているのは、このような死のイメージの表現である。

造形芸術における行動的な死は、文芸的表現を通じて、より自由に展開される。バロック期の詩人の一人、ゴディは、自らの死を予測する無言劇に加わり、その分身が彼の死とその死後に立ち会うのだが、それは、他人の死を詮索する、あの熱烈な好奇心の秘密を我々に明らかにしているのだろうか。見かけとは異なり、彼は、同時代人のまなざしに対して病的な個人的媚びを示していたのでは決してない。彼は、ずっと後になってからその重要性と究極目的が評価されることになる宗教的実践の一つに身を委ねていたのだ。

しかし、それが無意識であればなおさら激しいサディスティックな欲動を一度ならず示しているこの屍体愛的窺視症は、この時期の劇作法の一つの潮流を育て上げた。フランスにおいては、一六世紀末に、この感興がいかにすさまじく大きくなったかを見ることができる。ロベール・ガルニエの『ユダヤ教徒たち』(一五八三年)の中では、英雄たちの死はまだ控え目で、時にはほとんどさりげない言葉で言及されていた。ところが二〇年もしないうちに、一五九九年、一人の凡庸なヴィレ・デュ・グラヴィエという男が同じテーマを『マカベウス』

という戯曲の中で再び取り上げているが、これは殺戮劇である。この芝居ではふんだんにト書きが付されていて、八人の子供たちに対する様々な拷問が繰り返され、それに立ち会った母親を苦しめる。彼らはぶら下げられ、責めさいなまされ、生皮をはがれる。鎖につながれる苦痛、「生きながら」痙攣している死者たち。バロック時代のフランス演劇は、この種の場面で充ち満ちている。デュ・モナンの『オロント川のオルベック』（一五八五年）では、暴君が自分の娘にその夫と子供たちの切り取られた首を見せている。モンレオンの『テュエステス』では、アトレイデス〔アトレウスの二人の子であるアガメムノンとメネラオス〕の神話から遠慮なしに視覚的効果を借りてきて、舞台の上で、何も知らない父親にその子供の体のかけらを料理として差し出している。神聖ローマ帝国では、グリフィウスが『グルジアのカタリナ』において、サディスティックな暴君によって殺害された王子たちの口から、彼らの悲惨さを呼びさます挽歌を言わせている。

杭、槍、鉛、斧、そして刺し串、
筒、鋸、炎、切り刻まれた頬、
切り開かれた肺、剥き出しにされた心臓
私たちの舌が引き抜かれ、臓物が引き出された時に
私たちに襲いかかった苦しみの長い足踏み

とはいえ、押し寄せてくる死の存在感のエスカレートを正確に追跡することができるのは、何といっても豊饒なエリザベス朝の演劇においてである。ルネサンスの精神はエリザベス女王とともに年をとってしまった、と言われる。ハムレットの有名な独白は、生きることへの貪欲さが衰弱していることを露わにしており、この

瞑想的な転機は『尺には尺を』の中でも同じように表明されている。「ああ、しかし、死ぬために、消え去るために、どこへ行ったらいいのか分からない」。しかしながら、シェイクスピアの劇が、行動の原動力の中で死に枢要な地位を与えたとしても、それはこの強迫観念にまだ完全に支配されてはいない。転機はエリザベス朝期の劇作法の最期の代表作家たちにおいて明確になる。それはターナー、チャップマン、ウェブスター、フォードたちである。『復讐者の悲劇』から『無神論者の悲劇』に至るまで、ターナー〔一五七五頃―一六二六〕は、快楽と時間があっという間に過ぎ去ることについての絶望的な瞑想を凝らしている。『無神論者の悲劇』〔一六一一〕の主人公は、飲み物の中に入れられてもそれを感じ取れず、気がつかないうちに死に至らしめる毒を夢想している。当時の話に感興を抱いて創り出された劇の中で、チャップマン〔『ビュッシー・ダンボワーズ』一六〇七〕は死が人生という冒険の完全な終わりであるという確信から、その主人公たちには活動に満ちた生活を活発な死で終わらせている。主人公の一人である〔ビュッシーの領主〕クレルモン・ダンボワズは、男としての務めを果たした後、自殺することによって「無に帰る」。しかし、エリザベス朝における死のサイクルが実際に完成するのはフォード〔代表作に『絶望』一六三三〕、そしてそれ以上に恐らくはウェブスターにおいてである。それ以後、死は葛藤もなく受け入れられる。「我々が人生で骨折り仕事をしてきたのは無駄だった」とウェブスターの劇中人物の一人、ペンシアが告白している。ウェブスターの劇のヒロインたち〔『メルフィ侯爵夫人』〕にとっては、事態はよりよくなっているので、死は理不尽で苛酷な世界の中でもまれながら過したのちに辿りつく慈悲深い最後となっている。このサイクルが完結する一六二〇年代には、ジョン・ダンが説くキリスト教的な死への回帰が、最後の頼みの綱として現れることだろう。それは挫折した自由思想の冒険の一つの最後の転身である。

事物のはかなさ

死を舞台に押し上げ、我々を直接そこに関与させることによって、エリザベス朝の演劇は他に類例を見ないほど直接的なやり方で、バロック的な感性の源であった死の不安へと我々を導く。このような冒険は、幻覚を伴わずにはおかない。それは二重のエスカレーションをもたらす。数量的には、このエスカレーションは死から大量虐殺へと導く。それはすでにおなじみの、そして至る所でお目にかかることになる絵画における大量虐殺である。すなわち、イタリアにおいてサルバトール・ローザ〔一六一五―七三〕が描いた様々な戦闘場面から、最近、若きニコラ・プッサン〔フランスの画家。一五九四―一六六五〕の作品の中に驚きを以て再発見された――誇張され、いささか混乱した――あの夜の合戦に至るまでの絵である。演劇的な大量虐殺、時代の悲惨さを描く詩人たちによって詳細に歌われた殺戮、そこにあるのは、まさにこの時代の強迫観念の一つである。質的には、このエスカレーションは残忍で病的な創作を楽しんでいる。死の情景を積み重ねるという陶酔から、それを詳細に、あるいは巧みに描き出すという陶酔へと移行するのは、ごく自然な成行である。それは、運動と死を結合するが故に、すでに見たように、このテーマ体系の中では拷問が例外的な地位を占めることになる。しかし、拷問それ自体は、人が身を任せるこの死のゲームにおいては幾つかある媒体の一つにすぎない。

バロック的感性の特徴の一つである死の瞬間そのものに向けられた関心は、臨終の場面を異常に肥大させることへと導く。不意に襲い来る死は、ある者にとっては不安の的となり、反対に死をもたらす者たちにとってはこの上ない洗練さの見せ所となる。例えば〔ターナーの〕『復讐者の悲劇』の中で、公爵はしばしの猶予を与えてくれるよう嘆願している。「おお、眠っている間に驚かしたもうな。私はたくさんの罪を犯しているので、何日かが必要なのだ」。エリザベス朝後期の作家において、臨終の床の情景はふくらみ、誇張されていく。死後の栄光に汲々としている者たちは、葬儀と、そこで行なわれる追悼演説まで指図する。このように自然発生的に生まれたスペクタクルとしての死は――反宗教改革の司牧活動の中にも姿を現すことになるが――ここではまだ〔死を免れるための〕策略の一つ、あるいは最も初歩的な表象の一つにすぎない。

死に魅いられたこの時代は、初めて、死出の旅を受け入れ、それを制御する手段として自殺の誘惑を発見する。たしかに、これはユマニスムの遺産であり、モンテーニュはこの問題を回避してはいなかったし、同様にモンリュック〔フランスの年代記作者。一五〇〇頃―一五七七〕も、控えめで抑制されてはいたが、「ローマ人は自殺することができたが、キリスト教徒にはできない」と結論づけている。自殺は古代人においては承認されていた、それどころか称賛されていたのだが、宗教〔キリスト教〕によって拒絶され、受容可能な思想の中にもぐりこんでいく。スペンサーの詩の中では、赤十字団の騎士に向かって、デゼスポワール〔絶望〕なる人物が次のように〔自殺への〕勧誘を表明している。

なにゆえ私は、死出の旅路にある人を助けようとしないのか。
死は苦しみの終わりなのだ。おお、わが子よ、疾く死になさい。

中世からの継承は、この寓意の中にもまだ感じ取ることができる。しかし、新しい戯曲の中で、自殺はほとんど自然な要素であるかのように新たな言い回しで書き込まれている。それは、カトーにおいては衰えつつある栄光を長らえさせる手段であり、他の者においては恐るべき罪に対する適切な償いであり、さらには、悔恨を相手に遺すことによって復讐を間接的に遂げる手段であり、最後に、互いに愛し合っている者同士にとっては、再会と融合のための手段である。シェイクスピア劇のヒーローから『アストレ』〔オノレ・デュルフェの長編小説（一六〇七年）。女主人公の名はギリシア神話のアストライア（星の処女）に由来〕の中の羊飼いに至るまで、疲労困憊したヒーローや悲嘆に暮れた恋人同士にとって、自殺は、舞台から退場するための、了解されているだけでなく、優美でもある手段となった。従って、『ユートピア』の中で自殺に寛容を示したトマス・モアにならって、フランチェスコ会厳格主義派の修道士である詩人のジョン・ダンが、一六〇八年に『生ける死』という表題の手稿を草し、その中で自殺を自然と理性と神の掟の面から正当化したとしても驚くにはあたらない。

この上昇する螺旋の中で、亡霊や幽霊がいかにして集合表象の一部をなすようになったか、理解するのは容易である。フランス、イタリア、スペイン、あるいはイギリスの詩人や戯曲作家たちは、この借用を正当化するためにセネカを典拠とした。しかし、彼らが行なったことを見ると、それが外面だけの、演劇的表現のための手頃な——時には安易な——策略以上のものであったかどうか疑しい。ティルソ・デ・モリナの『セヴィリアの色事師』を経由して、『ハムレット』（そしてより広くはすべてのシェイクスピアの劇）から、モリエールの『ドン・ジュアン』の騎士団長の彫像に至るまで連続しているのは、エリートたちの想像につきまとう復讐者、権利回復の要求者としての亡霊である。古来の民衆宗教に深く根ざしたこの登場人物は、文学的表現の中で、現代に至るまで続く道のりを歩み始める。ただしそう言ったからといって、亡霊が貧しき人々にとっておなじみの情景から消えていくわけではないのだが。

こうなってくると、ひとつの枠組が必要になる。詩人たちや画家たちはふんだんにそれを利用した。彼らは夜の詩人である。——『マクベス』の中のダンカンが死んだ夜、マーストンの『ソフォニスバ』の中の陰気な魔女エリクトが飛び回る夜。彼らはそこに「孤独」を発見する。サン＝タマンはユーモアたっぷりに、彼の作品の一つに『孤独』という表題をつけていて、その中では廃墟と化した城や、「首吊り自殺をした哀れな恋人」

のぞっとするような骸骨が登場するかと思えば、尾白鷲とみみずくが金切り声を挙げている。墓場は、すでに人気の場所である。〔ターナーの〕『無神論者の悲劇』では、真夜中の一二時の鐘の音とともに第四幕が開き、そこは墓場の場面である。二人の主人公が見つけだす隠れ場所は納骨堂で、二人は頭蓋骨を枕に眠る。こうして舞台装置のすべてが出揃ったことになる。

しかしながら、この世紀が終末のイメージにおいて根本的な変容を遂げたことは明らかである。キリスト教の伝統から受け継いだ二重のイメージ、すなわち黙示録のイメージと最後の審判のイメージとは、公式のレベルはともかくとして、少なくとも集合心性の反映である美的解釈のレベルでは、再検討に付される。最後の審判が人々の参照体系から消失してしまったなどと言おうものならば、私は厳しい、しかも大いに理由のある反論の前に立たされるにちがいない。システィナ礼拝堂で〔最後の審判を〕制作したミケランジェロのあとをついで、ティントレットがヴェネツィアの総督館の大会議室に描き出し、ルーベンスが一六一五年から一六二〇年の間に描いた大小二つの『最後の審判』の中で力をこめて取り扱ったこのテーマが、死に瀕しているとでも言うのか？　最後の審判は一六二〇年以後も描き続けられているし、民衆と同じくエリートたちも使用する宗教書の中にはその版画が普及しているではないか。しかしながら、統計的に言って、この主題は教会の壁から姿を消し、後に見るように、個人の裁き（煉獄の魂）を強調した別のイメージに引き継がれていったと言わざるをえないのだ。ここで最後の審判について語ったことは、デューラー以前と以後において、ルネサンスがあのように枢要な地位を与えていた黙示録についても――ニュアンスのちがいはあるが――あてはまる。黙示録もまた、集合的幻想のヒットチャートの中では後退しているのだろうか。おそらく、文字表象のレベルではそうだし、少なくとも地理的には周縁へと追いやられたと言えるだろう。一七世紀にデューラーとその後継者たちの『黙示録』から着想を得た者たちは、アトス山〔ギリシア（マケドニア）のカルキディケ半島の先端にある山で、多くの修道院があり、ギリシア正教の中心地だった〕のフレスコ画家たちであり、同様に、アムステルダムで出版されたピスカトーレの『聖書の舞台』に着想を得て一六四〇年と一六九五年にモスクワ、あるいはヤロスラヴリ〔ロシアの都市〕の二つの教会に黙示録を描いたフレスコ画家がそうである。黙示録は、地理的にも、社会的にも周縁化されることになる。一七世紀中葉以後、終末の日への期待が再燃するのは、セクト的教団（ピューリタン、あるいはあらゆる種類の千年王国主義者）の終末論においてである。

しかし、バロック期のエリートたちの感性の中に、私たちはその時代の精神のより隠された、あまり形式化されていない受容を探そうとしているのだが、そこでは、世界のはかなさとその差し迫った崩壊についての別の見方が発見されていることを私は強調したい。それは、一六世紀末から一七世紀初頭にかけてのフランドル地方で、〈地獄の〉ブリューゲル〔一五六四—一六三八。〈農民の〉ブリューゲルと呼ばれた父と同名のピーテル・ブリューゲル二世。火事、地獄・煉獄の焔を描くのに巧みだった〕とその作風に従う人々が描き出した焼野原の中に見出される。彼らにモデルや先例がなかったわけではない。ファン・オルレイ〔フランドルの画家。一四八八—一五四二〕、あるいはライデンのルーカス〔オランダの画家。一四九四—一五三三〕は、一六世紀の最初の三分の一にさしかかった頃に、世界の様々な崩壊——ヨブの息子たちの宴会、ソドムとゴモラの天地がひっくり返るような大異変の最中にくりひろげられたロトの娘たちの大宴会など——の故事を喚起していた。これらのテーマは廃れてしまうにはほど遠く、若いニコラ・プッサンはノアの大洪水を描くことに精を出している。また、通人や好事家のために、幻想的な小風景画を描いた二流の画家だと判断されていた人々に、今日では注意が払われるようになっている。これらの画家たちの中には、風変わりなモンスー・デジデーリオがいて、やっと五〇年前に再発見されたのだが、今日では、誤解があったということが分かっていて、実は、その作品〔『バベルの塔』はメッス生まれでナポリに身を落ち着けた二人の画家、ディディエ・バラとフランソワ・ド・ノメの合作であったらしい。

幻想的で、ごてごてしていて、非現実的な建造物の中で、彼は好んで殉教者や殺人を描写する。彼はさらに、火災、火山の噴火、地震などの大災害をそこで爆発させる。しまいには、世界の終末の幻視にまで至る。無人の風景の中で、巨大な建物が粉々に砕けて廃墟となり、積み重なっている。この画家は、自分のためというよりは、他人のために証言しているのだが、終末の緊張、不安、恐怖について語っている（それは個人の用に供するための、個人化された、あえて言えば、親密化された『黙示録』である）。そこには、中世のフレスコ画に表された集合的戦慄とは反対のものを感じ取ることができる。

以上のことからも分かるように、これらの〔中世的な〕死の集合的なイメージと、この時代〔一七世紀〕の人々がのめり込んだ瞑想との間には、想像以上のコントラストが存在する。人々にとりついた恐怖は、集合的パニックよりも、個人的な動機から発している。恐怖は、生への激しい愛着を、つまりルネサンスが教え、新しい時代が絶望的な色合いに染め上げた、あの瞬間への執着を反映している。死に対するこの新しい態度は、「空しさ」ということに要約されるだろう。これは、文芸から美術に至るまで、主題として繰り返し現れる。

空しさの時代

瞬間の移ろいやすさを定義し、人間のあらゆる悦楽のはかなさを定義するために、バロック時代の詩人たちは隠喩の山を築き上げる。神聖ローマ帝国の宮廷詩人であったヴェックヘルリン〔一五八四—一六五三〕は、バーデン辺境伯アンナ・アウグスタを次のように描いている。

かくて、あなたは旅立った

夜明け、星、陽光、ため息と嘆き
霧、ほこり、露、そよ風、雪
花、虹、枝、雨
水晶、氷、波、稲妻、光線
笑い、歌声、木霊、一瞬、夢
鳥の飛翔、影と煙
かくも　生命は短い！

他の詩人たちも、これに相呼応する。詩の中で最も執拗に「空しさ」という主題を繰り返していた詩人の一人であるグリフィウスも、隠喩を次々に増やしていった。例えば、鬼火、がらがら、小舟、あるいは風のそよぎなど。これらすべては、地上に結びついているものの「はかなさ」を連想させるには好都合なものである。これに呼応して、エリザベス期の詩人たち、フランス、スペイン、あるいはイタリアの才人たちは、同じ調子の歌を歌っている。それは反復されることによって、いくつかの定番的なイメージが引き出されていく。それは炎や雪、移ろいやすきものであったり、雲や虹であったりする。「私たちは遊んでいる子供に似ている。楽しさだけが唯一の関心であり、空に浮かんだシャボン玉の後を追いかけているのだ」。

バロック期の図像表現は様々なイメージを取り上げ、その数をふやしながら、そこに死の最も直接的な象徴——頭蓋骨——を結びつける。フランドル地方の絵画は「ヴァニタス」〔髑髏を配した静物画〕にえり抜きの地位を与えたが、フランスもリュバン・ボージャンのような画匠とともにそれを無視しなかったし、アルザスから中・南部ドイツの都市に至るまで、一つの流派が形成され、セバスティアン・シュトッスコップは、おそらく

34)「空しさ」とはシャボン玉に映った儚さの究極的な表現である。ニューヨーク、メトロポリタン美術館、カーティス基金、マークワンド基金、ヴィクター・ウィルバー記念財団（基金）、アルフレッド・N・パネット基金、1974年。

その最も独創的な代表者の一人だろう。さらには版画が、この主題の普及に貢献した。それは装飾的なモティーフである以上に省察のテーマとして普及した。なぜなら、これらの絵画は、今日に言うところの静物画ではないからである。楽器、トランプ、ゲーム、宝石、花、果物、ワインと食べ物などは、我々をこの世に結びつけているあらゆるものの空しさを暗示している。また砂時計、頭蓋骨、あるいは死の花であるチューリップなどはその存在によって、これらすべてものの隠された意味を明らかにしてみせる。だが、この時代の印象主義に惑わされないようにしよう。地域的な例外を除いて、部分的に衰退したと見られた死骸趣味は、これらの絵画の中にも忍びこみ、頭蓋骨という暗号化された、暗示的なイメージの中に凝集されている。そのメッセージは解読されることを要求しているが、その意味は明白である。「死を想え」、「それを忘れるな」。この時代の幻想の中に死が存在することについては、より直截的な証拠を見出すことができる。今日、我々は、夢に関する社会史に強い関心を持っている。だがおそらく、これはデリケートな企てかもしれない。意識的であれ無意識的であれ、そこにはフィルターがかかっていることだろうし、また逆に、人が詳しく物語る夢の中には意味付けの作用がはたらいていることだろう。だがそれにもかかわらず、ある研究者は[54]、一二〇の夢からなる一六五〇年代の小さな資料体、つまり三人のイングランド人（牧師のジョスラン、占星術師アッシュモル、司教のロード）と一人の「アメリカ人」（ボストンの判事、シーウォール）の夢を分析することができた。彼はさらに大胆にも、近年になって社会学者が分析した一九四〇年代のアメリカ人が見た一万の夢とそれとを突き合わせるに至った。この試みには示唆的という価値しか与えられないにしても、有益であることは間違いない。今日のアメリカ人（あるいは、昨日のアメリカ人）は、分類された夢の様々な主題の中で、この主題が全く居場所がないほどに死の影響力を抑圧しているが（戦争の真最中であるにもかかわらず）、一六五〇年のアングロ＝サクソン人の夢の中では、死、あるいは葬式は第一位を占めている（主題のうち六分の一）。彼らは、まず第一に自分自身の死を、次に妻の死、あるいは近親者の死（父、母、稀に子供）を夢に見る。彼らは自分の死を、裁判、あるいは処刑という形で夢に見る。彼らは非常に頻繁に葬式、あるいは墓場のイメージにまでそれを延長している。そして、七％が戦争の夢を見ている（一九四〇年から一九五〇年のアメリカ人は、原子爆弾すら無視している）。彼らは負傷したり、手足を失ったりする夢を見ている。ある者は腕が腐って落ち、髪の毛がなくなり、首を切られる。他の者は歯がなくなる。最後に、夢はあの世へと通じている。シーウォール司教は自分自身が昇天するのを目撃した。別のイギリス人はキリストをちらりと見た。この超自然との邂逅——二〇世紀のアメリカ人の夢には全く欠如している——は、しばしば黙示録的な幻視へと通じている。

これらの痕跡をおろそかにしないようにしよう。それはあまりも多くの点で文芸資料と一致しているので、二つの証言は、それぞれが他を補強しあっている。その理由を問うことが残っているし、さらにまた、この集合的震動の波はいつまで長引くのか、そして最後に、これらの状況証拠が何について、また誰のために証言しているのかを問わなければならない。幻想へと撤退した、限られたエリートのためなのか、それとも逆に、他の集団のため、それどころか、わざと曖昧な言葉を使うなら、「時代精神」のためなのか。

たしかに、死に対するこの感性の表現を提供したのはまさに大芸術、つまり宮廷とエリートのための芸術である。ただし、以下のことに注意しておこう。プロテスタントの世界と反宗教改革のカトリックの世界との間に明確な境界が引かれないのと同様に、聖・俗の領域にも区別は存在しない。このようなバロック世界の普遍性は、曖昧な結論へと導いていくかもしれない。そこに、エリート向けのより流動的な流行現象を見ることもあれば、その対極に、確信と態度においてより安定している民衆の心性を見ることもある。しかし、［一七世紀のサロンの］プレシオジテ芸術が一部の人々のための極度に洗練された芸術であったとしても、エリザベス朝期の演劇は、非常に雑多な聴衆に訴えることによって、より広い階層の中に根を下ろしている。カトリックの世界において、反宗教改革の芸術は、あくまで広汎な公衆に向けられたものである。幾人かの出資者によってひどい目に遭わされたカラヴァッジョは、新旧両派の接点にいたカロがそうだったように、民衆の画家だったが、それは彼の描いたテーマが下品だったからではない。さらに、ある人々の不安の率直な表現であるこの感性は、この時代の「マスメディア」(教会美術、版画、司牧活動用の小冊子は宮廷芸術の普及版である)によって。それを受容する公衆に向かって投影されたのだから、弁証法的に解読されなければならない。

〔集合的震動の波は〕いつまで続くのか。死に対するこの感性の正確な出発点を――一五六六年の二つの大虐殺とバロックの爆発的出現との間――で確定することが困難だったように、何らかの終着点を示すこともまた容易ではない。たしかに、選び出された実例を年代順に整理するなら、一六〇〇年の前後――一五八〇年と一六三〇年の間――か、西欧全体では一六五〇年頃までにおおよそ落ち着きそうである。つまり一七世紀後半には、バロック的感性によって伝達されたこの不安は沈静化した。少なくとも、古典主義の勝利がエリートの表現形態を持続的に統制し続けてきた地域においては沈静化した、ということだろうか。だがこのような時期区分は、我々が取り組んでいる領域においては、文芸批評や美術批評の領域における以上に恣意的なものとなるおそれがある。

ニコラ・プッサン〔一六四〇年、ローマから帰国し、ルイ一三世、ルイ一四世の下で首席宮廷画家となる〕がシモン・ヴーエ〔一六二七年、フランスの首席宮廷画家となる〕およびフランスのカラヴァッジョ派に勝利したことは、死の欲動が統制と調和の世界の中で飼い慣らされたことを意味するものではまったくない。フランスの〔古典主義〕悲劇の中で、死がより控え目になり、これ見よがしの様子がより少なくなったとしても、死は相変わらず物語の大筋とその結末を供給している。古典主義は、死骸趣味の主題を内面化し、服従させたにすぎなかった。死がラシーヌ的世界の鍵であるように、ニコラ・プッサンのメッセージは、依然として、次のような墓碑銘を熱心に解読しようとしているアルカディア〔古代ギリシアの牧歌的理想郷〕の羊飼いのそれである。「我もまたアルカディアにあり」。頭蓋骨も砂時計もない、古代風の澄みきった風景の中にあるのは「空しさ」であり、終末について瞑想するようにという、簡素な勧めである。我々が置かれている展望の中で、この古典主義の秩序への回帰は美的感覚の転換以上のものである。それは権威の重大な回復の一局面であり、バロック的感性の否認というよりはその延長である。だから、これについては古典主義時代における盛大な死の儀礼の枠組の中で論ずることにしよう。

第15章　時代の悲惨さ

〔前の章で〕バロックの戦慄という感性の転換に言及することから始めたのは、黒死病《ペスト》の大流行の直後のような、ずばぬけてすさまじい圧倒的な〔死の〕攻勢が、おそらくこの時期には存在しないからである。それに加えて、残酷な人口変動の激しい攻撃と、その衝撃を反映する様々な態度とを結合する絆が、もはや機械的には確認されにくいからである。つまり、ズレや無気力、あるいは逆に、早すぎる感性があって、あらゆる短絡的な単純化を許さないからである。

いずれにしても、死に対する人間の日常的な戦いのレベルでは、我々が取り扱っている世紀が、ピエール・グベールの表現に従えば、依然として「悲劇の一七世紀」であったことに変わりはない。とは言っても、あらかじめ問題を投げかけることによって、含みを持たせなければならないだろう。それは何時から、何処までなのか？　コントラストの強い地図に従うなら、「悲劇の世紀」は、ある所では一六世紀末の一〇年間から、ある所では一七世紀の後半になって検知される。いくつかの地域では、災難を全く経験しなかった可能性がある。同様に、灰色の時代の終わりを告げる転換点が、場所によって異なることも十分ありうる。少なくとも北フランスでは、一七四〇～一七四一年の危機の中に古いタイプの巨大な人口危機の最後の事例が見られた。とはいえ、他の地方で伝統的災厄が消滅するのはしばしば一七〇九年の厳冬の後のことで、さらに別の場所では、春を告げるツバメが来るには一八世紀のずっと遅くまで待たなければならなかった。ぼやけているわけではないが、この多様な時期区分を粛々と受け入れることにしよう。それにはそれなりの理由がある。実際、この〔悲劇的な〕一七世紀は一八世紀にまではみ出しているので、「古いタイプの人口構造」と呼ばれたものを、我々はますます明確に定義し、設定することができるようになったからである。それは以前から存在していたし、私はそこに中世末から一六世紀にかけての諸要素があるのではないかと感じ取っていた。それは変化しながら、一八世紀末まで、時にはそれ以後までも続く。しかし、この数世紀にわたる安定した構造の内部で、一六世紀は生の勝利として刻みこまれ、さらに一八世紀後半は、後戻りすることがないという意味では、はるかに決定的に生の勝利とみなされることだろう。

それならば何故、あれほど暗黒の時期が続いたり、あと戻りがあったのだろうか。単純化してしまえば、全く相反するわけではない二つの解釈が、問題解決の鍵を提供してくれる。一つは、中世以来、我々にはおなじみのものである。つまり、大災害の歴史であり、災禍（ペスト、あるいは戦争）の再来である。もう一つの解釈は、以前よりは巧妙に、これらの危機を全般的な社会経済的な文脈の中にあてはめている。それぞれの学派の支持者の間で、論争が起こらなかったとは言えない。戦争と伝染病が付帯現象にすぎないという人々にとっては、病気は飢饉によって、あるいは単に栄養失調によって地ならしされた土地に発生するものである。戦争は、それがひきおこす損害よりも、それに付随する破壊と悲惨さによって、より深刻なものになる。他方で、外からのペストの侵入が依然として重い現実として感じられていた時代には、とりわけ伝染病現象の自律性を主張する人々がいた。だれが間違っており、だれが正しいのか。ブルジョワ的妥協を説くわけではないが、フランスの歴史人口学派の著作に時としてその激しい痕跡をとどめている論争は、今日では過去のものになっている。我々は、事物を相手にし、空間と時間の中で、死亡率の危機からひとつの形態学をよりよく引き出すことができる。顕著な例外は別として、一六六五年以後、ヨーロッパでは、ペストはもはや偶発的にしか再発していない。一七世紀末以後、ヨーロッパ大陸の大部分では、三十年戦争のドイツのように一国を痩せ細らせるような大戦争はもはや見られなくなるだろう。しかし、だからといって、古いタイプの人口構造が急に変化することはなく、それを下から支えていた目に見えない力はそれ以降も発揮されることになるだろう。

それゆえ、より近くから見るのが望ましい。死亡率に関してますます精密になっている小教区簿冊が我々を助けてくれる。大部分の国では、小教区簿冊は時代が進むにつれて正確になり、洗礼や結婚とならんで埋葬も記録している。しかし、そこに奇蹟を期待してはならない。フランスにおいては、数が多くて信頼できる明細書ができるまでには、一八世紀の最初の三分の一まで待たなければならない。北欧――特にスカンディナヴィア諸国――は、この領域では顕著な先進性と正確性とを示している。カタルーニャ地方から北イタリアの諸都市、あるいはナポリ王国に至るまでの地中海諸国においては、同じように豊富で詳細な資料が存在するとは言えないだろう。これらの明細書には弱点がある。つまり、宗教上の異端者が教会の記録から欠落しているのだ。しかし、とりわけ我々にとって興味深いことには、幼児死亡と死産との部分的記録が継続的で、しばしば一八世紀初頭まで続いている。ヨーロッパ全体を完全に覆うものを得るためにはかなり先まで待たなければならないにしても、歴史人口学に検査分析のための好機を提供してくれる記録に恵まれた地域にはあらゆる国で事欠かないのである。

昨日と同じく、今日もペスト……とはいえ、伝染病の歴史に関する洗練された知識が、それを詳しく説明し、理解することを可能にする。一六世紀と一七世紀の分岐点において、ヨーロッパでは災厄（死の病い）の最も厳しい再来の一つが見られた。例外的に北欧起源の伝染病がフランドル地方からノルマンディー地方へ駆け抜け、一五九六年から一六〇二年にかけてスペインで格好な居場所を見出す。それはビラバンが提唱しているペスト曲線に刻み込まれた、一七世紀の大攻勢の最初のものにすぎない。一六〇九年にはピエモンテからカタルーニャ地方へ、一六一四年、一六一九年、一六二一年、一六二四年、そして一六二五年にも、まだ西地中海地域に出現している。次いで一六二九年から一六三六年に大流行が起こり、それは確実に、最も死者が多く、広範囲に広がった伝染病の一つである。一六五〇年代には顕著な再発があり、そして最後には一六六五年の流行が起こり、そのうちロンドンのペストは最も人目を引く出来事で、デフォーのおかげで最もよく知られているが、実はヨーロッパ規模の現象の一つである。だがここで、明らかな後退現象が現れる。ペストは、その後の目覚しい再発にもかかわらず、ヨーロッパを去って行くように見える。スペインでは一六六七年と一六八五年の間、東欧（プロイセン、ポーランド、バルト諸国）では一七〇九年、マルセイユでは一七二〇年、メッシーナでは一七四三年が最後である。

災厄の衝撃的な存在を示す曲線グラフを読めば、幾人かの著者たちの次のような評価に賛同したくなる。すなわちペストは、この当時、風土病のようにヨーロッパに居座ってしまった、さらにはピエール・ショーニュが言うように、一六二九〜一六三五年の急上昇は中世の黒死病と比べても全く遜色がない、と。しかしながら、他の著者たちと突き合わせて、相対化して考えてみよう。〔一六二九—三五の〕上昇カーブが先行する時期に比べて印象的なのは、〔この時期の〕資料がより正確、豊富であるために、より網羅的な明細計算が可能になったからである。特に、グラフを作成したビラバンは、伝染病の新しい性格を強調している。急上昇は、中世よりも少し間隔があいており（平均して、中世の一一年に対して、この時期は一五年）、なかば消失してしまったかのように途切れている。ペストは、一六世紀には二度の大流行の間はおとなしくしていて、まもなく生気を取り戻したのだが、これに対して一七世紀には、時には完全に姿を消し、陸路か海路を通って侵入して来るだけとなったようだ。おそらく気休めかもしれないが、このことは、部分的にはヨーロッパにおける伝染病の最終的な衰退を、少なくとも一六六五年以後の顕著な発生間隔の広がりを説明している。おおまかに切り分けるなら、世紀の前半において、ペストが都市住民における間引きを行なう大きな災厄だったことは疑うべくもない。それは、一六二六年にディーニュのような小都市の人口をゼロ、あるいはほとんどゼロに近いものにすることができたし、一六三〇年にはおよそ半ダースのイタリア都市——パルマ、クレーマ、ヴェローナ、クレモナ、マントヴァ——では住民人口の半数、あるいはそれ以上をなぎ倒し、最もひどい場合は七〇%の死者を出した。イングランド、さらにスペインでは、より正確に一七世紀におけるペストの全体的な収支計算を評価しようと企てている。一五九六年と一六八五年との間に、スペインでは死者は一二五万人にのぼったという。バルセローナでは、それは「正常な」死亡率と比較すると、五〇%ほどの増加に相当する。こうした状況下では、一七世紀のイベリア半島の衰退の原因の一端がペストにあるといっても驚くには当たらないだろう。セビーリャからバルセローナまで、それを計測することができるのだから。

ペストと戦争との間には、実質的な共犯関係が結ばれている。リシュリューの時代のフランスと同様に、三十年戦争のドイツにおいても、伝染病は戦争と連れ立ってやってきた。作戦中の軍隊は伝染病を軍用荷物の中に持って来ていたし、逃亡した都市に詰め込まれた住民は、そこで大損害を与える病気にやすやすと掴まえられてしまう。一七世紀において、戦争は、そのあらゆる形態のもとで舞台前景の立て役者の一人だった。宗教戦争も、そこではかなりの役割を果たしたことだろう。しかし、より根本的には、人と金による強化された諸手段を備えた絶対王政の成立したことが、現実的で持続的な悪化をもたらしたのではないかと問うこともできる。たしかに戦争は、この点に関して無感動になっている我々のために、主として外人傭兵、野盗と化した私兵、ドイツ人歩兵からなる乏しい兵員を動員しているが、それについては『阿呆物語』〔一六六九年グリンメルスハウゼンによって書かれた三十年戦争の年代記〕と同様に、カロの版画が、その残酷で無慈悲な肖像を我々に伝えてくれる。この場合、よく言われているように、戦闘の被害（死傷者）は限られている。しかし、戦争の結果（略奪、虐殺、破壊、不作、飢饉）に苦しめられた住民の被害は身の毛もよだつようなものだっただろう。三十年戦争ですっかり血を抜かれてしまったドイツのいくつかの地域は、その住民の三分の二を失った（シレジア、メクレンブルク、ポンメルン、プファルツ選帝侯領、ヴュルテンベルク）。そしてシュヴァーベン＝アルプス地方では、人口の強制天引が九〇％に達したようだ。惨禍は、ドイツではことのほか甚大で、黒死病の規模に匹敵するほどだったが、その他の土地でも被害がなかったわけではない。それはボヘミア地方から東側、ロレーヌ、シャンパーニュ、あるいはブルゴーニュ、フランスの辺境に至るまで、同様である。戦争、ペスト、あるいは飢饉、これらすべての要素が結合している紛れもない症候群の中で、それぞれの正確な役割が何であるかは重要ではない。飢饉については、古いタイプの人口学モデルの基本的な――あるいは「常態的」な、とでも言おうか――要素のひとつとして、すぐ後で取り上げることにしよう。しかし、中世において知られていたような大災害としての飢饉がまだ過去の記憶となっていなかったことは、おそらく想起すべきだろう。一六三〇年代に、フランスの年代記作者シゼーは、次のように書いている。「一六三〇年と一六三一年にはひどい飢饉が起こって、フランス人の三分の一が飢えとペストで死んだ。貧しい人々は、糠《ぬか》と蕨《わらび》でつくったパンを肉屋の血に浸して食べていた」。しかしながら、気候歴史学によって一六世紀末に始まったとされる寒冷期の影響が痛切に感じられるようになるのは、スカンディナヴィア半島からイングランドにまで至る北欧の辺境地帯においてである。

それでは、一連の説明の間でいかに決着をつけるべきだろうか。一方には伝統的な意味における出来事、例

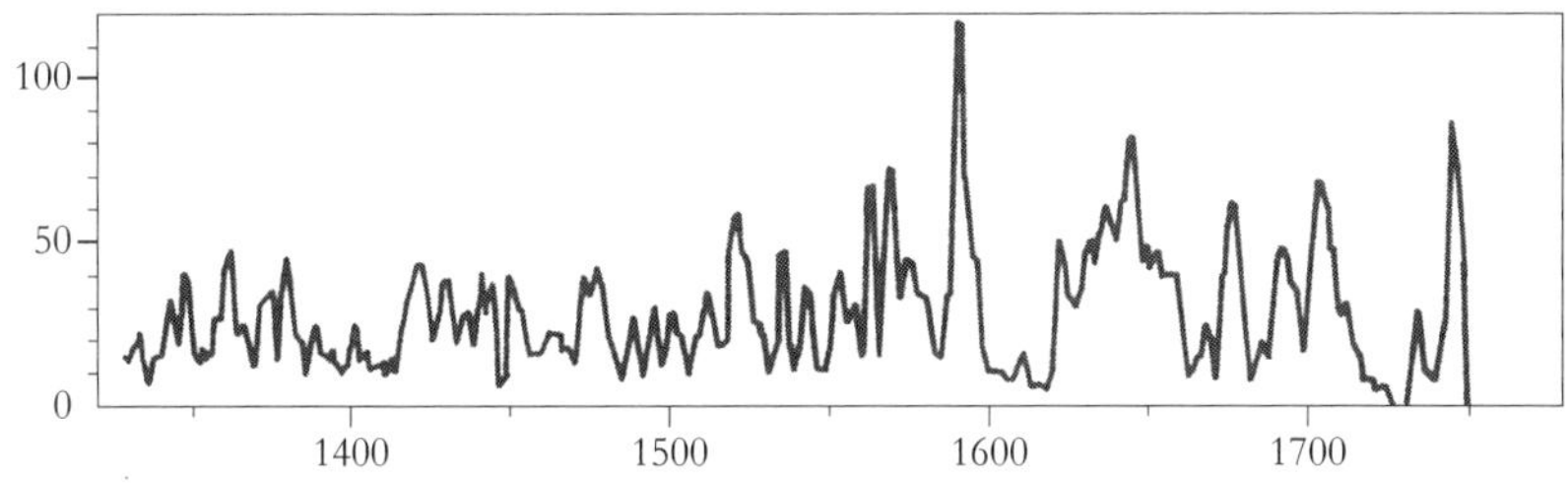

17世紀における戦争と死亡率の危機。
1300年から1800年までの西欧における戦闘行為のグラフ。
J.-N. Birabenによる。

えばサン＝バルテルミー〔の虐殺〕、三十年戦争、あるいはプファルツ選帝侯領の侵略、あるいは一六三〇年のミラノでのペスト流行、同じく一七〇九年のグダンスクにおけるペスト流行、あるいは一七二〇年のマルセイユでのペスト流行などがあり、そして他方には気候変動のような大きなうなりがある。どちらか一方に決める必要性など全くないし、おそらく正当なことでもない。「悲劇的な一七世紀」とは、様々な原因の複合であり、生の諸力に対する死の一時的な——しかし継続する——勝利なのだが、そのことは死亡率が当然のように大きな比重を占める人口学モデルにあらわれている。

死の軍勢

一七世紀に、人はどのように死んでいったのだろうか。まずはじめに明快な事実を、つまり死亡率、あるいは生誕時平均余命を提示しておこう。これまで紹介した資料は、体系的な全体像を提供するものではないが、それを可能にする。死亡率は、依然として高い。R・モルズ[55]が一七世紀から一八世紀にかけての異なった時期におけるヨーロッパの諸都市を対象にして行なった一一〇の調査の中で、三分の二が三〇〜四五‰、一三%がそれよりも高い。単純に言うと、四分の三のケースにおいて現在の死亡率の三倍となる。しかも、この状況は一八〇〇年まで変わることがなかった。農村でも、調査は断続的だが、提示された収支計算にさほどの違いはない。旧体制下のフランスでは、村落調査の大部分はおおよそ二八‰から三八‰の間に含まれている。一八世紀初めのイングランドでは、三〇‰を越えることは決してなかったようで、スウェーデンでは、この世紀なかばには二八‰か二九‰にまで低下しているが、この数字はヨーロッパでは最良の部類である。結局、一年で一〇%の人間をさらっていく伝染病はもはや見られず、通常の人口天引の倍をもたらすくらいである。たしかに、死亡率を上昇させるためには、ペストによる大量殺戮が必要だったのである。

生誕時平均余命（及び、各年代における平均余命）は、大雑把ではない、より洗練された表現を提示している。特権的な地域や集団――これまで追跡してきたジュネーヴの都市貴族、フランスやイギリスの貴族――においては、一七世紀はあきらかに停滞の時期、それどころか、一六世紀に比べるなら後退の時期とみなしうる。コリトンというイングランドの村を試験管の中の実験例として取り上げ、そこに高度の補正や調整をほどこすという計算を容赦してもらえるなら、それは一つの明確な概観を提供している。すなわち、一五三八～一六二四年という幸運な時期における生誕時平均余命は四〇歳から四三歳で、一六二五～一六九九年の間は三二／三六歳に減少していて、ルネサンス期の水準にまで回復するには一八世紀にならねばならない。ジュネーヴの裕福な家庭では、一七世紀以後しか見積もることができないが、平均余命はこの当時、三二歳である。ジュネーヴの住民全体では、平均余命は二六歳から二七歳である。富と権力によって、七歳の差が生じている。この点でジュネーヴの中流住民は、初期の死亡率表によって人口構造を知ることができる一七世紀末のパリ住民と同じ困難に直面していた。

「幼児虐殺」は、宗教画の古典的テーマの一つというだけでは決してない。それは、この時代の過酷な現実のひとつでもあった。なぜならば、死亡率はもっぱら幼児、あるいは青年の度外れに大きい死亡率によって大きくなるからである。子供は、母親の胎内にいる時から脅かされ、バロックの詩人ドエノーによって「出来そこない〔早生児〕」と罵られる。

生まれて来る前に死んだおまえは
存在と無の雑然とした寄せ集め
月足らずして生まれた、出来そこない
無と存在の屑……

しかし、リムーザンのあるブルジョワは日記の中で、感情を交えずに、次のように書いている。「この日、妻は息子のせいで負傷した」。流産した胎児と生まれてすぐに死んだ子供とのへだたりはただの一歩ではあるが、後者のためには、洗礼の秘蹟を授けることを認めるために、みせかけの命を引き出そうとして、時には「死産児の祭壇」の大ロウソクで温め直すということまでする。死産児、出生後まもなく死亡する子供、零歳もしくは一歳で死亡する子供と、その数は増えていく。

現代の人口学者は、「内因性」の幼児死亡、つまり、奇形や生育不能の結果として一般的に数ヶ月以内に死亡する場合と、ごく初期の感染から生じる外因性の死亡とを対比させ、前者の重要性を強調しているが、後者が重要ではないということでは決してない。一七世紀から一八世紀中頃にかけてのフランスの農村においては、子供が一歳になる頃には、同世代のおよそ二五%がなぎ倒されてしまっている。一〇歳では、大部分の場所では、一七世紀末にはおよそ四五%の子供が死亡している。そのうち環境のよい所では一〇分の四、その他の地域では一〇分の五である。二〇歳では世代の半分、しばしばそれ以上が死亡していると言える。フランスで当てはまることは、フランドル地方、ラインラント地方、地中海の半島地方などでも見出される。しかし、おそらくイングランド、あるいはスカンディナヴィア諸国の数字は、この頃ではもっと低くなっているようだ。だから、この明らかな一般的傾向の上に、国民的、さらには地方的な不均衡が刻み込まれている。フランスでは個別研究が数多く行なわれるようになったので、フランス西部や、健康に悪い地域（ソローニュ湿地帯）のように、死亡率の非常に高い地帯の存在することが明らかになっている。その一方で、別の地域（時には、女性がそれほどひどい労働をしなくてすむような農村）では、失われる子供はより少ない。しかし、地理的対比よりも、社会的格差の方がより重くのしかかっている。特に都市においては、ほとんど確実に死を運命づけられていた集団がある。それはこの世紀に創設された「神の館」〔市立病院〕や施療院などに収容された非嫡出子や孤児であり、より多くは、里子に出された民衆階級の子供たちである。誇張ではなく、虐殺は大量殺害の様相を呈し、それは一八世紀末まで続いた。リヨンでは、里親に与えられた赤ん坊の六七％（三分の二）が、一歳にならないうちに死亡した。ルーアン、ラングドック地方、マルセイユにおいても、同様の悲劇的な死亡率が孤児や非嫡出子の間に見出される。二〇歳になる頃には、当初の年齢集団の一〇分の一しか生存していない。

成人に達した人間の家族生活――そこでは死が主要な心理的外傷の一つとなっている――における死を見る前に、おそらくは貧者、あるいは貧者たちの孤独な死に触れておかなければならないだろう。それは、要するに、社会から疎んじられた、恵まれない若者の死である。それはまた、ある極寒の朝、道ばたで死んでいるのが見つかり、村の司祭が無縁墓地に葬り、記録を残した乞食の死である。あるいは故郷からリヨンの絹織物工場に働きにきた独身の娘の死である。彼女たちは町の病院で三〇歳にならないうちに死亡するのだが、これは一八世紀におけるこの年齢層の女性死亡率の一〇分の八を占めている。

しかし、死が最も激しい打撃を与えるのが、まさに家庭生活の中であるということも事実である。まず母親から始めるとして、彼女たちは往々にして分娩時、あるいは分娩後の熱で、つまり治療方法がないために、恐るべき結果をもたらす敗血症で亡くなった。この女性にとっての恐るべき通過点は、三〇歳から三九歳の間である。それが初産時よりはるかに多発するのは、この頃には繰り返し出産したため体が衰弱していたからである。女性配偶者の死は、家庭生活において大災難だった。……それは当然のことで、何人かの人々は、控え目な表現ではあるが、そのことを語っている。例えば、ルイ一四世期の辛辣な回想録作者であるサン＝シモン公は、死の直前になって仮面をはずし、次のように告白する。「〔妻との〕緊密で完全で欠けたる所のない、全く相互的な結合関係は、彼女が生きている間、常に私を最も幸せな男にしてくれた」。死後に愛しい妻と再び会えるようにと、彼は以下のことを要望している。「鉄の指輪と鍵と鎖を作り、それで我々の柩をともにしっかりと結びあわせ、しっかりと固定させ、二つとも壊さない限りそれぞれを分かつことができないようにすること」と。しかしまた、よく知られているように――全く矛盾しているわけではないが――早くに破れた結婚は、早くに再び結い直される。ポール＝アン＝ベッサンというノルマンディー地方の小港町では、婚姻の三分の一は、配偶者の一方の死亡によって一五年続かないうちに断絶している。一八世紀のリヨンでは、〔夫が〕四〇歳の頃には、一〇分の四が配偶者を失っていて、先の例とほぼ同じ結果になっている。しかし再婚も非常に早く、特に男性の場合はそうである。男性の半数が、二年のやもめ暮しの後には新しい伴侶を見つけている。時には数ヶ月後のこともある。女性は、このシステムの中では恵まれていない。なぜなら、男性はやもめになったとしても、二分の一が再婚しているのに、女性は五分の一か、六分の一しか再婚していない。困難は、年齢が高くなり、子供が多くなればなるほど、増していった。このような現実は、文学の中だけでなく、社会的語彙の中にも、その反映を見出すことができる。例えば寡婦は、都市社会の人間模様においては重要人物で、芝居の場面では、危機にさらされるか弱い登場人物である（ただし『人間嫌い』のセリメーヌのように、生きることに貪欲で、これに当てはまらない場合もあるが）。嫉妬深い継母は、この頃エリートによって作り直された民話という別のタイプの資料の中で、残酷で確かに誇張された人物として描写されている。しかし、どの程度まで誇張されていたのだろうか。

それでは男性は、この時代の価値観と同様、死から見ても特権的だったのだろうか。男性にも死との出会いはあり、その生涯において平均寿命は女性よりも著しく短い（一八世紀のリヨンでは、五歳も違う）。たしかに古典主義時代の文芸には、星霜を重ね、経験に富んだ家父長の理想像が出てくる。ラ・フォンテーヌの『寓話』と同様、家族日誌も、去りゆく父親の見事な死を語っている。「老衰と憔悴によって……逝ってしまった。高齢による以外は熱も、症状も、見苦しき外観もなく……」と。しかし、この古いタイプの人口構造のヨーロッパにおいて、六〇歳を超えている人は運がいいと言われたものだ。成人にとって困難な人生の通過点、最も危険の多い時期は、二〇歳から二九歳の時期である。女性との差は、成年期の最初の時期に起こる非業の死（暴力的な死）の危険性の高さに現れている。死を手なずけるためにこの時代が考案したシステムの中ではじきに、「病床の横臥像《ジザン》」というよく準備された良き死と、人を騙し討ちにする悪しき死との間の対比が見出されることだろう。このような二重構造は、十分に現実的な地盤に根ざしている。非業の死がどのくらいの割合を占めているか、我々はそれについて今日と同じくらい正確な数字を持ち合わせているわけでは全くない。しかし、年代記という形で我々にその諸形態を物語ってくれる数多くの資料がある。家族日誌の中に書かれた年代記では、注意深い書き手が都市の小宇宙で起こった様々な事実を事細かに記録しているし、他方、奉納画はすでに日常的な危険を喚起している。

非業の死の対極には準備された死が、お望みとあらば「普通の死」がある。その経過は、備忘録などによって逐一辿ることができる。だがそうだからといって、「普通の死」がより残酷ではないと言えるだろうか。それよりもまずはじめに、この時代の人々がいかなる病気によって死んでいったかを特定できなければならないだろう。これは容易ならざる難題である。たしかに人間の身体に関する知識はこの世紀に長足の進歩を遂げていて、いくつかの例だけを挙げるなら、ハーヴェーは血液循環を発見し、レーウェンフックは精子のような極小生物を発見した。モリエール風の医者を通してのみこの世紀を見るなら、重要な諸側面を理解しそこなう羽目におちいるだろう。それでも、解剖学と生理学において重要な発見がなされ、キナ〔キニーネの原料〕、テリアカ〔アヘンを含む解毒用練り薬〕、水銀があるにもかかわらず、この時代の医学が客観的に無力だったことに変わりはない。当面する課題に直接かかわることで、より厄介なのは、〔この時代の〕病理学がまだ非常に不正確で、今日のそれとは大いに異なっていたことである。これらの医者たちは、ごたごたと屁理屈をこねた診断書を「記述」している。それでもやはり、彼らが記述している疾患を特定することはしばしば困難である。このように不確かな領域ではあるが、思いきってフラッシュ撮影をしてみよう。

最初の総合的アプローチとして、ここに一六二九年から一六三六年、さらに一六四七年から一六五八年まで継続されたロンドンの『死亡診断書』がある（ペストによる最も大きな急上昇は除かれていて、多かれ少なかれ「普通の死」に関わるもの）。一七世紀のロンドンでは、人は何によって死んだのだろうか。不確かなデータから、大雑把な、時には誤った分類をするかもしれないことは十分に自覚しつつ、ともかく一覧表を素描してみよう。

現代の病い（変性疾患、特に循環器系疾患）、癌、精神病は、あまり重要な地位を占めていない。それどころか最下位グループである。変性疾患は、「老衰による」死を加えると、およそ二五％を占めるが、癌は一％にも満たない（おそらく、診断の段階で過小評価されているのだろう）。これに対して、この時期のプロフィールは幼児死亡を並外れたものとして強調しており、欠乏症、あるいは非業の死に決して劣らぬ地位を与えてい

17世紀ロンドンの『死亡診断書』

	数	%
死産、もしくは幼児死亡 子供の窒息死 母親の産褥死	44,558	19.0
非業の死、もしくは急死	4,108	1.8
老衰	15,759	6.8
欠乏症（佝僂病、壊血病）	4,454	1.9
精神病	9,810	4.2
循環器	1,995	0.8
癌	624	0.3
消化器・泌尿器	34,800	15.0 *
呼吸器	48,821	21.0 *
皮膚病	16,522	7.0
赤痢	7,818	3.3
熱病	23,784	10.0
ペスト	16,384	7.0
感染症		46.0
計	*229,437*	

＊ 19%が感染症、17%が変性疾患

る。特に、（驚くべきことではないが）感染症は重要な地位を占めており、幼児死亡の一部がこれによるとみなすべきならば、おそらく全体の半分以上を占めるだろう。分類項目はどうか。五つの感染症だけで総死亡率の四五％に達する。順に、「肺結核と百日咳」（五％）、「熱病」――病名は明記されていない――（一〇％）、ペスト（七％）、天然痘（五％）、そして赤痢（三・三％）である。古い疾病は消え去り、レプラは六例のみで、他の疾病が重きをなすようになった。すなわちペスト、結核、天然痘などで、さらに悪性の赤痢が夏に幅を利かせ、冬は呼吸器疾患である。しかし、猩紅熱、麻疹、そして副次的には水痘も確認されている。梅毒と下疳《げかん》では、前世紀ほど死ななくなった（約千人で、わずか〇・五％）。一言で結論を述べよう。ロンドンはあらゆる文化の温床であり、そこではペストも、様々な疾病の豊富な選択肢の中の単なる一構成要素として現れるに過ぎない。しかし、ロンドンは一つの例外的なケースだろうか。

ヨーロッパ規模で構成されつつある病気の歴史は、一六六〇年まで枢要なものであり続けたペストの神話を打破するのではなく、それを時代の病気のネットワークの中に置き直すように導いていく。レプラは、ほぼ消滅した。西欧において癩病院を閉鎖するか、再利用するかの調査を行なったのは、まさに一七世紀半ばのことだった。この時代の大いなる災厄は感染性疾患で、これは、いくつかの主要なネットワークにまとめあげることが可能である（不確定の所もなしとしないが）。まず呼吸器疾患（気管支炎、カタル、あらゆる形をとる結核）。中世以来のフランス、一六世紀初頭のイングランドでは、奇跡を行なう国王が「瘰癧」、つまり一般的には結核性の冷膿瘍を国王が触ることによって癒す能力を持つと言われている。この二つの国で、国王がこうしてかなりの数の集団に触ったのはまさに一七世紀中葉、一六三〇年から一六八〇年の間だった。恩恵を受けた人々は五〇〇〇人以上、それどころか九〇〇〇人にものぼる。これらの人々は、心性の証人であると同時に、ひとつの病気の頻度の証人でもある。イングランドでは、より正確には、ロンドンにおけると同様に、肺結核による死亡率は一七世紀中頃には二〇％以上にまで上昇し、一八世紀初めには一〇％あたりまで再び下降し、その後、一九世紀初頭まで一〇〇年間の長期にわたる上昇が続く。この間、イングランド人の三〇％近くが肺結核で死亡している。それゆえ、長期にわたる歴史の中で、一七世紀は最初の重大な急上昇の一つとして位置づけられる。高齢者には辛いこの寒冷な季節の疾病群の後には、一連の発疹を伴う熱病である「緋色」熱が現れる。これは認知され、診断されるようになったが、まだ不明なことが多い。猩紅熱、麻疹、水疱瘡、あるいはお多福風邪は、子供だけでなく、大人も罹り、現代よりもはるかに死亡率が高かった。人は麻疹によって死んだが、同様に、しばしば特定がされていないジフテリア、クループ〔ジフテリア性の喉頭炎〕で死に、また一六世紀以来（一五七八年）記録されるようになった百日咳で死に、とりわけ一七世紀から一八世紀にかけて、新世界でも旧世界でも主要な疾病として猛威をふるった天然痘、疱瘡（small pox）で死亡した。ヴォルテール流に、「二人の姉妹」――妹〔天然痘〕のあとに姉〔梅毒〕が来る――の他方に目を向けるならば、梅毒は前世紀におけるその侵入時ほどには恐れられていない。なぜなら、梅毒の水銀治療が、あの生命を奪いはしないものの、外聞の悪い症状をすみやかに沈静化したからである。けれども若干の沿岸地方（船員は、特に選り抜きの犠牲者であった）と同様に、都市世界においても、それは主要な災厄の一つであり続けた。

伝統的な「熱病」の部類では、マラリアがヨーロッパのかなりの部分に害悪をおよぼした。スペイン東部からイタリア半島、フランスの一部地域（ガスコーニュ地方、あるいはソローニュ地方）、北ドイツからポーランド、リトアニアまでのバルト海沿岸地域まで……ここは死の溜り場であり、ソローニュ地方などは、フランスのど真ん中にありながら、平均寿命は例外的に低い。

そのほか、一連の胃や腸の感染症がある（いつものごとく大まかな分類）。まず腸チフスだが、よく知られておらず、特定しにくいものだったが、明らかに各地域一帯に広まり、居座っている。それは時として赤痢の俗称（通称）の下に、腐った水や果物から起こる夏の終わりの病気と混同されている。赤痢、赤痢系の伝染病は、ほとんど知られておらず、識別が困難である。それらはより局地的で、より目立たない。なぜなら、全体的に見るとペストほど死者を出さないためだが、それでも、これらの伝染病はペストの後継者であるように見える。フランドル地方では、一六六七〜一六九九年の後にはペストがもはや再発生していないにもかかわらず、一六七六〜一六九四年に非常に多い死亡数が見られるのは、おそらく赤痢に起因するものだろう。フランスでは、一八世紀末に至るまで、これらの赤痢系の伝染病が「流行病の」役割を担うことになるだろうし、それによって、大西洋沿岸一帯の人口不足の原因となったのである。まさにこのタイプの疾病――空腹と栄養不良――を介して、〔次のテーマへの〕移行、つまり死に対する闘いにおいて大きな役割を持ち続けているものへの回帰が可能となる。その闘いとは、食糧のための闘いであり、腹いっぱい食べるための闘いである。

危機の様々なモデル

死の人口学的旧体制の特徴をはっきりさせるためには、まず季節的な変動から始めて、大量死の危機へと進むことにより、この「悲劇の一七世紀」の一〇〇年にわたる趨勢の長期的決算書に至るのがおそらくよい方法であろう。

人がいつ死ぬかを、埋葬登録簿によって知ることから始めよう。そこでは、一年を通して月から月へと死亡率のピークが記録されている。様々な調査を突き合わせることによって、ほとんど至る所で二つのピークが描き出されている。一つは、夏の終わりの九月、一〇月である。いずれも赤痢の時期であり、ペストが猛威を振う時期であり、端境期の終わりで栄養不良の後遺症が残っている時期である。たしかに、あらゆる年齢層がそこで死亡しているが、最も打撃を受けているのは子供である。次いで、もう一つのピークが、冬の終わりから春の初めにかけてにある。時には一月から顕著になることもあれば、時には三月のこともある。これは気管支疾患とカタル性疾患に照応するもので、しばしば高齢者の場合で、冬の厳しさを反映するものである。

このモデルが、土地によって変化を見せることは言うまでもない。例えば、地中海の諸半島では夏の大量死の方が重大である（スペインでは、一九世紀までそうだった）。しかし、それよりも時間における変化の方がはるかに大きい。それは、短かい時間の中で死の出来事を区切っていく死亡率の危機のリズムに合わせて変化するからである。結局、定期的にやってきては一撃の下に残らず持っていくという突然の大量死によって、先行する一〇年間、あるいは数十年間に蓄積された余剰人口分が台無しになるということは、このリズムのまさに本質的な特徴の一つであり、おそらく主要な要素であろう。これらの突出現象は埋葬数をあらわすカーブに容赦なく刻み込まれているが、危機は、結婚と同じく、出産にも影響を与えないわけにはいかない。少なくとも、結婚は据え置きとなるのだから。すべてが絡み合っているのである。これらの危機の解釈の問題については導入部で軽く触れてあるので、あらためて繰り返さないことにして、経験豊富なグベールという専門家に、この大量死の性質を定義する役目をまかせよう。グベールにとって、一つの季節に平均死亡率を二倍にしたり、それどころか五倍、あるいは一〇倍にするような激しい危機は、たしかにこの時代の主要な特徴であり続けている。それは、食料生産を目的とする未だ初歩的な農業が圧倒的な割合を占める生産システムの一部をなすものだが、同時に、都市大衆と同様に農村民衆の大部分を生存すれすれの所で維持している、きわめて階層化された社会の特徴でもある。フランス学派の伝統をひくグベールにとっては、結局のところ、「オーケストラの指揮者である貧困」が、残りすべての基盤となる秘められた原動力だということになる。しかし彼は、この力とより間接的につながっている他の危機が存在しうるということまで否定しているわけではない。

それゆえ、危機の第一の型が識別される。これは、民衆の主食——この時代のフランス人にとってパンの原料となるものの総称である「麦《ブレッド》」——の値上がりによって惹き起こされる。二つの現象——穀物もしくはパンの価格の上昇と埋葬の増加——の相関性は、今日では多くの個別研究によって大量に証明されているので、もはや疑いようもない。この関係は機械的なものではなく、弁証法的な相互作用を物語っている。つまり、物価の上昇が先行し、埋葬の増加を引き起こす。しかし、経済的危機は、人口学的危機があとに続くことによって再燃し、停滞は長引く。これらの危機は、至る所で見出される。しかし、それらの危機が最も容易に識別できるのは、パンが民衆の主食である穀倉地帯においてであり、フランスの北半分（ボーヴェジ地方）がこの関係の模範的な実例を提示したということは驚くにあたらない。

次に、危機の第二の型が存在するが、物価騰貴との関係は明確でない。それは、小麦が民衆の食糧ではない地方、例えばフランスなら、ブルターニュ地方や大西洋沿岸地域における危機である。ここでは、大量死の急上昇がもっぱら伝染病に起因していることが、より容易に識別できる。それは一七世紀前半ではペストであり、一七世紀後半から一八世紀中葉までは赤痢だった。

大量死の第三の型は、マラリアが居座っている、いわば空気のよどんだ地方において示される——例えば、ルイ一四世のフランスではソローニュ地方、あるいは低地ラングドック地方である。ここでは、輸入された伝染病や、外国産の伝染病の跡を追う必要など少しもない。頻繁に、不意に起こる〔大量死の〕急上昇は、病気がいつも夏になると再燃していることを示している。

最後に、最も頻繁に起こる危機の型は、確実に、第一と第二の型の「混合」型である。それは食糧危機であると同時に伝染病による危機でもあり、相互に強めあっている。ペストがもはや時たましか侵入しなくなった一七世紀の最後の三分の一から優位に立ったのはこの「混合型」だが、だからといって激しくないわけではなく、それが和らぐのは一八世紀半ば以降である。ここまで来たところで立ちどまり、一七世紀半ばの死亡率の総体的変動についての決算書を作成してみることとしたい。ここでは地理が権利を取り戻す。それは、相互に大いに異なった地域の輪郭を提示するからである。

最も重く破局的な大量死を経験した地域において、この世紀はそのはじめから悲劇的だったが、その頂点は一六三〇年頃に訪れている。スペインは、一六世紀と一七世紀の変わり目以後、ペストの襲来に見舞われた。これは、一連の襲来の先駆けをなし、人口成長に大打撃を与えた。三十年戦争下の中央ヨーロッパでは、一六二五年から一六三九年にかけてペストが次々と襲来し、戦争による被害に加えて、さらに重くのしかかった。一七世紀初頭から一六五四年にかけて、ボヘミア、モラヴィア、シレジア〔ポーランド語ではシロンスク〕からなる地域では、およそ四〇〇万の人口が二五〇万人に激減した。そして、ドイツにおける損失が大規模だったことはすでに見たとおりである。ボヘミアや神聖ローマ帝国の諸国における世紀末の回復にもかかわらず、一七〇〇年のドイツの人口は、一六〇〇年代のそれよりも少ないままだろう。

このモデルをヨーロッパの残余の地域に移し替えができるとは、とうてい言えない。戦争によって直接の被害が及ばなかったため、ハプスブルク家が世襲する諸国では人口成長が続いている。一六一〇年から一六四〇年の間に、スイスではペストが反復して流行したが、人口の飛躍的増加に打撃を与えることはなかった。フランドル地方でも同様なようで、人口減少が到来するのは一七世紀の最後の四半世紀で、それは一六七六年と一六九四〜九五年の危機との間に生じた飢饉と赤痢の打撃によって起こった。

そのことによって、フランドル地方はむしろ、長年研究されてきたフランス＝イングランドモデルと類縁性がある。少なくともフランス北半部では、一六世紀における生の勝利のリズムはいささか弱まったとはいえ、連続しており、一七世紀の前半を〔「悲劇の一七世紀」から〕切り離して考えられると言っても、軽はずみのそしりは受けないだろう。しかし一六三〇年代以降、ペストと戦争が局面の転換を告げている。死亡率の最も激しい危機が記録されているのは一六九〇〜一六九四年、一七〇九年など、まさにこの世紀の後半である。大王〔ルイ一四世〕の治世の末期におけるフランスの人口が、おそらく世紀のはじめよりも少なくなっている（おそらく、二〇〇〇万から四〇〇〇万人の減少）と推測されることの根拠は、このペストと戦争による累積赤字にある。コリトン村――及びその他の地域――を通して見ると、イングランドの人口動態は、フランス北部によって示されたモデルを否認するものではない。ここでは、正確に解析されたデータが鮮明なカーブを描いている。人口増加はほぼ一六四〇年まで続き、次いで一六四〇年から一七三〇年までは埋葬が洗礼を上回っているのだが、ここでは新たなファクターを槍玉に挙げなければならない。すなわち出生率の低下――それ自体、結婚年齢の顕著な遅れと関連性がある――が、この時代の困難さに対するマルサス的な回答である。おそらく、このバイアスから、死の歴史を生の前進と後退のより複雑な枠組の中に再挿入することは、悪いことではない。この歴史には〔生と死の〕片方しか記載がないのだから。

次に、結論を出す前に、提示されたモデルの限界を認めておかなければならない。このモデルを提起した先駆的な研究の後に、その成果の単調さを多様性に置き替える別の研究が現れている。プロヴァンス地方では、人口増加はきわめて遅く、一七世紀中頃になって始まっていることが知られており、一七世紀は一八世紀よりも輝かしいものとして現れる。この地方で顕著な後退が生ずるのは一八世紀の中頃だろう。これも南仏の特異性だろうか。しかし、同じ現象はヘントなどのフランドル地方の調査でも少なからず見うけられる。これらの異論は、それ自体が実り豊かなものである。それは、多様な地理へと導くものだし、また、私たちがいま取り扱っている時期〔「悲劇の一七世紀」〕の終わりについて自問するようにしむけている。

この古いタイプの人口構造が、危機的な大量死のピークの重大性と頻度、幼児死亡率のきわめて高い比率、平均余命と平均的な生存期間の短さによって定義されるとすれば、ほとんどどこにおいても、その存在を一八世紀の半ばまで延長しなければならない。決定的であと戻りしない変化がはじめて生じるのは、やっとその頃なのだ。この全般的な収支計算を前にしながらも、地方により、またその地方に固有の年代に従って、ニュアンスもあれば、コントラストもある。それらは、「悲劇の一七世紀」というただひとつテーマをめぐるヴァリエーションにすぎないのだろうか。おそらく、すべての場所でそうだったというわけではないが、どこにおいても短命で辛い時代は存在したのである。

男性の特権

人は、平均的だが本質的なレベルで、男性の特権の集合的表象を自覚していたことがあったろうか。我々はいくつかの紋切り型を受け継いでいるが、それらはすべてが間違っているわけではないので、破壊するのが困難なのである。

おそらく、第一の紋切り型は、日常的な光景に過ぎない男女の死に対する無頓着であろう。しかし、このイメージにはニュアンスをつける必要がある。モンテーニュは、自分の子供が何人いて、そのうちの何人が死んだか知らないと告白しているが、その後古典主義の時代になっても事態が一向に進歩してはいないのは事実である。アリエスは、この時代に子供の発見が始まったと我々に教えているが、子供の生命が重んじられるのはかなり後のことである。小教区簿冊の大量の証言は、その沈黙ゆえに重苦しい。幼児死亡の未登録が重苦しい現実であることをやめるためには、フランスでは一八世紀の最初の三分の一まで待たなければならない（しかし、他所でも同様だった……カタルーニャ地方を参照のこと）。死産児に洗礼を施すために、その遺体を一時的に暖めることを嘆願する「死産児の祭壇」の憐れみに満ちた演出は、この事実と矛盾するものではない。魂の救済という全く抽象的な心遣いが、子供の身体に向けられた現実的な尊重に先行している。亡くした子のために涙を流すことが当たり前になるのは、ある時代になってからである。一七世紀の中頃に『回想録』を書いた優しい父親で、ノルマンディーの貴族であるド・カンピヨン殿は、四歳の娘を麻疹で亡くしたことでいつまでも悲嘆に暮れていると告白しているのだが、彼は、そのことが咎められるべき惰弱でもあるかのように、身の証しを立てようとしている。「こうした強い愛着が、大人へのものならばまだしも、子供に対するものならば、けしからんことだと言われるかもしれないが、私の娘はその年齢の子供では考えられないほどの美質をまちがいなく備えていた、と私は答えよう。彼女はだんだん良くなっているはずだったのに、四歳の愛すべき娘を失ったのみならず、その歳にしてすでに申し分のない人間となっていた一人の女友達を失ったと私が思ったとしても、誰も咎めだてできないだろう」。

一七世紀の家族日誌は、より頻繁には家族の平凡な年代記だが、しばしば家族の喪失については、あきらめているのではないだろうが、コメントも付けずに冷静な収支計算を書き残している。同様に、墓石に刻まれた子供の表象についての曖昧な収支決算に驚かないようにしよう。たしかに、一七世紀初頭、イングランドの上流階級がそっくり表されている多彩色の墓石に乳飲み子の図像があるのは印象的だ。そこには国王の子供もいれば、並以下の貴族の子供もいる。しかし、これらのイングランドの墓石はヨーロッパの中ではかなり特異なものであり続けている。フランスのエリートの墓石は、一七世紀に関するゲニエール・コレクションの図版をもとに調べた限りでは、子供には非常にわずかな場所しか与えていない（五〜七％）。しかも、そこに出てくるのは、たいていは本来の意味での幼年期を終えた息子や娘たちである。エリートに当てはまることは、それ以上に、より民衆的な社会集団にも当てはまる。ニューイングランドでは石板の墓にそれが見られないことはないけれども、フランスでは一八世紀以前において子供の墓は非常に稀である。また、近年知られるようになった南フランスの奉納画においても、子供は、祈願し獲得された恩寵のリストの中では付随的な相棒としてしか現れてこない。

同様な曖昧さが、母親や妻の死に対する反応につきまとっている。サン゠シモンがつぶやく、慎ましくもあり情熱的でもある告白は、例外的証言である。それは、より率直で、飾り気のない資料である『回想録』などに頻繁に出てくる近親者の死に対する無頓着とは一線を画している。例えば、一六二六年のこと、妻の死に心を乱すことのなかった大法官シルリーのローマ人のような毅然とした態度が語られている。それでも「二人は心から愛し合っていた」のだ。国王顧問官会議に妻の死を知らせにいった時、彼は「平素の案件を片付けていた」ところだったが、妻の遺体に聖水をかけに行き、それから夕食をとり、その後にまた「泰然と」顧問会議に戻ったという。このローマ風の古強者もまた、あまりに立派すぎて本当とは思われないと言えるかもしれない。ここに、フランスの墓の統計がもたらす、素朴ではあるが明白な事実がある。その中で、女性の占める割合は停滞し、それどころか、時代の流れに沿って一六六〇年までは三五％であったものが、一七世紀末には二四％へと減少している。女性の墓は一三世紀には登場しているのだが、一四世紀初頭以来、何の進展もない。そんなことに驚いていては、お人好しということになるだろう。貴族モデルに支配されているこのエリートの中で、社会が死に対して下すこの最終審において、女性の割合が四分の一から三分の一の大台を超えたことを、どう理解したらよいのだろうか。それは男性の優位をゆるがすものなのだろうか。

この状況が一七世紀後半に変化したと言えるのは、墓石が家族全体を反映しはじめたからである。夫婦や家族が墓石に刻まれるのは、一四世紀初頭には俗人の二〇％にすぎなかったのが、一六世紀末には四〇％となり、一七世紀末には六〇％にまで上昇している。家族の墓石が占める指数は、一・二から一・五へと著しく上昇し

35）死の試練に耐える家族。古典期のプロヴァンス地方における奉納画。M・ヴォヴェルのコレクション。

ている。家族の墓への道を開いたのは貴族で、他の多くのものにとって先駆けをなすものだった。死に対する社会の敏感、あるいは鈍感の程度を最もよく計測できるのは、確実に、高齢者に対する社会の態度の中である。しかしながら、極端な場合、矛盾した二つのイメージに引きさかれる危険性が最も高いのもまた、この領域においてである。

その最初のイメージは老人の美化されたイメージを過度に強調している。それは古典主義時代には、文芸上の典拠に事欠かない。この世紀は、キリスト教の伝統の中で老シメオンの「今汝は汝の僕を逝かせ給ふ」〔ルカによる福音書、II、二九〕という言葉を呼び起こすように、古典の伝統の中にフィレモンとバウキス〔ギリシア神話。ゼウスを歓待したので長寿を得た、仲睦まじい夫婦の象徴〕のイメージを再発見できるからである。農村世界と同じく貴族エリートの中でも父権の強化が起こったこの世紀では、この文学的解釈は法律と慣習にも深く根ざしている。家父長の専制は、最近、ラングドック地方の家族研究の一環として研究されたように、一八世紀の中葉まではまちがいなく強力だった。ラングドック地方は、相続人の選択制度と「同族」意識の根強い地域である。

数多くの著者が古典主義時代を、家父長制が勝利を収め、しっかりと根付いてしまった時代だと言いたくなる誘惑に駆られることはよく理解できる。フィッシャーが一七世紀、一八世紀、少なくとも一七七〇年までのニューイングランドに見出したと思ったのは、階級よりも、はるかに年齢集団によって構成された社会である。しかしながら、この理想化された解釈は、せいぜい問題の一側面にしか対応していないと言わざるをえない。この解釈は、この時代の文芸における老齢に関する別の言説を無視している。「七番目の世代」（高齢世代）を「何もかもきれいさっぱり忘れてしまい、歯もなく、味覚もなく、全くなんにもない第二の幼年期」と描写しているのは、『リア王』『お気に召すまま』のシェイクスピアである。ある言説は、若者に厳しいように老人にも厳しいが、成年世代を「若者の軽薄さ」からも、「年寄の耄碌」からも遠いと、大目に見ている。しかし、この年齢集団間の抗争において、老人は数の上で極く少ないし、若き狼たちの勝ち誇った荒々しさに対抗して地位と権力を防衛する必要性も相まって、その陣地は小さくなるばかりである。

ルイ一四世の御代のフランス文芸も、異なる言い方をしているわけではない。コルネイユにおいては、『ル＝シッド』における老ドン＝ディエゴに対する侮辱から、『ロドギューヌ』における欺かれて片意地になった母の凄まじい権力闘争に至るまで、世代の弁証法は重要な位置を占めている。ラシーヌの『ミトリダテス』もこれに呼応して、老いた征服者はローマ人によってではなく、息子たちによって帰途に殺害されしまう。モリエールまでの喜劇は、口やかましい老婆、とりわけ老いぼれ爺という軽蔑され嘲弄される二類型をもてあそんでいる。吝嗇で好色家の老人は、『守銭奴』から『女房学校』に至るまで、こっぴどくやられている。

年老いていくことは、老いぼれ爺よりも、女性にとってずっと辛い。フランスの画家は一七世紀の初めに、『若者と老人にはさまれた女』という絵を、いささか悦に入って、何度も描いている。女はお追従を言う貴公子の方に傾いているが、すでに彼女に手……と眼鏡を差し伸べている老人に心引かれている。集合幻想の表象のより密かなレベルにおいて、一六世紀の魔女は長い間、若くて、美しく、裸で、魅力的だったが、その後、年を取り、なおも淫奔であることに変わりはないが、嫌悪感を起こさせるような老女に変わってしまった。老いに対してかくも否定的な形象を与えている時代が、老いることが心地よい時代だと信ずることがどうしてできるだろうか。レンブラントが一六三三年（彼が二七歳の時）と一六六九年（彼が死去した年）の間に、検印を押し、制作時期を書き込んだ九枚の自画像が我々に物語っているのは、歳月のもたらす容色の衰えについての容赦ない年代記である。

厳しい時代の苛酷さ。要するに、そういうことなのだろうか。それは、我々を驚かせる感受性の欠如の印象

36） 家族の肖像画に描かれた生者と死者。オーフス（デンマーク）。

を正当化するかのようだ。バロックの戦慄の後には、死の恐怖に対して無感動で、少しずつ毒に慣れさせるような社会への順応が続くのだろうか。しかし、それは日常的反応という基礎的なレベルについて言えることだろう。この時期には、死に関してより入念に仕上げられた言説がかもしだされるが、それは主としてこの時代の教会から発している。

第16章　死を血祭りにあげる

死を血祭りにあげる。この表現は、たしかにわざとらしいし、かなり戯画めいている。古典主義時代に教会が死と終末に向けた大いなる関心が瞑想する聖職者の企てでないということは、今や私たちには十分分かっている。けれども、人口変動の要請を背景に、バロック時代のはじまりから表明されていた集合的感性の要求に教会はどう答えるのか。そうした要求は美術や文学の中でまとまりのない多様な形をとり、いくつかの地域では一六〇〇年から一六五〇年の間にその絶頂に達するのだが、その後、公式の言説によって誘導され、まとめ上げられ、容認される（あるいは奪回される）。それはまずもって宗教的な言説である。しかし、ジャンルの区別を知らない世界において、教会の言説は絶対王政の時代にあっては社会全体の言説となるだろう。

この社会は、世紀の初めから混乱と不均衡の中でその道を探し続けてきたのだが、まもなくその規律と強制手段とを発見することになる。ミシェル・フーコー以来、「大いなる封じ込め」の重要性は知られている。この世界は一六五〇年以後に絶頂に達し、その視界から規律に適わない者すべてを排除する。たとえば乞食、貧乏人、病人、そして狂人は、施療院、神の館〔司教座都市にあった大病院〕、総合救貧院〔一六五六年ルイ一四世が乞食の収容と貧者の医療のためにパリに設置した施設。一六六二年には王令によって地方にも設置が義務づけられた〕に収監された。死の奪回は、この社会的変化の他の面と切り離すことはできないだろう。しかし、それは封じ込め、あるいは排除というモデルには適応しない。死は、タブーになる代わりに、飽くなき司牧のシステムの中心に位置づけられ、人間の魂に強力に働きかけることができる最も強力な手段の役割を与えられた。死は飼いならされてはいるが、排除されてはいない。反対に、死に対する感性は首尾一貫した見通しの中で高揚させられていて、死への備えは生涯の実践となり、おびただしい儀式の中に組み込まれ、救済への不安が各人の最大の関心事となった。

死に対するバロック的な感性は、否認されるどころか、再利用され、少なくとも一世紀間——フランスでは、大雑把に言って一六五〇年から一七五〇年まで——他の地域、特に南欧諸国では、より長期にわたって強力に支配したシステムにその彩りを与えることになる。ここで、プロテスタント世界と反宗教改革の世界との間の大きなニュアンスの違いが予想される。しかし実際には、スタイルは異なっていても、本質的には一致していて、死の司牧活動がその関心事の中心に置かれている。ピューリタンの苦痛礼讃は、トリエント公会議以後のカトリックにおける来世恐怖政に勝るとも劣らないものだった。この運動の諸相を区別する前に、全体的なリズムをあらかじめ見てとることができるだろうか。気が早いかもしれないが、不可能なことではないだろう。

死を管理する

書物の出版においては、思想の流れが表現され、すでに世論とみなしうるものが形成されているのだが、今日では、わずかなりともそのグラフを追いかけることができるようになったので、文芸における死の思想の重みや、宗教書における往生修行の重みを測ることが可能になった。一六世紀末から一八世紀末にかけてのフランスにおけるこの種の出版の計算を行なったダニエル・ロッシュは、徐々に顕著になっていく死への精神的投資を我々に示してくれる。(56) ルネサンス末期はこの主題から離れていた。一六世紀後半には一〇点ほどである。一七世紀の最初の四半世紀には二五点以上あり、五倍になっている。一七世紀の第二四半期は三一、第三四半期は五〇ほど、最後の四半世紀は六〇を超えている。一八世紀初頭にはじめて下降が始まるが、〔一七世紀末に〕頂点を迎えていたこの主題が、古い『往生術』をひきつぐ『死への準備』を増やすことによって、死に対してどれほど熱中していたかを証言している。けれども、時代を動かす新しい思想の浸透を測定するためには、新刊書の数以上に、再版の数が重要である。これらを計算し推定することによって、フランスにおいては『死への準備』の発行部数のカーブが、大まかに言って、すべての時代を通じて新刊書のカーブと並行する上昇運動を示していると主張することができる。すなわち、一七世紀の最初の四半世紀と最後の四半世紀との間では、五ないし六倍に達することになる。二つの傾向〔新刊と再版〕が対立するのは、啓蒙の世紀になって、再版本が作品の枯渇を一時的に覆い隠すようになってからである。『死への準備』の出版増加は、エリート層と中間層における読書の浸透を反映しているにすぎないのだろうか。そんなことはない。それは、一七世紀の中葉までは書籍出版全体の二〜三%にしか当たらない。これは、よく考えればそれほどひどい数字ではないが、一七世紀末にはおよそ五%にまで上昇する。印刷された書籍の二〇分の一が、終末に備える本だったことになる。

死に関するこの集合的な省察の著者はどんな人であったか。当時のフランスでは、プロテスタントは非常に限定的な形でしか参画していない（書籍全体の五%未満）。イニシアチブを発揮したのは反宗教改革のカトリックである。一七世紀の初めでは、ほぼ五分の一が俗人で、四分の一以上が在俗の聖職者だったが、これらが修道士とともにこの信心深い瞑想のイニシアチブを分け合っている。しかし、継続的で決定的な流れに従って、これらの修道士たちは、この時期の末までには、すでにほとんど特権化していたものをさらに強化した。一七世紀の最後の四半世紀には、一〇人の著者のうち八～九人が修道士で、彼らが言説を独占し、俗人はほとんど関与できなかった。彼らの間でも、カプチン会修道士やイエズス会士たちはしばしば圧倒的な優越性を持っていて、彼らは死に関する新しい言説のスポークスマンとなった。彼らが後援している兄弟信心会や第三会〔修道会の指導下にある俗人の信仰団体〕向けにはカプチン修道会士が、彼らの様々な教育のためにはイエズス会士が当たった。

しかしながら、〔ロッシュの説に対しては〕異論も唱えられている。いま示唆されたばかりの行程は、まさにエリートのものである。それ故、この言説を受け取る大衆のレベルでは、その行程はどうなっていたのか？ また、彼らの散漫な要求とそれを満足させるため入念に仕上げられたメッセージとの交わりは、どのように展開したのだろうか？ ブレモン〔一八六五―一九三三。フランスの文学史家〕は、二〇世紀初めに『フランスにおける宗教感情の文学史』〔一九一六―二八〕の中で、ベリュル、ヴァンサン・ド・ポール、あるいはフランソワ・ド・サルの世代を描き出し、一六二〇年から一六四〇年までの数十年を「神秘主義者の侵入」と呼んでいた。私もかつて遺言書を手がかりに、南フランスにおける死を前にした態度について調査したことがあるが、その時私は、一七世紀の後半、とりわけ一六八〇年から一七〇〇年までの時期に対して、あえて「信心家の侵入」という表現を用いたことがある。半世紀のズレは、エリートからやってきた衝撃が、大多数の者の慣行のレベルで一般化し、新しい構造が形成されるのに必要な潜伏期間をあらわしている。

しかし、この〔エリートと大衆の〕対決はまた、いかなる手段によって、この新たなる慣行のネットワーク――遺言書から葬儀における説教、葬儀や喪の慣行、さらには祭壇、墓、そして墓地が告白していることに至るまで――の配置を現場で押さえることができるかを示唆している。時には、一見したところ意味不明の間接的手がかりをもとにして、数多くの者の態度を追跡することができる。これから一つか二つの恵まれた「指標」

に基づいて、それぞれの時期の特徴を際だたせることは、おそらくこの行程を台無しにすることには決してならないだろう。カトリックの世界においては、一六一四年の葬儀規定は、トリエント公会議以後の改革に由来する実施要領の最後のものだが、これはおよそ三世紀半にわたり、死をめぐる集合的な身振りの規範を定めることになるだろう。我々は、ゆっくり時間をかけてそれを分析することになるだろう。日付の象徴的な重要性は明らかである。それは、中世末期の爛熟と無秩序な追求とは対照的に、近代的な死の身振りを規定している。しかし、この明らかに隙のない制度的な枠組の中には慣行のネットワークのすべてが配置されているのだが、遺言書を解読することによって、カトリックのヨーロッパにおけるその特徴を分析し、その発展を追跡することができるし、解読のコードを変えれば、プロテスタントのヨーロッパにおいてもまたそれは可能である。

一四世紀から一六世紀までの遺言書は、貴族、聖職者、あるいはブルジョワなど、エリートの独占物ではなかった。けれども、その普及は、それから判断する限り、少数派にとどまっていた。一七世紀は、この家に関わる身振りがヨーロッパの社会の幅広い階層へと徐々に広がっていった時代なのである。私が調査した一八世紀のプロヴァンス地方の農村地帯では、遺言書は一〇人の男性のうち六人から七人、女性でも半数近くに浸透している。それは少なくとも婚姻契約と同じくらい代表的なものであり、農村の住人が、この頃になると、財産相続のみならず、来世にも熱心に備えていたということを物語っている。たしかに、南フランスの都市は農村よりも少ない比率を示している。たしかに、プロヴァンスはフランスではないし、フランスはヨーロッパのすべてではない。しかも、一八世紀の頂点から前世紀にさかのぼって敷衍するのだから、いささか大胆な試みではある。

少なくとも、以下の事実を確認しておこう。聖職者たちがその説教の中で死に向けた不安なまなざしに応えるかのように、大衆は自らの死を準備することにますます専念するようになった。この潮流は、南フランスでは一六世紀末に始まり（プロヴァンス地方の公証人の家で見つかった手書きの遺言書の書式集の四四%は一六世紀末の数十年のものである）、一七世紀を通じて強まっている。遺言書の記載する内容が格別重要だったとしても、それだけが家庭における出来事の中で死が占めている新たな地位を明らかにするものではない。家族日誌もまた、その意図においていくらか似たところがあり、貴族、ブルジョワ、法服貴族の心情が吐露されているが、これはいくつかの地域においては大いに流布した慣行となっている。プロヴァンス地方では、一六世紀中頃から一七五〇年にかけて、少なくとも六〇〇点が残されていて、その年代は遺言書が示唆している年代を裏書きしている。つまり、一五八〇年と一六三〇年、もしくは一六五〇年の間に集中している。家族日誌は、死を前にして確認され、準備された家族の継承の産物であり、人間が己の死を前にして、それを征服しようと望んだ時の新しい手がかりをそれなりのやり方で証言している。

これらの身振りは、その存在によってのみ有意義なのではなく、それらが伝える中味によって、さらに重要である。「敬虔な〔慈善のための〕遺言」は、公証人の証書の中では財産に関する具体的な条項と同様に重要な地位を占めており、信者が見ている死の新しい相貌を反映している。冒頭の祈願から、魂の救済のために列挙された諸条項（「死者のため」のミサの要請、墓の建立、葬列、信心もしくは慈善のための遺贈）に至るまで、我々はその明細を知ることができるし、そのことによって、古典主義時代における「天上への精神的投資」を見積もることができた。

来世に対する精神的物質的な投資のグラフは、パリでは一六世紀末から決定的なものになっている。一七世紀初頭から一六四〇〜一六五〇年代まで、信心深い祈願は増加し、多様化し、慈善のための遺贈は膨れあがっていく。そこに投資された額は、一七世紀中頃には遺贈の五分の一近く（一八〜一九%）にものぼる。おそらくはそれが頂点で、この世紀全体を通じて、その比率はおよそ一〇%と見積もることができる。まさに「バロック的」と呼ぶにふさわしい気前のよさだが、少なくとも世紀の最後の数十年（一六七〇〜一六八〇年）までは、大量のミサ（平均して三〜四〇〇回、所によっては六〇〇回以上に達することもある）を要請している。パリの大衆は、司牧活動の要請に、あるいは神秘主義が流行した時代の精神に、敏感に直ちに反応したのだ。その後、グラフの曲線は、世紀末までは高い水準をほぼ維持し続けるものの、一八世紀のはじめには下降に転じる。ただしいくつかの指標、とりわけ特に信心深い祈願のレベルでは、一六七〇年から後退していることを示してはいる。

しかし、パリはフランスそのものではない。パリの遺言書は、地方にくらべて早熟な傾向を示しているが、同様にその後退も早い。私たちは、この種の研究が開始されたプロヴァンス地方の研究に相当する研究を持ちあわせていない。そこでの研究は、一致と同時に、顕著なズレをも強く印象づけている。一致とは、来世に対するいらだちの増進であり、〔魂の救済のための〕諸条項の増加だが、南仏におけるバロック的性格はより顕著である。しかし、その動きは、おそらくもっと遅れて——特に一六五〇年以後——始まり、世紀末まで、それどころか一七二〇年まで上昇し続け、そこでようやく横ばい状態となるが、一八世紀中頃まで継続する。スタートとゴールにおける半世紀の遅れは、地方における無気力の単なる反映、新しい感性が伝播するために避けることのできない潜伏期間なのだろうか。二つの場所だけで結論を出すことはできない。フランスの地方のみならず、反宗教改革の大中心地においても、比較研究してみてはどうか。

同様に、もっぱらカトリック信者に向けられていたアプローチを、プロテスタント系住民にも当てはめてみたらどうだろうか。この（死後の）慈善行為による救済という見通しは、プロテスタントによって拒絶されているのだから、それは空しい企てだと言われるかもしれない。とはいえ彼らは、自分たちの個人的な救済のためではないとしても、神への愛のためには、少なからぬ遺贈を遺言することによって彼らの最後の旅路を飾ろうとしていたのである。それは、当然のことながら、ミサの要望ではなく、なによりも貧者への援助、慈善、あるいは教育への援助というかたちでなされた。さらに、時には双方の間で、競争心が燃え上がる。例えばアウグスブルクでは、一六世紀末から一七世紀はじめの数十年間、イエズス会の庇護者であるフッガー家の死後の見せびらかしも、金持の、あるいは中流のプロテスタントの遺贈を完全に押しつぶすには十分でなかった。この遺言による施しへの熱意は、カトリックとプロテスタントとの間の最も激しい対立の最中、一六世紀末（一五八五〜一五九〇年）に急上昇したのを最後として、部分的には燃え尽きてしまう。逆にプファルツ選帝侯領では、一七世紀初頭（一六〇八〜一六一五年）に、ペストと同様、反宗教改革派の攻勢に対する恐怖の雰囲気の中で、遺言による施しは亢進していたように思われる。だが局部的にすぎない二つの調査をもとに議論することはできないかもしれない。

一六世紀と一七世紀（少なくとも一六六〇年まで）のイングランドについては、我々は断然、情報に恵まれている。なぜなら、イングランドでは遺言による贈与が登記されていて、慈善と施しのための遺贈の全体的な変動を追うことができるからである。たしかに、個人の救済についての苦悩ではなく、愛他的な言葉づかいではあるが、パリの遺贈者の所で確認された目覚ましいインフレーションがそこには刻み込まれている。一六世紀全体を通じて（一五一〇〜一六一〇年まで）、施しの総額は全体的な施しに関して、一〇年間に一万ポンド前後を揺れ動いていたが、一六一〇年と一六五〇年の間では四万ポンドへと急増している。勿論、その間に施しの内訳自体は変化している。宗教改革以前から衰えつつあった宗教の割合〔教会への遺贈〕は絶えず減少し続けたのだった。

全体的に見て、死後の施しの分配に与ったのは貧乏人で、その取り分は全体の半分以上を占めるまでに膨張している。だが一六五〇年以後、世紀中頃のイングランドにおいて、この運動は急速に弱まる。世紀前半に頂点に達した博愛の炎は終焉を迎えたようだ。それはある研究者が考えたように[57]、言葉の最も広い意味における態度の世俗化なのだろうか。少なくとも〔イングランドでは〕、遺言書は――パリよりも五〇年早く、フランスの地方〔プロヴァンス〕よりは一世紀早く――、死において体系化された再分配の必要不可欠な身振りであることをやめたのだった。この転換は、書きとめるに値する。

疑わしい闘争

死の社会化、つまり、規範と儀礼の確立。私たちはその変遷のみを追ってきたが、これからはその企ての様々な相貌を見ていかなくてはならない。

社会化とは、まず何よりも、古い敵を撲滅することを意味する。敵とは、民衆的な死者信仰と言ってもいいし、あるいは、軽率のそしりを免れようとするならば、長い時間の中で形成されたアニミズム的な身振りと儀礼の総体と言ってもよい。ヴェネツィアの異端審問所がフリウリ地方の「ベナンダンティ」に対して訴訟手続を始めたのは、一六世紀の終わり頃である。我々は、そこに民衆の生命力の証しを見るのだが、さらに加えてこの裁判は、一六世紀に（始まったとは言わないが）変化を見せた攻勢の激しさを証言しており、それは一七世紀に頂点に達し、カトリックとプロテスタントが「迷信」と名付けたものに照準を合わせている。

規則の中に繰り込まずとも、禁止するのが最も容易なのは、意識的な、あるいはすでに半オカルト化された信仰よりも、おそらくはその反映である身振りの方である。新旧の宗教改革者たちは、思い違いなど全くしていないし、信仰上の境界線のどちら側でも、不安に満ちた警戒が同じように張りめぐらされている。彼らは通夜の集まりを非難する。神聖ローマ帝国においては、カトリックもプロテスタントも、言うことは同じである。

ウェストファリア地方では、こちら側では司教のイニシアチブ、あちら側では長老会議のイニシアチブにより、一七世紀を通じて、通夜を禁止する措置が信仰上の対立する境界線とは無関係に繰り返された。一六一八年には、オスナブルックとミンデンで、一六八六年にはパーダーボルンで、一六八七年にはクレーフェで、一六九〇年にはコルフェーで、繰り返し禁止措置がとられているが、それ自体、民衆慣行の頑固さを裏側から示唆している。

しかしながら、その頑固さは慣行の隅々にまで浸みわたっているのだから、葬列だけではなく、葬儀そのものに関して、この闘いの覚つかなさの印象が再浮上する。山岳地帯では特にそうだが、ライン山塊地方からスロヴァキアまで、依然として司祭抜きで死者を墓へと導く反抗的な農村を非難する証言には事欠かない。一六二八年、ルクセンブルクでは、巡回聖職者があきらめてしまって、「ソレガ習慣ナリ」と宣言している。こうしたことはフランスでも、オータン司教区の辺鄙な村では一八世紀初頭まで見られるが、無許可で埋葬された子供に関する書類が残っていて、物議をかもしたことが分かる。その反対に、特に都市においては、葬列における女性の参加に関して現実的な規制と新たな法制化がこの頃に始まったようだ。フリースラント地方では、女性が墓の上で哭きながら夜を明かすという古い伝統が禁止される。またウェストファリア地方の都市では、この世紀の初め（一六〇九年、一六二一年、一六三一年……）から、一六七三年（ビーレフェルト）まで、それどころか一七〇三年（ミンデン）まで、女性たちの葬儀参加を禁止するための決定が間断なく続く。ここでは、純化された宗教（?）による解釈だけでなく、それ以上に新しい社会的なコードが作用している。これらの地点から見てとれるのは、この男性中心主義の進行が、特に一五八〇年と一六五〇年の間という転換期において、まさに職業組合《ギルド》から始まったということである。

通夜を規制したのと同じ理由から、葬式における食事、あるいは宴会も、プロテスタントと同じく、カトリックの地方においても、権力者、あるいは信心深い人々の標的となった。司祭、あるいは巡回聖職者による告発は、たいていは農村世界においてだった。パリ周辺の田園――一例を挙げるならば、ヴィリエ＝ル＝ベル〔現在ヴァル＝ドワーズ県〕――において、このような聖職者の一人であるグロ師が怒りをぶちまけている。「洗礼の席で取引をし、婚礼の席では気晴らしをするくらいだから、人が死んだ時には踊り騒ぐは必定。昔、死者の墓の上で酒を飲んでいたように、酒を飲むためにだけ鐘を鳴らすことだろう。……お前たちは、酒を飲んだり、おそらく惰眠をむさぼったり、墓穴の上で踊ったりして、どうするというのだ。お前たちは異教徒の真似をしていても、一度たりとも「深キ底ヨリ」を唱えたことはなかった。何という良きキリスト者だ。お前たちは肉体を満足させるだけで、魂については、どう思っているのだ」。すでに、個別の葬儀において目についていたこの恥ずべき行為は、これらの地域ではますます傍若無人な形で明らかになった。一一月一日から二日にかけての夜（すべての死者が限なくうろつきまわる夜）、鐘突き男が教会の鐘楼に閉じこもり、〔本来は〕悪魔払いと浄めのための鐘を打ち鳴らすのだが、結局は酔っぱらった死者たちを夜明けに引っぱり出してしまう。これで、彼らの敬虔な使命は果たされたというわけだ。教会財産の会計簿を追ってみると、このような慣行は一八世紀初頭（一七一三～一七一四年）まで続いている。プロテスタント派の態度は、予想どおり、深く根ざした慣習に対してはやはり批判的である。カルヴァン派のプファルツ選帝侯領では、招待客の数を制限したり、食事をワインとチーズだけの質素な間食に限定することによって、葬儀の会食を規制しようと努めている。この慣行を農村に残る過去の遺物とみなしてはいけない。ドイツのラインラント地方（勿論、それ以外の所でも同様だが）では当時、このような宴会が農民よりも貴族、あるいは都市ブルジョワの間でむしろはるかに急増している。そして、この習慣の地中海版の例証ともなるプロヴァンス地方では、むしろ貴族的な都市であるエクス＝アン＝プロヴァンスにおいてすら、この習慣が一七世紀中葉にしっかり根づいていることが見出される。

しかし、「宗教改革派」にとっても、すべてが秩序だっていたわけではなかった。巡回聖職者が一人ならず言っていることだが、すべて悪いことが起こるのは墓地においてである。つまり、キリスト教以前の古い死者礼拝の身振りが永続しているということだ。北から南まで、証言は直截だったり、婉曲だったりするが、互いに呼応しあっている。トリーアでは一六二八年に、死者のための日曜墓参がミサと競合すると不平を言っている。「ミサの時間に、多くの者は墓地の中で祈り……大部分の者はミサの時間に墓のそばで祈っている」。これはまだ疑惑をただよわせているに過ぎなかったが、一六九八年にはオート＝プロヴァンス地方で、ジャンセニストで高位聖職者のソアネン猊下は、管轄下の山の村人が親族の死亡した翌年、棺側の赦禱《しゃとう》という口実のもとに墓の上にパンとワインを繰り返し奉納しているのを見て、怖気をふるっている。それゆえプロテスタントと同様、反宗教改革の世界においても、墓地の礼拝堂をなくすために攻撃がなされた。しかし、一六二八年になってもルクセンブルクのヴァッサーヴィーリッツという村では、巡回した司祭が墓地のまん中に祭壇が建てられているのを見つけて憤慨している。

このような逸話は、取るにたらぬ、二次的なものに見えるかもしれないが、カトリック、あるいはプロテスタントの改革者にとっては、伝統的信仰を根絶やしにしたり、表面的な順応以上のものを獲得することが、実際には極度に困難だったことを示している。死をめぐる呪術的な思考は消滅したのだろうか。それは、新しい公的な価値体系の中では「迷信」の部類に位置づけられ、K・トマスが一六世紀から一七世紀にかけてのイングランドで追跡した「魔術の凋落」という枠組の中では、たしかに迷信と化し、細分化し、衰退していったのかもしれない[58]。だからといって、魔術的思考が消滅したというわけではない。それが何世紀にもわたって変わらずに死に対する日常的な身振りを指図してきた農村におけるよりも、地方やパリのエリートたちにその考え方が深く浸透しているのを見ることは驚きである。その名をパスカルというクレルモン＝フェランの行政官は、自分の幼い息子が衰弱していくのを見て、彼が呪いにかけられたと素直に結論づけたのだが、それは少しも奇妙なことではない。彼は魔女とみなされた女と取り引きして、彼女に一頭の家畜を褒美として与えるつもりであったところ、幸いにして彼女は一匹の猫で甘んじた。子供は、数回の痙攣の後、結局、快癒した（この子が、後のブレーズ・パスカルである）。しかし、パリでは皆こんな考え方をしていたのだ。一七世紀中頃のパリの宮廷世界、回想録作者、あるいは新聞記者の世界に身を置いてみよう。そこには毒舌家のタルマン・デ・レオがいる。彼は、サブレ夫人の恐怖、迷信、悪魔払いの連鎖について書き残している。彼女は知性のある女性だったが、死の恐怖――他人の死ばかりではなく、自分自身の死に対する恐怖――を生きていた。この世界では、王侯であれ、修道院長であれ、誰もが未来を予告する夢を信じていた。将来のラ＝トラップ改革修道院〔一四世紀に設けられたシトー会修道院。後のトラピスト派修道会の先駆〕の改革者となるランセ大修道院長は、亡くなった彼の愛人であるモンバゾン夫人の行く末が気になって、悪魔祓いや降霊をたびたび試みたところ、火の池に半身つかった夫人の姿が見えた。退役軍人のポンティ殿は、悪魔――らしきもの――の訪問を受けた友人の死によって、決定的に回心した。またビュッシー＝ラビュタンは、剛直な男だったが、慰みのために死者を掘り起こした一団の将校に襲いかかった恐るべき復讐について報告している。

　魔術的な思考にどっぷりとつかっているこの世界においては、教会もまた全く無傷ではなかったが、死についての新しい言説を押しつけるためには、しなければならないことが沢山あった。二つの道が彼らの司牧活動の前に問いかけている。すなわち抑圧し、禁止する恐怖《テルール》政治の道と、調停あるいは妥協の道である。前者の道については、まもなく我々はその方法と同時に、その予想外の結果をも見ることだろう。後者の道は、あらゆる物事を考慮に入れ、破壊できないものをキリスト教化しようと努めるのだが、これは予想通り、宗派によってそのやり方は一様ではない。単純化して言うなら、カルヴァン派は偶像破壊的で頑固一徹であり、彼らにとって「迷信」とは魔力の伝承のみならずカトリックの残滓をも含むので、あらゆる妥協を拒んでいる。ルター派教会と英国国教会には、より多くの寛容と柔軟性がある。そして反宗教改革のカトリック教会は、形式においては頑固一徹である——すでにその実例を見たように、抑圧的言説は司祭の報告から巡回司牧の報告や司教会議の決定に至るまで繰り返し発せられている——と同時に、事実においては非常に陰影に富む態度を採用している。実例には事欠かない。イタリアの最南部——ルカニアからプーリアまで——におけるように、先祖伝来の身振りと振舞の複合体とバロック的宗教心との間で事実上の妥協が実現している。しかし、おそらくはそれほど遠くに行かなくても、プロヴァンス地方の司祭で反宗教改革派の司祭の一人であるマルケッティの奇妙な著作を読みさえすれば、十分であろう。彼は、一六八〇年頃に『マルセイユ人の習俗と慣習』という著作の中で、同意の下になされた譲歩と混交の明白な一覧表を示している。彼の言うところでは、マルセイユの「善良な女たち」の奇妙な慣行について彼は知っていて、それを書き残している。つまり、教会に入る時に死者に聖水をかける習慣、瀕死の人のそばで三位一体に敬意を表して三度火を灯し、三度吹き消す緑のローソク。彼のようなユマニスト的碩学が、これらすべての身振りがキリスト教以前の起源のものであることを知らないはずはないし、それを疑ってはいるのだが、それでも彼は、そこに作用している意図の純粋さの故に、それをキリスト教化し、正当化しようと努めている。

だが、すべての人が、こうした寛容や理解を示しているわけではない。むしろ、恐迫的《テロリスト》な宣教師というイメージが支配的であって、彼らは農村世界のキリスト教化の程度があまりに低いのを発見して怒りに震えるのだ。一六一〇年以後にブルトン人をキリスト教化したミシェル・ル・ノブレスは、「混乱と……迷信のために、目から涙が流れた」。ジャン・ウード、モノワール師、あるいはグリニョン・ド・モンフォールなど、一八世紀初頭まで西アルモリカ〔ブルターニュ地方の古称〕で宣教にあたったカトリック再征服の他の活動家たちにしても同様である。もう一人の人気のあった説教師エヴザン・グジャンは、よりよく説教を聞かせるために、一六一二年に『告解』をブルトン語で著し、その中で、病気を免れるためであれ、死を与えるためであれ、あらゆる形の占いや悪魔祓いを厳しく咎めている。

この恐怖によりかかった教育法は、問題を引き起こさずにはすまなかった。まず第一に、その成功と、それが受け入れられたやり方が問題なのである。

カトリックとプロテスタントの両派によって推し進められた古い民衆宗教の根絶の努力は、主要な論争点である死をめぐる身振りと儀礼に関して、つまづくことばかりだった。だがその努力は、失敗したとは言えないだろう。そして、葬儀全体においてどの程度の変化が展開したか、あとでその規模を計測することにしよう。しかし、特に農村では抵抗は激しく、どれほど聖職者の攻撃の的になろうとも、慣行の全体は黙認され、その支柱である伝統的農村社会が生きている限り、根強いままであり続けた。夜の集い、葬式の宴会、あるいは死者礼拝の残存形態に対する確信のない闘いもそうだが、それ以上に、この領域における死の新しいシステムの最も奥深い結果は、おそらく、儀礼と身振りのレベルではなく、より隠蔽された形ではあるが、集合的表象のレベルでもたらされている。

流れに逆らって

民衆宗教に対する告発、とりわけそれが近親者や親族の死者との間に取り結ぶ交流システムに対する断固たる告発は、集合的感性の危機と切り離すことはできないだろう。この危機は一五六〇年から、特に一五八〇年から一六四〇〜六〇年までの間に頂点に達するのだが、それは魔術の流行だけでなく、サタンとその手下である悪魔たちが人間世界に介入してくるという、その形態においても新しい妄想の中で生じている。おそらく、それは全く新しい発明ではない。一四世紀の末、特に一五世紀には、魔術使いと魔女の「近代的な」イメージが生まれている。ドミニコ会修道士であるヤーコプ・シュプレンガーの『魔女の鉄槌』は、魔女狩りの完璧な手引きとなるが、まず一四八二年に出版され、一五七四年から一六二一年の間に次々と版を重ねていった。一五八〇年には、ジャン・ボダンがもうひとつの基本文献である『魔術使いの悪魔憑き』を上梓し、そのあとに類書が続々と刊行された。ブルゴーニュ伯領の大判事、アンリ・ボゲの作とされている『魔術使いの忌まわしき言説』(一六〇三年)、あるいは、一六一二〜一六二〇年の間に上梓されたピエール・ランクルの『堕天使と悪魔の変節』その他の作品など。風向きが変わるためには、ラインラントのイエズス会士フリードリヒ・シュペーの『犯罪予防策』(一六三一年)――『魔女裁判の悪弊についての刑法学者への忠言』(一六六〇年のフランス語版)――を待たねばならない。ロベール・マンドルーの学位論文[59]によって知られるようになったが、その時、司法官たちはパリでもディジョンでも、魔女たちを火刑にかけることをやめたのである。

事の成行は、このテーマに特化した文献の主な表題によって、さらには、ヨーロッパの感性におけるこの奇妙な変調を刻印する事件の年代によって、知ることができる。例えばフランスでは、一五九八年のいわゆる悪魔憑き女マルト・ブロシエの事件は出発点としては疑わしいが、それ以後のエクス゠アン゠プロヴァンス(一六一一年)、ルーダン(一六三五年)、ルーヴィエ(一六四〇〜一六四七年)の大事件、一六二〇年代のロレーヌ地方における「ナンシーの悪魔憑き女」エリザベート・ド・ランファンの事件、これらは、そのスキャンダルの影響によってあまりにも有名である。スキャンダルの源は、悪魔に取り憑かれた修道女たちと、彼女たちの誘惑者であり、犠牲者でもあった聖職者たちだが、そこから一連の魔女狩りの流行が、都市よりは農村において広まった。ギュイエンヌのラブール地方から、ブルゴーニュ、フランシュ゠コンテ、ラングドック、あるいはヴィヴァレー地方まで、集合的強迫観念と、それが生み出した魔女狩りは、一六四〇年代の転換点まで数百件の処刑を引き起こした。その後、パリの高等法院は王国における主要な魔女裁判の終結点である一六七二年の王令〔一六八二年?〕に辿りつくのだが、それは司法改革以上に、エリート層の集合意識の変化の結果だった。

しかし、今日ではよく知られている〔魔女狩りの〕歴史を繰り返すよりも、フランスとドイツを中心としたヨーロッパにおいて――大まかに言って、一方にはイングランド、他方には地中海を囲む諸半島が、魔女狩りの最も残酷な、あるいは最も凄まじい発生から無傷のままに残っている――一五八〇～一六四〇年のこの〔魔女狩りの〕急上昇が、私たちの辿ってきたような死の歴史と、直接、あるいは間接的に、どの程度の関わりがあったのかを見るべきである。じっくり考察してみるならば、二つの歴史は密接に絡み合っている。そのことは、この時期、魔術使いと悪魔という二人の主役に起こった特徴的な変化を追ってみるならばよく理解できる。古いアニミズム的な農村社会では、土地は死者によって住まわれていて、時おりは死者を苦しめる悪魔もいるが、主要な役割を果たしてはいない。死者たちと接するのは村の公式の使いである「アルミエ」で、彼は司祭によってなかば公認されていて、ミサを執り行なったりもする。つまり〔イタリアの〕ベナンダンティであったり、それ以外の特殊な仲介者であったりするのだ。ところが二つの宗教改革は、それらすべてを一変させてしまった。これらの改革は、それぞれ固有のやり方で死者の大いなる封じ込めを展開した。プロテスタントは死者を復活の日まで冬眠状態に置き、カトリックは死者を刑期満了まで煉獄に閉じ込めるのだ。同時に、ごく少数の人間にのみ救済を割り当てる悲劇的で苦痛礼讃主義的な語調が、敵であり、我々を破滅させるために働きかけるサタンとその手下である悪魔の評価を高めるように仕向ける。我々は、かつてなされたように、「無意識の新たな善悪二元論」（J・ドリュモー）、あるいはサタンへの呼びかけ（R・マンドルー）について語るべきだろうか。しかし、ここに登場してきた状況は全く新しいものである。

サタンとその手下である悪魔たちと折衝する新たな仲介者たち——魔術使い、それ以上に魔女——は、明確なイメージをとるに至ったサバトにおいてサタンを崇拝する。教会が死者を追放することに執着したこの不可視の世界は、突如として、ずる賢く、しつこく、数カ国語をはなす悪魔たちによって占領される。彼らは、はたして本当に不可視なのか。一六三五年のルーダンでは、ユルバン・グランディエの火刑台の上方に悪魔が見られた。彼らは、とりついた修道女たちに、体をねじ曲げたり、しかめつらをさせたりすることによって、毎日、下品な健在ぶりを示している。カロと同時代の画家たち、特に版画家たちは競って天空を悪魔、あるいは、その熱狂的追随者によってごてごてと埋め尽くした。それは、バロック的カトリックに特有の図像スタイルなのだろうか。確実に、そうではない。それはプロテスタントにとっても同様で、讃美歌の中でも説教においても、「悪魔は荒れ狂い、猛威をふるう」のであり、この時代の有名な曲の一つは、ルターのように自問している。「たとえ世界が悪魔で充たされているとしても」と。ニューイングランドの最前線において、森とインディアンに取り囲まれている未開世界の前に築かれた我々の壁の内側では、人間の罪の挑発者であり共犯者である悪魔の群が、この世界と対立しつつ、同時にそれを補ってもいる。どこにでもいて、悪をなす力であるサタンは、死の存在と恐怖と同一視される。農村における獣疫〔動物間流行病〕は、まさにサタンであり、ペストも同じくサタンである。ドイツの一枚の版画が表現しているように、悪魔は町の中に禍いをもたらそうとして錠のかかった市門をたたいている。絵には、「トントントン、悪魔がトントントン」とただし書きがついている。この力強い存在が、カトリック、プロテスタント双方の改革者たちのイデオロギー的規律によって拒絶され、のけ者にされていた全ての者を誘惑し、惹きつけていたことは理解できる。彼らはそこに逆さまの対抗宗教、つまり黒ミサと逆さまに唱えられる祈禱からなる対抗宗教、死の不安と恐怖に対する一種の魔術的技法を見出し、それが彼らをして火刑の死にも立ち向かわせたのだ。

伝統的な信仰と儀礼のシステムがバラバラになり、形式的な身振り、あるいは意味不明のしきたりの中に埋もれてしまう前に、迫害される者と迫害する者、魔女と審問官との間で、両者を結びつける奇妙な弁証法的関係が成立し、そこからその合作であるあの炸裂〔魔女裁判〕が生じる。それを免れたのは、おそらくは南イタリアのような、古くからの妥協が強力に根を下ろしていて破壊しようもない地域だけであったろう。しかし、両方の改革派の教育的努力が激烈な緊張を引き起こしながら荒々しく集中的に展開した所、例えばフランス、あるいは神聖ローマ帝国では、この不可解な闘いの震源地が形成されたのである。

さらに、この出来事の中で新たに生じたこと、それは、民衆がなかば隠された我関せずという態度に閉じこもったり、あるいは魔女としてのけものにされ排除されたりして、ラブレーやガルガンチュアの時代の好戦的態度を失ったことである。あの時代の民衆文化には、自己疎外をはねのけ、恐怖を勝利に変える強力な手段であるカーニヴァル的な転倒の儀礼、笑いと嘲笑の儀礼という鋭い刃が備わっていた。だがこの時代には、創造性は枯渇してしまっていた。そのことは一七世紀末に、エリート層が気晴らしのために民衆文化を横取りしたペローの妖精物語の中で展開する死についての言説を読みさえすれば、納得できるだろう。たしかに、M・ソリアーノの分析〔文献一覧、二〇四〕を導きの糸として、これらの物語の至る所に見られる死の意味作用を解読しようとするなら、そこにはラブレーの時代の民衆文化の世界との比較という主題に絶えず出会うだろう。それは単に、ソリアーノの言う「異教の残滓」とか、来世へのあらゆる照合が驚くほどほぼ完璧にないという特徴のためばかりではない。より根本的には、〔妖精物語において〕死が取り扱われる流儀が、既に私たちがよく知っている民衆的解釈の根本的特徴を反映しているからである。知恵の初歩的なレベルで、死の過酷な現実を理解し、それを実践しているのは、まさに民衆なのだ。例えば、飢餓による死、〔ペローの〕『親指小僧』の家族の強迫観念、貧困と〔児童〕遺棄による死。至る所にあり、けっして誇張されたものではないこの現実的な死は、抜け目のない父親たちのあきらめ（『親指小僧』に登場する木こり）と、いささか滑稽な母親たちの優しさ、あるいは絶望という反応を引き起こす。しかし、死は定められたものだ。それゆえ、これらのがさつな農夫たちは、世間一般の紋切り型のレベルで行動し、我々の予想を裏切ることなどは決してないのだ。

死はこのように諦めをもって受け容れられていたと言えるとしても、現実の死が、（『眠れる森の美女』における眠り、『親指小僧』における別離や遺棄、他の作品におけるすり換えというイメージなどによって）隠したり、ごまかしたりできない時、この空白が途方もない暴力によって埋められるほかないことは明らかである。それによって死は超自然的な驚異のレベルにまで引き上げられる。私たちが子供時代に読んだ『親指小僧』についてソリアーノが与えた定義によれば、それは「血、恐怖、震え」の驚異となる。死の切迫に対して見て見ぬふりをするこのゲーム、人を欺くこの詳細な臨終劇の結末は、すべての秩序が回復し、死が隠されてしまう「ハッピーエンド」になるではないかと言われるかもしれないが、まさか、そんなことはない。ペローのお伽噺には、それでもやはり、新鮮な肉の匂いがする。死は、それが到来する時には恐るべきものであり、情け容赦ないものとして現れ（血の海と化した「青髭」の小部屋では、切り裂かれた彼の妻たちの遺体が薄明かりの中で浮かび上がる）、たいていは飲食、あるいは「大食」、あるいは肉切り包丁のライトモチーフが引き起こす切断といったイメージに包まれる。去勢コンプレックス、もしくは旺盛な食欲を喚起するこの二重のイメージは、たしかにシャルル・ペロー自身の無意識に由来するもので、ソリアーノが彼に適用した精神分析的アプローチに適合するものではある。しかし、死についての民衆的解釈の基本テーマは、ペローが自身の目的のために再利用した時に歪められたとしても、それを再び見出すことは困難ではない。即座に何にでも喰いつき、呑みこむこと（オオカミの腹の中のおばあさんを見よ）、それは、『親指小僧』の食人鬼であれ、反対にネズミにされた食人鬼をばりばりと食べる『長靴をはいた猫』であれ、あるいは、勿論、『赤ずきんちゃん』のオオカミであれ、我々をあの食べつくす死、破壊よりも変容である自然のサイクルへと回帰させる。「ラブレー風の死」……ただし、誇張と滑稽とによって深刻さとは無縁であった死は、ペローの解釈の中では精彩を失い、矮小化されている。カーニヴァル的な消化のサイクルのあとに残ったものは、ひたすら食らいつき、呑みこむことでしかない。

だから、ペローが死に関する民衆的言説を「摂取」していたとしても、彼はそれを本来の姿において継承してはいない。死の不安を「ハッピーエンド」にうすめてしまったのだから、それは共犯の哄笑もなければ、生の勝利の喜びもないラブレーのようなものだ。笑いはその性格を変え、皮肉あるいは嘲弄へと変質してしまった。人間を脅かす幻想を、あるいは現実の不安を悪魔祓いするのは、もはや民衆ではない。それは、民衆の言説の無邪気さを小馬鹿にするエリート層である。ペローは、表明された意図のレベルでは、道徳化され、「脱民衆化」した言説をエリートの気晴らしのために提示しようとしていたのだろうが、部分的にしかその目的を達成してはいない。無意識なのか、あるいは半分無意識なのか、彼は死についての民衆の言説を反映するのだけれど、それは弱々しく、矮小化されている。民衆の言説は、〔本来は〕滑稽さによって死の恐怖を生の勝利へと変え、来世を驚異の世界に置き換えることによって、近道へと迂回していた。その意味において、彼はその時代においてもなお生き生きとしていた一つの文化の最後のイメージを我々に伝えてくれている。彼はそれを乳母たちから受け継いだのだが、それはもはや活力のあるものではなく、歪曲されていて、何世紀のちにはもっぱら子供たちの想像力を養うものに変ってしまった。かくして民衆文化とエリート文化との間の共犯関係は終わってしまった。我々が、この時代の死の解釈の転換点にとって一つの鍵とした「血祭り」作戦は、ここに模範的な事例を見出したのである。

すべては語られたのだろうか。だが民衆に真実を訴える民衆のプロメテウスたちがまだ残っている。例えば、教皇領諸国の指導者で、一六一九年に教皇の裁判によって絞首刑を宣告されたコンスタチーノ・サカルディーノは、絞首台から次のように宣言している。「地獄が存在すると信じているのは愚か者だけだ。王侯たちは、我々にそれを信じるよう望んでいる。なぜなら、彼らは、自分たちの思うとおりに行動することを望んでいるからだ。しかし今や、貧しい民衆でさえもがついに目を開いたのだ」。新たな公的言説が民衆の想像から死者たちを悪魔祓いして、生の中心に死を置いた時代において、この民衆英雄は流れに逆らおうとしている。

第17章　死の思索の中の生

二つの宗教改革の時代に、大衆を征服しようとする司牧活動は死をキリスト教化するための努力を積み重ねてきた。そして、この死のキリスト教化は、それ自体が、一生涯かけた修行を要求する。死は生を侵略する。それこそが、啓蒙の世紀の中頃までの一世紀半にわたって優位に立つようになる集合的感性の主要な特徴である。この変化はいかにして生じたのか。一五八〇年から一六五〇年の間に生まれつつあったバロック的な感性を提示した時、たしかに私は、これらの態度がもはや驚くべきものでは全くなく、首尾一貫した集合体の中に組み込まれているその文脈を明らかにしておいた。しかし、相互的な交換と効果の弁証法が存在する。死に対する新しい宗教的態度は、時代の空気の単なる反映などでは全くない。それらは、時代の空気を創り出し、それに独創的な特徴、儀礼を与え、それまで表面的な反応としてとどまっていたものをシステムにまで仕立て上げる。このシステムがバロック的感性の黄金時代を越えて長く生きのび、持続的な刻印を残しえたのは、このためである。

毎日が死だということ

死の思索の中に全生涯を構築するという新しい観念は、まもなく強迫観念となるのだが、それはいかにして受け入れられたのだろうか。この観念は決して新しいものではなく、その最初の定式化を中世の思想、すなわちジェルソン〔一三六三―一四二九〕、インノケンティウス三世、あるいは聖ベルナルドゥスにまで容易にさかのぼることができる。さらに、すでに述べたように、一五世紀末には大量の『往生術』が突如として現れ、このテーマについて証言している。この流れは、一五三〇年にエラスムスの論説〔『死への備え』〕が新しい展開を導入することによって、最後を飾っていた〔本書第11章〕。ただ、一六世紀の力強い高揚が、この煩わしい思索を一時期、抑え込んでいたのだった。

思想史が、書物のタイトルのレベルにおいて示唆する、いささか強引な連続性に従うなら、〔一六世紀の高揚も〕おそらく、そう長くは続かない。新しい慣行の本質的な源泉の一つは、聖イグナティウス〔・デ・ロヨラ。一四九一頃―一五五六〕がイエズス会で使うために念入りに仕上げた『心霊の修行』〔一五二二―二三〕の中に確実に見出される。四週間の周期の中で、第一週は罪と地獄についての瞑想に当てられる。一六世紀末と一七世紀初頭に、スペインの修道士たちはイグナティウス的な方法を俗人の使用のために民衆化することに努めている。例えばグラナダのフライ・ルイス〔一五〇五―八八〕は、一週間の七夜の瞑想の中で、死に関する思索を日常的な道筋をたて、計画的に行なうことを提案している。

一　自分自身と自分の罪に関する知覚

二　この世の煩わしさ
三　死の時
四　最後の審判の日
五　地獄での劫罰
六　天の王国の栄光と浄福
七　神の恩寵

この道筋の中では、いささか素朴な読み方をするなら、死は手早く追い払われ、その他の終末〔審判、天国、地獄〕が首位を占めていると言える。しかし、アルカンタラの聖ピエトロの書いた祈りと瞑想についての論説では、厳密な意味での最後の旅路に注意を集中することによって、それとは別の指摘がなされている。

一　死ぬ時期の不確定さ
二　友人、家族との別離
三　魂と肉体の運命に関する不安
四　この世でのあらゆる行為に関して説明しなければならないという心配
五　最後の裁きのことを考えた時の恐怖
六　終油の秘蹟
七　死の身体的側面
八　死後の魂と肉体の運命に関する瞑想

聖女テレサ〔一五一五―八二。スペインの神秘思想家。カルメル会の刷新をはかり、規則の厳格な修道院を創設した〕とファン・デ・ラ・クルス〔一五四二―九一。聖女テレサに協力して、カルメル会の男子修道院の改革につくした〕と同時代のスペイン人が、聖イグナティウスの伝統の中で表明していることを、反宗教改革のイタリア人は、一六世紀と一七世紀の転換期に死についての新しい言説をつくりあげたベラルミーノ枢機卿〔一五四二―一六二一。イタリアの神学者。プロテスタンティズムに対抗してカトリック教会を弁護した〕にならって、膨大な数の著作の下に展開している（それはヨーロッパ全体に向けて書かれている。というのも、それはフランス語、英語、スペイン語、フラマン語、チェコ語、あるいはハンガリー語に翻訳されたから）。例えば、『よき死について』『死についての観想について』『よき死に方について』『聖なる死に至るための備え』『義人の死』『よく死ぬための技』『キリスト者の死』『無力なる死』『甘美にして聖なる死』『よき死のための学校』『よく生きたものは幸せな死を迎える』『死の時計』『死への備え』『よき死のための完全な備え』『レテ〔黄泉の国を流れる忘却の川〕の愛好者、すなわち死の愛好者』などなど。その一連の流れはさらに継続し、三五〇版も版を重ねて二〇世紀の中頃に至るまで権威がある聖アルフォンソ・デ・リグリア〔一六九六―一七八七。ナポリの神学者〕による『死への備え』の俗語改訂版（一七五八年）にまで行き着く。

この運動は、反宗教改革のヨーロッパ全体に影響を及ぼしている。ポルトガル人ヘクトール・ピント〔?―一五八四〕の著書『キリスト者の生活の実相』がそれを証明している。一六〇六年には、イングランド人R・サウスウェル〔一五六一―九五。詩人、イエズス会士〕が、死について『四折り版瞑想録』を書き〔死後出版〕、ケルンでは一六三一年にドレクセル（ドレクセリウス）師〔一五八一―一六三八〕が有名な『守護天使の小時計』を出版している。イエズス会士であるこの二人の著者は、それぞれがプロテスタントと接触することで、カトリックの司牧活動におけるこのテーマの重要性について証言している。フランス人も負けてはいない。彼らはゲームのはじめから、「死への備え」のグラフを辿っているかのようだ。そのグラフは、一七世紀の初頭から一八世紀末にかけて描かれている（そこでは、国内からの供給分と、ベラルミーノ、あるいはドレクセルといったヨーロッパ規模のベストセラーの翻訳が入り混っている）。彼らの時代の人気作家たちは、『備え』の著者であり、特に『甘美にして聖なる死』の著者であるクラッセ師、あるいは『死の定め』のバリー師、『導きの天使』のコレなどだが、ブランシャールとフィラシエは共に在俗司祭であり、前者は『信心の勧め』の著者で、後者には『不幸の中にあって成聖の恩恵を受け、よき死に備えるために、病める人、不具なる人にふさわしいキリスト者特有の感情』がある。

こうして書物の標題を並べただけでも、中世の伝統を継承した古い『往生術（死の技法）』よりもはるかに多様化した言説が形成されているという印象を受ける。そして実際に、ここで提示されている死に関する教育は、もはや同じものではない。かつては必須のものだった図像は後退し、一七世紀前半の著作においては半分以下（四七％）に下降し、世紀後半には四分の一にも満たない（二三％）ものとなり、一八世紀に入ると一〇分の一以下になっている。図像が存続している時でも、テクストに対して絵の表現が古風すぎるというズレがしばしば見られる。そこには形式的差異、あるいは教育的な差異以上のものが存在している。『往生術』の図像は、臨終の床の情景を詳しく描き出し、臨終の瞬間を過大に評価していた。ところが、これらの新しい手引が取り扱っている死への準備は、どちらかといえば臨終の瞬間を無視する一方で、その対象を広げ、病気の状態だけでなく、生涯全体を含めて長い修行期間とみなしている。

聖パウロの格言のように、「私は毎日死ぬ」というのがキーワードだろうか。すべての人がそれを再び掟として受けいれ、しばしばそれを声高に宣告する。例えば宣教師グリニョン・ド・モンフォールが自分の両親に向かってしたように。「あなたがたを数多くの辛苦によって責め立てている死に対して、心の準備をしなさい。……毎日苦しみ、十字架を担わなければならない。それが肝心なのです」。ヌーエも、その著書『黙想』の中で応答している。「敬虔に死ぬ術はあまりにも重要なので、それにいっぺんで成功するためには、一生かけてそれを学ばなければならない。」そして、有名な「死を想え」が引き合いに出す聖フランシスコ・ボルハ〔一五一〇—七二。イエズス会の第三代総長。教皇アレクサンデル六世の甥の子〕は、常に「一日に二四回は、死んだ状態に身を置かなければならない」と言っていたそうだ。これらの厳しい命令の中に、単純な人向けの威圧的な司牧活動を見ないようにしよう。ブルダルー〔一六三二—一七〇四。イエズス会士で、フランスの宮廷説教家〕のような宗教的雄弁家たちは、身を浄める苦行の理想に説得力のある崇高さを結びつけることを知っていた。「死の思索、それは、我々の情念の炎を和らげるための至高の手段であり、我々の議論に確かな結論を与えるための無謬の規則であり、要するに、我々の行動に聖なる熱気を吹きこむための最も効果的な動機である」。

なぜ、この毎日の死という苦行が必要なのか。すべてを考えあわせるなら、生はそれほど強く擁護するに値しないからだ。有名な書簡のうちの一つで、セヴィニェ夫人は、死と救済にまつわる不安について率直に告白し、次のように結論づけている。「私は、乳母の腕の中で死んでいればよかった」と。この突飛な率直さによって現代の我々を驚かせる彼女の表現は、聖アウグスティヌスの後をうけて〔イエズス会の〕論者たちが、得々として展開するテーマを繰り返している。すなわち赤ん坊は生まれた時すでに、これから耐え忍ばなければならない不幸の予感に襲われたかのように泣き出すのだ、と。生とは死との永続する闘い、しかも、あらかじめ敗北が決定されている闘いでないとすれば、何だろうか。

しかしながら、生には快楽や、長続きのする愛情もあるではないかと言って反論する不満気な対話者——社交界の人間、あるいは自由思想家《リベルタン》——に対して、あの苦痛礼讃主義の司牧活動家は、おとなしく黙ってなどはいない。彼は言う、空しいことだ。そして、悔い改めたマグダラのマリアの膝元に、小箱を開けて、そこから宝石や、下らないアクセサリーの類を引き出す。あたかも、静物の上に、トランプ、さいころ、酒、はかない花などの快楽と罪悪の道具を広げるように。ボシュエは単刀直入に、生は無だと言う。「一〇〇年、一〇〇〇年が何に当たると言うのか。なぜなら、一瞬がそれらの年を消し去ってしまうではないか。神話、あるいは自然史が何世紀にもわたって生かしてきたあの鹿のように、あなたの生涯を何度も繰り返しなさい。無限と思しきこの空間に名誉、富、快楽を積み上げてみなさい。その山はあなたにどんな利益をもたらすだろうか。なぜなら、死の最後の息がどんなに弱く消えいるように見えようとも、それは不意に、この虚飾の山を、子供の空しい遊びであるカルタの城のごとく、やすやすとぶち壊してしまうだろう」。

ボシュエは残酷さと隣り合わせになっている執拗さでもって、子供たち、つまり「この人類の絶え間なき新兵たち」が我々に、「ひっこめ、今度は俺たちの番だ」と言うかのように「我々の肩を押している」さまを示す。そして、生の絶望的なこの解釈の中では、ボシュエの長年にわたるライバルであるフェヌロン〔一六五一―一七一五〕の結婚に関する一節ほど厳しいものを私はまったく知らない。彼はあらゆる不幸と、起こりうる苦難を数え上げた上で、一点の疑惑の影もなく、隠された罪もない、幸せな結婚という極端な場合を想定する。しかし、何ということか、十中八九、二人のうちの一人は死んでしまい、片方は孤独の中に放り出されることになるのだ。「私が彼らを待っていたのは、まさにそこだ」。神の人は死神に姿を変え、勝ち誇っている。それはブレモン〔一八六五―一九三三。文学・宗教史家、司祭〕を身震いさせた警句だった。パスカル的な高揚の中で、この瞑想の結論を引き出すのはボシュエである。「おお、神よ。さらにもう一度、お尋ねいたします。人間とは何でしょうか。私の前に視線を投げかければ、私がまだいない無限の空間が広がっております。そして、私の背後を振りかえってみれば、私がもはや存在しない恐ろしい空間が続いております。時の深淵には、私のいるべき場所などないのです。私は無ではない。けれども、あまりに短い間隔しか生きないために、私と虚無とを見分けることができないのです。私は、頭数をそろえるためにだけ送り出されていたのです。私はもはや用のない人間で、私が舞台の背後にしりぞいたあとでも、劇は上演されているのです」。

これらは、宮廷と大貴族に向けられた大オルガン〔大家の説教〕である。しかし、平民向けの司牧活動では、誇張という手段が用いられている。ブルターニュの説教師や、プロヴァンスの宣教師、たとえばオノレ・ド・カンヌはパントマイムを利用し、説教壇の上で頭蓋骨を見せ、それにカツラや、流行の帽子や、司法官の縁なし帽をかぶせたりしたが、すべてがそうしたわけではない。しかし、一八世紀の前半になっても、雷の如き説教師ブリデーヌ師は、やはり聴衆をあからさまな手段で非難している。「諸君は、自分が息を引き取るはずのベッドで寝ているではないか。諸君を包む屍衣となるべきシーツに寝ているではないか。諸君の死を町中に知らせるはずのゾッとするような鐘の音が聞こえないのか」。

生が不安の渦の中で消え去ってしまうようなところでは、逆説的なことに、もはや死という確実な現実しか残らない。遺言書は定型表現を繰り返しながら、そのことを主張している。「死より確実なものは何もないし、現在の時間ほど不確かなものはないということを知ったので、自身の遺言書を作成することを決心した」。すでに見てきたように、この死は知的に表現されている。本来の骸骨は、恐ろしくもあり、お人好し風でもある「時の老人」に取って代わられてしまったし、「死を想え」という言葉自体が、死の確率計算とその一覧表から なる全く新しい見通しを基にして、近代化された言葉遣いで死についての教育的な総括を行なっている。「任意の年齢において一定の人数が取り上げられるので、二〇歳の時には、生きている者よりも死者の方が多くなるだろう……」。しかしながら、イヴァン師のような人気のある説教師の『生者を呼び覚ます死者のラッパ』に見られるように、死はかつての中世的な勝利者の特徴をなおも維持しているので、「死は翼を持っているので、

37） ダヴィド・ド・ラヴィーニュの『大往生の鏡』の挿絵を描いた版画師のローメイン・ファン・ホーヘは、大鎌をもった死神のアレゴリーを再現することで、あの世への絶えざる準備に昔ながらの要素を付け加えている。パリ国立図書館。

どこにでも行くことができ、その大鎌ですべてをなぎ倒し、盲目なので、年齢も身分も資質も個人の状態も考慮に入れることがない。耳がないので、祈りも不平も聞こえない」。

この文脈の中でこそ、死を瞑想することがいかに一生涯をかけた修行になるかが理解される。中世末の人々は、急死の恐怖にとりつかれていた。それは不意にやってくるので、身辺の始末をつける余裕を与えてくれないからだ。このテーマが後退しているとは言わないようにしよう。たしかに、著作を勘定してみると、そう言えないこともなく、一七世紀初めには一〇分の六で、この議論は有利な位置にいたのだが、一八世紀には一〇分の四だけになってしまっている。これは、死から徐々に劇的要素が排除されたためと読み取ることも可能である。しかし、思いちがいをしてはならない。この後退現象は、早くから死に備えるという教育法の成功の結果であり、補完物にすぎないのだ。たしかに、私が対象としている著者たちは、いまだに死出の旅路における不意打ちを——あらかじめ備えることができないのだから——非常に強く恐れている。これについては、あとでまた語ることにしよう。しかし、いずれにしても彼らにおいては、よき死はよき生の当然の結果なのだが、その生たるや、これらの著者たちが威嚇をまじえて得々と語っているように、それ自体が「死んでいる」ような生であり、また反対に、堂々たる死であったとしても、悪しき生を贖うことはできない（全く救済手段がないわけではないが）、という考えが定着している。

以上のことから、当然のこととして手引書の増大、つまり生活の枠組をもとにしてキリスト者を捉える様々な方法論の増大が生じる。枠組とは、集合的信仰の支柱である小教区共同体、あるいは兄弟信心会という選択された共同体であり、さらに、その構成員がますます死の修行にまとまって参加するのが見られる家族であり、わけても私的な祈禱と生活態度という最も隠されたレベルで直接的に関わってくる個人である。これら三つの教育法の間では、手引書に従いつつも、抑揚のつけ方には明らかな相違がある。民衆に対しては集合的実践、あるいは強制的な規律が、聖職者、貴族、ブルジョワなどのエリートに対しては個人的な瞑想の道が求められる。しかし、すべての者に対して一筋の道が示される。すなわち共通の主題とその媒体、検証された技法の総体が。

死の教育法

「日々、死ぬ」ための修行には二つの側面がある。少なくとも、それらを基にして話をまとめる方が容易である。一つは、あえて言えば規律であって、肉体を苛み、自己を反省し、苦業にはげむことである。しかし、もう一つは、この苦行を説明し、それに意味を付与するモデルとつきあわせることによって、それを修正し、変貌させる補足的なものである。すなわち、新たなスタイルの『教訓例話集』の中で述べられる聖人たちの生涯、さらには、彼らの頭上に輝くキリストの受難と死。

それは死の修行というのだろうか。ゲームの規則を知るためには、その段階を詳述しているあの『手引書』、『修行』、『冥想』などの筋書きをつきあわせるだけでよい。うわべは、やさしい作業である。なぜなら、より深く掘り下げ、切り分けさえすれば、すべては互いにいささか似てくるからだ。これらの著者たちの言を借りれば、「健全な状態にある」思索は、日々のものでなければならない。祈りの時、あるいは、より正確には就寝の前、眠りに落ち込む前、それは我々が無防備な状態にあるので、死のイメージと予兆に驚かされる時である。さらに、信仰をそこまで押し進めない人々、あるいは単により真剣な内省を望んでいる人々は、週のうち一日、あるいは数日、少なくとも一月のうちに一日を選ぶこと。束の間のものであるが真剣な宵の思索から、秩序だって定期的な黙想まで、良心の究明〔改悛の秘蹟を受ける準備〕の修練を通じて、まさに段階的に信仰が吟味される。

「立派な」臨終、あるいは教訓となるべき処刑への参列。聴罪司祭、さらには罪を思い起こさせ、警告する役目を負った誠実で口の堅い人間である「誠実な友人」の選択。さらに、「瞑想」の理想があって、それは生涯を通じた活動となるポール・ロワイヤルの理想であり、『クレーヴの奥方』における不可能な愛のロマンの結末となる理想である。

これらの修練の支えとして、これらの時代は、少なくとも相当数の実践を考案、あるいは体系化した。それらは、前の時代であったら奇妙なものとしか見なされなかったようなものである。たしかに、サヴォナローラはすでに頭蓋骨、あるいは骸骨についての瞑想を勧めていた。しかし、この動きを極端に押し進めたのは反宗教改革である。私はすでに〔第14章〕、時代のライトモチーフのひとつである「空しさ」をその世俗版として言及しているが、髑髏の図像学的テーマは、中世末の特徴であった肉体的な濃密性を奪われている――一般的に、清潔で小奇麗なものになっている――としても、後のロマン主義者、あるいはデカダンたちにとってそうなるような、死骸趣味の半遊戯的な媒体ではない。一七世紀初頭に競って描かれた、悔い改めたマグダラのマリアの図像において、髑髏は真剣な黙想の対象だった。

画家や詩人は、一般化した慣行を描き出しているにすぎない。エリートたちの間で引き合いに出されるのは、苦業のために死者の首を描いた武骨な食器しか使わないキジ枢機卿〔後の教皇アレキサンデル七世〕とか、髑髏を枕にして寝たというイエズス会士フランチェスコ・カエターニである。これらのイタリア人の例は単なる骨董趣味ではない。マルセイユの名士たちの死後に作成された財産目録には、勿論、公証人は本物の髑髏などをそこに加えたりはしないけれども、私は黒いビロードの布地に載せられた象牙の骸骨を見つけだした。

その行き着く先は、おそらく、以下のような想像力の奇妙な行使である。つまり、髑髏についての瞑想の後には、自己への回帰とでも言えるものがくる。人は死の苦しみと臨終を想像し、二重人格者となって自分の最期の瞬間、自分の最期のため息、魂の飛翔と肉体の零落を舞台の観客のようにその最後の幕が下りるまで想い描くのだ。

私は屍衣で包まれ、水を振りかけられ、
地下へと運び込まれる。
地下墓所に安置された私をもはや見る人もない。
墓が閉じられる。

自由奔放な想像力から生まれた幻影だろうか。そうとも言えない。詩人のゴディは、ここでは聖イグナティウスの精神修業を構成しているあの教訓を文字通りに応用しているだけである(「死の床にいる自分を想像すること」)。この教訓は、演劇的布教の呼び物についての記述を信用するならば、グリニョン・ド・モンフォールのように最も説得力のある宣教師たちによって庶民向けに、身振りを交えて上演された。「最後の日に、神に仕える者は、自ら死の間際にいる人間を演じていた。彼は長椅子に座っていた。その傍らには、ミサを執り行なう二人の聖職者がついていた。一人は天使、もう一人は悪霊として。瀕死の人は十字架を手にして、しきりにそれを唇と胸に押し当てていた。彼は信頼に満ちたまなざしを天に向けていた」。
この欲張りな教育法において、死に魅了された瞑想がどこへ行き着くのか見ないことには、それを理解したことにはならないだろう。ジャン゠バティスト・ヴィッテリのように、髑髏は十字架と対をなして置かれなければならず、十字架は死の大げさなイメージではあるが、贖われ、敗北した死のイメージである。カルヴァリオの丘〔キリスト磔刑の地〕におけるような、キリストの受難についての瞑想は、この修行の最も肝心な部分であり、その要石を形成している。それは時を追ってますます強調されていくように見える（世紀の初頭には論説の三分の二がこれを引用し、一六五〇年から一七五〇年の間には九五％までになる）。このイメージが遠ざかるのは一七五〇年以降にすぎない。キリスト受難のイメージの中で、文芸の言説はパリの遺言書の言説に合流する。パリでは、キリストの功徳への参照（プロヴァンスの場合は、「キリストの死と受難の功徳によって」と言う）は、一六三〇年から一六七〇年にかけた大量に現れ、世紀末には衰退する。死のイメージを救済の筋書きに投影することによってそれを変貌させる、この不可思議な錬金術が展開するのはまさにキリストの受難と死に関する瞑想を通じてである。この錬金術は、才人ではあるが信仰心も厚かったラザール・ド・セルヴ〔?―一六二三〕が、凝りすぎてはいるものの、感受性の強い言葉でそれを表現している。

救い主の庭よ、その囲いには
棘、釘、槍、そして苦痛が、
また並木道、塔、小部屋、散歩道には
苦悩、憂愁、不安、恐怖が宿る。
……罪びとよ、それは汝のため、私の魂、それは汝らのため
天にある妻よ、汝の夫を見よ。
彼は純白で真紅だ——奇蹟の主よ、
邪悪なるわが主人にも生命の水を与えたまえ
汝が真紅の涙を流したように、
彼の目からも同じくらいの涙を溢れさせるように。

最後まで進むことができる者、つまり、キリストの受難に己の精神と心を重ね合わせ、生涯を通してこれを瞑想できる者にとって、死は変容し、もはや恐怖の対象でもなければ、不安の対象でもない。最後の逆転。死は、受容されるだけはなく、望まれ、欲せられる。そこではじめて、クラッセ師の筆になる『優しき死』とか、ラルマン師の『死の聖なる願望』とか名づけられた、これらの論説を理解することができる。ラルマン師は、彼の逆説的な提案を次のように説明している。

信仰の中に堅くとどまろう。勇敢に死に立ち向かおう。我々が信仰の目でもって死を見つめるならば、そこには恐ろしいことは何もなく、逆に、それは我々にとって優しく、気持のよいものに見えることだろう。そして最後には、我々はそれに慣れ親しむことになるだろう。けれども、死をすばらしいものと思いたいならば、常にそれと向かいあっていなければならず、死と親しくしなければならない。死を愛さねばならず、望まなければならない。我々のために死を愛された主イエス＝キリストのように……

フランスのエリート層、それもカトリックのエリートたちの言説を手がかりにして、主としてフランス（バロック、あるいは古典主義の時代の）を基に描き出したこのモデルは、フランス以外の所ではどの程度まで通用するのだろうか。

我々の知識が許す限りでは、フランスの言説を反宗教改革のヨーロッパにまで拡大適応したとしても、軽率ではないように思われる。なぜならその言説は、起源において国際的なものであるからにほかならない。それは、スペインでは聖イグナシオ、イタリアではベラルミーノ、フランスあるいはラインラントではドレクセルの同時代人とその後継者であるイエズス会に源を持っている。しかしながら、おそらく、より豊富な情報を求め、含みを持たせるのがより適切であろう。たしかに根は共通だが、年代は多様なのだ。フランスにおいては、ダニエル・ロッシュのおかげで、我々はそのことを知っている。この言説は一七世紀と一八世紀の転換点において、すくなくとも創造性においては混乱しているか、破綻している。一七五七年、アルフォンソ・デ・リグリアが『死への備え』を著わした時、彼はすでに時代遅れだったのだろうか、それとも、なおも根強く残っていた潮流に乗っていたのだろうか。同じことはスペインについても言える。さらに重要なことだが、この新しい死の教育は、どこまで古典主義時代におけるプロテスタントの感性を代表していたと言えるのだろうか。反宗教改革の言説がひとつではなく、きわめて多様であるように、プロテスタントの言説もひとつではないということは、素朴ではあるが重大な問題で、我々を捉えている曖昧さの印象も確実にそこに由来しているのである。

それゆえ、テーマの難しさのゆえにいささかごまかしているという印象もぬぐいきれないかもしれないが、一七世紀前半における英国国教会の神学者や霊的指導者の言説から追っていくのも一策だろう。それは、フーカー、あるいは、W・パーキンス〔一五九三年の彼の著書『金の鎖』、特に『病人のための慰め』〕、そして勿論、詩人であると同時に説教師、信仰の厚い著作家であるジョン・ダン〔一五七三―一六二一〕といった人々である。これらの著作家たちは、同時代のカトリックの言説に近い言説を述べている。彼らは、急死の恐怖だけではなく、それを避けるための祈りをも教皇絶対主義の迷信的な後遺症だとして斥けている。では、そうすることによって、何を変えようと思っているのだろうか。とにかく彼らは、一生を死の思惟の中ですごすことの必要性を堅く信じていた。それゆえ、ジェレミー・テイラーは『聖なる生と聖なる死の規則と慣行』を著わし、ダンは牢獄のテーマに関して、次のように解説している。

我らは皆、狭苦しい牢獄に、我らの母の胎内で生まれた。我らは生まれてからも依然として皆、囚人である。なぜならば、我らの自由は家の壁の中に閉じ込められているのだから。だから、たとえ壁が広がろうとも、我らはいつでも、皆、囚人である。それゆえ我らの全生涯は、死という処刑場にまで続く歩みにすぎない……

アンドリューズの説教――復活祭のための！――は、死の「支配」という概念をあと押しするような注釈をつけている。彼にとって、死の支配は虚構でも、幻想でもない。そこから、我々の生を満たし、死を「恐怖の王」（ヨブの警句）とする恐れが生まれる。死の王国は地獄の闇にまで通じているのだ。

このような雰囲気の中で、死への備えは日常的な必要事となる。たしかにそれは、信仰によって救済の確信を持つ人の内面の喜びがもたらす平穏さとはいささか調和しない。けれども彼らは問題をひっ繰り返す。すなわち最大の危険、そして、おそらく悪魔の策略は、偽りの安全である。フーカーは言う、「恐れないことを恐れる」ことが必要だ。たしかに、このような主張が、カトリックの司牧活動に見られるような発達した修行や、それに匹敵する典礼へと通じることはない。しかし、ダンとその同時代人にとっては、救済的な恐怖とでも言うべきもの（つまり「神聖な驚き」）がある。一方フーカーにとっては、我々が永遠の生と言っているもの――実際には我々はそのような精神に取り憑かれてはいないのだけれども――は、うつろな夢想にすぎない。

このような解釈は、まだしばらくは続く。一八世紀の著作家の一人であるW・ドラムモンドは、一七五一年に『糸杉の森、もしくは、死の恐怖についての哲学的省察』において、夢の中で彼を襲った予感と恐怖に言及している。

しかし、これらの著作家たちは、おそらくはカトリック文芸の著作家たちより、さらに強力に、その解釈をキリストの受難、つまりキリストの死と復活に集中させている。ダンにおいて明白なこのキリスト中心主義は、救世主の苦しみに我々の罪の重みを緊密に結びつけるアンドリューズの議論に終始つきまとっている。そして、その行程が終結するのは、まさにこの信頼の肯定においてである。恐怖を緩和してくれる愛は、安らぎとなり、慰めとなり、旅路の果てには、キリストの復活が我々を待っているものの証しとなり、イメージとなる。

英国国教会の世界からルター派の世界へ移ることによって、我々はダン、あるいはグリフィウスの平穏なイメージからは遠ざかる。彼らは、宗教改革の世界についてすべてを語っているのだろうか。我々がそれを判断できるのは、死を取り巻く儀礼の記述における死の試練それ自体においてである。

だが、死についてのこれらのアプローチをやめるのでなく、次のことを確認しておかねばならない。つまり、宗教改革の最も厳格な解釈を体現する人々においても、死ぬことと、生きて死に備えることとの間には矛盾があって、そこには緊張感がある。ニューイングランドのピューリタンたちは、この点について、極端ではあるが模範的な事例を提供している。これらの救霊を予定された人々にとって、選ばれた人の中に加えられているという保証を手にすることは、見かけよりははるかに困難なことである。思い違いもあるかもしれないし、極端な場合、安心することは、有効であるよりも、危険でさえある。アーサー・ヒルダーサムは一六二九年に書いている。疑うことをやめるのは、安全の中に閉じこもることであって、偽りの安心の一形態にすぎないと。聖人は生涯にわたって疑い、自分を不純だと思い、神に選ばれているとはどうしても信ずることができなかったが、人は今それを理解することができるのだ。この救済の経済学の中で、死は決定的に矛盾した役割を引き受けるまでに至る。〔一方で〕死は解放である。それは巡礼のゴールであり、祝福であり、悲惨さと罪を避ける手段である。この時代の説教師の一人であるコットン・メーザー〔一六六二―一七二八。アメリカのプロテスタント神学者」は、天へと飛んでいく魂を見つめている。しかし同時に、死は、それとは逆に、絶対的な悪（世界で最大の悪）であり、恐るべき災禍、罪への罰でもある。

これらの二つのイメージの間で、ピューリタンたちはどのような選択をしたのだろうか。時として彼らの期待の中には、信じやすい性急さしか見えないこともある。今日、彼らの著作を読み返す者にとって、[60]決定的に優勢を占めていると思われるのは、まさに皮膚にぴったりとくっついている死への激しい恐怖である。みせかけの自信過剰にもかかわらず、コットン・メーザーは最期の瞬間にやりそこなうということを考えただけで、恐怖と震えにとらえられ、「弱くなり、心が乱れる」。「おお主よ。復讐する神の怒りは、私を震え上がらせる。私は震える。私は震える。この怒りを考えただけで、私は震える」。この恐怖心を、彼らは自分たちの子供に執拗に伝え続け、ついに一七四〇年代の『大覚醒』に至っては、ますます激しく、子供たちにそれを繰り返した。「死を忘れるな、大いに死を思え、死の床で起こることに思いをこらせ……」。かくして事例は豊富になり、教育法は醜悪なまでに洗練されていく。それは、子供に向かって、彼らの存在のはかなさ、両親との別離のつらさを強調する。子供は、その本性が最初から堕落していると見られているために、メーザーは『若者のための防腐剤』（一七〇一年）の中で、三つの救済手段しか見ていない。それは、懲罰、苦悩、恐怖（amazement）である。

子供たちの教育というバイアスを通して、ピューリタンたちにおける死のイメージに対するこの陶酔を喚起するなら、人はある種の動揺を禁じえない。勿論、このモデルに基づいて拡大解釈することは危険であろう。我々は迫害期におけるフランスのプロテスタントの家庭の中にも、バッハのカンタータにおけるのと同様に、清澄とも言うべき態度で生きられた死をすぐにも再発見することだろう。プロテスタントの世界からカトリックの世界まで、どちらの世界でも、生は死の前段階であり、不確かな救済に対する恐るべき準備期間であったことに変わりはない。救済という賭けを巡って、人々はほぼ二世紀にわたってエネルギーを消耗してきた。それなら、死のイメージは大いにすばらしいものになったのだろうか。

第18章　天国と地獄の間

死が生に浸透し、時代全体に苦痛礼讃の色合いを与えるとしたら、それはおそらく、終末〔死、審判、天国、地獄〕と、救済の経済学についての見方が修正されるという枠組の中においてであろう。この二つの主題は、あまりにも緊密に混ざりあっているので、区別することが難しい。しかし、少なくとも宗教に関わる明晰な思想において、前世紀の宗教改革の危機の最中に主要な態度決定が行なわれてしまっていることを考えるならば、本当のところは何が変ったのだろうか。最も重要なことは、おそらく、指導的理念が一般に認められた真理となり、より地味ではあるが、より大量に普及するようになったということだ。

来世の制度化

私たちはすでに、感性の表層ではあるが、黙示録が姿を消したのではなく、内面化したことを見てきた。とはいえ、説教も民衆のイメージも依然として終末のイメージを安売りしていた。そして、様々な宗派の著者たちは、復活の日にヨシャパテの谷〔エルサレムと橄欖山の間にある〕に積み重なるであろう人体の数量について大真面目に論じている。しかし、それはもはや、プロテスタント派が教皇庁（あるいは、大バビロン）の卑劣な言動を前にして、時代は至福千年に入り、最後の周期が始まったと信じていた時代ではない。再洗礼派の実験、ソッツィーニ派〔三位一体・キリストの神性・原罪を否定〕における非合法的、あるいは公然たる継承は、〔ヨーロッパ各地に〕確立された教会に、これらの破壊的とみなされた解釈の危険性について納得させていたし、教会の信仰告白はこれを断罪していた（一五六六年の第二次スイス信仰告白〔これによってスイス改革派教会の基礎がカルヴァンの指導下に成立する〕）。

たしかに、終末思想は、二つの世紀の転換期における聖書注釈学者の中ではなおも生き続けている。初期のピューリタンの神学者であるTh・ブライトマン（一五六二—一六〇七年）と同じように、ジョン・ネーピア〔スコットランドの数学者、一五五〇—一六一七〕は一五九三年に、その著書『聖ヨハネの啓示の余す所なき発見』の中で、人類史をこのような展望の下に描写している。この思想は、ジョン・コットンとともに大西洋を渡り、ボストンで教皇庁とトルコ人の破滅を予告する。イングランドからスコットランド、そしてニューイングランドまで、トリエント公会議以後のカトリックの規律が想像力を飼いならした所では、一六〇〇年から一六五〇年までの間、黙示録を期待する（あるいは、既にそれを生きていると信じる）人々の解釈が急増している。しかし、プロテスタント派の大陸ヨーロッパにも著名な理論家はいる。ジョン・ヘンリー・アルステッドは、一六三八年に死去するまで、中部ドイツからトランシルヴァニア地方に至る地域で教育者・神学者として奉職したが、千年王国の主要な注釈学者として重きをなし、一六九四年までその到来を待ち望んでいた。彼の著作は一六二〇年頃にはよく知られており、靴屋で幻視者のヤコブ・ベーメ（一五七五—一六二四年）の著作と同時代だが、ベーメの隠れた影響力はより深く、永続的なものとなるだろう。

しかし、我々にとって興味深いのは、表に現れることのあまりないこれらの神学者たちよりも、民衆運動を爆発させ、行動へと駆り立てた、終末への希望、あるいは期待の方である。それは一六四〇年から一六五〇年の間、あの革命の一〇年間にイングランドで力強く起こっている。我々は、お察しの通り、一六四〇年代の「いかさま坊主」の豊富な言説を取り扱わないし、一六四九年から一六六〇年までの間、それどころか一六八〇年になっても彼らの夢想する天国を地上に築きあげるためにはすぐにでも行動に移ろうとしていた平等主義者（レヴェラーズ、真正レヴェラーズ）、ディッガーズ、あるいは運動の陰謀主義的分派であるランターズや第五王国派の夢想の複雑さの中に入り込むこともしないだろう。これら千年王国論者たちの独創性は、再洗礼派〔の実験〕から一世紀後に「至福千年」がすぐ手の届くところにあると信じたことにあると思われるが、彼らのメッセージの多様性の中から、我々としては、本質的な変容と思われるものだけを取り上げることにしよう。それは、イデオロギーから地上への回帰である。たしかに、イデオロギーは聖書に由来する幻視、啓示、イメージに養われてはいたが、最も意識的な人々においては、ユートピア的ではあるが、きわめて現世的な社会プランに深く関わっていた。ウィンスタンリー〔一六〇九？—六〇以後。ディッガーズの指導者〕たちは、黙示録の蛇や四匹の獣、悪魔の支配について語る時、それらを現世の社会的現実に照らし合わせて解読している。〔彼らは言う〕否、貧困は、我々の罪に対するこの世における罰ではないし、来世でさらなる拷問が待っているのでもない。罪と悪とは、人間の手によって作られたこの腐敗した社会の中にあるのだから、それを探し出して根こそぎにすべきである。このユートピア的でありながら原初的反抗に満ち満ちた言説は、その社会的要求のイデオロギー的支柱を自力で、かつ時代の概念の中で鍛え上げていたのだが、よく知られているように、口籠《くつご》をかけられ、沈黙させられてしまった。一六五〇年代の転換期に、多かれ少なかれそれは死滅する。

私は、おそらく単純化しすぎているかもしれない。このイデオロギーの生き残りの一形態、要するに後継者は、クエーカー教徒の中に見出される。なぜなら、ジョージ・フォックスが啓示を受けたのは一六四七年で、運動が彼の説教師たちの宣教活動の中で展開するのは一六五〇年以降だからだ。しかし、このリレーは内面化であると同時に周縁化でもあった。彼らにとって、キリストは既に地上に戻っているが、肉体の形を取ってはおらず、また彼らは精神的な戦いを行なっているのであって、再洗礼派とソッツィーニ派が行なっていたように、あらゆる既存の終末論を問題にした。彼らにとって、復活とは肉体的なものでは全くなく、罪の癒しであり、堕落しやすい我々の肉体からの離脱であり、天上の霊的肉体への歩みなのである。

一六四〇～一六五〇年代の大論争において、時には混乱を伴いながらも交差し合ったこれらの思想は、一七世紀と一八世紀の転換期において、とりわけ宗教改革の文化圏において頂点に達することになる地獄についての議論の中に、純化され、合理化された反響を見出すだろう。勿論、さし当たっては、権威ある神学的言説はエリート層の社会的言説と混り合っていて、それは英国国教会、あるいは長老派教会の公式の理論家においては、千年王国主義に対するアウグスティヌス的な非難を繰り返す解釈にとどまっている。制度化されたプロテスタント派の教会も、この点ではカトリックと変るところはない。恐怖のイメージは、多くの者にとっては苦痛礼讃的で、他の者にとっては和らげられているものの、それが問題にされることはない。だからといって復活がもはや時代の終末論の主要な要素でないなどとは言わないでおこう。それではバッハのカンタータや、イングランドの墓石の図像を理解しないことになるだろう。ただし復活は、各人にとって、個人的な事柄の中に組み込まれてしまっている。個人の裁きは、それに伴う選別が予定されているとはいえ決定的であるがゆえに、大多数の者にとっては大いなる強迫観念であり続ける。これに呼応しているカトリックの解釈においては明瞭で、我々は死後に、功績か罪かに応じて、褒賞か罰かを受け取る。救済の扉は、天国か地獄に通じている。

この時代が知っている死に続く救済と終末のモデルは、一つなのか二つなのか。一見したところ、天国か地獄かのプロテスタント的二元論と、トリエント公会議後のカトリックが強力に擁護する煉獄を重視する三つの選択肢とが対立しているかのようだ。たしかにこの対立は大きいが、それを超えて精神的雰囲気の現実的な一体性がこの世紀には重きをなし、おそらくそれぞれの側で、不安と苦痛礼讃主義の痕跡とが共通に表れているように思われる。

天国を描き出すことは、どの宗派においても困難だった。選ばれた者たちが出会う中世的な楽園という具体的すぎるイメージは拒絶され、『死を想え』のような最も庶民的なカトリックの論説では、真に視覚的な媒体を用いることなしに、幸福感に満ちた叙述にはまりこんでしまっている。「信頼に溢れる光、永遠の悦び、不死の命、天使や諸聖人と共にいることとの永遠の喜び……」。とはいえ、これらの叙述は、今日の我々から見れば、地上の喜びのいささかぼやけたコピーでしかないように見える。それは「夜のない、老いもない、不安も貧しさもない、いかなる病気の愚痴もない、誰も傷つかないし、怒り狂うこともない、……貪欲さもなく、肉欲もなく、どんな野望もない」世界である。これらの消極的な悦びには、勿論「神から与えられる食べ物《マナ》……天の肉」が加わる。これらのカトリックの著者たちに対して、天上の悦びについてあまりにも無知であり、そのよろこびを表現するのにあまりにも無力だと非難することができようか。しかしイングランドの教会においても、説教師であって、詩の力を知らないわけではないジョン・ダンは、天国で神と対面しない限り、天国がどのようなものか知らないと、謙虚に認めている。彼が用いた隠喩——新しいエルサレムのイメージ、サファイア、エメラルド、あるいはアメジストの輝き——も、やはり古風で型にはまったものだ。実際のところ、天国について書かれたものは、質量ともに貧しい。この時代が夢見た天国を理解するためには、おそらく美術の方に目を向けなければならないだろう。ベルニーニ〔一五九八—一六八〇〕による『聖女テレジア』の表情に現れた恍惚の表現、服の襞の動きにさえ不意に生じた平安と屈託のなさ、それはエル・グレコ〔一五四一—一六一四〕が『フェリペ二世の幻視』や『オルガス伯の埋葬』の天国のために作り上げた、バロック時代における劇的な天空の内面化された補足的解釈である。バロック時代は、天国を一つの状態としては明確に描き出すことができずにいたが、それをより説得力のある力強さで、運動、跳躍として想起させようとしている。そして、〔ローマの〕聖イグナティオ教会の天井画に描かれたポッツォ師〔一六四二―一七〇九〕の騙し絵は、このあこがれを劇的に表現している。

画像を拒絶したプロテスタント派の感性においては、事情は異なるとはいえ、自らを表現するのに音楽の支えを全く拒絶してはいない。天上の悦びは、そこでは感情の動き、あるいは憧れとしてあふれ出すが、濃密な劇的手法によって不安と戦慄は平穏と解放に取って代わられる。聖歌隊長〔ヨハン゠セバスティアン・バッハ〕の叔父であるヨハン゠クリストフ・バッハは、彼のモテット〔聖書の詩編などを歌詞に持つ多声の宗教声楽曲〕の中でそれを次のように歌っている。

何も恐れることはない。汝の罪は贖われた
お前は私のもの、私はお前をその名で呼んだのだから……

ヨハン゠セバスティアン・バッハの芸術は、それがイタリアの源泉によって涵養されるにつれて、率直な信頼のあらわれであったドイツ風の聖歌にはない複雑さ、あるいは豊かさを持つようになったと言えるかもしれない。バッハの芸術は、彼のカンタータにおいてはごく稀にしか純粋な歓喜を表現していないが、カンタータ第五一番「もろびと、歓喜して神を迎えよ」では、冒頭から非常に華々しいソプラノの独唱で始まり、フィナーレでは合唱とトランペットが絡み合い、爆発的に終わる。〔だが多くの場合〕楽句を奏でる瞑想は、死の苦悩を予感させる。カンタータ一九八番（追悼カンタータ、「公妃よ、さらに一条の光を」）における公妃の死、信者の死、おそらくカンタータ六〇番（「おお永遠よ、汝恐しき言葉」）における私の死では、死の床で、不安と希望が対話している。カンタータ七八番（「イエスよ、わが魂を」）におけるキリストの死――「イエスは、死によって、我が魂をお救いなされた」。しかし、苦しみに満ちた歩みの結果として平和が生じるのだが、それはまさに動転し、衝撃的なこの死によるものである――「われらは、弱々しき、しかし熱烈な足取りで進む」（カンタータ七八番）。昇天は、平和のうちに、そして悦びのうちに終わる（カンタータ一〇六番「神の時は最上の時なり」）。「もう十分だ、私を自由にして下さい」。魂は眠りを懇望する（カンタータ六〇番）。しかし、カンタータ一九八番のザクセンの侯妃にならって、魂にはすでに別の道が開けている。侯妃はすでに、太陽の一〇〇倍の明るさの中で、永遠のサファイアの館に迎え入れられ、子羊〔キリスト〕の玉座の前にいる。私たちは、少なくとも検証抜きに、この宗教的確信に捕らわれないようにしよう。コラールの清澄なフィナーレには、二通りのイメージが包含されている。それは、すでに存在する天の王国のイメージ（「世界は、すでに、あなたのために天の王国となっている」、カンタータ一〇四番「聴きたまえ、汝イスラエルの牧者よ」）と、復活を待つ眠りのイメージである。プロテスタント派の天国が真にその十全たる意味を見出すのは、集合的な最後の審判の日においてである。

天国のイメージがはかないのとは反対に、地獄はあらゆる宗派においても重苦しく、重大な存在として確立されていく。まもなく我々は、特にプロテスタント派の教会においてだが、限りなく善なる神がこれらの「限られた」罪人たち（しかし、なんと数多いことか）を限りなき刑罰に処した可能性について議論しあう思想家や神学者に事欠かないのを見ることだろう。また同じく罪人である私たちは、これに対して根本的な異議申し立てをしたフランスのリベルタンたちに、それにふさわしい役割を与えることだろう。しかし公式の言説は、あらゆる教会において、その威嚇的な面では驚くほど似通っている。ただしプロテスタント派の地獄が抽象的で、具体的イメージに欠けるのに対して、カトリック派のそれは固苦しいところもあるが図像的にははるかに雄弁だという違いはあるかもしれない。しかし全体としては、我が著作家たちは、天上の悦びを想像するためよりも、はるかに多く地獄の劫罰を呼び起こす方に配慮している。イヴァン師があらかじめ提起した問い（「しかし、地獄がどのようなものであるか、誰が言ったり、理解することができようか。地獄が持っている悲惨さのごく一部でさえも。」）は、全く形式的なものだ。なぜなら、彼はその答を知っているのだから。

ノアの方舟の時に来たった大洪水よりももっと恐ろしい融けた硫黄の洪水。ソドムを焼いた大火よりも、はるかにものすごい大火。漆黒の闇に満ちた独房。火と硫黄の池。この恐ろしい処には、恐ろしい悪魔しかいないし、燃えている石炭の上で寝なければならない。しかし、これらはまだ地獄の状況の一部にすぎない。

想像力はおそらく規律化され、道徳化されてしまっていて、もはやここでは、悪魔アルカン〔中世俗信の夜鬼王。後に道化化してハーレクイン（英）、アルルカン（仏）、アルレッキーノ（伊）となる〕の全速力で走る騎馬行列の中で、白熱した切っ先に串刺しにされリズミカルに揺れる裸の娼婦が見出されることはないだろう。ここではおそらく、民衆の想像力と、その陽気で残忍な地獄とに対する完璧な断絶が生じている。地獄は、抑圧の道具であって、想像力を刺激するためには具体的でなければならないが、悪ふざけを引き起こすものであってはならないのだ。

変化するにせよ、しないにせよ、民衆向けの地獄は制度化され、いささか合理化されたものとなってしまい、この消費市場〔民衆への布教〕を超えるレベルを目指している著作家たちは、罰を受けた人々を肉体的に苦しめる感覚の刑罰（あるいは、諸刑罰）と、「神を見失うことに由来する」永遠の劫罰という刑罰との間にある中世以来の差異を体系化している。

異論の余地なき引用に支えられながらも、前者〔感覚の刑罰〕は、最も内面的な宗教家たちに問題を投げかける。彼らはエリート向けに、あまり断定的ではない、隠喩に富んだ解釈を展開している。たとえばヤンセン派のニコルは慎重に、地獄の拷問と、神に見放された人々の魂による発見とを同一視するという解釈へと向かう。これらの人々は、「神の愛を知らず死に、……霊魂が望んでいるあの至福から永遠に追放される」。そして、他の人たちが強く主張したのは、永遠の劫罰の性質についてである。たしかに、信仰深い著作家たちの間の対話という高いレベルにおいては、異なる感性を反映して、いくつもの裂け目が現れることはさけがたい。フェヌロンが、神への恭順に対する絶対的信頼の突出の果てに、（聖パウロと同じように）自らも劫罰にかけられるという考えを甘受すると宣言したところで、ボシュエは、フェヌロンが地獄を感覚への刑罰に単純化しているとして非難する（もしそうならば、なぜ神はその子供たちを拷問にかけるのだろうか）。一方で、彼にとって重きをなすのは永遠の劫罰だけで、それにより神の恩寵を失った人間は神の憎しみの中でしか生きることができないという所へ追い込まれてしまう。しかしながら、反宗教改革の開始期のベラルミーノ〔一五四二―一六二一〕から、一八世紀中葉に至るまで（シンサルト師〔一六九六―一七七六〕が『罰の永遠性に関する普遍的教義の擁護』についての論説を上梓したのは一七四八年である）、下層民向けの地獄と、上流社会を脅すための地獄との間の調子の違いがどんなものであろうとも、カトリック派の言説は変化せず、一本化されている。

プロテスタント派における地獄は、確立された教会においては、〔ヤンセン派の〕ニコルが述べた地獄とさほどかけ離れてはいない。カルヴァンは、放蕩者を地獄と「歯がみ」〔マタイ伝八―一二〕で脅しつけていたが、しかし彼にとって、地獄の火に真の実在性を与え、それをかき立てているのは、まさに絶望である。アウグスブルク信仰告白（一五三〇年、第一八条）は、英国国教会の諸箇条（第四二条）と同じく、煉獄を重視するカトリックの教義とは対照的に、刑罰の永遠性を強い調子で肯定していた。一七世紀の論説は、これらの真実を追認しているにすぎない。英国国教会派の神学者で『金の鎖』（一五九二年）の著者であるW・パーキンスは、罰を以下のように定義している。すなわち、それは神の現存の剥奪であり、自分の最も秘められた罪を自ら責め立てる混乱状態であり、より具体的には悪魔や劫罰を受けた者との共棲であり、同じく魂と肉体の両方に対する恐るべき苦痛である。しかし、カルヴァン派の救霊予定説のきわめて悲観論的な解釈において、パーキンスはジョン・ダンと同じく、神の隠された意図の中で地獄に行くべく生まれついた者の悲劇的な運命を強調している。地獄とは、本質的には神の現存とまなざしを失うことなのだが、それでも古典的なイメージ――火、硫黄、闇、屍をかじる蛆虫、歯がみなど――が喚起されることもある。たしかに、信徒集団のレベルでは、このような地獄は反宗教改革の地獄に負けず劣らず威嚇的なものだった。ニューイングランドのピューリタンはこの教育を極限にまで押し進めていて、そこでは一八世紀中頃まで、説教師がしばしば地獄における永遠の責め苦について黙示録的な言説（抽象的ではあるが）を広めている。例えばジョナサン・エドワーズ、あるいは、その有名な好敵手でリベラルなチャールズ・チャーメイがそうだが、彼は「邪悪と闇の場所」を喚起している。一方ボストンでは、一七一三年にサロモン・ステッダードが『人間を罪から引き離すための地獄の恐怖の効用』という手引書を上梓しているが、その言い回しは反宗教改革派の著作家と何も変わるところはない。行動的なピューリタニズムは、今日ではおぞましいと見えるけれども、たしかに恐しく効果的な手段によって、地獄についての生き生きとした恐怖を青少年たちに浸透させるという教育法において成功したように見える。それらを読むなら、わずか七歳の子供であったエリザベス・シューエル〔一八一五―一九〇六。イギリスの女流小説家〕が恐怖を感じ、喚き声をあげた理由がよく理解できる。彼女は、サタンの手先がうようよしている地獄におりていくと考えただけで、泣き出したのである。

煉獄の世紀

地獄に対する恐怖、それは、来世だけでなく、厳格に秩序づけられた現世そのもののイメージの要石である。この共通の基調があるとしても、カトリックの側が煉獄の魂に贖いの可能性を認めたことにより、カトリック世界とプロテスタント世界との間に深い断絶が生じたことは覆い隠しようもない。前の世紀に生じたこの深い裂け目は、その豊かさと、その結果の広がりとをやがて示すことになる。一七世紀のバロック時代は、煉獄にとってはおそらく偉大なる世紀であろうが、すでに触れたように、トリエント公会議はプロテスタントとの闘いの一環として煉獄に栄誉を与えていた。アボット・エズラ〔文献一覧、四〇〕が来世に関する文献について作成した一覧表は、今日から見ると古いけれども今なお有用である。そこにおけるグラフの曲線を追ってみると、結論には重みがある。彼がその始まりから一八六〇年代まで目録を作成した煉獄関連の文献の中で、二一七点のうち一三六点、すなわち六二%が一五八〇年から一六八〇年の間、特に一五八〇年と一六四〇年の間に書かれている。より直接的で、より新しい調査は、これらの無味乾燥な数字を確認するだけでなく、その進行状況も説明してくれる。一五六〇年から一六三〇年の間のプファルツ選帝侯領においては、プロテスタントの宗教書はカトリックのこの主要な迷信〔煉獄〕に対するカルヴァン派の論争に重要な位置を与えている。イデオロギー闘争が最高潮に達するのは一七世紀の初めの三分の二においてだが、フランスにおいては一六八五年のナントの勅令の廃止の直前に新たな勢いで再燃する。プロテスタントの攻撃に対抗して、反宗教改革派は煉獄の意義を強調し、明確にし、展開する。この教育的・司牧的活動は、大衆への普及という点では目覚ましい成功を博した。その試みは、イメージの洗練と、その普及という二つの段階を踏んでいたと言える。一九五〇年代に至るまでほとんど変わらない形で永続する来世についてのこの表象モデルが配置されたのが、まさに一五八〇年から一六五〇年の間であるというなら、おそらく単純化しているかもしれないが、事実を歪めてはいないだろう。

ベラルミーノ以来、『煉獄論』は増加している。フランソワ・ド・サルは煉獄に重要な地位を与えており、死者に対する我々の義務を定義した彼の一節（「死者の思い出について」）が頻繁に利用されるだろう。それは良い情報源――一六世紀初頭の聖女ジェノヴァのカタリナの煉獄論――を参照する辛辣な解釈であるが、その一方で、多くの者はより安易にアイルランド風の煉獄を活用し、時代の需要に応えるべく中世からの遺産を遅ればせに再活用して、ヴァンサン・ド・ボーヴェ〔?―一二六四〕や聖ペトルス・ダミアニ〔一〇〇七―七二〕の本が出版される。ベラルミーノは、引用においてはフランソワ・ド・サルほど完璧主義者ではないが、トリエント公会議の精神の半ば公式の代弁者であり、公会議以後に重くのしかかっていく擬地獄としての煉獄の定義を押しつけた。

その頃、特に活発だった煉獄の「高貴な」図像が広めたのは、まさにこのイメージである。この運動の震源地だったイタリアにおいては、ティントレットから、一六一四〜一六一七年にヴァレーゼのサン・ヴィットーレ教会で仕事をしていたG・B・クレスピ、別名イル・チェラーノ〔一五五七―一六六三〕のようなカラヴァッジョ派を経由して、サルヴァトーレ・ローザ、あるいはグエルチーノ〔一五九一―一六六六〕に至るまでの伝統があった。しかし、反宗教改革の他の地点も負けてはいない。エル・グレコ、フィリップ・ド・シャンパーニュ〔一六〇二―七四〕、そしてカトリック圏の境界では、トゥールネの司教座大聖堂でルーベンスが、ロレーヌ地方でカロが、この集合的形象化の新しい規範の確立に参加した。中世後期の技巧（牢獄、凍りついた湖）は捨てら

38) ティントレット、グエルチーノ、サルヴァトーレ・ローザその他の画家たちが、反宗教改革の新しい煉獄の規範をイタリアの教会の壁に定着させた。パルマ、ピナコテック（美術館）。

れ、一六世紀においてまだ顕著だった煉獄のイメージと最後の審判や辺獄《リンボ》のイメージとの混合は見られなくなる。それ以後、煉獄は、裸の人間たちが炎に焼かれる地獄となる。しかし、少なくともフランスの論説では、地獄は和らげられている。スペインはこの頃、刑罰を重んじる解釈に固執していたので、地獄の博物館をうらやむ必要が全くないほど、煉獄の博物館を拷問道具でいっぱいにさせている。

フランスの概説書や絵画、そしてイタリアのそれでさえも（たとえ、ティントレットの絵画に醜悪な蛇が忍び込んでいようと）、この浄めの場では用のない悪魔のような、様々なアクセサリーは取り除かれてしまった。しかし、それは、人が煉獄で苦しむことはないという意味ではない。炎のみが表現している感覚の刑罰、希望のみが改めさせる永遠の劫罰、これらが恐るべき罰であることに変わりはない。宣教師のグリニョン・ド・モンフォールは、自分の活人画を陽気にしようとして、「哀れな魂たち」に次のような讃美歌を歌わせている。

ああ、私たちはどれほど苦しんでいることか！
誰がそれを理解できるだろう
私たちは泣き、私たちは叫ぶ
誰も私たちのことを聞こうとはしない……

しかし、祈りが「死者の口の中でその力を失う」としても、それは「イエス＝キリストの恩寵によって、我々の口の中では絶大な力を持つ」のであって、そうであれば「哀れな魂」に救いがないということはない。図像はそれを表現し、この地下の場所に――悪魔の代わりに――天使を配置する。一人の天使は罪を浄めてしまった魂を捜しに来る。別の天使は苦痛を和らげている。このように苦しんでいるは確実だが、救済手段がないわけではない魂の中間的な地位について、例えばフランソワ・ド・サルは次のように解説している。魂は、「神と持続した結合関係にあり」、「神の意志に完璧に従うものであり」、「それが神の嘉みし給うところであるから、自発的に、愛情を込めて」自分を浄めようと専心している、と。この地位から、生者にとっての義務の総体、一つのプログラムが生み出される。それは、生者の関心と結びつき、死者に対する生者の義務を明確にする。煉獄における魂を描いた何枚かの絵画はそれをはっきりと描いているが、実例となりうる何枚かの絵の中で、私は、かつてサヴォワ地方のケージュの小さな教会にあったかなり素朴な技法で描かれた絵のことを思い起こす。その後、この絵は他の絵とともに消失してしまったのだが、この絵では、聖母マリアが煉獄の上に現れ、名も知れぬ取りなし人にロザリオを与えている。その両側面に二つの図がある。一方の絵では、住居の扉のところで、住民が頭陀袋をさげた一人の貧者に施し物をしているが、もう一方では、教会の聖歌隊席で一人の聖職者が死者のためのミサを捧げている。

煉獄で苦しんでいる魂のために生者が与えなければならない身振りと祈りは、バロック的な死の儀式の構成要素となっているので、私はその枠の中でこれらの身振りと祈りについて描写を行なうことになるだろう。さしあたっては、この解釈の基礎となっている救済の経済学の内面のレベルにとどまることにしよう。神への絶対的服従を余儀なくされた魂の浄化時間を促進させることができるのは、生者の祈りと慈善行為である。そこにあるのは、民衆宗教においては長い間慣れ親しんだものだった二つの世界〔生者と死者〕の間の対話についての高度に体系化された新しい解釈である。

中世の「アルミエ」、魔女あるいは魔術使いは、聖職者という公式の、そして排他的な仲介者に取って代わられてしまった。教会の外に救済はない。対話は貧弱なものになった。古いシステムでは、交流は相互的で、死者はしばしば我々を訪れていた。我々が――一六五〇年から一七五〇年の間に――目にする煉獄モデルは、死者と生者の相互交流を不活発なものへと追い込んでいる。おそらく、すべてがそうだというわけではないだろう。幻視の中で、哀れな魂は自分自身については無力だが、生者のためには祈ることができるし、取りなしをすることができる、さらに、その祈りがとても効き目があるという啓示を得たのは、パレ＝ル＝モニアル〔ソーヌ＝エ＝ロワール県〕の女性福者で、聖心《サクレ・クール》信仰の先覚者としてよく知られたマリー・アラコックである。〔生者と死者の〕よい相互協力関係の手順がこのように示唆されているのだが、それを表明したのが聖女ゲルトルート、あるいはジェノヴァの聖女カタリナの伝統を引き継いだ修道院の世界だったことは、我々には偶然ではないように思われる。しかし、このモデルはすでに民衆に受け入れられていたのだろうか。信仰の手引書は、この点をまったく無視しているわけではないが、それを強調してはいない。私の知る限りでは、社会の基底部において、煉獄の魂のためにではなく、煉獄の魂において実際に体験された証言は多くはない。刷新された家族的感性の一環として、それらの証言が急増するのは一九世紀になってからである。

　死者と生者との間の感傷的と言っていいほどの親密な対話が実現するのは一九世紀のことで、それはまだ流行してはいない。実際には、我々が考察している時代にあっては、死者のための生者の祈りは、様々な段階の仲介からなるはるかに厳密な階層制を通過している。例えば、間もなく我々が再発見するであろう兄弟信心会という人間による仲介がある。しかし、まず第一に、取りなし人のパンテオンからなる天上の仲介がある。この頃大量に普及した煉獄の奉納画は祈りの垂直的な構造を視覚化している。底辺部を構成する地下の煉獄、地獄、あるいは荒野の上方には、魂が神に接近していくための階梯が重なっているのだが、神というよりは聖母と諸聖人の仲立ちを得て、むしろキリストへと接近していく（父なる神は、プロヴァンスの資料〔奉納画〕では、一八世紀の初めの三分の一世紀まで、一〇分の一しか現れない）。

　罪人が救済を期待できるのは、キリストの受難の功徳があるからである。マルセイユの司教ベルサンス猊下

〔一六七〇―一七五五。一七二〇―二一年のペストの大流行の時にマルセイユにとどまって市民を励ました〕は、「すべての人の救済のために苦しまれたイエス＝キリストから、地獄に落とされない恩寵を賜る」ようにと、この言葉を祈りの中に差し挟んでいる。パリの遺言書の中で、このキリスト崇拝が最も明確になるのは一七世紀中葉である。煉獄における魂を描いたプロヴァンスの奉納画では、キリストは一七三〇年までは、その七五〜八〇%に現れている。しかし、曖昧さがないわけではない。十字架にかけられて死んだキリストの憐れな図柄はほとんど完全に消失する（一六〇〇年から一七三〇年までの間で、平均して二〇に一の割合）。それは受難のイメージが消滅する前触れである（一八世紀末には全面的に消滅する）。成人のキリスト、より暗示的には、十字架と傷口を指し示しているキリストは、絵の中では多数派を形成してはいない（三〇%から二〇%へ下落している）。優位を占めるようになるのは幼子イエスである（四〇〜五〇%）。これは、母マリアの偏在に我々の目を向けさせる。

この時期の聖母崇拝については多くが語られている。このテーマは、異論も多いが、死に直面していたトリエント公会議以後のカトリック世界においては、否定しがたいものである。常に「我らの弁護者」マリアであった聖母は、態度を変えてしまう。彼女はもはや、わが子に乳房を指し示す中世末の聖母ではないし、マントの下に人間を護る慈悲の聖母でもない。煉獄の魂を描いた祭壇画の中では、ピエタ（悲しみの聖母）のイメージすら後退し、最終的には消失してしまう。一八世紀末のフランスに現れ、優位に立つようになったのはマドンナ（麗しい聖母）のイメージであり、一〇分の六を占めている。一方、ひざまづいてわが子に取りなしをする聖母のイメージは、一〇分の二から三しか現れない。受難の想起よりも、その母性的存在が優位を占めている。

聖母が特に選ばれた取りなし人であることは確かだが、それは彼女一人だけではない。人が煉獄の刑罰を軽くしてもらおうと訴えかけるのは、天上界の存在すべてに対してである。まさに死のうとする時、人が懇願するのは守護天使に対してである。「最後の闘いの時に、恐ろしい裁きから助かりますよう、私をお守り下さい」。直接的には守護聖人に、より広くは、天使、聖人、神に選ばれた人びとの共同体に、あるいは、プロヴァンス地方の遺言書に書かれているように、「天の宮廷」に向けて懇願がなされる。その功徳と祈りこそ、生死のよりどころとなる。

カトリックのシステムは、贖宥の肯定と普及の中にその一体性を見出すことで、それを保っている。贖宥とは、悔悛の手引書の定義を繰り返すならば、「イエス＝キリスト、聖母マリア、諸聖人の贖罪行為の適用」だが、トリエント公会議はその効用を力をこめて確認した。その後のことはご存知のとおりで、恩寵〔富〕の規模においてペルーの銀山にも匹敵するこの莫大な宝物庫〔贖宥状〕を開発するために、この時代は驚くべき会計簿を作り上げていく。数多くの実例の中から、一七五四年にマルセイユで編纂された上級職人の信心会の規則を引用することができる。そこでは、信心会の暦に沿って、毎日が贖宥の洪水である。

一二月四日　聖女バルバラ　一〇〇〇年
　五日　聖サバス、修道院長　一〇〇年
　六日　聖ニコラウス　全贖宥
　七日　聖アンブロシウス、司教で教会博士、全贖宥で五〇〇〇年
二四日　聖デルフィヌス、司教　全贖宥で一万五〇〇〇年
二五日　クリスマス第一、第二ミサ、全贖宥、第三ミサは一五万八〇〇〇年
二六日　聖エティエンヌ〔ステパノ〕、全贖宥で一五万八〇〇〇年
二七日　聖ヨハネ、使徒で福音史家、全贖宥で一万五八〇〇年

及び煉獄の魂一人の解放

現代の我々を驚かせるのは、必ずしも庶民というわけではない公衆すべてにとって、来世の組織化が持つことになる本質的な特徴である。煉獄は、祭壇の上に、地底の擬地獄の空間を組織しただけでなく、人間の肉体的な時間を文字通りに転写した持続期間を、罪と罰の厳密な体系化に基づく内的規範として受け入れた。儀礼的身振りの中で厳格に実践される宗教は、ミサの数を数え、大ロウソクの目方を手に取って量ることにより、〔贖宥の〕年数を数える経済学になってしまった。

かくして、来世の絵図は我々を盛大な葬儀というシステムの別の面へとじかに導く。バロック時代に盛大なる葬儀は、終末〔死、審判、天国、地獄〕に対する集合的な精神的投資の大きさを反映している。

苦痛礼讃の雰囲気

しかし、その前に、結論ではないにしても、少なくとも最初に表明された疑問の一つに答える必要がある。死後のモデルとは、一つなのか、二つなのか。

反宗教改革のカトリックにおける煉獄の重要性についての最終的展開は、〔プロテスタントに対する〕断固たる対立という印象を残している。しかしながら、時代の集合的精神という情景において、この〔新旧両派の〕対立は、たしかにその重要性を過小評価すべきではないが、それでもやはり信仰上の裂け目とは別に、現実の一体性を定義しているだけでなく、社会の骨組に沿った別のタイプの裂け目を連想させる、一連の別の特徴と交差しているようにも思われる。

受け入れられた教義がいかなるものであれ、最も際立った共通の特徴は、まさしくこの時代の苦痛礼讃的な雰囲気である。トリエント公会議以後のカトリックの教義から、大西洋の両岸のピューリタンの説教師において我々が見出した地獄の威嚇的な解釈に至るまで、救済に関する見通しにはたしかに明らかな同一性がある。だが、我々はここで反省し、別の方向へと疑いはじめる。ある時代の雰囲気を、この苦痛礼讃的なシェーマに還元することができるのだろうか。バッハのカンタータのこだまが返り、家族日誌や、何らかの語りの中に見出されるように、迫害の時代にあってさえも動じなかったフランスのプロテスタントたちの泰然とした告白がある。おそらくこれは、プロテスタント――グリフィウスからダン、あるいは『キリスト者のソネット』を書いたドルランクールに至るまで――の側でより多く見出される利点であろうが、彼らに特有のことではないし、反宗教改革派の数多くの宗教者にも見出されることである。選ばれていることを知っているグループと、情け容赦のない死の司牧活動によって恐怖に陥れられている大衆との間で、裂け目はいかにして生じるのだろうか。

この章（あるいは、これらの章）の結論として、我々は、実際は解決できないと自覚していても、「なぜ」という大問題を提起せずにはいられない。なぜ、この時代は始めから終りまで、ほとんど常に悲観的な見通しの中で、それどころか悲劇的な見通しの中で、このように死と救済にしがみついたのだろうか。我々が提起した歴史人口学の決定論は、ここではその限界を告白している。中世末期のように、機械論的な簡略化の危険を冒さずにすべてを説明することは不可能だし、おそらく、その本質的な部分を説明することすら不可能だろう。より秘められた様々な原動力は、社会システムと、それを横断する諸運動の深部に隠されている。

救済と地獄の上に作りあげられたこの時代の恐怖の中に、疎外とイデオロギー的抑圧のシステムの本質的な部分を見出すことは困難ではないだろう。しかし、だからといって、それをマキアヴェッリ的な策略の産物とみなしているわけではない。それどころか、我々は古典主義時代の「大いなる封じ込め」の同時代的発展について幾度も参照してきたのだから、国家にとっても支配者にとっても、この救済の体系がいかにして抑圧的な社会秩序システムに同化し、それを存続させ、その保証となり、要するにその要石となることができたか、それを理解することは容易なはずだ。このシステムはアメと鞭の政策をあやつり、地獄の恐怖で大衆を恐怖に陥れながら、彼らにそこから抜け出る希望を残していたとしても、結局は煉獄という牢獄の中に、かつての無気味な死者たちを閉じ込めることしかしなかった。こうした解釈は単純すぎると思われるかもしれないが、それは「狂信」と「迷信」の世紀を断罪した啓蒙哲学やフランス革命の解釈であり、この時代〔一七世紀〕の著作家たちの間にも断固とした保証に事欠かないだろう。そして我々は、古典主義時代における地獄の理論家たちの判断を引用したが、彼らはそこ〔地獄〕に地上の秩序の維持にとって不可欠な一要素を見出し、それを記述したのである。

しかし、この解釈が、ブルトン人や北米のヒューロン族のような貧しい人々にのみ向けられたものではない、ということに変わりはない。臨終の床で恐怖心を引き起こす司牧活動に、我々は、王侯貴族の死者の部屋でも間もなく再会することだろう。さらには、隠れたる神――パスカルとヤンセン派の神――に関するゴルトマンの分析〔『隠れたる神――パスカルの「パンセ」とラシーヌの演劇における悲劇的世界像について』一九五五〕を想い起こすなら、この時代のエリート層、つまりルイ一四世統治下の司法・行政官僚たちが、時代の進展によって不安定となり、この世で生きるにあたっての苦悩と困難さを反映するこの救済に関する悲劇的な見通しを秘かに自分自身のものとしていなかったかどうか、問うてみることもできるだろう。

二つの解釈は、おそらく矛盾するものではないだろう。人を騙し、騙されるエリート層によって下層階級が従わされる。いずれにせよ、この世界観――そして来世観――の延長上に、死の儀礼体系と言ってもよいひとつのシステムがバロック世界の枠組の中に配置され、それを華々しく色どるのである。

第19章

盛大な儀式

古典主義時代の死の観念における生と、その様々な来世観を論ずる時、我々はいまだ肝心な所で集合的表象についての言説の段階にとどまっていると言われるかもしれない。身振りと儀礼のレベルに移ること、それは、司牧活動の要請に与えられた答の整合性や、その大きさを確かめる以上のことである。たしかに、まずもって私がバロック時代――あるいは古典主義時代と言っても同じことだが――における死の盛大な儀式と呼ぶものは、この時代全体が死に投げかけた、痙攣しているような、あるいは催眠術にかかっているような、そのまなざしのダイレクトな翻訳である。死が、人生の終わりである以上に、その成就であると感じられていたとするならば、人生の最後に伴う示威行進のインフレーションに驚くことはない。

しかし、この態度と行為の複合体へは、社会的表象の表現と欲求の総体が、さらには変貌する家族構造の総体が投下されている。そこには様々な要素があり、宗教がそれらを美化してとりつくろうこともあるが、時に矛盾がないわけでもない。さしあたり、ひとつの実例を挙げるだけだが、ドイツ、スカンディナヴィア、あるいはイングランドでバロック時代の巨大な家族の墓が教会へと華々しい闖入を行なったのは、プロテスタント派の教会が仰々しい葬儀や埋葬を禁止し、非難した直後だった。社会的表象の直接的な表現と、それを反映する宗教的瞑想との間には微妙な弁証法的関係が支配しているが、二つの潮流は混ざりあい、強化される。このシステムの凝集力についてはいずれ考察しなければならないが、今のところは、その諸要素を明らかにするように努めることにしよう。

よき死

これらの諸要素は、その一部が全く新しい創作ではないので、それを把握することは比較的容易である。盛大な葬儀から、「死後」の催しものの氾濫まで、その多くは中世末期に誕生した身振りの延長に過ぎない。しかし、この形式上の連続性は、その実体的な変化を覆い隠すものではない。「バロック的」死を一五世紀に位置づけるなどという誤り（フィリップ・アリエスが陥った先取り）を冒したくなければ、以下の事実に気をつけなければならない。つまり、バロック的な死とは古典主義時代の社会に一般化することになる死の王侯的なシステムの極限状態であり、その広がりそれ自体が根本的な質的変化を担っている、ということだ。

最も容易なことは、ここで古典主義時代の人間を臨終の床において見てみることだろう。死の瞬間に対する強いこだわりは衰退している。それはもはや——少なくとも以前と同じくらいには——救済か劫罰かというすべてが演じられる「悲劇の場面」ではない。『往生術』の古くさいイメージを最も執拗に、時には烈しく拒絶しているのはプロテスタントたちである。私たちにとってなじみの典拠であるフーカーは次のように述べている。非業の死を避けるために、いくら祈っても無駄だ。最も重要なことは、ヤコブ、あるいはモーゼの死のイメージにかなった死を得るために、自ら備え、祈ることだ、と。そしてジョン・ダンは、瀕死の人の枕元で悪魔の存在を呼び出すことがあるとしても、臨終の床で悔い改めることには何も期待していない。赦免と終油の秘蹟という通過儀礼の最も重要な秘蹟を廃止してしまった教会としては、この固執は容易に理解することができる。

しかし、その見掛けにもかかわらず、カトリック派も少なからず足並みをそろえている。D・ロッシュは、私にとって非常に有益であった死に関するフランスの著作の全般的な内容分析の中で、言説の総体において生じた根本的な変化を強調している。生きている間、あるいは「健康な状態にある間」、〔死に対して〕長い時間をかけて準備することは、一六〇〇年から一六五〇年までの間では、全体的に見ると論説の三分の一の分量しか占めていなかったのだが、一七世紀後半には半数近くに増加している。逆に、臨終と死の直後の儀式は、同じ時期に五〇%から三〇%へ下落している。ひとつの変化が確実に生じており、それは図像によっても確認できる。反宗教改革派の教会、特に地中海沿岸の教会では祭壇（そして兄弟信心会）の数が多いのだが、その図柄が同じように繰り返されるために、ほとんどうんざりするほどの粘り強さを持つ一枚の絵が見出される。それは、一七世紀前半に現れ、一八世紀まで流布していて、一六五〇年から一七五〇年の間が頂点と思われる『瀕死の聖ヨゼフ』である。図像におけるこの革新は驚くべき出来事で、すでにエミール・マールに強い印象を与えていた。そのパラドックスはよく知られている。本当のことを言うと、私たちは新約聖書の中での聖ヨゼフの死についてはほとんど何も知らない〔福音書においてはキリスト降誕物語以外ではほとんどヨゼフについて記載がない〕。しかし、この時代は、その必要に応じた一連の伝承によってこの沈黙を満たしている。聖ヨゼフはキリストの磔の時にはいなかったから、その時にはすでに死んでいたにちがいないのだが、彼の死はやはり模範とならざるをえなかった。こうして、ひとつの情景が合成される。聖ヨゼフの臨終の時、彼のまわりには聖母マリア、聖ヨハネ、そして息子であると同時に聖職者でもあるキリスト自身がいる。キリストは、ヨゼフに終油の秘蹟を施すことができないので、天を指し示し、そこからは精霊が鳩の形をして降りてくる。この情景は、あらゆ

MIROIR DE LA BONNE MORT. Image 10.
Regarde & fais ſuivant ce Modéle.
Jeſus prenant le Calice, ayant rendu graces il le donna a ſes Diſciples, diſant;
Cecy eſt mon Sang du Nouveau Teſtament. S. Luc. 22.
Par ces paroles que Noſtre Seigneur dit a ſes Apoſtres, pendant la Cene, il s'obligea a faire ſon Teſtament avant de mourir; le Malade doit apprendre de la, qu'il doit faire le ſien, afin de s'aſſeurer d'une heureuſe mort.

39)「このお手本をよく見て、それに従え」。ダヴィッド・ド・ラヴィーニュの『大往生の鏡』(アントワープ、1673 年)の挿絵となったローメイン・ファン・ホーヘの版画。パリ国立図書館。

る要素から構成されており、模範的であるだけに一層、よき生の成就としての「よき死」の理想的イメージとなっている。

フランスが聖ヨゼフの死のテーマを偏愛しているのに対して、他の国の表現はより露骨である。スペインでは「よき死」というテーマは画家たちにとって古典的な題材であり続けていて、彼らはそれを伝統的な技法で描き出している。イタリアでも同じである。フランスにおいてもそうだが、このテーマはむしろ民衆版画のレベルで取り扱われている。

しかしながら、実態はこのモデルが示唆するほど単純ではない。急死に対する恐怖が民衆の心性とその民間伝承的な表現に深く根ざしていることは確かである。司牧者の説教のレベルにおいてさえ、この移行期においては二つの言説が混ざりあっている。自信に満ちていて、よき生の継続に価値を置く言説の一方で、恐怖を最後の昏倒から死に至るまで永続させる第二の言説が、矛盾をものともせずに、並置されている。絶望は、カルヴァンにとってはこの上ない罪だったが、他の多くのカトリック著作家にとっても同じくらい不安の種だった。マルセイユの司教ベルサンス猊下は、悪魔の隠喩として「手あたりしだいに人をむさぼり喰う」ライオンを引き合いに出し、臨終の床で次のように締め括っている。「我々が、もしこの決定的な時〔臨終〕に死に敗北してしまうなら、我々にとってはすべてが失われ、打つべき手もない状態になる。もしそうなったら、私たちは今いる状態から永遠に動くことができなくなるだろうということに思いを巡らして、恐怖にかられない者がいるだろうか」。威嚇的教育の信奉者であるグリニョン・ド・モンフォールは、彼の讃美歌の中で、臨終にあたって罪人があまりにも遅すぎる懇願を行ない、キリストにも、その母マリアにも拒絶されるという場面を描いている。

イエス「お前は、私の愛の呼びかけを馬鹿にした。今度は、私がお前の呼びかけを馬鹿にしても正当であり、妥当でもある。私は、お前の不安を意に介さない。お前の偽の悔い改めを意に介さない」

マリア「生きている間に、私に祈るべきでしたし、改心すべきでした。いま私に祈っても、遅すぎます。なぜなら、私は、お前をもはや助けようとは思わないからです」

このようにして、臨終の床のシーンがドラマティックな重みを保ったこと、聖ヨゼフの大往生という安心感を与える図像と並行して、もう一つ別の図像が時にはより近代的なスタイルで『往生術』や時禱書のテーマを再現していることが理解できる。例えばアブラアム・ボス〔一六〇二—七六。フランスの版画家〕の一七世紀前半の有名な版画においては、悪魔に包囲され、助けてくれる天使すらいない金持の死と、貧者の清い死とが比較されている。ボスは例外ではない。ブレモンは、彼の古典的な『宗教感情の文学史』の中で、一七世紀の論説に挿入された版画が依然としてこれらのテーマを繰り返しているものの、それがテキストに対応していないことに驚いている。とはいえ、テキストと図像のズレの中には、まさに二つのモデルの間で分裂した時代の曖昧さが刻み込まれている。

トリエント公会議後のカトリックでは、臨終はこうして積極的な介入を要求したから、聴罪司祭の役割は不可欠なものとなる。そして、手引書は彼らに一つの方法、さらには教育法を提示するよう努めている。それゆえ、ブランシャールの著書は、絶えず再版され、八つの段階からなる一連の勧告を提示しているが、それは「健康を阻害された病人を慰めるための一般的忠告」に始まり、「終油の秘蹟を受けた後の病人になすべき処置」で終わっている。たとえラルマン師のような人たちが、「各人は優しさと心の動きに従い、病人を助け、看護してくれる人の光と思惟に従って行動するのがよい」と考えたとしても、時代の全般的傾向は積極的行動主義に向かっていた。死にゆく人は、来るべき自分の死を無視したり、自分自身の内に閉じこもったりしてはならない。威嚇的な聴罪司祭の世代全体は、死にゆく人々を信仰に呼び戻し、積極的に参加させる役割を引き受けている。我々にはおなじみの熟練者であるブランシャールが、聴罪司祭用の決まり文句の中で、臨終の人に向かってどれほど細心に呼びかけるべきであるかと提案しているところを見てみよう。

もはやあなたは命永らえることを当てにできないのだから、自身の救済に有効に専念し、死への準備の最後の仕上げをするように努めなさい。灰と埃にすぎないあなたの体は、埃に戻るでしょう。……肉体は、ただの動物の体のように動きを失い、醜くなって墓に葬られることでしょう。……もしもあなたの生命がもっと永いものであったなら、あなたの不幸と罪ももっと増えていたことでしょうが、死はそれらに終止符を打ってくれるのです。

このショック療法は、死を和らげてもよいような最後の昏睡状態を前にしても妥協することをしない。セヴィニェ夫人は、卒中で倒れたコンティ大公夫人がこうむった死の激痛を前にして当惑したままである。「彼女は意識が全くなく、ほんのわずかの良識ある言葉すら発しませんでした……意識が戻るかと思われましたが、もはや口をききませんでした」。そこで、彼女は自分の考えをうち明けている。

私は、昨日、臨終の床にいるこの聖なる大公夫人に会いました。彼女は、意識を取り戻そうとして彼女に加えた苦痛のために、惨めな姿になっていました。歯は抜かれ、髪は焼かれていました。……この死については、様々な見方があるでしょう。彼女の家族や友人にとっては辛いものですけれども、彼女は、もはや死を感じないし、ずっと死に備えてきていましたので、とても幸福なのです。

この最後の指摘の中には、言説というよりは現実の体験のレベルにおいてだが、死に対する二つの見方、そして二つの実践から生じた葛藤が刻み込まれている。セヴィニェ夫人は、数多くの他の人のために証言しているのだろうか。

たしかに、臨終専門の聴罪司祭の群の中には、クラッセ師のように穏やかなやり方の信奉者もいる。しかし、彼自身も言っているように、クラッセは共通の慣行を反映しているわけではない。模範的な死の一つは、フランソワ・ド・サルのような時代を支配している聖人の死である。彼は、肉体的、精神的な恐るべき苦痛に耐えた。すなわちツチハンミョウの膏薬、次に「二度にわたって焼鏝《やきごて》の先で突く」、さらに第三の試練では、「焼鏝を頭蓋骨に押し当て、膏薬を首筋から額にかけて引き剥がし、そして鏝を頭に差し込んだので、すごい煙が立ち上り、頭蓋骨は焦げてしまった」。瀕死の人の枕元では、熱中した聴罪司祭たちの新たな攻勢が付け加わる。「一人の修道士が娘を聖母訪問孤児院にあずけることを望むかどうか尋ね、……一人のフイヤン修道会士は、悪魔への恐怖を抱いていないかどうかを尋ねた。また別の者は、一二使徒の中にも悪魔の誘惑によって背いた者がいたと説いた」。これに対して聖人は、たどたどしく、安心と無頓着な言い方で応えていたが、しまいには「彼はもはやしゃべらず、大声で話しかける田舎者のフイヤン修道会士に対しては、眼を天に向けるのみだった」。今日では、熱心に延命治療を行なった医者が告訴されている。いにしえの司牧者の熱意を前にして、我々は茫然とするばかりだ。

こうしたことは単なる意外性ではなくて、公式の解釈の反映だったことを理解しようと試みなければならない。臨終の床にいる病人を動員し、無理矢理儀式に参加させることも、まず第一には魂の救済の優先権によって正当化される。年齢的には逆だが、似たような手続きとしては、すでに言及しているように一七世紀においてもなおも廃れていないのものとして、「死産児の祭壇」がある。それは大ロウソクの熱で死産の子供を暖め、見せかけの生を（奇蹟によって）取り戻そうとするものだが、それによって洗礼を執り行ない、魂を救うことが可能になるのだ。

しかし、この第一段階の解釈〔魂の救済の優先権〕は、それがいかに重要なものだとしても、すべてを説明しているわけではない。フランソワ・ド・サルの場合のように、死にゆく者に人生の過程について質問し、彼を生者の教化に参加させ、それに役立たせようとする貪欲な会衆のあのような熱中ぶりを説明し尽くすことはできない。それを実際に説明するのは、我々の眼前で公然と展開している社会的儀礼である。

公開される死

この〔死との〕劇的な対決が完了するのは、おそらく、成功した模範的な死（聖人の死）においてであり、その穏やかなささやきによってである。クラッセ師は、死に行く人に随伴の言葉をささやくために、臨終のベッドをとりまくカーテンを開く。彼は、我々のためにそれを次のように言い表している。「愛する人〔夫〕が語るやいなや、私の魂は溶けてしまった、と奥方は言う。愛の言葉を聞く時、神との一致の中にある魂は、火のそばの蠟のように溶けてしまう」。そして、次のように注釈をつける。「彼らにはわずかしか語ってはならない。そして優しい声で、思いやりのあることを、とりわけ愛、信頼、自分自身との別離、孤独、犠牲、ミサ、結婚、天国などを……」。さらにまた、幾人かの男や女の神秘主義者たちが身を投じている追悼と法悦の境い目にある死のシミュレーションの中で、この時代の神秘主義的作家であるブレミュール夫人のような人たちは、終油の秘蹟を、身も心も分からなくさせる幻惑的な儀式だと言っている。

おお、私の救い主よ。あなたの血で目薬をつくって、それを私の目にさして下さい。どうか、あなたの目の中に、私の目をはめこむことをお許し下さい。そしてあなたの巡礼の日々の間中、あなたのまなざしを導いた精霊が、死に至るまで、私のまなざしを支配して下さいますように。聖なるイエスよ、あなたは幾度もご来臨になり、私の口を神聖なるものにして下さいました。これからはあなたの精霊の動きによってしか話ができないように、今日は私の口をあなたのものとして下さい。

我々は、――同時代の人々自身がそうであったように――両立すると想像するのが困難であるような二つの解釈の間で揺れている。一つは、最後の瞬間の秘密を尊重する極端な慎みの解釈で、内面化の欲求の最初の発顕であるが、もう一つは、教会の教育的・司牧的願望とエリート社会の集合的儀礼志向とが融合した「見せ物としての死」の華やかな解釈である。恥じらいと慎みとは、その特徴を定義すれば、痕跡をまったく残さず、沈黙を尊重するように強いることである。心理小説の道を開いたラ・ファイエット夫人は、『クレーヴの奥方』の中で、アンリ二世であれ、クレーヴ殿であれ、その主人公たちの死を、あえて素気ない、ほとんど同じ調子で描いている。しかし、この慎み深さの実例を示している著者は、彼女が仕えていた王弟オルレアン公の妃アンリエット・ダングルテール〔一六四四―七〇。イギリス国王チャールズ一世の娘で、フランス国王ルイ一四世の弟オルレアン公フィリップと結婚する〕の死については、詳細を極めた長文の記述を残している。当時の回想録を満たしていた物語の誘惑に屈したのは彼女一人ではない。

私は、まず第一に、この種の文芸を取り上げる。なぜならば、物語が急増し、主要な表現形式のランクまでにのし上がってきたのみならず、それが死に対してますます高い地位を与えたのがまさに一七世紀中頃だったからである。フロンドの乱の時代、フランスの宮廷人の間では、レス枢機卿であれ、モットヴィル夫人であれ、モンパンシエ夫人であれ、その他のより無名な人々はいうに及ばず、死の物語に関心が集中し、時にはその描写が数十頁にわたって展開する劇的な瞬間となった。しかし、回想録のみが大往生（よき死）の年代記というわけではない。当時はこの種の話を集めた本が出版され、教化文芸はこの分野をその部門の中に数えあげていた。ブレモン大修道院長がそれを活用して以来、アナール師の非常に普及した著作『ある俗人たちの大往生について』はよく知られている。しかし、これは一例にすぎない。当世風の聖人伝が復活したので、各種の修道会の責任者やその御用作者たちは、その修道会に名誉を与える大往生の年代記を、あるいはただ単に、長生きをして模範的な生涯を終えた大人物の伝記を普及させる気になったのである。ここで再びブレモン修道院長に登場してもらうのだが、彼はこの時代の宗教指導者の一人だったランセ師に見られたある種の宣伝行為について苦言を呈していた。トラピスト会の再興者であったランセ師は、悔い改めてトラピスト会士になった盗賊（ミュス師）から法衣をまとうようになった貴族に至るまで、彼の修道士たちの教訓的な死の物語を宮廷世界へと広めたのである（彼自身がどのような死に方をするか誰が知ろう）。

しかし、文芸だけがすべてではない。追悼演説は、それ自体について改めて語る必要があるだろうが、それは一六世紀以来、肥大化し、複雑になって、その性質を変えている。〔演説の中の〕伝記的領域では、死が生に勝利している。トリュシェが指摘しているように、[61]ルイ一三世の治世末期から、「臨終」の語りがますます発展してくる。そして最後に見られることとしては、家族日誌が昔よりは控え目でなくなったのと同様、書簡芸術がしばしばこれらのエピソードにこだわるようになったことである。死のスペクタクル、あるいはスペクタクルとしての死にすべてが集中する、情報と視線の一種のネットワークが形成される。

一七世紀中頃のフランスにおいては回想録を読むように仕向けられるが、それらはあまりにも多すぎて選ぶのに困るほどだ。自らが作曲した曲を臨終の床で演奏させたのはルイ一三世である。マザランは大胆で、最後まで優雅に飾り立てていた。特にアンリエット・ダングルテールの、ルイ一四世の宮廷における思いがけない死は、回想録作家たちによって様々に受けとめられ、また説明されたし、さらにボシュエは、彼の最も名高い追悼演説の中のひとつにおいてその死を喚起している。おそらく、それほど有名ではないが、その展開において模範的なものはルイ一四世の母后アンヌ・ドートリッシュの臨終と崩御であろう。これは、モットヴィル夫人やモンパンシエ夫人〔一六二七―九三。ルイ一三世の弟オルレアン公ガストンの娘〕――フロンドの乱で有名な大マドモワゼル――の『回想録』の中で取り上げられ、描写されているが、そこでは当時の大貴族が生きた人生の道筋が典型的に描写されている。

二つの相補的な語りは、一六六六年の母后〔アンヌ・ドートリッシュ〕の臨終の接近、彼女が患っていた病い（癌の一種）の悪化、それから生じた宮廷生活の混乱について述べている。王家の守護聖女である聖ジュヌヴィエーヴの聖遺物櫃を公衆に見せる行列がパリまで下ってくる。病人にはその病状が知らされることになり、一人の高位聖職者、オーシュの大司教が彼女にそれを率直に告知する。「陛下《マダム》、あなた様の病いは悪化しており、重病だと思われます」。彼女は、この言葉をみじろぎもせず受け止める。「なぜなら、ずっと以前から、彼女はこの宣告に備えていたから」だ。司教は王妃に、良心の究明によって告解の心構えをするよう促し、それを年代（結婚の前と後）にそって述べるように指示した。王妃はこの義務を実行したが、特に熱心にというほどでもなかった。なぜなら「私もその一人だったが、何人かの人が部屋にとどまっていて、王妃はそれを気にしていた」（モットヴィル夫人）からだ。それは軽信と言うべきだろうか。とにかく、王妃の包帯をかえるために侍医たちが部屋に入ってくる。それは常に公衆の面前で行なわれるのだが、傷口から出る悪臭と、その悪臭を覆い隠すための香水の香りにもかかわらず、王妃は腫れ上がった腕を曇りのない目で眺めて言う。「私の腕は腫れ上がっていますね。今こそ、旅立つ時です」。

けれども、王妃はただで退場することは許されなかった。王母君にその死を告げるよう、きわめて強い調子で居並ぶ高位聖職者に命令を下したのは、その子である国王である。「つまり諸氏は、六ヶ月の病いののち、母が秘蹟も受けずに死ぬことをお望みなのだな。そのことで私が咎め立てされることはないだろう。母君の現状では、気休めを言っている時ではない」。これは公式の布告であり、「力強く、キリスト教的な平穏さによって」受け止められたが、同時に「激しい死の恐怖」（モンパンシエ夫人）をも伴いつつ、半ば私的ないくつかのエピソードへの導入となる。はじめに紛れもない告解、次に完璧な規則に従ったバレーの順序による国王、王妃、そして二人そろっての入場があり、死にゆく人の別れの言葉と母としての忠告を受ける。だが、すぐに公的儀式が再開する。宮廷全体が、臨終の部屋を群となって満たすのだ。すでに小教区から聖体を連れ帰った後、オーシュの大司教が「この世で最も尊ばれているあらゆるものの無益さ」について、さらに「母后が神の前に立たされ、その行ないによって裁かれる恐るべき瞬間」について、公開の場でたっぷりと説教をする。臨終を迎える病人に対する終油の秘蹟に先行して、宮廷人の面前で、今度は公的な別れがあらためて国王一家全体に対して行なわれる。臨終がいかに辛いものであっても、それは公共のものであり、模範となる価値を保持している。死にいく人と、オーシュの大司教との対話は続く。大司教は祈り、引用と念禱を続け、母后は痛みがひどくなり、うめき声を上げるまで謙虚に答え続けた。「とても苦しい。もうすぐ死ぬのではないでしょうか」。大司教は即座に「神様がお命じなさるままに」堪え忍ぶようにと厳しく命じる。夜明けに、念禱と詩篇の朗読の最中に、突然、恩寵が来た。

このほとんど中断することのない死の公開性は、我々の感覚からすると衝撃的ではあるのだが、おそらく、

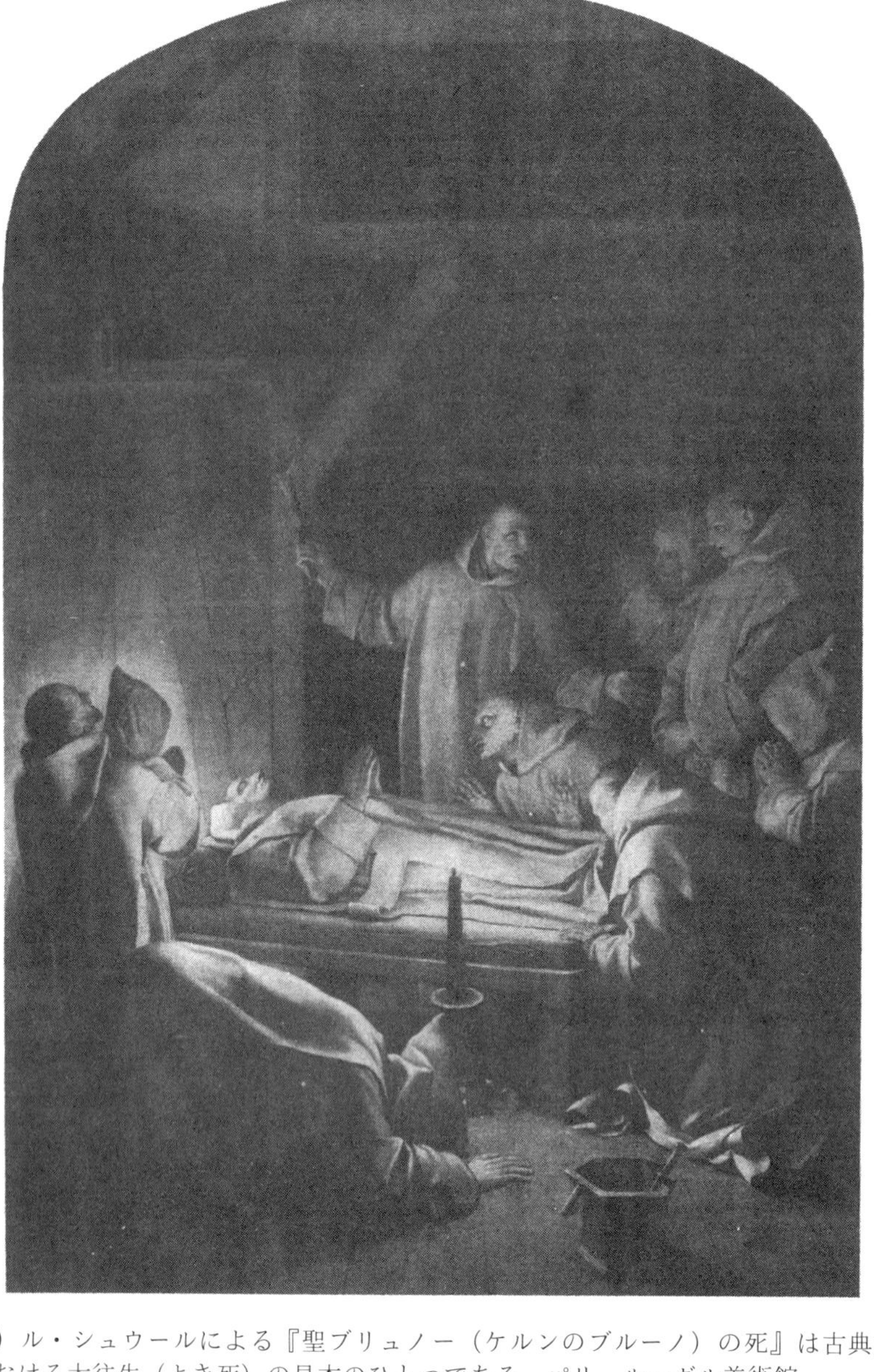

40）ル・シュウールによる『聖ブリュノー（ケルンのブルーノ）の死』は古典期における大往生（よき死）の見本のひとつである。パリ、ルーヴル美術館。

この話の中で我々を最も驚かせるのは、儀式の進行において劇的で模範的な性格を維持しようという配慮がなされていることだろう。家族でさえも全体の中の一要素であり、この儀礼の中では限られた地位しか占めていない。次いで、関係者の入室順序の非常に儀礼化された性格が明らかになる。それは非常に厳格な礼儀作法に従う見せ物の演劇的性格を強めるものである。しかし、この形式化は現実の厳しさを免れているわけではない。公開された死とは、来世に関する不確実性とその危険の中で、面と向かって率直に告げられた死でもある。

可視化された模範

この実例に見られるような王侯貴族の死の儀礼は、集合的感性についての信頼できる証言となっているのだろうか、またどの程度まで、他の社会集団へ拡大適用することが可能なのだろうか。

王侯貴族の死は、窮屈な礼儀作法を伴なってはいるが、修道院で聖性の香りに包まれて死んだ修道士の中にその模範的なお手本を探し出そうとする〔キリスト教的〕モデルの一ヴァリエーションにすぎない。その展開は、俗人向けのスペクタクルに求められる模範とは異なってもいるし、また非常に似かよってもいる。大芸術、すなわち教会の宗教画は、このテーマ（伝統的な聖人画）を熟知している。例えば聖ブリュノー（ケルンのブルーノ）〔一〇三三頃〜一一〇一。ケルンで生まれ、ランスで学んだのちシャルトルーズ会を創立〕の死を描いたル・シュウール〔一六一七―五五。フランスの画家。パリの修道院のために二二点の「聖ブリュノーの事蹟」を描いた〕のすばらしい絵は、飾り気がないと同時に劇的でもある。聖人の硬直してはいるが、平穏で模範的な横臥像に光を集めながら、うす暗がりの中でそれを取り囲んでいる修道士たちの中に、苦悩と感動の多様で悲壮な、それどころか劇的ですらある表情を浮かびあがらせている。しかし、〔模範であるためには〕最大級の聖人である必要はない。スペインの絵画は好んで無名の福者を取り上げ、彼らの親しみやすく、おそらくはより生き生きとしたイメージを表現している。例えば『福者シモン・デ・ロハの死の物語』では、作者自身も無名だが、ある修道士の平穏なイメージが描かれていて、また〔同じ題の〕別の絵画では、中世の伝統に則って、修道士の口から「アヴェ・マリア」と書かれた吹き流しが出ている。

これらの絵画を見ていると、その模範的なイメージを見ている民衆的な観衆という存在に思いがはせる。私は偶然に、その確証をアルルの博物館の小さなガラスケースの中に見出した。それは、かつて普及していたパン粉や紙粘土で作られたクレーシュ〔キリスト生誕の情景模型〕風のミニチュア人形のセットである。そのテーマの一つは、数多く作られ、家庭の信仰対象となったが、それは一人の修道女の神聖なる死を形象化したもので、彼女は天蓋付きのベッドに横たわり、一人の僧侶が臨終の聖体拝領を行なっているが、その一方で村の人々が居並び、死にゆく人の枕元で祈っている。このように親密なものとなった神聖な死は、私が語ってきた「よき死」の最も浄化された形態にすぎないのだろうか。いや、それ以上の何かがある。聖人伝の数を増大させていく日々の聖人は、フランソワ・ド・サルのように、死の近いことを予感し、周囲の人々にそれを告げ、しばしば悦びをもって、時としては不安を感じながら、それを迎えている。ブルトン人のイエズス会士ジャン・リゴルック師は、自分の病気が重篤であると思われた時から、「全生涯にわたる全体的な公開の告解」を行なうことによって、死に備えることを切望し、彼はそれを一週間にわたって年代順（生涯の諸段階）、問題別（罪のカテゴリー）の見取り図に基づいて組織した。それは彼にとって、「神の裁きに強い不安を抱いている」にもかかわらず、自分の臨終が歓喜の日となるだろうということを内面の啓示によって知るための努力だった。南仏の説教師イヴァン師は、倒れ込んだ時、子供の頃から身についたプロヴァンス語で叫んだ。「おお、神様。いったい私はどこへ行くのでしょうか」。しかし彼はすぐには死なず、「顔が真紅に、美しくなり、あらゆる方向へ光を放っているように見えた」ので、見る人に尊敬と崇敬の念を抱かせた。人々はこのように聖人の臨終に押しかけてきたが、それは見られ、瞑想されるためにあるのだった。そして、聖人の死後、聖遺物に貪欲な民衆は聖人の遺体を我がものにしたのである。

これらの美わしい死が普及するにつれて、公開性と模範性という共通の基盤が、修道院でも宮廷でも姿を現し始める。しかし、聖人たちは皆が皆、修道服や僧衣を着て現れるわけではない。法服貴族、司法官、あるいはブルジョワたちも、より控え目だが、同じくらい模範的な美わしい死の物語を反響させている。セヴィニェ夫人は、その往復書簡の中で、彼女の友人である「哀れなサン＝トーバン」の死を詳細に描いている。それは長々しい、模範的な儀式で、言うなれば、人々は一団となって毎日やってきた。なぜならば、「全くキリスト教的に、平和と平穏さをもって一人の人間が死ぬのを見るのは、逃してはならないチャンスだからです」。「物音一つせず、混乱も悪臭もない部屋……束ねていない髪、深い静けさ……すばらしく確固とした弔辞、何ひとつとして無意味なものはありません。最後に、今までに見たことのないものがありました。……ああ、我が娘よ。あなたはこの神聖な情景に感動することでしょう。私は、苦悩ではなく、慰めと羨望を感じました」。嘔吐、唾、臨終の最後のゼーゼーいう音は、そう言ってよければ、「消去されている」ようだ。すべてが溶け合う一体性の中では、このゲームを全く楽しんでいない厄介者の妻さえ、この熱心な共演者（セヴィニェ夫人）の眼からは隠されてしまう。「この小女の叫び声はモレル師によって押さえこまれました。この神聖な家にはキリスト教徒しかいてはならなかったからです」。とはいえセヴィニェ夫人はショックを受けたのである。

この儀式は、宮廷の儀式ではまったくない——それは、見せびらかしと誇示の対極にある——が、非常に厳格な規則と暗黙の掟にしたがっている。それは、家族日誌に見られるような司法官と高等法院評定官のおごそかな死において、別のスタイルではあるが、極限まで形式化されることになる。ニコラ・パスキエは、宗教的であると同じくらいに家父長的な儀式でもあった父の死を次のように回想している。

彼は、頭から帽子をとり、手助けもなしにまっすぐに身を起こし、そして手を合わせ、目を天に向かってまっすぐに見上げ、神に〔聖体拝領の〕前と後で祈りを捧げた。次に、子供たち皆に祝福を与え、彼らがよき人として生きるように、彼らが父の葬儀を執り行ない、墓にその遺体を安置する時にも、彼が生きている時に彼らの間に培っておいたのと同じ団結を維持するように、そして子供たちがそれを約束し合うなら、彼は満足して死ねるであろう、との願いを述べた。

要するにこれは、ストア派の英雄の説教で語られているような古代ローマ的であると同時にキリスト教的でもある、美わしい死である。たしかに、家族的な儀礼は、すでに見たように、またルイ一四世の告別のシーンに古典的な形で示されているように、君主の臨終においてもその役割をになってはいるのだが、豊かな劇作法が持っている内面的な意味を与えてはくれない。貴族的エリート（たいていは法服貴族）、あるいはブルジョワ的エリートのモデルを通じて明らかになるのは、おそらくは〔宮廷儀礼の〕変異以上のもの、むしろ将来の突然変異の発端となるものであろう。フランスの司法官たちは、きわめて古い――おそらく古代ローマの――伝統に戻ろうと考えていたのかもしれないが、未来の二世紀にわたるブルジョワ的な家族の死を準備することになる。

死の盛大な儀式という共通の分母の上に幾つかの分子が乗っていて、その一時的な組み合わせがモデルの意味内容を説明する（公的な死、家族的な死、キリスト教的な死、あるいは「神聖な死」など）。ところで、民衆、都市、あるいは農村というカテゴリーに目を向けるならば、そこにおける死のモデルの浸透度は不均等だし、文化的な伝統に従って非常に異なる形でこのモデルを反映するので、どうしても曖昧だという印象を持ってしまう。民衆的な死の内側へと――容易ではないけれども――入り込むことができたとしたら、これらのモデルのそれぞれがそこに作用を及ぼしていることに苦もなく気づくだろうが、そう言ったとしても特に奇をてらっているわけではない。

共同体全体によって共同で行なわれる公開の死は、農村、あるいは都市の街区の古い連帯関係のキリスト教化された伝統を継承していて、もはやこの点に立ち戻ることはしないが、それは大部分の伝統社会においては確固とした特徴の一つであり続けている。一六八五年にマルケッティ師によって書かれたマルセイユの民間習俗の中に、「近隣の者全員」が臨終の部屋を埋め尽くしたという描写があるのは、おそらく偶然の一致ではないだろう。王侯貴族の死の公開性と、民衆の死の公開性との間には、多様ではあるがまとまりのある中間的（媒介者的）社会集団があり、それはより内面化された実践（儀礼）へと向かい始める。さらに――これは研究の現状においてはひとつの願望にすぎないが――マルセイユの事例が地中海的特殊性をある程度まで示している、またそれが、カトリックではあっても北にあるヨーロッパよりも、スペインからプロヴァンス、あるいはイタリアに至る都市市民層の中により定着している、と予測することはおそらく可能だろう。一八〇〇年になっても、シャトーブリアンはローマで彼の心の友の一人であるボーモン夫人の臨終に立ち会い、聖体の秘跡についてやってきた無遠慮な群衆で臨終の部屋があふれかえっていることに気を悪くしている。この時期おくれの記述は、地中海の都市に根ざしている都市慣行の力を証言している。

しかし同時に、フランスにおけるある程度の農民層、大規模もしくは中規模の耕作者、つまり「自営農民《ラブルール》」の中においても、ニコラ・パスキエの父親の例に見られたようなエリート層の家父長的な祝福の民衆版に出会うことは珍しくはない。父親の臨終の床に家族が集合する、それは勿論、家族の中核に限定された集まりではあるが、まさにラ・フォンテーヌ寓話の原初的場面である『寓話』第一集、巻の五〔岩波文庫〕。

ある富裕な農夫は、死が近いことをさとって、
子供たちを呼び寄せ、ほかに人がいないところで語った。

これは、ありのままの場面だろうか、それとも、何らかのモデルの反映だろうか。いずれにしても、ここで問題となっているのは、富裕な農民である。

さらに――以下に述べる事例の代表性、あるいは典型性については同様に曖昧ではあるが――、修道院における聖なる死の物語が、時としてこの民衆世界の中でも見出されることがある。そこでは、アナール師の年代記が語っているように、ひとつの逆説が正当化されている。「天の火は……しばしば泥へと変わる。その意味するところは、真の、そして確固とした信心は、むしろこの世の屑であり塵であるように見える貧しき者たちの中に見られる、ということだ」。それは、一六三三年、二五歳にしてペストに斃れたニヴェール〔ベルギーに近いフランス北部（ノール県）の村〕の哀れな娘、カトリーヌの物語で、ブレモン〔『宗教感情の文学史』〕が古典主義時代の死に関する章の中で詳細に引用している物語である。この驚くべき出来事が人の心を動かすものであったことは認めなければならない。カトリーヌは、ペストに感染したことを覚り、黙想派〔聖フランチェスコ会原始会則派〕の司祭たちを呼びにやらせたが、彼らは彼女から遠く離れて臨終の聖体拝領と終油の秘蹟を執り行なった。それから彼女は、妹に付き添われて、墓場への道を辿る。慎み深い乙女は、片手に大ロウソクを、もう片方の手には聖水盤を持っていた。ミサのための指示を与え、通りがかりの隣人たちに挨拶をし（公開された死は巡回をする）、自らの罪を赦すように頼む。墓地に着くと、彼女は自分の墓穴を掘らせ、今や穴に身を

投じようとしたが、そこには続々と農民たちが駆けつけてきた。彼らははじめは敵意を持っていたが、やがて好奇心をいだき、ついには改心して死体の担ぎ手になった。最後には、一人の司祭があらためて告解をさせたが、その直後に、「この祝別された魂は、大いに心をこめて、『イエス様、マリア様、ヨゼフ様、聖女カタリナ様、聖イグナティオ様。我をたすけたまえ』と唱えながら、天国へと昇って行った。我々は、敬虔なる気持からそう信ずる」。ニヴェールの哀れな娘カトリーヌは、彼女なりの流儀で、我々が王侯貴族たちの所で行なわれるのを見た儀礼の行程を新たな形で再生している。それは、極端で例外的な事例だと言われるかもしれないが、最後の助けの呼びかけに聖イグナティオの加護を求めたこの信心深い女性には、イエズス会の民衆司牧活動の浸透が大いに感じられる。「よき死」の説話集は、提案されたモデルの評価を引き上げている。

しかし、おそらく教化文芸よりもはるかに直接的なのは、見せ物としての死による教育法であり、それは死を集合的感性の共通の出会いの場として提示する。それは、死刑執行という公開の死である。そこでは王侯貴族も庶民も一緒くたになってしまう（人々は席を熱心に求め、肩を寄せあう）。それについては、記憶にあるように、中世になかったわけではない特徴を新奇なものとして提示しないようにしよう。中世のそれは、あえて言えば、自然発生的なものにとどまっていて、一般的には理論化されたものではない。だがルイ一四世の世紀においては、エリートも民衆もともに競って処刑を見に出かけていった。セヴィニェ夫人は、彼女なりの流儀ではあるが、この分野の専門家である。彼女は、パリからは毒殺犯のブランヴィリエ侯爵夫人や、ラ・ヴォワザンの拷問と処刑を魅力的な文章で詳細に物語り、ブルターニュ地方からは、蜂起した農民に対して国王の兵士によって加えられた虐待と虐殺をいちはやく報告している。しかし、すでにリシュリューは、気晴らしのために、「信心狂いのベルナール師を呼んで、彼が刑場での執行に立ち会った囚人や、絞首刑囚の話を物語らせていた」、また小説好きのタルマン・デ・レオーや、ラ・ロシュフーコーのようなモラリストもまた、「車刑に処されようとして処刑台の上でバタバタ足を動かしている」従僕のような卑賤な連中において臨終がどのように進行するかを知ろうとするために、ろくでもない連中とつきあうことを断らないようにしていた。これらの文芸的な証言の亜流としては、ローカルな死亡告知の年代記において、家族の新生児のありふれた死亡よりも、日常生活の単調さを断ち切る見事な処刑の描写の方により多くの頁を割いている家族日誌や仕訳帳がある。個人的な記述証言を残さない人々に関しては、集合的な記述の中に彼らの振舞を反映したイメージを見出すことができる。たとえば、モンモランシー殿の死の物語の中では次のように書かれている。

「処刑が行なわれた瞬間、宮廷審問官が戸を開いたままにしておいたので、死体を見ようとした群衆が信じられないほどの勢いで入ってきた。……彼らは、ほとんど互いに押しつぶさんばかりに押し合いへし合いしながら、少しでも処刑台に近づこうとし、ハンカチに飛び散った血を浸そうとした。何人かの者は、感きわまって血を啜り、すべての者が泣き崩れた……」

この最後に指摘されている部分からすぐに導き出されるのは、あきらかに複合的な現象についての解釈である。この群衆にとって、モンモランシー殿は罪人である以上に聖人のようなもので、処刑は、依然として「哀れみ」による和解のための盛大な儀式であるが、同時に、逆説的だが、神聖なる死の最も表現力豊かな形式のひとつである。神聖なる死とは、来世の罰をあらかじめこの世で贖うことによってなされる、神との和解であると同時に、このカルヴァリオの丘への苦難の道を、その細部に至るまで濃密に生きている他の人々の社会との和解でもある。宗教の言葉を用いたこの時代の支配的イデオロギーに刻み込まれた形式化された思想のレベルでは、死刑は、必ずしも神聖な死ではないとしても、やはり模範的な死であり、人生という牢獄からの解放であり、つまるところ、その身体性においてキリストの受難という典拠に最も近い死であり続けている。なればこそ、牢獄の中の〔イングランド〕国王チャールズ一世の最後の瞬間と最後の思想について、なぜグリフィウスが一書を捧げたかが分かる。チャールズはやはりキリスト教的な英雄であり、カトリックの伝統の中におけるような殉教者ではなく、むしろモデルであり、瞑想への媒体なのである。しかし、この浄化され、血生臭くないプロテスタント的な解釈〔グリフィウス〕は、十分そう感じられるように、死のスペクタクルに対してエリートと粗野な人々が共に寄せている極端な関心の一面しか説明していない。それは苛酷な世界から生まれる自然な残忍さであり、そこにおいては、組織化された権力者の組織化された抑圧的な暴力と並行して現れる大衆の暴力が、民衆的な高揚の中で、肉体を切り裂く自然発生的な自らの儀式、すなわち殺戮それ自体から発生するカーニヴァル的な祝祭を生々しく創出するのである。

運命的な瞬間

フランスにおける事例をもとにしたバロック的な死のモデルの説明が、どこまでプロテスタント世界に当てはまるのか、という問いが発せられて当然である。

差異は、最初から認められる。形式面では、終油の秘蹟の廃止が確実に臨終の条件を変化させている。臨終の聖体拝領は、今世紀初頭に研究されたプファルツ選帝侯領のルター派においては維持されているが[62]、カルヴァン派はそれを回避しており、少なからぬフランスのプロテスタント派の家族日誌を信頼するなら、この支援方式は一般には全く行なわれていない。牧師（神の言葉の執行者）の存在さえも、同様の曖昧さを帯びている。ルター派や英国国教会では、より発達した儀礼に執着し続けているために、牧師は当然のことながら支援者として臨終の場に立ち会っている。これもまたプファルツ選帝侯領のことだが、死に臨んだ人の枕元に呼ばれないと不満を漏らす相当な数の牧師の声が記録されている。しかし同時に、牧師たちは多くの場合、不可欠の人物というわけではない。ポワトゥー地方のある家族日誌の中に記された、ありのままの情景から判断できるように、役割は死にゆく人に割り当てられている。

主の日、一六六四年一月二三日日曜日午後二時に、私の母、オーヌ・フォンタノーは、辛くやるせない、その生涯を終えた。……彼女はしばしば言っていた、自分はこの不幸の谷を去らねばならないし、生きていることに嫌気がさしているので、救い主キリストとともにあるために引越すことをひたすら望んでいたし、自分の罪の黴と汚点をすすぐため、死の訪れを辛抱強く待ち続けていた。……〔彼女は〕いと高く至高の神の裁きの輝きに火をつけるためには、干草と藁を焚くだけの正義と慈善行為しか持ち合わせてはいなかったけれども、神は私たちの過ちと、私においてはさらに大きな過ちとをすべてお赦しになって、次のように言われた。「イエス＝キリストが十字架の苦しみによって私のために獲得した功徳の中に、私は唯一の希望を求める」。それは、この信心深い女性が病いの間に交わした神との対話であり、しばしば聖書の中から学びとったよき考えと瞑想だった。この時彼女は、悪魔が投げつける燃え盛る槍を斥けるための正義の甲冑を身にまとっていたのだ。なぜならば、彼女の信頼と慈悲は、すべての参列者に次のように言わしめたから。つまり、彼女が信奉する、純化され改革された教会という畠に神が蒔かれたよき種を彼女は今や収穫するのだ、と。そのあとで彼女は私に、自分を見習うように勧め、祝福を与えた。最後の言葉は、「主よ、私には分かっておりますが、もしあなたが私をここから引き出すことができるのでしたら、そしてまさに今、私が死ぬのを望んでおられるのでしたら、私もまたそれを望みます」というものだった。

バルト牧師が祈りを捧げるために呼ばれた。ようやく、彼女は息を引き取った。

しかし、そうであったとしても、死は、模範の表明という公開性の性質を保持している。この訴えかけがなされるのは、広い意味での家族という枠組の中においてである。ポワトゥー地方の一家の家庭的な親密さに当てはまることは、宮廷世界のような、より大きな枠組、あるいは環境にも当然、当てはまる。フランス宮廷で我々が見た死とほとんど異なることのないエリザベス一世の公開の死が思い浮かぶし、同様に、死が信仰のための処刑や殉教というイメージをまとう時には、公共の広場においてもそうである。フランス新教徒の伝統は、その年代記の中に、ルイ一四世治下のカミザールの乱の指導者の一人であるエスプリ・セギエのような、英雄の「うるわしき死」の思い出をとどめている。セギエは右こぶし切断の刑を毅然として受け、刑の執行人に向かって、豪胆にも「もっと堪能するようにと言いながら」、左のこぶしを差し出したのだった。さらに、一八世紀になっても、一七五五年にアルプス地方で、ラン牧師は次のような言葉を吐きながら、処刑台へと上っている。その言葉は、次のような歌となって伝えられている。

ラン様が、死の間際におっしゃった
子供たちよ、勇気を持て
何も恐れることはない
死に打ち勝つ者は
生命の冠を得るだろう
それが最良の宝だ

これらの余りにもばらばらのデータを集めてみると、明らかな差異の彼方には、公開され、自らの責任において受容された見世物としての死という共通のモデルが、宗派とは無関係に勝利を占め、この時代の主要な特徴の一つとして刻み込まれているという印象が依然として強い。二つのシステム〔宗派〕の間には相互感染があり、そこに世紀を通して膨張し続ける上昇運動を想定してもよいのだろうか。おそらくそれでは、固有の社会的雰囲気の役割を過小評価することになるかも知れない。けれども、死の「バロック的」モデルの強靭性は何といっても印象的だ。例えば、『キリスト教徒のソネット』を書いた技巧派の詩人ドルランクールだが、彼は牧師であり、シャラントン（パリへの東側の入り口）の牧師の息子だったが、父親自身もよき死に方の指南書を書いている。ドルランクールは、死に瀕した人間に語らせた一連の詩の中で、病人の枕元に両親や友人を次々と入室させるが、瀕死の男は恐怖を表明するのではなく、彼らをはげまし、希望のメッセージを与える。しかし、原則において彼の儀式は、我々が他の所ですでに記述した儀式にきわめて類似したものである。

盛大な儀式は、死の瞬間に止まるものではない。それは、ボシュエ流に言えば「第二の生」と呼べるものに向かって大きくあふれだしていく。このような生の延長は人々の心を捉え、おそらく、この時代の集合的感性における意味作用をより内側から理解するようにと導くだろう。

臨終の部屋で断末魔の苦しみにもだえる死のイメージから離れることにしよう。死の苦しみは、隠されてはいないが、そのかわり図像表現の中で新しい地位を占めるようになる。新しいタイプの肖像画が生まれ、死の瞬間のイメージを永続させる。それは、最後の痙攣に歪む顔でも、腐敗の進行でもなく、ましてや後世の人のためにポーズをとる時代はずれの横臥像《ジザン》でもない。様々な場所で我々が出会うように、このタイプの肖像画は一般的には穏やかな印象を与えるもので、証人に向かって教訓を垂れるなど、際立って生の最後の外観を保っている、あの一七世紀前半の見事なイングランド絵画ほど明示的なものはない。それは、控え目に、悲壮感もなしに、郷士と思しき人の居宅での母親の死を紹介している。郷士は亡くなった妻の枕元に座り、こちらを見ている。彼は、平然としてはいないが、厳粛なおももちであり、そのかたわらで一人の子供が足下で遊んでいて、死によっても破壊されない家族の絆の力を証拠立てている。寝間着とナイトキャップ姿の死者は、最後の瞬間の混乱の中で疲れ果ててはいるが、ほっとした風をしている。

　数多くの画家が、これらの証言となる絵を描いたが、それは見る者の心を惹きつける。例えばフィリップ・ド・シャンパーニュは、まだ産着を着て眠っているような子供の死の肖像画を描いた。他方フランスでも、イタリアでもそうだが、すでに見てきたように、衝撃的な「よき死」の主題が頻繁に登場するスペインでは特にこの傾向が見られる。例えば、亡くなった内親王や修道女は敬虔な様子で横たわり、冠をいただき、棕櫚の枝を手にしている。貴族も、王族も同じだ。あちらこちらで支配的になった――一七世紀末にボカネグラが描いた『死せるアロンソ・カーノ』に現れているような――安息のイメージだが、とはいえ、死がとりうるあらゆる相貌に取り憑かれた時代の感性においては様々な異分子――死体墓像《トランジ》や、切断された首の引きつった笑い――を排除するものではない。

第20章　第二の生

兄弟よ、いわば我々の弱さが死の恐怖を覆い隠さんがために我々に発明させたこれら第二の生が、いかに短く、いかに脆いものか、理解しない者があろうか。この世の富者よ、眠り続けよ。そして、その亡骸の中にとどまれ。ああ、もし、あなたたちの死後数世代の後、それどころか何年か後に、あなたたちのところに戻ってみれば、あなたたちは忘れ去られ、名前はくすみ、記憶はなくなってしまい、友人、手下、さらには後継者や子供の中でさえ、あなたたちの配慮が裏切られてしまっていることを見ないですむように、あなたたちは、大急ぎで墓の中へと戻ってしまうだろう。それが、神の裁きの下で、永遠の憎しみと怒りを積み上げながら、あなたたちが太陽の下で憔悴するまで働いた成果なのか。

地上と俗界の事柄に没頭して死んだと思われていたミシェル・ル・テリエ〔一六〇三―八五。マザランの下で陸相、ルイ一四世の下で首相をつとめた〕の亡骸を前にしてボシュエが読み上げた追悼演説の一節は、この時代の最も本質的な矛盾の一つに向かって鋭く踏み込んでいる。我々が見てきたように、執拗な司牧活動の一環として、キリスト教徒の生涯に沿って大きくなり、臨終の典礼において頂点に達した死の演劇化は、当時、あれほどまでに聖職者たちが厳しく追い払った「第二の生」を確立しようとする別の欲求と一致するようになる。来世ではなく、この世に生き残り、何らかの痕跡を残し、イメージを持続させようとする、この激しい欲求に耳を傾けようではないか。天国あるいは地獄を補う、あるいはそれと張り合うかのように、地上的なものに絶望的だが華麗に根を下ろそうとして繰り返される身振りの数々、それは、中世末期の王侯貴族たちも知っていた欲望であり、ルネサンスがかき立てた欲望でもある。しかし、一五世紀と一六世紀の王侯の葬儀や墓に見られたこのモデルは、もともとは特権層のものだったにもかかわらず、その範囲を超えて、社会的評価のための規範と尺度になるまでに普及している。

身体の変容

屍となった死者は隠蔽されたと言われたこともある（Ph・アリエス）が、それはまだ時期尚早というものだろう。一八世紀中葉に至るまではなお過渡期であり、二つの矛盾する解釈が共存している。不可避的に不連続なものとならざるをえないデータベースにもとづく以上、はっきり物を言わないのは安全なことだろうが、これ〔死体のあつかい方〕は見かけほどどうでもよいことではなく、人間と身体——その生死にかかわらず——の最も秘匿された関係のひとつを表現しているものである。そこでは、三重の変調作用を考慮に入れなければならない。まず最初に、時間における変調。次に、様々に異なった伝承との関係で決まる、空間における変調。第三に、社会的階層秩序における適正化であるが、貧者の死が王侯の死と同様でないということは十分予想がつく。これらの三つが重なることによって、全般的な特徴がはっきりしてくる。

死体を埋葬までむき出しにし、人目にさらしておくのは地中海地方の伝統と言えるかもしれない。多様であると同時に一致してもいる資料から見ると、スペインではこの実例が大量に見られる。貧者にとっては、屍衣が長期間にわたって一般的に行なわれていた慣行だったし、その後も同様であり続けるだろう。屍衣は柩と一体化し、柩は遺体が見えるように開かれている。一八世紀末になっても、カルロス三世の王令は、死者のミサの間、柩を覆うことを繰り返し禁じている（スペイン北部では、バスク地方と同様、異なる習慣に対する抵抗が当然おこる）。図像によれば、予想通り、上流階層の間では慣行が似通っていると同時に異なってもいる。異なっているのは、修道士や司教が僧衣をまとっているのに対して、王侯貴族は盛装で現れることである。死体は神聖に飾り立てられ、修道女聖人の場合、バロック的祭壇にある聖遺物のミイラに似せて、棕櫚の枝と花の冠を持っている。一八世紀初めに亡くなった内親王たちは、腰から下がぴったりした修道女のような服を着て、花の冠の付いたレース飾りの帽子をかぶり、手を十字架の上で組み合わせている。中世の修道士や騎士身分から始まった慣行は、このように少しずつ変化しながら、平民出身の者たちすべてに広まっていく。

スペインの事例から出発して、それをバロック期の南フランスにまで拡大適用することは容易であろう。私たちにとって、プロヴァンス地方の遺言書は、大多数の者の一般的な慣行へと導いてくれるという利点を持っているが、そこでは貧者が屍衣に執着しているのと同時に、柩が一般化していることが読みとれる。しかしながら柩は埋葬まで開かれたままで、葬儀の間は南仏の葬儀の本質的な儀礼の一つであり続けている、あの顔をむき出したままの「市内巡り」が行なわれていた。革新は、ここでは聖職者をお手本にするエリートによって、上から導入される。司祭や高位聖職者は今や祭服をまとって彼らの終の栖《すみか》へと導かれるのだが、これについては、「イタリアで行なわれている慣習に倣って」と説明されることもあり、伝播の流れの方向を示している。僧服をまとった苦行会員と信心会員はその例に倣うことを要求し、次いで名士たちは、男も女も、服を着たままで埋葬されることを望むことになるだろう。要求は、この世紀を通じて、相対的には「民主化」されるが、それほど頻繁になるわけではなく（依然として、それは都市的現象である）、常に異論がなかったわけでもない。次の段階は、「釘でとめられた」柩の普及で、少なくとも一八世紀を通じて、さしたる抵抗もなしに進行したようだ。

地中海モデル（スペイン＝イタリア型、やや薄まった形ではプロヴァンス型）を、北欧の慣行に拡大適用するのは、軽率のそしりを免れないかもしれない。ここでは、フランドル地方で中世末期から見られたように、柩の普及はより早く、より広範である。しかし、トリーア司教区では一六三〇年になっても、墓穴までの移送に使われていた箱を「板」Brett と呼んでいる。トリーアに近いプファルツ選帝伯領では、変化は一六世紀に始まっているが、一七世紀になってもやまず、依然として二つの料金表があり、一つは屍衣に包まれた貧者のためのもので、もう一つは柩の中に納められる人々のためのものだが、一七世紀初頭からは後者が多数となる。転機は、柩が村の素人ではなく、指物師によって作られるという慣習が幅をきかすようになった時に訪れるのだが、例えばトリーア司教区では、一七三七年に法令がそれを規制するようになる。しかし柩が普及しても、後の時代に至るまで、屍衣も遺体の顕示も排除されることはない。死者に服を着せる習慣が定着するのはかなり緩慢で、この慣行に対しては、ドイツその他の司教たちは一八世紀のかなり末になっても好意的ではなかった。

イングランドでは、一六三〇年代まではかなり普及していた最後の「真鍮板《ブラース》」が、その当時、増加していた壁墓と同様、我々がすでに知っているような両端を結わえられた屍衣の形をきわめて正確に描き出している。たいていの場合は、柩が屍衣を隠し込んでしまうのだが、それでも死者が隠されてしまったとは言えないだろう。ヴァイオリンケースの形をした柩は、ニューイングランドで見られるが、時にはそのイメージが墓石に描かれていることもある。柩は、顔に当たる部分が開くようになっており、参会者は死者の顔を見ることができる。この地方では、一七六〇年、それどころか一七八五年になっても、その実例に出会うことがある（母と子供の二つの顔が並んでこの小窓から見えるようになっている柩もあった）。

屍衣から喪服への進化、開いた箱から閉じた柩への進化には、後悔や惰性がなかったわけではないが、同時代人によっては少なからず恥じらいへの配慮と結びついている。だが、人間と身体の複雑な関係の歴史の中で、このような単純な説明で満足できないのは当然である。一八世紀になっても、あるプロヴァンスの司祭は時代遅れの嘆願書の中で、本来の大地へとより早く戻ることのできる簡素な屍衣を自分のために懇願し、キリスト教的ではあるが、全く異なった解釈を想い起こさせている。

けれども、この進化が遺体のキリスト教化として受けとめられたのは当然で、これは主の祈りを唱えながら〔死者の〕両手を組み合わせるという、中世末に始まり、当時普及していた習慣に対応しているが、カルヴァン派の強いプファルツ選帝侯領においてさえも——牧師たちは大いに不満を表明していたが——死者の指の間に大ロウソクを立てることをあくまで行ない続けている。異教の残存をいまだに危惧している教会にとって、死体を「キリスト教化」しようという明確な配慮は、できるだけ早いうちに死体を埋葬しようとする態度に現れている。一七世紀末のパリ周辺の村では、翌日から葬儀が行なわれるようにと司祭が見張っていたし、ラインラント地方でも同じ懸念が見出される。次に、人々は遺体が教会へと運ばれる（それどころか、留め置かれる）ことに注意を払うようになっている。以前はまったく義務的ではなかった死者現前のミサが一般化していく。トリーア司教領において、一五七四〜一五七六年の文書では、ミサの前に埋葬が位置づけられていたが、一六八八年の文書（一七六七年にも繰り返されている）では、その順序が逆転している。

これらすべてのことは、一般庶民においてはあてはまると言えるかもしれない。では王侯貴族、あるいは、それほど多くはないだろうが、庶民出身の有力者の場合はどうであっただろうか。そこでは、いま描写されたばかりの一〇〇年間の変化に対応する、ほぼ共時的な進化を明らかにすることは困難ではないだろう。一五八〇年代、カトリーヌ・ド・メディシスが、自分の〔墓の〕最初の横臥像が裸体であったために、それを拒絶した時、彼女は、それなりの仕方で、いわば決定的な変化を予告していたのであり、それは一七世紀から一八世紀にかけて、二世紀近くにわたって一般庶民のモデルとなる。とはいえフランスとイングランドでは一五世紀以来、その他の地域では一六世紀以来、王侯貴族は、故人の似姿表示というきわめて独特な儀式を取り入れており、一六世紀フランスの国王葬儀では、その最も完璧な実演が行なわれている。かつてはそこに亡骸を隠す手段を見出そうとしたものだが、私の考えでは、それは生の見かけを永続させようとするひとつのやり方だったのであり、この表現法は一種奇妙な発展をとげている。亡骸自体を見せる南欧では、もともとこのやり方に執着してはいなかった。フランス王家とそれを模倣する貴族たちも、一七世紀初頭からは、それから離れていく。アンリ四世以後、もはや国王の似姿を展示することはなくなる。

しかしイングランドでは、この慣行はしぶとく生き残るだろう。イングランドの上層貴族においては、一六七〇年という遅い時期にも、マンク将軍〔一六〇八―七〇。イギリス革命ではクロムウェルを支持したが、のちにチャールズ二世と通じ、王政復古に貢献した〕の葬儀の中にそれを再び見出すことになるが、死を超えて、肉体的外観を永久に保存するやり方の一つである栄誉の品々（剣、胴鎧、楯、馬）の行列儀式は、さらに長いあいだ続くことになるだろう。中世の国王儀礼がより広範囲の貴族集団にまで普及することは、ヨーロッパ大陸でも見受けられる。プロテスタント系のドイツでは、遺体、似姿、栄誉の品々の顕示儀式が、遅れて、しかも執拗に普及していたとの証言がある。スウェーデンでは、国王グスタヴ二世アドルフ〔在位一六一一―三二〕の葬儀があり、これと接触のあった「バロック期」のポーランドでは、一七世紀から一八世紀半ばまで、大貴族から下層の貴族に至るまで、以前のヨーロッパ大陸のモデルを転写すると同時に、地方の伝統に適応した儀式が展開した。

ジグムント一世（大王）〔一四六七―一五四八。ドイツ騎士団やロシアと戦い、ポーランド領を拡大した。またルター派を支持した〕以来の葬儀の伝統の中で、大貴族の家族は、故人の甲冑に覆われた似姿を乗せた馬を教会内陣にまで乗り入れさせることを好んだ。パントマイムが行なわれ、甲冑と楯が派手に壊され、馬から似姿が落下した。これに対して、教会当局は不平を鳴らしているが、この伝統的な儀式に服するように強制された。

バロックの華やかさ

教会の公式の言説と、生きられた慣行との間に見られるゆがみに驚いてみせるほど、私たちはお人好しではない。トリエント公会議の後のカトリック教会において、集合的規律化への努力は一六一四年の葬儀規定の制定へと導いた。これは公会議の実施規定の最後のもので、この分野における集合的身振りを三世紀にわたって支配することになる。この規定は、それなりのやり方で、一三世紀から一六世紀にかけて発展した葬儀の慣行と儀礼の増大を保証するよりも、むしろ統制し、削減しようと意図していたが、この問題に関する先の時代の学者の著作から利益を引き出すことができた。

身振りの主要部分を教会にとり戻し、それをキリスト教化すること、一五世紀に大いに発展した死者のためのミサと、二つの行列（家から教会へ、教会から墓地へ）を簡素化すること、逆に、〔死後の罪障消滅のための〕ミサと棺側の赦禱《アブソルティオ》の重要性を強調すること、これらのことが改革の最も明瞭な特徴である。これに加えて、カトリック再征服のための司牧活動の一環として、もともとは修道士によって修道士のために入念に仕上げられた、おびただしい数にのぼる儀式を一般のキリスト教徒にも適合させる努力が付け加えられるだろう。しかもまた、そう言わざるをえないのだが、そこには苦痛礼讃的な調子が加わる。一六一四年の葬儀規定は、詩篇と伝統的教典の中の『天国ニテ』や『救イニ来テクダサル』の歓喜と希望をとどめているにもかかわらず、『深イ罪カラ』『我ヲ憐レミタマエ』、あるいは『我ラヲ自由ニシタマエ』に見られるような、罪人の不安に訴えかけることの方をむしろ選んでいる。この統合の努力は、以前の慣行の多様性よりも、ローマ典礼、より正確には簡素化されたローマ＝フランチェスコ会典礼を優先させている。故人の自宅への行列は重要なままだが、墓地へと向かう行列は簡略化され、『祝福』と『天国ニテ』の気持を落ち着かせる調子で締め括られる。これら二つの手順の間で、死者のためのミサ（朝課と讃課）は、その重要性を喪失してしまっている。トリエント公会議後の典礼の中では、棺側の赦禱に続くミサが葬儀の展開の中軸となっている。それが庶民であるか、有力者であるかに応じて、儀式の盛大さに様々な程度の差があるのは当然のことである。貧乏人にとっては『死カラ解放シタマエ』だけだが、有力者に対しては様々な棺側の赦禱が何度も繰り返される。この文書は慣行を規則化し、厳格にし、その枠組を固定化してしまった。しかし、高位聖職者の主導による典礼解釈や、地方の慣例との妥協は最後まで重要性を保持し続けた。遺言書の条項に見られるように、讃美歌を伴うミサ（フランス南部の遺言書ではカンタール、またはカンタート）は中心的な部分である（すでに見たように、それはしばしば遺体の前で歌われることが多くなる）が、全体としては、九日間の祈り、年忌、あるいは「年忌明け」などは残っていて、すでに見たようにイタリアからフランスまで、あるいはカトリック信者の多いドイツまで、ほとんど変わりはない。この儀礼の周期は、「死者のためのミサ」が急増すると、それに統合されていくが、それについてはすぐあとで述べることにする。

勿論、カトリックの典礼とプロテスタントの態度との間では、根本的な違いがあるだろうことは予測できる。だが、それを小さく見積もっても、何の問題も生じないのである。

プロテスタントは、ミサと前夜祭の祈禱とを追放した後も、その原理を受容しつつ、ただしその範囲を限定しながら、葬儀から劇的要素を取り除くことに執着していた。中でもカルヴァン派は熱心だったが、ルター派と英国国教会はより妥協的だった。葬儀は社会的に尊敬されるものでなければならず、死者に対する死後の友情の徴であり、特に家族への励ましでなければならなかった。一七世紀前半以降、葬式はルター派のドイツで再構成されるのだが、それはおそらく著しい変形を伴うことだろう。それは墓地で、さらには墓地に設置された付属礼拝堂で完結することもあるし、教会への立ち寄りを含むこともある。故人を居宅まで迎えに行く行列において、ルター派は磔刑像を持ち込むことも弔いの讃美歌を歌うことも認めているが、カルヴァン派は、弔鐘の慣行を根絶しようとしたように、これらをも禁止している。教会においても同様で、スイスやネーデルラントのカルヴァン派は、そこに行列が着いた時には、生者のために短い説教をすることで満足している。しかし、この厳格さは社会的要求の圧力に耐えることができない。ルター派は讃美歌を歌うが、それは一八世紀の巨匠たちの葬送カンタータへと成長するだろう。さらに説教（遺体の前で行なわれる「死者への説教」）は、次第にかなりの頻度と重要性を獲得していく。一六〇一年以来、それらを再び認めるようになったプファルツ選帝侯領のカルヴァン派は、それらのテーマ（死、埋葬、そして特に復活）を規範化しようとつとめているが、とりわけ貴族に関わる時には、故人の生涯（当然ながら功績も）の想起がますます重要性を増していく。一六世紀のプロテスタント派から疑いの目で見られていた葬儀の説教は、初めのうちは遺言書の朗読と、その注釈に限定されていたが、一七世紀の初頭からは、儀式化された社会的慣行として、旧来のミサに取って代わるようになる。葬儀の等級づけも現れる。皮肉ではあるが、プロテスタント派によって行なわれた葬儀の白紙化は、墓の場合もそうなるのだが、時としては全く世俗的な関心事が葬儀の内部へと浸透することを助けるようになる。

トリエント公会議後のカトリックは葬儀を管理しようとし、プロテスタント派はそれをほとんどなくしてしまおうとした。しかし、公式の言説は、ここでは慣行の圧力に道を譲らざるをえない。なぜなら、この圧力はバロック時代の悲壮感と、それを下支えする社会的精神的要求に応えるものだったからだ。

私にとって一七世紀における死は、反宗教改革の最中に現れた儀式と、さらには素描や版画にそのイメージが残されている演劇的な死の装飾と緊密に結びついている。それは、バロック的な死の感性と、絶対王政の時代における君主権力の肯定とが不可分に結びついた表現である。それがヨーロッパ規模で普及するのは、君主政、バロック、反宗教改革の確立の地であるイタリアからである。ローマの最初の事例（一五七二年、ポーランド国王ジグムント二世〔一五二〇―七二〕のサン・ロレンツォ・イン・ダマソ教会での葬儀。おびただしい骸骨と黒の幔幕が用いられた）。さらに、フィレンツェの事例（一五七八年のピッコロミニ司教の葬式、加えてトスカナ大公の提案で執り行なわれた諸葬儀）。一六世紀も末の一五九〇年、ローマの、サン＝ピエトロ寺院での教皇シクストゥス五世〔在位一五八八―九〇〕の壮大な葬儀は、これらの新しい束の間の装飾を組み合わせることによって、その印象を完成の域にまで高めている。そこでは、ライオンが支えている臨終のベッドのまわりに、枢要徳〔正義、賢明、節制、剛毅〕と信仰を寓意的に象徴する彫像が立ち並び、それらをロトンド〔円屋根のついた円形の建物〕が守護している。ローマとイタリアは、一七世紀を通して、さらにそれ以降も、葬儀の壮大な実演の場であり続けるだろう。

しかし、カトリック派のヨーロッパは、版画集が広めたモデルをすでに模倣している。ルイ一四世治下のフランスは、自らも認めていた遅れを取り戻している。イエズス会士のメネストリエ師は、一六六〇年にグルノーブルで、母后アンヌ・ドートリッシュの死をまつるための霊柩台を設置することに一役かっているが、その後パリに移り住み、『葬儀における装飾について』という書物の中で、この新しい領域の理論を広めるだけでなく、完成させた。彼は、その哲学を次のように語っている。「生きている人々において、質素は称賛に値する美徳だが、死んだあとになってまで質素である必要はさらさらない。我々は、生前に彼らが手にすることができずに悔んでいたものを、彼らの功績として取り戻してやらなければならない」。すなわち碑文、絵画、象徴的な表象は、それらが組み合わされることで、故人の思い出を強調し、永続させることができる。カンディア（クレタ島）包囲戦で没したフランス提督ボーフォール公爵の葬儀は一六七〇年にパリで行なわれたが、ローマのサン＝ピエトロ大聖堂ではベルニーニが彼の栄光を称えて装飾を監督した。彼［ボーフォール］は、イタリア風の葬儀の恩恵を被った――死後ではあるが――最初のフランス人の一人にちがいない。しかし、葬儀は続く。一六七二年の大法官セギエの葬儀、一六七五年のテュレンヌの葬儀（メネストリエ師は、彼のために装飾家ベラと協力した）、一六八三年の王妃の葬儀、一六八七年のコンデ公（大コンデ）の葬儀は、一つの様式を確立する機会を与え、ローマではベルニーニがそうであったように、フランスではベラが創始者、巨匠であり、その後継者であるスロッツによって引き継がれた。バロック期の全ヨーロッパが、この流れに加わっていた。新しいスタイルは、例えばポーランドでは、一六三二年以降、イタリア人のジスレニを介して、ジグムント三世や、その後継者たちの葬儀において重きをなした。

一八世紀末まで、さらにはそれ以降も形を変えながら永続しているひとつの流儀を、いくつかの特徴にまとめあげることは困難なことかもしれない。従って、我々に関わる所において、その新しい意味作用を把握することにとどめよう。まず第一に、以前は部分的にせよ教会の埒外にあった社会的儀式を統合しようとするトリエント公会議後の教会の成功が指摘されるだろう。これ以後、神聖な場所（教会）は、死後の栄光を誇る儀礼の場となる。中世末に発明された霊柩台は、バロックの通夜室（遺体安置所）と比較するなら、かなり初歩的なものに見える。この「悲しみの砦」は、本物の記念碑並みに大きくなっていて、教会内陣の主要部分を占め、一段高い台座の上に目立つように置かれ、幔幕の作用によって建物全体を包み込む装飾の中に組み込まれてしまう。この束の間だが華々しい記念碑は、様々な建築様式をとる。つまりイタリア風の小神殿様式が、一七世紀にはイタリアからシュレジア地方を通って、ポーランドへと広がっていく。しかし、ローマのサン＝ピエトロ大聖堂を模した天蓋から、ベランとメネストリエ師がテュレンヌ元帥のために構想した石棺と勝利の女神像をのせた塔に至るまで、あらゆる様式が考案される。最も重要なことは、比喩的で、誇張された口上の役割にある。碑文、浮彫、彫像などは、時には凝りすぎと言ってよいほどのやり方でコード化された言説を詳細に述べたてる。それらは当時の図像学の規則と象徴を尊重しつつ、故人の徳と功績を述べるのである。死は、巨大な骸骨、様々なアレゴリーの形をして現前する。それはすでに別のところで見た、浄化されながらも付きまとって離れない死骸趣味である。しかし、それは勝利者であると同時に敗者でもあり、テュレンヌの石棺の上で、この英雄の不変の顔を刻んだメダイヨン〔大型メダル〕を掲げている有翼の勝利の女神像の足下で、死は踏みしだかれる。

葬儀において肝心なことは、おそらく華やかさだろう。だが、それがいかに社会的に豪勢であっても、ボシュエのような人によって弔辞が述べられる時、反対に死の凋落と悲惨とがはっとするような調子で現れてくることがある。見た目の豪華さに惑わされて、そこに随伴している言説を忘れないようにしよう。とはいえ、有力者たちの死において、俗世の価値が崇拝されていることに変わりはない。公開の儀式で強調されるのは、家系(紋章)、権力、豪華さなのだ。

従って、有力者たちにおいては、バロック期のカトリックの葬儀とプロテスタントのそれとの間に、予期したほどの差異がないとしても、あまり驚くことではない。類似性が最も明らかになるのは、王侯の葬送行列においてである。一六世紀末から一七世紀まで、そしてそれ以降も、イングランドの一連の版画は、エリザベス一世の葬列は勿論のこと、フィリップ・シドニー卿〔一五五四―八六〕からマンク将軍に至るまで、念入りに貴族と王侯の行列を再現している。非常に厳格な作法が喪に服している人々の序列を定めている（徒歩の者、騎乗の者、長いガウンを着て垂れ頭巾を被っている者、あるいは半長のガウンで垂れ頭巾を被っている者）。この貴族的な葬送行列は、襞襟と縁の垂れた帽子を被っているエリザベス一世の一群の礼拝堂付き司祭たちの存在にもかかわらず、非常に世俗化されており、見せびらかしという点ではカトリック系のヨーロッパの大行列に一歩も譲っていない。

バロック期の最も特徴的な新しさの一つは、王侯貴族の葬儀と葬列の過剰さよりも、この社会的行動様式のモデルが、それを発見し、応用した新しい階層にまで広く普及していることにある。

私が目を通したプロヴァンス地方の数千通に上る遺言書の条文では、前もって自分の葬儀を、とりわけその行列を案配しようとする願望がきわめて強く、それは例外なくほとんどの人の関心であり、最下層の人々（職人、または屋台や店の小売り商人）にも共通している。勿論、「その社会的身分」に応じてと書かれているように、各人は自らにふさわしい葬儀を準備している。しかし、見たところは厳格なこのシステムの内部にも見せびらかしはあり、それは、最下層の名望家が紙の「紋章」を付けた幔幕の豪華さによって彼の行列を飾ったように、それはまた、注意深く太さが決められた大ロウソクの重さと数の中にも現れている。一七世紀末から一八世紀初頭のマルセイユにおいて、以下のことを要請しなかった大商人《ネゴシアン》は一人もいない。すなわち、小教区の聖職者（臨時司祭と、しばしば教会付き参事会員一人）に加えて、一人あるいは複数の修道士、一人か二人の苦業会員、貧者、もしくは院長に引率された慈善病院の孤児などの列席。しかしながら、誰が見ても分かるように、貧者や孤児たちは、遺言者が贈与した羅紗の布切れを左手に持ち、右手には彼に敬意を表するために灯された大ロウソクを持っている。これらの行列は、我々にとっては度を越えているように見えるが、地中海地方特有の「市中巡行」を模したもので、故人は顔をむき出しのままで連れ回される。

今日、フランスからスペインやイタリアまで増加している個別研究は、この「バロック趣味」がプロヴァンス特有のものではないことを明らかにしている。それはスペインの遺言書では激しく、一七世紀末のパリやフランス北部の遺言書では、おそらくそれほどでもないと予想されていた。王侯の行列の国際的なスタイルとは対照的に、カトリック世界とプロテスタント世界との間の対比が最も際立っているのは、おそらく、あの中間のレベル——都市と町——においてであろう。これまで見てきたように、プロテスタントが親族、友人、学校の児童、共同体全体を動員する儀式を持たないというわけではない。しかし、新旧両派の接触地点において、プロテスタントの葬儀が質素であることは、たとえ接触による様々な混交が存在するとしても、衝撃的である。しかしながら、この混交は、流行現象のように、バロック的過剰からプロテスタント的簡素さへと、一方通行的に行なわれることはない。一七世紀ドイツにおいて、当局が奨励していなかったにもかかわらず、プロテスタント派の間では、頻繁に行なわれた夜の葬儀の慣行によって、そのことが証明される。これらの松明行列は、予想されるように、簡素や隠密よりも見せびらかしや芝居がかった展開に向かっている。一方、ウェストファリア地方では、こうした流行がカトリック派を捉えていることに気づかされる。一六六四年以降、高位聖職者クリストフ・ベルンハルト・フォン・ガレンは、「異端者風」の夜の葬儀を禁止している。

分かちあわれる喪

いずれにせよ、バロック時代のこれらの行列が語っているのは、喪の「発見」などではなく、明らかにより貧しい階層へと喪が普及したということだ。そこでは依然として貴族的モデルが過剰なまでに幅をきかせていて、それは宮廷の年代記の中にこのモデルが占めている位置を読み取ることで理解できる。例えば、フランス

5
1
3
4
6
7

41）絶対主義時代の国王の葬儀——謁見用の寝台に横たわるルイ 14 世（1715 年）。パリ国立図書館。

においてはサン゠シモン公爵が、それを無上の喜びとして語っている。大王ルイ一四世の治世の末期ともなれば、葬儀が幾度も続き、始終「喪」をまとってすごすことになった。つまり王族のみならず、家臣、恩義を受けた人、彼らの「御家人」、召使いに至るまで、種々の紋章をつけた喪服を着ることを強いられていたのだ。一七六五年になっても、定着した儀礼を体系化した『宮廷における喪の時間的秩序』は、父、母、伴侶、遠い親族の「大喪」と「小喪」の期間の長短だけでなく、喪の色、布地、衣服と頭巾の形に至るまで、微に入り細にわたって記述している。繰り返される喪の周期が目に見えるかたちで社会的、世俗的、家族的生活の上にのしかかり、生の枠組そのものを変えてしまうのを実感することは、今日では困難である。スペインの礼儀作法書から、フランスの年代記やイングランドの版画に至るまで、王侯貴族の喪は大きな場を占めている。

問題は、権力者たちによって押しつけられたか、あるいは単に提示されただけのこのモデルが、どこまで普及していたかを知ることにある。日常的な慣行のより控えめなレベルで行なわれるべき調査がまだ多く残されているが、とりあえずはそこに弛むことなく継続している何かがあるという印象を記憶にとどめておこう。一七世紀から一八世紀にかけて、イングランドでもフランスでも、版画や風俗画は、本当のところはあまり数多くないが、都市において盛大になりつつあった葬列を描き出している。フランスでは、一七世紀のアブラアム・ボス〔版画家、一六〇二―七六〕の神の慈悲に関する一連の作品の中でも著名な版画（『死者を埋葬する』）から、一八世紀中葉ではピカール〔一六七三―一七六三〕の慎みはないが、見事なできばえの版画に至るまで、喪の形態における連続性（長いコート、行列に付き従う男たちの黒いつば広帽子）が刻み込まれている。それと同時に行列はかなり世俗化しているが、これについてはあとで触れることにする。次に、ボスからピカールに移るにつれ、有力者の葬儀に使われる四輪馬車を庶民向けに一般化した霊柩車が登場している。図像による証言から、書かれた証言へ移行すると、内容はしばしば慎ましいものになる。平均的な遺言書は、これらの取り決めについてくどくどと語ることは決してなかった。なぜなら、それらはおそらく自明のことだったからで、最も正確な手がかりが発見されるのは家族日誌か年代記の中である。そこでは、少なくとも都市社会層において、喪の形成、あるいは画一化が生じていることに気づかされる。一般的には、黒が主流である。（ただし一例を挙げるならば、一六世紀まで、ブルターニュのような地方では、白が黒と張り合っていた）。次に、まだほとんど体系的には活用されていないが、物質文明の直接継承された名残り（寡婦の帽子とコートは、おそらくこの頃に体系化されたものだろう）、あるいは図像を介して数えられる名残りが語る膨大な証言がおそらくはある。誰か、フランドルやオランダの肖像画の莫大な資料集の中に、寡婦——付随的に寡夫——の役割、態度、服装を数え上げる者はいないものか。このやもめ暮しのお仕着せは、人生が——それ以前と以後に——二分され、二種類の人間になってしまうことを示唆しており、家族と個人がその生涯において体験する死との出会いとその重みを反映している。

救済の保証

「第二の生」——故人が自らのために作り出すこともあれば、家族や社会が故人たちに与えるものもある——という表題を付けられた本章の流れの中で、喪のイメージは、よりひそやかなレベル、従っておそらくは華美なバロック的な葬儀よりももっと本質的なレベルへと我々を導く。葬儀と葬列が終了したなら、死者にとっても生者にとっても、すべては終了した、少なくともけりはついたと言えるだろうか。

そのとおり、とプロテスタント派なら、少なくとも表向きには答えるだろう。「墓からは何も得られない」とデュムーラン牧師は書いている。しかし彼らの意識がどうあろうとも、まさに生を終えようとするその瞬間

42) サン＝ドニ教会堂におけるアンリエット＝アンヌ・ダングルテールの盛大なバロック的葬儀。ジセーの絵に基くル・ポートルの版画。パリ国立図書館。

において、生者に自分の足跡と思い出を残したいと思わなかったはずはない。彼らはミサを認めないにしても、彼らの遺言書は、地域によって不均等だが、フランスでは明らかに一貫して、残された者たちへの慈善と分配を増加させている。プロヴァンス地方やラングドック地方のプロテスタント共同体で頻繁に行なわれた「現物贈与」はその一例だが、これはほぼ全員が一致して行なっている。すなわち九〇％以上の遺言者が、自発的に死後における「貧者への献金」を遵守しているように見える。私たちは、一七世紀の、少なくともその前半のイングランドにおいて、これらの慈善に関する条項のあり方を見てきた。ただしドイツでは、カルヴァン派であれ、ルター派であれ、プファルツ選帝侯領では状況はより不確かである。プロテスタンティズムが少数派である所と、主流派である所とでは、社会的連帯も同じではないし、慣行の活力も異なってくるのだろうか。

それに反してカトリック世界では、私たちはすでにその特徴を見てきたが、一新された終末論から直接導き出される葬儀のミサは、死者と生者の間の交換と贈与のサイクルの始まりにすぎない。遺言者たち（プロヴァンス地方、パリ、シャンパーニュ地方、その他）は、たしかにプロテスタントと同様に、慈善を指定している。農村では、カトリックが相変わらず「現物贈与」を行ない、都市では、古典主義時代の社会が病人と貧者を閉じこめていた施設に対して、多額の遺贈がなされた。たしかにこれらの体系化された慈善は、プロテスタント世界ほど頻繁ではなく、私の調査では、名望家として位置づけられる人々の一〇分の一（五〜一五％）にしか達していない。なぜなら、〔カトリックの〕慈善は、より複雑な贈与と需要のネットワークの中に組み込まれていたからである。「敬虔なる遺贈」は、修道院、とりわけ反宗教改革の一環として生まれ、再編された修道会、つまり托鉢修道会（ドミニコ会でも、フランチェスコ会でもかまわない）、一言で言えば祈りの回数が最も多く、そしておそらく最も効力があると思われた修道会に対して行なわれた。それは、一つの祭壇――しばしば聖体の祭壇、それ以上に、臨終の際の仲介者であるロザリオの聖母の祭壇、あるいはスカプラリオ（肩布）の聖母の祭壇——の管理を担っている「お灯明」の信心会のような兄弟信心会、とりわけ苦行信心会などである。

これらの仲介者は、おなじみの者ばかりだ。しかし、彼らの団体——南フランスではガゼット〔小さな部屋〕と言っている——が至る所で増加したのは、よく知られているように、一六世紀の最後の三分の一以降、特に一七世紀である。白、黒、灰、時には赤、紫の服装の苦行会員が地中海沿岸の都市では数多くいた。一八世紀のプロヴァンス地方においては、半数以上の町や村で少なくとも一つの兄弟信心会が見られ、いくつかの地域ではさらに数多く見られた。苦行信心会は地中海地方に特有のものだろうか。たしかにフランスの南半分では多く、中央山塊の西側でも同様である。そして、より北に行けば、それらは明らかに都市に特有のものとなるが、そこでも似たような組織が存在する。例えばノルマンディー地方には、慈善のための兄弟信心会「シャリトン」があり、その役割は死者を埋葬することである。一七世紀における兄弟信心会の急増が私たちの興味を引くのは、まさにこの役割のためである。死者への援助は信心深い行動の核心である。たしかに慈善という目的で、苦行会員たちは貧者を、行き倒れした者を、裁判によって刑を執行された犯罪者をも埋葬する。しかし、この連帯行為は、何よりも社会集団の内部で行なわれている。集団への所属は、来世に関する保証ではないとしても、少なくともきちんとした葬儀と、特に死後の祈りについての保証なのである。最も発展したバロックの拠点、——スペインからイタリア、あるいは南フランスまで——では、苦行会員は、托鉢修道会士とともに、死の特権的な管理人となっている。

彼らだけではなく、もう少し含みを持たせなければならないだろう。女性たちは、男たちより恵まれてはいなかったが、それでも彼女たちが所属している信心会や第三会〔修道会の指導下にある俗人の信仰団体〕——ロザリオ会、あるいはスカプラリオ会——を当てにしていた。職人層と小売商人層を統合した職業上の信心会は、無視すべからざる役割を果たしている。彼らは自分たちの礼拝堂を教会の中にもっていて、これは会員たちを保護し、死後の連帯を保証している。葬儀の段階と、次に見るように、埋葬の段階に示されるこれらの連帯は、何よりも来世に関する保証なのだ。修道士に要求されること、小教区の教会管理人や、病院の院長、苦行会の「仲間たち（ガゼット）」、はては家族に要求されることは、「魂の救済のために」ミサを執り行なわせることである。

それは、私たちが時代にそって追跡してきたあの終末に関する解釈のごく当たり前の適用である。しかし中世の末から、その技法が変わったと言ってもよいかもしれない。私が一七世紀から一八世紀中葉にかけてのプロヴァンス地方で把握したように、時代とともにある異なったモデルが登場してくる。伝統的な行事(カンタータ、九日間の祈り、年忌）が消滅したわけでは全然なく、当たり前のこととして見過ごさなければ、農民たちの慎ましい要望を反復させている。しかし逆に、貴族と都市の金持においては目に見える変化が生じていて、従来の法外な要求に影響を及ぼしている。イングランド風の寄進教会堂の時代、死者の命日ミサや年忌のミサなどの永代供養の時代は、カトリック世界においてさえ、宗教改革のあとまで生き延びることはほとんどなかったようだ。寄進はプロヴァンス地方では高い水準を維持し、一六八〇年までは上昇カーブを描いた後、大幅に下落し、要求されたお勤めは一〇分の一にまで減少していくのだが、それは一八世紀を通してパリ平野やラ・ロシェル司教区でも見られるようになる情け容赦のない衰退の前触れである。だがバロックのヨーロッパを、プロヴァンスの時間で判断しないようにしよう。そのほかの地域、たとえばプロヴァンスからそれほど遠くないニースにおいてさえも、こうした変化は検証されておらず、地中海の半島諸国はこれとは全く異なる状況を示している。しかし、一つの傾向が姿を現していることも確かで、それを説明することは難しいことではない。それはつまり、通貨価値の変動によって絶えず浸食される不確かな寄進の再検討のことで、寄進はその保証人となる高位聖職者のような宗教エリートにとってその価値が「下落」することになったのだ。

そこには、物質的な転換以上のものがある。度はずれな寄進という中世貴族のモデルは没落し、より広範な人々に見合った「小売の」ミサへの要請にはるかによく適応する慣行が社会的に普及しはじめている。数量化された要求の方がより確実だという考えが、永遠という観念に取って代わった。民衆の尺度では三〇日の追悼ミサが一般的だが、それがだんだんと一〇〇日ミサへ、さらに最も裕福で、最も信心深い人々のところでは一〇〇〇日ミサとなる。おそらく、この数量的変化は、煉獄における刑罰の早見表が教えてくれた来世における時間についての新しい（非常に世俗的な）解釈と照応しているのだろう。いずれにしても、そこに示唆されているのは、限定された数のミサを要請しながらも、バロック時代のカトリック信者が救済に関わる保証を値切ることなど望んではいなかった、ということである。私が正確に把握することのできた一七世紀末のプロヴァンス人は、ほぼ全員一致して、この要求に賛成している。つまり名望家の八〇％と、公証人事務所の中で再発見された慎ましい量の民衆の遺言書の、ざっと見積もって半数以上がそうで、時と場所によっては、それ以上のこともあった。彼らには自分の魂の救済のためにミサを要請するという習慣が身についていたし、実際、数多くのミサを要請した。大げさな身振りを歓迎する、外向的な「バロック的」感性は、しばしば印象的な要請のインフレーションに惑溺してしまう。五〇〇〇回、一万回のミサは、貴族や大商人にとっては全く珍しいことではない。一六八〇年から一七二〇年までの間、ミサを要請したプロヴァンスの名望家における平均回数は、三〇〇〇回から四〇〇〇回である。トリエント公会議以後の司牧活動の目論んだ来世の活性化は、文句なしに成功したと言えるだろう。

教会への侵入

これらの〔ミサの回数についての〕不安に満ちた――そして曖昧な――選択は救済の経済学についての素朴な一解釈にすぎず、我らが「第二の生」の組織化はそれを乗り越えていく。説教家が疑い、告発したこと、それは死後の生を――意識的であろうと、なかろうと――全く現世的に考えてそれに夢中になることである。墓石から墓碑銘、さらには追悼演説に至るまで、つまり記念碑、書かれたもの、語られたものは、相互に補い合いながら、死と来世についての別の解釈をあきらかにする。それらは、死を利用して生をキリスト教化しようとする攻勢的司牧活動の曖昧な目論見を示唆している。

埋葬、そして墓の問題に取り組んでみるなら、その曖昧さが明らかになる。最後の安息の場所を考えただけでも、状況は明らかに変わってしまっている。教会と墓地との間ではバランスが変わってしまい、この節の表現にあるように、死者による教会への侵入が、中世以来続いてきた求心的運動の結果として、その頂点、その限界点に達したと言うことができる。

古典主義時代のヨーロッパにおける墓地の見取り図を作成しようとすると、このような命題は一見したところ人を驚かすかもしれない。一般的には、少なくとも農村では、墓地と小教区の教会とは緊密に結びついていて、都市ではその必要上、時としては新たに創立された修道院に付属していることの多い新しい墓地を自分のものにすることもある。しかし、次の時代〔一八世紀〕に誕生する〔墓地を〕拒絶する運動は、まだ全く見られない。この厳格な階層制と差別の世界において、墓地は農民の場所であり、都市においては貧者の場所である。

中世の末以降、状況は変化したのだろうか。この時期の司牧活動の視察報告書を読む限り、それは疑わしい。

神聖であると同時に不穏なこの場所には、正確に赤見出しが付けられている。不穏だというのは、この世紀全体を通じて、司祭と視察官は、農村共同体による墓地の管理が不十分であることを激しく非難しているからだ。彼らが執拗に要求しているのは、しばしば開けっ放しになっている墓地を閉じさせることだった。なぜならそこでは、家畜が徘徊し、定期市の仮小屋が建てられ、恋人同士がいちゃついていたからだ。この「品位を保つ」ようにという要求は、全く新規のものではなかった。それを別の目で違った風に読めば、この要求は、農村共同体が墓地をあくまでも自分たちのもの、共同の財産、交際の場、さらには、ちょっとした利益を得る場所とみなしていたことを物語っている。この領域において、プロテスタント教会は、階層的なカトリック教会と異なった考え方をしてはいない。教会会議の視察官にとっての安息の場所は、清潔で、閉じられてはいるが、秘密を持たない場所でなければならなかった。

しかしながら、墓地は変わってしまった。死者の存在は、中世末のように、重く、鬱陶しいものではおそらくなくなっている。中欧のドイツ語圏のいくつかの地域を別として、墓場には常夜灯や、その跡を継いだお灯明の壁龕が設置されることはなくなった。むしろ重要な特徴としては、ドイツでは一六世紀には頻繁に、そして一六三〇年頃まではかなりよく見られた、これらの壁龕が教会の方へ戻り、壁に結びつけられたことである。墓地の礼拝堂は、それ以後、気味の悪い場所ではなくなった。ブルターニュ地方のような孤立した地域は別として、墓地に納骨堂が建てられることはなくなり、かくして中世の墓場の主要な要素のひとつが消失した。都市における大きな納骨堂は、一八世紀中頃まで、相変わらず必要なものとして存続する。ただし、パリの聖イノサン墓地において、その役割は最貧の人々や施療院の死者たちのための死後の安息所へと狭められていく。農村では、それを取り壊すことはないが、あらたに建てることもほとんどなくなってしまった。一方、プロテスタントは、この領域では迷うことなく、これらの迷信の遺物を破壊するか、その建物を再利用するかした。

カトリックの地方では、墓地のキリスト教化は、十字架によって行なわれた。ブルターニュ地方――ここは、いまだに布教の対象地域だった――では、とうとう墓地にキリスト磔刑像が建てられるようになった。しかし、大部分の地域で幅をきかせていたのは個別の十字架だった。バスク地方では、抽象的な飾り、あるいは大ざっぱな人体の飾りをつけた円盤状の石碑が開花したのは明らかにこの頃である（一六世紀から一八世紀末まで、一七世紀にはその頂点に達する）。スロヴァキア地方では、カルヴァン派の立てた単純な木の杭や石板とは対照的に、同じ墓地の反対側に立てられたカトリック派の十字架は派手な装飾で墓地を満たしている。

宗教改革によって生まれた教会において、墓地の十字架は紛争を引き起こさずにいただろうか。それは許容されるシンボルなのか、それとも迷信の遺物なのか。ドイツのルター派は十字架を受け入れたが、カルヴァン派は厳格にこれを禁止していた。多くの場合、優位に立ったのは簡単な構造の建造物である。それはスロヴァキア地方で見られるような、四角形の杭の形をした木の墓標で、時には単に切り込みが入れられているだけである。それはまた一時期のイングランドでも見られ、木の杭の上には時として、死亡した日付とイニシャルだけを刻んだ円環がのっている。スカンディナヴィア半島から、ドイツ、イングランド、あるいはアメリカ植民地に至るまで、墓地で多数見られたのは、墓の上に垂直に置かれた石板（笠石）で、先端は方形もしくは円形で、さらに墓の下の方には、時としてはより小さいサイズのもう一つの石板（根石）が重ねられている。一八世紀中ごろまでの墓地は、装飾を排除することはないとしても、極端に簡素な装飾を保持していた。身元の確認は簡略なもので、都市におけるいくつかの例外を除けば、墓碑銘はきわめて稀な――不遜とも言うべき――贅沢だった。

墓地の簡素さと、礼拝堂の内部に見出される豊富さとの間のコントラストを、単なる信仰上の対立に還元す

43) ベルニーニの作であるローマ教皇アレクサンデル７世の墓では、死＝骸骨は押しつぶされ、打ち負かされ、キリスト教的な徳が勝利を収めている。ローマ、サン＝ピエトロ教会。

るのは極端な単純化だろう。まず、墓地の簡素さは、当時の教会を侵略していた王侯貴族たちの墓による見せびらかしの補完に過ぎない。それは以下に見ていくことにするが、より根本的には宗派の境を越えた社会的現象なのだ。

ベルニーニのローマ風の建築や彫刻を通して、バロックとみなされる時代の葬送芸術を十二分に見ることができる。死に対する感性の最も入念に仕上げられた美的表現として、それらにふさわしい地位を与えないのは不当だろう。それは初期の簡潔な作品から、一六四七年に完成したウルバヌス八世の大教皇墓、とりわけ一六七二年のアレクサンデル七世の見事な墓へと発展をとげている。束の間のものだった葬儀の建造物は、ベルニーニによって真の記念碑となり、硬い石に刻み込まれるようになる。墓は、死の瞬間性をその場において捉えるダイナミックな作品となる。例えば、至福の表情のロドヴィカ・アルバトニの墓や、サン・ロレンツォ・イン・ルチナにあるガブリエーレ・フォンセカ博士の記念碑（一六七〇年）がそうで、そこでは最後の痙攣はエクスタシーにまで昇華している。墓はまた、死に対する徳の、とりわけ真理の女神の究極的な勝利について語っている（ウルバヌス八世の墓にあった醜悪な骸骨は、アレクサンデル七世の墓では押しつぶされている）。彫刻家は、勝ち誇る真理の女神の裸体にヴェールをかけなければならないが、女神は闇と滅亡に対する光の勝利を表現している。ベルニーニは、受容されながらも敗者である死に対する感性を鮮やかに表現している。だがそれ以上に、記念碑という物質的な作品によって、バロック時代の墓の新しい表現力を極限にまで高めたのだ。

より平凡で、よりありふれているように見えて、おそらくは様々な顔を持っている時代の心性の、現実世界へと戻ることにしよう。たとえ少数であっても平民出の者たちの墓によって聖堂が侵略されたことを合わせ考えてみるならば、〔ベルニーニの〕ローマ風建築の意味することもまた、おそらくよりよく理解されるだろう。教会それ自体の中で進行した、この「神聖な場所」への死者の還流の諸段階を、私たちは時間の歩みを先回りしないように気をつけながら、追いかけてきた。この動きが絶頂に達するのは一七世紀の終わりで、カトリック の地方では、一八世紀まで続いたようだ。

まずプロヴァンスから始めることをお許しいただきたい。この地方は遺言書〔の研究〕によってよく知られているが、私たちはひとつの社会現象に対するレフェランスを持つことによって、そこから更に全体の理解へと進んでいける。この地方では遺言書を認めるという習慣が行き渡っていて、町でも、農村でも、男性のおよそ四分の三、女性の半分がこれに関わっているため、モデルとするには十分なだけの数量データを提供してくれる。それらは、一七世紀の絶頂期においてのことだが、広く民衆へとはみ出していく社会集団における教会の吸引力をはっきりと証言している。共同墓地に埋葬されたり、あるいは、いずれにせよ同じことだが、墓建立についての記載が欠如しているのは、遺言者においては少数にすぎない(一八世紀中葉まで、マルセイユでは五分の一、小さな町から農村に至るまで、割合はほぼ同じ)。遺言書を残さない憐れな連中が、共同墓地で生涯を終える人たちなのだと言われるのも、当然だろう。いずれにせよ、小さな町では、特に都市では、小売商人、職人、時には雇われ人たちが、聖なる場所〔教会〕に押し入り、長い間そこに身を落ち着けていた名士たちと隣り合わせになったことに変わりはない。地中海地方では、可能な限り入植地を増やしていた修道院が急増していたことが、この現象とおそらく関係があるだろう。その結果、古典主義時代の教会が、それ以前にはなかった新しい外観をまとったことは確かである。土地は絶えず掘り返され、墓穴の列が敷地いっぱいに碁盤目を描く。文書館で再発見されたいくつかの手書きの地図は、その土地の有様を我々に示してくれる。

それは、教会をもって都市社会の小宇宙としながら、そこにきわめて厳格な階層制を再導入した地形図である。聖職者・高位聖職者には聖歌隊席が、貴族には人のうらやむ場所、すなわち貴族の家族のための脇聖堂、あるいは信徒席の第一列の席が与えられる。新参者たちが、ロザリオの教会堂、あるいは煉獄の魂のための礼拝堂のような、いわば人気の高い場所へと押し寄せるのは、大量の贖宥状の流通量と直接関係がある。職業的な信心会、あるいは純粋に宗教的な信心会は、彼らがすでに得ている陣地（すなわち守護聖人の礼拝堂）を護持し続けている。一方、苦行会員は、非常にしばしば、都市内の別の場所に礼拝所を持っている。結局のところ、ある慣行を前にして、教会当局が行なった妥協には驚かされる。その慣行とは、礼拝堂の中に墓を持つ特権を聖職者、卓越した人物に確保してやるというものだが、教会はそれを高位聖職者の口を通して、これまたきわめてエリート主義的な伝統的解釈を絶えず援用しながら、非難してはいる。一六六六年の王令は、司教たちに対して教会の中での埋葬を最大限控えるよう呼びかけ、彼らの禁令を支えようとするが、無駄に終わる。それは、いつまでたっても無駄に終わる骨折りだった。なぜなら、主として聖職者を経由して現れるこのエリート主義的な異議申し立ては、現実の場で、社会的圧力からの暴力に出会うからだ。司祭や教会管理人たちは、これらの埋葬の権利が取るに足らぬものであったとしても、それが現金収入をもたらし、来るべきミサの需要を定着させるのである以上、この慣行を大目に見るか、大いに奨励するのである。

古典主義時代の教会における人口過密をスペインで再発見したとしても、私たちは驚かない（時には、それが誇張されたものであっても）。『ドン・キホーテ』の中で言われているように、スペインのような所では、最悪の侮辱は「まるでモーロ人のように荒野に」埋葬されることである。一七世紀後半、バダホスの大聖堂〔スペイン南西部、一二三二―八四に建立〕では、こちらには教会参事会員を、あちらには俗人をという風に、遺体の再配置に取りかからねばならなかったため、教会は工事現場と化した。一七世紀を通じて、一方の司教区から他の司教区へと、教会への侵入を制限する努力が重ねられるが、徒労に終わるだろう。フランスの中央部と北部――オータン司教区の都市と農村から、ナント地方、フランドル地方まで――でも事情は変わらない。

それゆえ我々は、教会への侵入が、ドイツからイングランド、あるいはスカンディナヴィア半島に至るまでのプロテスタント世界（少なくとも、ヨーロッパのそれ）を席巻していることに驚かないだけの心の準備ができている。ステュアート朝のイングランドにおいては、まもなく巨大な墓が急増するようになるだろう。プロテスタント系のドイツは、死と来世に関する解釈と明確に矛盾する慣行を躍起になって禁止しようとつとめる。そして、一六〇七年のシュポンハイムの王令は、ほとんどあらゆる大公国において教会の中では墓を禁じていることを再確認している。しかし、非常に一般的なことだが、聖職者、貴族、そして司法官を教会に埋葬する慣行については譲歩しなければならなかったし、礼拝の場所もまたその壁に死者の記念碑を受け入れた（ウェストファリア地方、あるいはプファルツ選帝侯領、その他でも同様）。スウェーデンでは模範的実例がおそらく見られる。なぜならば、よい情報源がそこにおける葬儀芸術について教えてくれるからである。[63] 宗教改革（それ以前に存在した教会機構の崩壊）と、この時代の政治変動との結合は、それまでもスウェーデンの政治を支配していた貴族層に大いなる自由を与えた。当時、家門の誇りという社会的示威の手段となった巨大な葬儀建造物が我がもの顔で教会へと侵入したのである。少なくとも一七世紀中葉の教会再編によって、教会がこれらの侵入から身を守る力を取り戻し、貴族たちに別の解決方法を探すよう強いることができるようになるまでは。

永続への欲求

バロック期の墓を取り扱う時には、我々はいくつかの明白な事実に限定すべきであり（それはおそらく、あまりにも豊かなテーマの方向づけをするためには、おそらく唯一の方法である）、同様に、一連の特徴を持つものだけにとどめるべきである。マレルブ〔フランスの詩人。一五五五―一六二八〕は、王侯貴族に対しては、嘲笑的であると同時に勿体ぶった調子で語っている。

そして、この巨大な墓の中で、
誇り高い魂が、
まだなお、虚しいことを行なっている。
自分は、ウジ虫に食われているのに……

これは、この時代のイングランドやスカンディナヴィアの墓と同じく、フランスの墓（一七世紀末に碩学ゲニエールによってその写しが取られている）が、我々に残している印象を簡潔な寸言にまとめ上げたものである。

葬儀のための束の間の建築物を見ならったかのように、これらの墓碑は、大きい。それどころか、大きすぎる。礼拝のために十分な場所を確保しなければならないという素朴な議論が――スウェーデンのように――それらに対して向けられた理由も理解できる。パノフスキーのいささか抽象的で「機械論的」な論法（彼は、水平の石板から板状の石碑、さらに横臥像へと至る墓石の垂直化現象を分析している）に従うならば、一六世紀はまだ控えめな前提であったに過ぎないが、一七世紀には一つの段階が乗り越えられたということをしっかりと認めなければならない。死者は起きあがろうとしているが、胸像や大型メダルの形態を除き、一般的にはまだ立ち上がってはおらず、ひざまづいている。それは、祈りの姿勢であったり、日常の態度であったりする。逆に、伝統的な横臥像は後退し、イングランドでは、一六五〇年代以降は消失してしまってさえいる。この変容は、あまりにも広範に存在するため、その意味は明瞭である。同じ変化はスペインでも見出される。例えば、〔北部の〕サンタンデール地方の墓では、一六世紀には横臥像しか見られなかったが、一七世紀には四分の三がひざまずいた英雄像によって取って代わられている。フランスでは、ゲニエール・コレクションの素描でそれを辿ることができるが、変動はそれほど目立たない。横臥像は、全体の四分の一にまで縮小しているものの、かろうじてひざまずいた彫像を凌駕している。（後者の二〇％に対して前者の二三％）。しかしその一方で、胸像が増えている（五％から二〇％へ）。

変容がよりはっきりしているのは、イングランドの巨大な墓においてである。私が持っているサンプルの中で、一六〇〇年から一六三〇年までに属する一五五人の人物のうち、一九人が横臥像（一三％）、一一〇人がひざまずき（七〇％）、八人が立っている（五％）。胸像と大型メダルが、同数である。次いで、変化の足どりは速まる。一六四〇年、あるいは一六五〇年以降、イングランドでは、横臥像はほぼ完璧に消失してしまった。一六六〇年以降は、休憩する姿勢で横たわっている人物のシルエットが、部分的には横臥像を引き継ぐものであるかもしれない。

墓は、生の延長である。臨終の時の祈り《コメンダチオ・アニメ》のイメージにはもはや往時の満足しきった横臥像の眠りと共通するものはあまり感じられない。加えてこの最後の表象において、死者たちは決して一人ではない。家族、つまり生者と死者の家族が墓に侵入してくる。多くの場合、墓は人々のネットワークで包まれる。この領域でも、イングランドの墓は最も説得力がある。父親と母親とは互いに向かい合い、礼拝の時のようにひざまずいて座り、大勢の息子たちや娘たちに付き添われている。例えば、エドワード・ヤングの墓から、ウィルト＝シャーのグレート・ダンフォードの墓（一六〇七年）に至るまで、六人の息子と八人の娘が両親のお供をしている。あるいは一六一六年のハートフォード＝シャーのスプライナー家の墓では、一一人の子供がつきそい、あるいはケント＝シャーのサー・トマス・ホーキンスの墓（一六一八年）では、五人の娘と七人の息子がつきそっている。そのうちの幼児服をまとった一人の子供が、死を告げる頭蓋骨を慎み深く捧げ持っている。

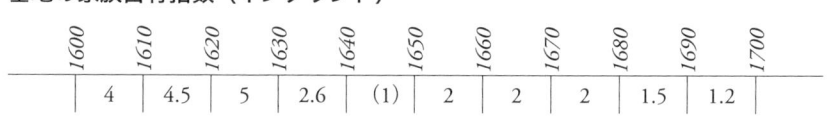

墓地の家族占有指数（イングランド）

1600-1610	1610-1620	1620-1630	1630-1640	1640-1650	1650-1660	1660-1670	1670-1680	1680-1690	1690-1700
4	4.5	5	2.6	(1)	2	2	2	1.5	1.2

(1) この10年間は有効なサンプルが少ない。

これ以上、事例を増やす必要はないだろう。少なくとも、それらは死を前にした家族の修正されたイメージを表現している。旧来の不平等は、いささか霞んでしまっている。イングランドの墓では、六人の男性に対して女性は四人であるが、世紀を通してその割合は、わずかながら増加していく。そこでは以前よりも子供が多く見られ、赤ん坊は産着にくるまれ、厳しく結わえられ、母親に抱かれている。あるいは、時としては子供だけを対象にしたと思われる記念碑もある。小公女メアリとソフィア（一六〇六年）のミイラは、硬直しながらも生きているかのようで、そのあざやかな色彩によって我々に強く訴えかけている。家族の侵入は、地域によってむらがある。それは何かを意味しているはずだ。フランスでは、私たちが見たように、女性が占める割合は一七世紀初頭では三五％を超えることはなく、一七世紀後半になると四分の一まで落ち込んでいる。また子供の登場はさらに少なく、例外ですらある。パーセンテージで示すことを許してもらえるならば、一七世紀末のフランスで、「家族占有指数」（墓あたりの人数）が一・五を超えることはない。これは確かに前進しているが、まだ限定的である。これとは反対に、ステュアート朝のイングランドでは、サンプルの墓にもとづいて計算された同じ指数は、この世紀の間にめざましい増加をとげている。一六〇〇年から一六三〇年の間に、束の間とはいえ、いかなる革命がイングランド人の感性に起こったのだろうか。

これを、他の地域が提供する、おそらく印象主義的ではあるが表現力に富む手がかりをもとに判断するならば、奇異なものは何もない。デンマークのオルフスにあるノートルダム教会では、墓は残っていないが、少なくとも墓に付けられていた記念の肖像画が残っていて、それは、イングランドやドイツよりも、おそらくスカンディナヴィア地方でより多く見られるようだ。この肖像画の一枚は、とてもすばらしい出来栄えで、無名の家族の父親を描き出している。それはおよそ一六五〇年頃のことで、父親は白いケープのついた粗末な服をまとっている。右手には、父親と同じように内省的な態度をとる成人した息子、左手には、妻と、同じく成人した二人の娘がいる。彼らの足下には、おそらく相当幼い頃に亡くなったものと思われる三人の子供がいて、一人は産着、他の二人は幼児用のゆるいワンピースを着ている。さらに、おそらくはより印象的な絵画が同じ教会に飾られている。その銘によれば、市長ニールス・ペーダーセンは一六一六年に亡くなり、「誠実で、思慮深い人」であった。絵の背景をなすキリスト降誕図の下には、複雑な家族集団が集合している。ひざまづいた市長の前には、彼が相次いで結婚した三人の妻たちが、四人の成人した娘たちに付き添われている。一方、四人の息子が対になるかのように父の後ろに控えている。足下には幼い六人の子供がおり、そのうちの四人は産着にくるまれ、二人の男児は幼児に特有のガウンを着ている。

これらの作品に、家族の継続性という新しい感性が刻み込まれていることは明白である。この継続性は、年齢に関係なく、女、男、子供を固い絆で結びつけ、この連帯が死に対する防御となっている。絵の中の人物はもったいぶっていて、互いに無関係のように見えるから、それらを指して新しい情愛と言うのは場ちがいな感じもするが、それでもある種のまとまりが生まれていて、墓＝絵は紛れもないその証言である。生者が死者と混じり合っているこれらの奇妙な家族像を考察するならば、ヨハン＝セバスティアン・バッハが一七二五年にアンナ・マグダレーナの音楽帳に自ら書きこんだあのコラールのつぶやきを聴く時にも、おそらく、沈黙以外の何かを耳にすることだろう。「あなたが一緒にいてくださるなら、喜んで行きましょう、死と安らぎへ。あなたの美しき手が、私の忠実な目を閉ざしてくださるならば、ああ、どれほど喜ばしいことか」。

最後に、これらの墓について重要と思われる第三の特徴は、家族というよりは社会的連帯に関わることである。それは、一方では紋章の、他方では墓碑銘の重要性で、これらは、二つの異なってはいるが、しばしば同一のメッセージの表現である。中世やルネサンスもそれらを軽んじたりしなかったと言われるかもしれない。しかし、この時代〔一七世紀〕は、これらの装飾を過剰なものにしていく。フランスにおける墓については、これ見よがしの紋章が、この世紀を通して著しく際だったものになっていく。一七世紀後半には墓碑の四七％が紋章に取って代わられている。イングランドでは、壁墓は時としては紋章をはめこんだ単なる武具飾りになってしまっている。少なからぬスウェーデンの教会で見かけるのは、まさに「ゴシック」の無意識的借用によるその印象的な姿である。それは時としてひどく単純で、楯や飾冠（兜頂部）、日付と簡潔な碑文が描かれた木の板である。他の国々では墓碑銘を重視しているが、勘違いをしてはならない。表現手段が異なっていても、その目標は同一なのである。墓碑銘は、紋章が言明していることを醸し出していて、そのことは以下の銘を読めば納得がいくだろう。

ニコラ・カティナ、フランス元帥
彼は、〔法律家だった〕父祖が付き従ったテミス〔法と正義の女神〕の旗を離れた
何と彼は、戦場で軍旗を捧げ持った
軍人としての修養時代は相次ぐ勝利に満ちていた
そして進むところは連戦連勝だった
常に賢人のように生き

キリスト教徒の英雄にふさわしく死んだ

私たちは墓碑銘を一周して出発点に戻る、つまり、ボシュエの声を前触れとして聴いた、あの追悼演説へと立ち戻ることになる。そこには、どうしても曖昧なものが感じられる。つまりそれは、私たちがその諸段階を辿ってきた宗教儀礼と、埋葬から墓や肖像画に至るまで私たちが見出した死後の生へのあの激しい欲求との両方を、〔追悼演説という〕言葉に表して明瞭に説明しようとする行為に伴う曖昧さである。追悼演説においては、フランスはボシュエ、ブルダル、マシヨンなどの雄弁家を輩出している。私たちはジョン・ダンの追悼説教を通じて、死に関する省察を詳しく追求することができた。またプロテスタント派の多いドイツにおいて「追悼説教」が占める特別な地位についても知っている〔第一三章〕。それは膨大な資料群――しばしば印刷によって流布している――であるが、今日では、そのテーマを体系的に解読しようという試みがなされている。しかし、〔フランス流の〕追悼演説には不安がつきまとっている。それは一七世紀のはじめ頃に「追悼説教」を死についての省察か生者への励ましの範囲にとどめようとしていたドイツのプロテスタントの不安であると同時に、〔罪を〕激しく攻撃するボシュエの声によって表明される不安でもある。ボシュエの演説は、もし他の者に操られるならば、この時代の人間が死を欺こうとして用いる虚構、つまり死後の栄光を求める新たな記念碑になるのではないだろうか。

追悼演説は、死と死者について語るのを聞きたいという、この時代のエリートたちの需要に応えるものである。それゆえ、それは、慰めの手紙という、当時非常に高く評価された文章慣行のネットワークの中に組み込まれている。デカルトとパスカルはそれを退けなかったし、特にパスカルは、父の死について妹ジャクリーヌに宛てた書簡の中で、彼の作品を貫いているテーマに関する最も深い省察の一つを我々に明かしている。他の者たちは、より堅苦しくない言葉遣いではあるが、書簡の中で死の情景とバロック的葬儀の波紋を広げている。セヴィニェ夫人は、何週間にもわたって、彼女に感銘を与えた偉人たちの死について、まじめでもあり、軽薄でもあり、社交的でもある調子で、書簡を書き続ける。例えばテュレンヌ元帥の死について――。

わが娘よ。テュレンヌ殿についてお話しすることにいたしましょう。エルブフ夫人が、昨日、彼女たちと共にこの悲しみについて語るために、夕食を一緒にしたいと言ってこられました。ラファイエット夫人もそこにいらっしゃいました。私たちは、まさに心の中で決めていたことしかしませんでしたが、涙の乾く暇はありませんでした。……私たちが行なった気晴らしを、あなたはなんと言うかしら。私たちは、あなたが予想するように、夕食をとりました。そして、四時までため息ばかりついていました。ブイヨン枢機卿が、あなたについて語られたので、もしあなたがここにいたならば、この悲しい集まりに出ないことなど決してなかったでしょう、と答えておきました。

死は、生をはぐくむ。盛大な葬儀の弱まりゆく最後の残響は、書簡を介して、私たちの出発点であるこの日常的な務めへと私たちを再び連れ戻す。

しかし、この行程から見えてきた問題を定式化するよう努力せず、ここでその円環を閉じるのではあまりにも安易というものだろう。死の儀礼の変容を通じて我々が明らかにしたのは、盛大な儀式の終着点、つまり執拗な死の教育が成功したことの証明だけだったのではないだろう。この最初の解釈は、誤りではないが、我々を満足させることはできないだろう。死の儀礼の演劇化を通して明らかになったのは、死出の旅路のイメージが変わったということで、それはたしかにカトリックとプロテスタント双方の改革派による司牧活動が望んだことだが、しかし原因はそれだけではない。より根本的には、他者に自分たちのモデルを押しつける支配階級があらゆる手段を利用して社会的紐帯のネットワーク——価値の高まった家族、各人がそれぞれの地位を有する階層制の社会——の中に入りこむことによって、自己の生を永続させようと執拗に願ったことがその主たる要因であった。

たしかに、この新しい価値体系の中には、黙って見過ごすことのできないニュアンス、いやそれ以上にコントラストがある。家族の連続性と、〔それまで曖昧だった〕親類縁者のまとまりが強調され、厳格になったのは、プロテスタント世界においてである。N・Z・デーヴィスにならって、以下のように問わないではいられない。つまりカトリックが煉獄に閉じ込めていた家族の霊を、プロテスタントは終末論によって手なづけることを拒否してしまったのだが、このことがかえって家族のまとまりを強化し、家族への欲求を強固にすることに貢献したのではないか、と。新旧両派の異なった発展は、〔家族についての〕この最初の態度のちがいの中に色濃くあらわれている。

とはいえ、集合的な決算書を出すことはできる。新旧両派の改革は人間の生の中心に死を導き入れることによって成功を収めたかに見えるが、それは幻想とまでは言わないにしても、多かれ少なかれ外見でしかない。公式の来世観のかたわらで、支配的集団においてはすでに世俗的来世への願望が高まっていて、それは個人の主張、権力、家族の連続性といった言葉で表明されている、ということが容易に見てとれる。

第21章 否認する精神

社会的コンセンサスの実態と限界とを推し測ることは容易ではない。ましてや公式の解釈が、我々が見てきたように強力に幅をきかせ、しかもそれが教会の秩序だった言説、それと同じように深く根を下ろした社会的慣行、この両者の緊密な連携を拠り所としている時には、なおさらのことである。我々は、受容されたモデルの隠された意味を推測しなければならないのだが、それこそ遺言書がその典型例であって、我々は遠回しの告白をもとにしてそれを試みたのだった。おそらくは慣行と、身振りに対する精神的投資の重要性が、こうした企てを支援してくれるだろうし、それによってこのシステムが、プロテスタント世界（特にイングランド）においては一七世紀末まで、フランスの、少なくとも地方では一八世紀中葉まで、地中海の半島諸国ではさらに後に至るまで、変わらずに幅をきかしていたことを確認することが可能になる。しかし、このシステムが見かけ上は一枚岩であったとしても、しばしば無言の、常に抑圧されている人々による異議申し立てを過小評価すべきではない。啓蒙時代の衝撃的な再解釈がひそかに準備されたのは、これらの社会階層においてなのであるから。

たしかに、このコンセンサスは、死の盛大な儀式を取り囲む「身振り」のレベルに至るまで、徹底していたように見える。フランスにおける遺言書の条文を追ってみるならば、拒絶の控えめな限界が分かる。常に（中世以来）、「あらゆる俗世の虚飾と虚栄」を明白に禁ずる遺言書の流れは存在したし、その事例を増やすこともできる。例えば、ヴェルマンドラの貴族シモーヌ殿は言っている、「私は、遺体を虚飾なしに、サン＝ピエール教会にある先祖代々の墓に埋葬するよう欲する」と。同じ地域のある公証人は、「キリスト教徒にふさわしい簡素さで埋葬するように、ただし必要なものは手配するように」と指定している。一七世紀末から一八世紀初頭にかけて、たしかにジャンセニストたちは、いくつかの地域で、世俗的な自己満足をすべて拒否するこれらの身振りを増加させ、際だたせている。しかし、何ということか。プロヴァンス地方の名士全体を対象にして作成した豪華さの拒絶のグラフは、一八世紀になっても慎ましいレベルに止まっているではないか。〔全体としては〕六分の一の遺言者（一五％）が、一七三〇年代のジャンセニストの「危機」の最中には一時的に五分の一の遺言者が、慣習に従って行動することを拒絶する人々の小集団が恒常的に存在していたことを証言している。この死と終末のより簡素な見方への接近が、集団により、また彼らが従っている社会的儀式により非常に多様であるのは驚くべきことではない。〔慣習の拒絶は〕マルセイユの大商人ではわずか一〇分の一にすぎないが、それに対してエクス＝アン＝プロヴァンスでは名士の三〇％にのぼっていて、この拒絶はエクスの〔高等法院の〕法服貴族によるものである。

しかし、社会的コンセンサスが――自発的なものであれ、操作されたものであれ――身振りのレベルでは明確に現れるとしても、おそらくよりデリケートなのは、〔外からは見えない〕腎臓や心臓を検査することであろう。つまり、意識の奥底に隠されている集合的表象〔腎臓〕と対比しながら、社会的慣習を反映するもの〔心臓〕の動きを測定しなければならない。我々としては、イデオロギー的コンセンサスと想定されるものの検査として、まちがいなく重要な二つのテーマに限定することにしよう。第一は、永遠の劫罰というテーマであり、第二は、霊魂の不滅というテーマである。この二つのテーマは、死と来世に関する著作の統計からも分かるように、この時代を通じて常に人々の関心事であった。前者については、曖昧なことは一切ない。とりわけ永遠の劫罰を信じていないという非難が浴びせられたソッツィーニ派〔開祖ソッツィーニ（一五三九―一六〇四）はイタリアの神学者。スイスからポーランドにわたり、贖罪を否定する自説を広めた〕に対して、あらゆる国で抑圧が行なわれたのは一七世紀中葉であった。ポーランドは彼らを保護していたが、一六三八年からは方針を改め、一六五八年には彼らを追放した。オランダはその少し前（一六五三年）から抑圧政策をとりはじめていた。公然とではないにしても、ソッツィーニの影響を受けたと思われる著作は、永遠の責苦よりも、悪人の消滅という考えを擁護している。神聖ローマ帝国で一六七二年に死去したエルンスト・ゾーナーの著作があり、また一六二七年に死去したオランダ人の詩人カンプホイゼンの死後の著作などがあるが、ほとんど流布していない。

これと並行して、アリウス派であれ、新プラトン主義者であれ、あえて永遠の劫罰に異議を唱えるという危険を犯した最初のイングランド人は仮面をかぶって議論を展開していた（彼らがディッガーズのような楽天的なメシアニズムに出会うピューリタン革命やクロムウェル統治の時代は比較的寛容だったのだが）。例えば一六五四年の『二つ折りの教理問答』の中で悪人の消滅を信じているジョン・ビドルや、プラトン主義者で、おそらく普遍的救済に関する論説（『霊魂の不死について』一六五九年）の著者であるヘンリ・モアがそうだ。一方でラストは、モアに倣って火によるあらゆる被造物の清算を思い描き、H・ハリーウェルは『神の正義の証明』（一六六八年）の中で、「広大な海のごとき愛」である神が永遠の地獄を望む可能性に対して異議を申し立てている。これらの博愛的なプラトン主義者は、我々の感性からすれば十分に抑圧的である。悪人の魂をもっと浄化するために、もう一人別の著者グローウィルは、あくまで物質に執着する精神を持つ者の魂を悪臭を放つ窪みに沈め、さらには中心火〔地獄の火〕の中にしっかりと沈めてしまう。そこから、魂は復活の時に改心して再び出てくるというのだ。彼らなりのやり方で、ロック、ニュートン、ベール、あるいはライプニッツの偉大なる問題提起を準備したこれらの孤立した人々を、あまり馬鹿にしないようにしよう。ロックたちは、あとで触れる世紀末の重大な転換期（一六八〇年から一七二〇年までの間）において、時としてこの分野では彼らの直接の後継者である。とはいえ彼ら自身は、やはり周縁的な存在である。

事例を増やすのはこれくらいにして、我々は次に霊魂の不滅という第二のテーマにとりかかることにするが、大多数の学者たちにとって、人生の冒険が死によって終わらないということは、一見したところ当り前のことだったように思われる。学者たちと言ったのは、（時代錯誤でしかありえない分野の区分によって）公式の宗教思想の枠組から出て、近代哲学と科学の基礎を築いたユマニスムの後継者たちの方に向かうことを意味する。著名な学者であるから、彼らについては最小限の確認だけですますことにしよう。霊魂の在処（「脳下垂体」）をつきとめようと努めたデカルトにとって、身体とその熱から独立している霊魂が身体の死後も生き延びることは確かである。一六四六年の有名な書簡の中で、この『情念論』の著者は、死を恐れないように促しているが、その一方で、人間の寿命を延ばす方法を考えている。この時代の歴史的文脈において、最も大胆な省察はやはりスピノザのそれであって、彼はユマニスム哲学の名において、死後について思索することは余計なことであり、有害でさえあると断じている。「自由な人間は、死について少しも考えないし、その知恵は、死ではなく、生についての瞑想である」。しかし、その「非神話化」にもかかわらず、スピノザは、アナロジーによって全く超自然的ではない不死を思い描くことが可能だと考えている。彼には、人間の精神が完全に死滅することはないと思われたようだ。この世代と次の世代を中継するライプニッツ（一六四六〜一七一六年）の『理性に依拠する自然と恩寵の諸原理』においては、生きとし生けるものは皆、自然の体系の中では完全に死ぬことはなく、ただ姿を変えていくにすぎない。

これらの個人的な見解は、思想史の中では重要なものだが、私たちが時間をかけてじっくり見ていこうとしているのは、そうしたことではなく、以下のような逆説的な定式化が可能ならば、それは「平均的思想」——少なくとも当時のエリートにおける——についてである。手短に言えば、再生しつつあったユマニスム的傾向によって形成され、すでに流布していた二元論的解釈が、新プラントン主義の中にその問いに対する答を見出し、結局のところは、それが古典主義時代の定番になったようだ。カトリック教会の言説とユマニストたちの言説との歴史的妥協は、種々の面で都合のよいこの図式に依拠している。しかし、抽象的で実体のない原理となった霊魂が、その不死性と存在について疑われることはなく、あってもごく少数の「へそまがり」でしかなかった。

死と来世の表象の歴史の中では、一七世紀フランスのリベルタンたちにも、彼らにふさわしい位置を割り当てなければならない。先ほど見たように、プロテスタント世界は相対的に寛容だったため、そこにおける解釈の多様性は、終末（四終）の問題に関しても、神との和解に可能な限りのヴァリエーションをもたらした。カトリック教会では、ジャンセニスト的解釈と、他の解釈（おそらく、より苦痛礼讃的ではない）との間の内的緊張にもかかわらず、スペインからイタリアに至るまで、反宗教改革が最も厳格だった地域においては、異議申し立ての可能性など存在せず、公式の真理しか許容されなかった。フランスにおいては、主要な問題に関して教条的かつ非妥協だったため、様々な形態の最も根底的な拒絶を引き起こした。一六二〇年から一六三〇年にかけて定着したと見られるリベルタンにおいては、死に関するキリスト教的解釈の様々なヴァリエーションはおしなべて拒絶されるようになった。それもたいていは静々となされたが、時としては挑戦的な拒絶を伴うこともあった。

リベルタンたちは、戦いの場が死の床においてであることを知らないわけではなかった。最後の前言撤回を得るために、あるいは神の復讐に訴えるために、彼らが摘発されるのは死の床においてである。一六世紀は、クリストファー・マーローによってファウストという登場人物を、つまり、死を前にしたエリート層の一部における苦悩の表現であり、回答でもある人物を考案した〔『ファウスト博士の悲劇』一五八八〕。ティルソ・デ・モリーナからモリエールまで、ファウストを引き継ぐことになるのがドン・ファン（ドン・ジュアン）という人物像である。生き永らえる、あるいは新たなチャンスをつかむという夢に取って代わって、濃密に生きたいという夢が登場するのだが、それは死に至るまで続けられる絶望的な前方への逃走である。よく知られているように、ドン・ジュアンの追跡は、一種の逃走ゲーム〔鬼ごっこ〕である。このゲームは、死との最終的な出会い、つまり神の警察長官であり、秩序維持のために雇われた幽霊、あるいは亡霊の形象である騎士団長との出会いで終わる。なぜならば、モリエールにおいては、神を拒絶する主人公を永遠の責苦に引っ立ててゆくのは、まさにこの騎士団長なのである。それぞれの時代は、その疑問、あるいは、不安に応える架空の英雄を生み出している。反宗教改革の世界では、ドン・ジュアンは何を象徴しているのだろうか。その人物像には、この時代が感じとっていたリベルタンの二つの相貌が結合している。それは、こう言ってよければ、習俗のリベルタンと精神のリベルタンである。ドン・ジュアンは、英雄的な姿をしていて、まずは既存の教育〔常識〕に対して根本的に異議申し立てを行なう人々の集団のために証言している。そうした人々の数は、どれくらいのものだろうか。多くの「へそまがり」たちを追跡したブーリエというパリの司祭は、警戒した調子でリベルタンに言及している。彼は、同じ町内に住んでいる身分のある人〔貴族〕の臨終の床にまで、ほとんど無理矢理に押しかけ、彼から奇怪な打ち明け話を聞き出している。瀕死の人は、宗教をほんの上辺だけ尊重していただけで、宗教は、実のところは作り話にすぎないと思う、と告白した。それは「架空の地獄に対する恐怖によって、人民を君主への服従と依存の状態に押さえ込んでおくために考案された世俗の政策である。なぜならば、率直に言って、私たちは地獄など信じていないし、天国など真っ平だ。私たちは、自分が死ぬ時には、自分にとってもすべては死ぬと思っている。もし神がいるとしても、我々の事柄には介入しないでもらいたい」と。この唯一の証言に頼り切ることはできないけれども、リベルタンたちが死と来世について与えた解釈をニュアンスを付けながら再現するために、彼ら自身の側からのより直接的な言明が不足しているわけではない。

リベルタンの解釈は、キリスト教思想が生の中に死の勤行を持ち込んだことに対して異議申し立てすることから始まる。リベルタンは、「悲しいことは少なく……楽しいことは何度でも」と言ったあとで、ただちにこうした展望を放棄して、次のように宣言する。「練りに練った死の瞑想によって、自らの人生の最もよき時期の楽しみを台無しにしている輩を私は知っている。彼らは、あたかもこの世で生きるために生まれてきてはいないかのように、苦労してこの世から抜け出すことしか考えていない。いつも冒険に明け暮れてきた私にとって、同じように死ぬというだけで十分だ」。リベルタンの哲学は、しばしばあの短絡的な快楽主義〔エピクロス主義〕に閉じこめられてしまうが、そこにとどまるものではない。それは死をいかに乗り越えていくのだろうか。リベルタンの中のある者、たとえばブーリエ司祭のいう「苦行会員」の一人は、宗教という抑圧装置と罪の概念そのものを拒絶しながらも、霊魂の不滅と同様に、あらゆる事物の原理たる神に対する信仰を肯定している。しかし、皆が皆、それに同意しているわけではない。

たとえば、『理神論者の唄』におけるショーリューの場合、彼が転覆した方がよいと考えたのは、神のある種のイメージ、つまり復讐者としての神、罰するに当たって不公平で一貫性のない神というイメージである。

永遠なる者に気に入られ、彼の怒りを満足させようとしたけれど
神が限りなく残酷だとは予想もしなかった

われらが国の最悪の暴君よりもまだ悪い
この限りない苦しみが考えられようか

しかし、他の者は議論をはるかに推し進め、我々のちっぽけな個人的出来事を自然秩序の試練の中へと組み入れることによって、存在そのものの消滅（「我が死す時、我にありてすべては死す。死は何ものも残さず、死それ自体、何ものでもない。」）を悲劇的筆致で描き出す。

我らは時間にむさぼり食われてしまった
自然は我らを絶えず混沌の中に呼び戻す
自然は、我らの苦い経験を通して、保っている
その永遠なる浮き沈みを

しかしながら、この最終的消滅についての悲劇的な認識は、より多くは平穏でありたいと願う見方においては支配的なものではない。サン＝テーヴルモン〔一六一五—一七〇三〕は、死を「平穏な眠り」「永遠の憩い」という言い方で表現している。「私は、自然のふところから易々と抜け出した」。

おそらく、年代に応じて、ニュアンスを持たせなければならないだろう。ドエノー〔一六一一?〜八二。モリエールの友人〕は——その文体においても、またその隠喩においても——バロック時代の特徴である悲劇的な戦慄をいまだに反映している。サン＝テーヴルモンは、新たな展望を予言し、啓蒙思想の人々は、彼を自分たちの一員と認めることになるだろう。しかし、我々にとって本質的な問題は、依然として、人間と死の関係の長期

にわたる集合的冒険の中で、これらのリベルタンが実際に占めていた地位を測定することである。彼らは、大した支持者もなく、その大部分が、何の疑問も差し挟まずに、キリスト教的な死の盛儀を見ていた人々とは何のつながりもない小集団に過ぎないのだろうか。

これには、二つのレベルで答えることができる。言葉の最も広い意味における思想史のレベルでは、死後と来世に関して一般に受容されているシステムが、いささか単純だが、遠慮なく、根本的に問い直されていることが重要である。民衆的グループが、二つの宗教改革の時代における異文化変容の企てに対して歩調を合わせる前に、一七世紀中頃まで魔女狩りの時代の幻想的な物語を作り出していた所では、そうした〔死と来世の〕仮説を必要としない、十分に成熟した、自立した合理的な思想があった。たしかに意識の最深部において、事物はそれほど単純ではないかもしれない。これらのエリート層〔リベルタン〕の中で、ドン・ジュアンは常にファウスト博士の代役を務めたわけではない。ずっと後の実例としては、ルイ一四世の死後、一七一五年に権力の空白を埋めた摂政のオルレアン公がいる。この放蕩者で、悪徳の鼓吹者で、諸学問に好奇心を燃やすこの人物こそ、貴族的なリベルタンではないだろうか。しかしながら、この神の敵は堅く悪魔を信じており、悪魔たちを呼び出そうと思って、山師もどきの実験を繰り返したと言われている。魔術信仰の病弊は、下層民だけの特性では決してない。しかし、それでもこの摂政殿はやはり特異な人物で、当時の人々が言ったように「奇人」だった。エリート層の一部――貴族、知識人、あるいは才能ある人々――では、死と来世に関する一つの合理的な解釈、思想が現れ始めている。

第二のレベル、つまり、指導的観念の社会における普及のレベルでは、診断を下すのはさらに難しい。ブーリエ司祭はリベルタンの陰謀なるイメージをでっち上げることで、自分自身の恐怖を現実のものと取り違えたのだと信じたくもなる。しかし、パスカルが『パンセ』の企てにおいて論争しようとしたのは、リベルタンと接触し、彼らの意図に反論しようと思ったからであり、またあの有名な賭を提起したのも、リベルタンたちに対してだった。同じように、モラリストとしてラ・ロシュフーコーが『箴言集』の中で死の問題を取り扱い、訴えかけたのは、リベルタンたちに対してだった。ラ・ブリュイエールの『カラクテール』第一六章「強い精神について」も同様である。これらの知性の玄人たちは、虚しい影と闘うために動員されたのだろうか。この時代の回想録から、よりまともな文芸上の作品や、あるいは逆に、紳士の用に供するための世俗の知恵を抜粋した小冊子やパンフレットの証言にまで目を通すなら、物事がそれほど単純ではないことが分かる。

リベルタンを名乗るのではないが、便宜上、私が「ブルジョワ的」と呼んでいるある種の知性がすでに存在している。例えば、タルマン・デ・レオーの辛辣な筆が、有名な遊女マリオン・ドロルムの死に際して行なわれたバロック的葬儀の滑稽さ加減を告発した時の知性である。「彼女は、病気にかかって死亡するまでの間に、一〇回も懺悔したが、そのたびに、彼女は何か新しい話をした。彼女は死の床に、二四時間、処女の冠をかぶって横たわっていた。しまいにはサン＝ジェルヴェの司祭が、ばかげていると言った」。しかしそれは、ラ・フォンテーヌが一度ならずその寓話の中で、死者を埋葬しようとするからかい好きの司祭に語らせている知性とは全くちがう。

死んだお方よ、まあ、唱えさせてくださいよ。
いろいろとお聞かせするでしょうが、
問題は、要するに、お布施にあるんで。

〔今野一雄訳〕

しばしば、より自由な書簡の中で、宮廷人は歯に衣着せずに語っている。例えば、簡単に感動してしまうセヴィニェ夫人は、テュレンヌ元帥の葬儀について、〔元帥の部下だった〕彼女の従兄のビュッシー・ラビタンに書き送っている。それに対して、容易にだまされないラビタンは、偉人とは、彼の見解では、死後の栄光に対しては熱くも冷たくも感じないものだ、と返答している。彼は、死の究極の恐怖から解放された現実的な精神の持ち主なのだろうか。一七世紀の紳士たちの蔵書の中には『(……について の)批判的道徳的考察、もしくは省察』という標題の下にこれらの省察や知恵をまとめた本があり、コレージュで教えるローマ風のスタイルで、死を恐れることの無益さ(「たった一瞬でしかないことを長い間恐れ続けるのは、分別のあることであろうか」)、死が平等であるということ、そして、迷わずに正しい道を歩むことの必要性について語っている。この時代を越えた知性は、死の舞踏の主題を穏やかな表現の下に繰り返しているとしても、それは転覆を目指すものでは全然ないし、単に異論を申し立てるものでもない。だが少なくともそこには、この世紀全体を支配した死の一大キャンペーンに対する拒否、もしくは反抗の思潮が、抑えつけられ、地下に潜伏しながらも、生き続けているように思われる。

(以下、下巻)

(31) M. Meiss, *Painting in Florence...*, 105.
(32) J. Huizinga, *L'Automne du Moyen Âge*, 101.
(33) Mikhail Bakhtine, *L'Œuvre de François Rabelais*, 67.
(34) ピサのカンポ・サントの有名なフレスコ画は黒死病の大流行〔1347-51 年〕以前のものでありうることが最近になって分かった。
(35) Al. Tenenti, *Il senso della morte*, 177.
(36) J. Toussaert, *Le Sentiment religieux en Flandres...*, 126.
(37) J. Toussaert, *op. cit.*, 126.
(38) E. Panofsky, *Tomb Sculpture...*, 84.
(39) M.-Th. Lorcin, *op. cit.*, 141, 142, 143.
(40) A. Croix, *Nantes et le pays nantais...*, 164.
(41) L. Henry, *Anciennes familles genevoises*, 185.
(42) *Problèmes de mortalité...*, 4.
(43) J.-N. Biraban, *op. cit.*, 7.
(44) C. Ginzburg, *I Benandanti...*, 172.
(45) C. Ginzburg, *Il fromaggio et i vermi...*, 173.
(46) M. Bakhtine, *op. cit.*, 167.
(47) A. Tenenti, *Il senso della morte...*, 177.
(48) これについては『アナール』(1969 年) の特集号における R・シャルティエの論文を参照。
(49) R. E. Giesey, *The Royal Funeral Ceremony...*, 176.
(50) 目下進行中だが、その結果の一部は下記に発表されている。*Deux Siècles de protestantisme*, Marseille, 1976.
(51) B. Vogler, *La Vie religieuse en pays rhénan*, 178.
(52) B. Vogler, « Leichenpredigten... », 179 bis.
(53) Keith Thomas, *Religion and the Decline of Magic*, 230 bis.
(54) P. Burke, « L'Histoire sociale des rêves », 217.
(55) R. P. Mols, *Introduction à la démographie...*, 19.
(56) Daniel Roch, *op. cit.*, 69.
(57) W. K. Jordan, *Philanthropy in England...*, 225.
(58) K. Thomas, *Religion and the Decline of Magic*, 230 bis.
(59) R. Mandrou, *Magistrats et sorciers en France au XVIIe siècle*, Paris, 1968.
(60) D. E. Stannard, « Death and dying in...New England », 228.
(61) J. Truchet, *La Prédication de Bossuet*, 206.
(62) B. Vogler, *La Vie religieuse en pays rhénan*, 178.
(63) Göran Lindhal, *Grav och Rum...*, 159.

原　注

＊書名のあとの番号は下巻末の文献一覧に対応している

(1) *La mystère de la mort et sa célébration*, 347.
(2) Ph. Ariès, *L'Homme devant la mort*, 65.
(3) Jean Adhémar, *Les Tombeaux de la collection Gaignières*, 148.
(4) Jacques Le Goff, *La Naissance du Purgatoire*, Paris, 1981 参照 .
(5) R. E. Giesey, 176 et Ariès, 64.
(6) Jean Fourastié, compte rendu du livre de M. Vovelle, *Mourir autrefois, L'Express*, 1975.
(7) P. Chaunu, « Mourir à Paris », contribution au numéro spécial des *Annales E. S. C.*, « Autour de la mort », 1, 1976.
(8) Edgard Morin, *L'Homme et la mort dans l'histoire*, 427.
(9) James Frazer, *The Golden Bough*, 53.
(10) Ph. Ariès, 63, 64, 65, 258, 373, 374; M. Vovelle, 77, 78, 79, 147, 148, 232, 233, 263, 264, 268, 310, 334, 450; Fr. Lebrun, 186.
(11) J. C. Russell, *British Medieval Population*, 97.
(12) E. Le Roy Ladurie, *Montaillou, village occitan*, 139.
(13) M. Vovelle, *Mourir autrefois*, 232.
(14) E. Le Roy Ladurie, *Montaillou...*, 139.
(15) N. Kryll, *Tod, Grab, Begräbnisplatz...*, 73.
(16) A. Van Gennep, 60; A. Le Braz, 56; Sébillot, 57, Samter, 58.
(17) M. Del Arbol Navarro, *Spanisches Funeralbrauchtum*, 62.
(18) « La mort en Corse », 68.
(19) C. Ginzburg, *I Benandanti...*, 172.
(20) Cl. Gaignebet et M.-C. Florentin, *Le Carnaval*, 54.
(21) Louis Réau, *Iconographie de l'art chrétien*, 29.
(22) 目録はプリンストン大学のものを参照している。
(23) J. Chelini, *Histoire religieuse de l'Occident chrétien*, 120.
(24) Ph. Ariès, *L'Homme devant la mort*, 65.
(25) とりわけ *La Mort au Moyen Age*, 135 を参照のこと。
(26) 特に、Baratier, 87: Carpentier, 88; Hollingsworth, 91: Renouard, 94: Russell, 97 を参照のこと。
(27) Ch. De La Roncière, 95 の研究による。
(28) J. -N. Biraben, *les Hommes et la peste...*, 7.
(29) E. Baratier, *La Démographie provençale...*, 87.
(30) D. Herlihy, « Vieillir à Florance... », 90.

著者紹介

ミシェル・ヴォヴェル（Michel VOVELLE, 1933-2018）

1933年2月6日リヨン生まれ。1953年にエコール・ノルマル・シュペリウールに入学、1961年にプロヴァンス大学文学部（エクス＝アン＝プロヴァンス）の助手となり、学位論文『18世紀プロヴァンスにおけるバロック的信仰と非キリスト教化』（1973）を著して同大学教授となる。さらに『宗教と革命――共和2年の非キリスト教化』『プロヴァンスにおける祭りの変容――1750～1820』（1976）を発表し、心性の歴史家、プロヴァンスの革命史家として注目されるようになる。本書『死とは何か』（原題『死と西欧――1300年から現代まで』1983）は、それまで彼のフィールドであった18世紀プロヴァンスから大きく踏み出し、中世から現代に至る西欧世界――更に新大陸にまで広がる西洋世界――を広く展望している。1983年にはパリ大学のフランス革命史講座の教授となり、1989年にはフランス革命200周年の歴史部門総括責任者として世界各地を巡り、日本でも講演。その後も『図像が語る歴史――中世の怪物からスーパーウーマンまで』（1989）、『〈政治〉の発見――フランス革命の地政学』（1993）、『フランス革命下の姉妹共和国』（2000）、『マルセイユのサンキュロット』（2008）など多数の著書を出版。2018年10月6日エクス＝アン＝プロヴァンスにて没。邦訳された著書に『フランス革命の心性』（岩波書店）『フランス革命と教会』（人文書院）等。

訳者紹介

立川孝一（たちかわ・こういち）

1948 年生。プロヴァンス大学博士課程修了（文学博士）。現在、筑波大学名誉教授。専攻は歴史学。著書に『フランス革命』（中公新書）『フランス革命と祭り』（筑摩書房）等、訳書にル・ゴフ『歴史と記憶』（法政大学出版局）、オズーフ『革命祭典』（岩波書店）、ヴォヴェル『フランス革命の心性』（共訳、岩波書店）等。

瓜生洋一（うりゅう・よういち）

1945 年生。大東文化大学教授を務めた。専攻は政治学。著書に『銅版画フランス革命史』（共著、読売新聞社）等、訳書にゴデショ『フランス革命年代記』、ベルト『ナポレオン年代記』（いずれも共訳、日本評論社）等。2011 年没。

死《し》とは何《なに》か —— 1300 年《ねん》から現代《げんだい》まで　上

2019年 2 月 10 日　初版第 1 刷発行©

訳　者　立　川　孝　一
　　　　瓜　生　洋　一

発行者　藤　原　良　雄

発行所　株式会社　藤　原　書　店

〒 162–0041　東京都新宿区早稲田鶴巻町 523
電　話　03（5272）0301
FAX　03（5272）0450
振　替　00160 - 4 - 17013
info@fujiwara-shoten.co.jp

印刷・製本　中央精版印刷

落丁本・乱丁本はお取替えいたします
定価はカバーに表示してあります

Printed in Japan
ISBN978-4-86578-207-3

アナール派に影響を与えた大歴史家

J・ミシュレ (1798–1874)

フランス革命末期、パリの印刷業者の一人息子に生れた。独学で教授資格取得、1827年エコール・ノルマル教師（哲学・歴史）、38年コレージュ・ド・フランス教授。二月革命（1848）で共和政を支持し地位剥奪。普仏戦争（1870）に抗議。著作に『フランス革命史』の他、自然史や『女』ほか。現代のアナール学派に大きな影響を与え、歴史学の枠を越えた大作家としてバルザック、ユゴーとも並び称せられる。

邦訳不可能といわれた大作、遂に精選・訳出なる！

ミシュレ フランス史（全六巻）

Jules Michelet　HISTOIRE DE FRANCE

〈監修〉大野一道／立川孝一

●原書全17巻（+『19世紀史』3巻）から精選。割愛部分に要約解説を付した、日本語完全版。
●各巻付録＝カラー口絵／年表／地図／系図／解説／原書目次／人名索引／挿画

1 中世 (上)　責任編集＝立川孝一・真野倫平
古代（カエサル）〜13世紀（ルイ9世）。十字軍ほか。「中世」を暗闇から引き出した名著。
四六変上製　480頁　**3800円**（2010年4月刊）　◇978-4-89434-738-0

2 中世 (下)　責任編集＝立川孝一・真野倫平
14世紀（フィリップ4世）〜15世紀（ルイ11世）。ジャンヌ・ダルクなど"民衆"の側から。
四六変上製　472頁　**3800円**（2010年5月刊）　◇978-4-89434-744-1

3 16世紀　——ルネサンス　責任編集＝大野一道
ルネサンスのフランスへの波及（フランソワ1世ほか）……人間解放への第一歩。
四六変上製　560頁　**4600円**（2010年9月刊）　◇978-4-89434-757-1

4 17世紀　——ルイ14世の世紀　責任編集＝大野一道・金光仁三郎
アンリ4世〜その孫ルイ14世の死。プロテスタント弾圧、リシュリュー、マザランほか。
四六変上製　560頁　**4600円**（2010年12月刊）　◇978-4-89434-776-2

5 18世紀——ヴェルサイユの時代　責任編集＝大野一道・小井戸光彦・立川孝一
ルイ14世の死〜革命直前。摂政時代、ペスト、首飾り事件……そしてフランス革命へ。
四六変上製　536頁　**4600円**（2011年3月刊）　◇978-4-89434-792-2

6 19世紀——ナポレオンの世紀　責任編集＝立川孝一
「英雄」ナポレオンに対峙する厳しいまなざしは国境を越え、グローバル化する現代を予見。
四六変上製　624頁　**4600円**（2011年9月刊）　◇978-4-89434-818-9

全女性必読の書

女

J・ミシュレ
大野一道訳

アナール派に最も大きな影響を与えた十九世紀の大歴史家が、歴史と自然の仲介者としての女を物語った問題作。「女は太陽、男性は月」と『青鞜』より半世紀前に明言した、全女性必読の書。マルクスもプルードンも持ちえなかった視点で歴史を問う。

A5上製　三九二頁　**四七〇〇円**
（一九九一年一月刊）
◇978-4-938661-18-2

Jules MICHELET
LA FEMME

アナール派第三世代のリーダー、中世史の泰斗

ジャック・ル＝ゴフ（1924-2014）

中世史家、『アナール』編集委員。南仏トゥーロン生まれ。青年時代を第二次大戦下で過ごしたのち、高等師範学校に進学。1950 年、高等教育教授資格試験に合格。1959 年、アナール派が中心の高等研究院第六部門に入り、以後、フェーヴル、ブロック、ブローデルらのあとを受け、アナール派第三世代のリーダーとして活躍。1969 年、ル＝ロワ＝ラデュリ、フェローとともに『アナール』誌の編集責任者に。高等研究院第六部門の社会科学高等研究院としての独立に尽力。

中世は西洋にしか存在しない

中世とは何か

J・ル＝ゴフ
池田健二・菅沼潤訳

商業・大学・芸術の誕生、時間観念の数量化、ユダヤ人排斥など、近代西洋文明の基本要素は、中世に既に形成されていた。「中世からルネサンスへ」という時代区分の通念を覆し、「中世」「近代」「ヨーロッパ」を語り尽くす。

口絵カラー一六頁

四六上製　三二〇頁　**三三〇〇円**
（二〇〇五年三月刊）
◇978-4-89434-442-6

À LA RECHERCHE DU MOYEN ÂGE
Jacques LE GOFF

西洋文明の根幹は「身体」にある

中世の身体

J・ル＝ゴフ
池田健二・菅沼潤訳

ミシュレ、モース、アドルノ、フーコーなど、従来の身体史の成果と限界を踏まえ、「現在の原型である」中世の重要性を説き、「身体」に多大な関心を示し、これを称揚すると同時に抑圧した、西洋中世キリスト教文明のダイナミズムの核心に迫る！　**口絵八頁**

四六上製　三〇四頁　**三二〇〇円**
（二〇〇六年六月刊）
◇978-4-89434-521-8

UNE HISTOIRE DU CORPS AU MOYEN-ÂGE
Jacques LE GOFF

ヨーロッパ成立史の決定版！

ヨーロッパは中世に誕生したのか？

J・ル＝ゴフ　菅沼潤訳

「ヨーロッパ」は、いつ、いかにして生まれたのか。中世史の最高権威が、古代ギリシア・ローマ、キリスト教、労働の三区分などの諸要素を血肉化しながら、自己認識として、そして地理的境界としての「ヨーロッパ」が生みだされるダイナミックな過程の全体像を明快に描く。**カラー口絵一六頁**

四六上製　五一二頁　**四八〇〇円**
（二〇一四年一一月刊）
◇978-4-86578-001-7

L'EUROPE EST-ELLE NÉE AU MOYEN ÂGE?
Jacques LE GOFF

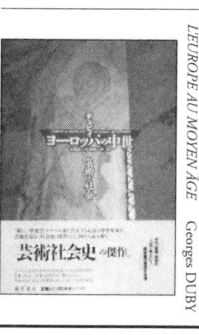

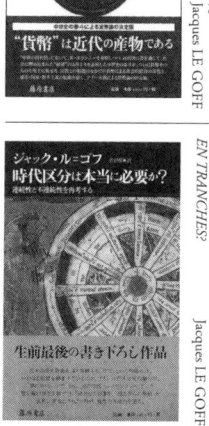

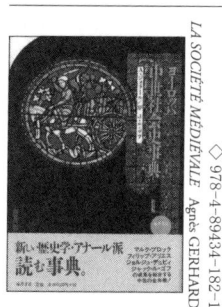